"互联网+教育"的理论与实践系列教材

教育大数据与学习分析

丛书主编　陈明选

牟智佳　著

电子工业出版社
Publishing House of Electronics Industry
北京·BEIJING

内 容 简 介

本书以教育大数据为技术抓手，以学习分析为理论支撑，以数据驱动的学习分析整个流程为方向轴线，系统化介绍了从教育大数据采集到学习分析应用的理论与实践，提供了面向教育现实问题的跨场景、全数据、多方法、可操作的学习分析实践案例。

未经许可，不得以任何方式复制或抄袭本书之部分或全部内容。
版权所有，侵权必究。

图书在版编目（CIP）数据

教育大数据与学习分析 / 牟智佳著. —北京：电子工业出版社，2022.11
ISBN 978-7-121-44494-4

Ⅰ. ①教… Ⅱ. ①牟… Ⅲ. ①教育工作－信息化－研究 Ⅳ. ①G43

中国版本图书馆 CIP 数据核字（2022）第 209027 号

责任编辑：刘　芳　　　　　特约编辑：田学清
印　　刷：三河市龙林印务有限公司
装　　订：三河市龙林印务有限公司
出版发行：电子工业出版社
　　　　　北京市海淀区万寿路 173 信箱　　邮编：100036
开　　本：787×1092　1/16　　印张：19　　字数：393.7 千字
版　　次：2022 年 11 月第 1 版
印　　次：2022 年 11 月第 1 次印刷
定　　价：69.00 元

凡所购买电子工业出版社图书有缺损问题，请向购买书店调换。若书店售缺，请与本社发行部联系，联系及邮购电话：（010）88254888，88258888。
质量投诉请发邮件至 zlts@phei.com.cn，盗版侵权举报请发邮件至 dbqq@phei.com.cn。
本书咨询联系方式：（010）88254507，liufang@phei.com.cn。

前　言

数据是新时代重要的生产要素，是国家基础性战略资源。大数据是数据的集合，以容量大、类型多、速度快、精度准、价值高为主要特征，是推动经济转型发展的新动力。随着大数据在教育领域的全面应用，教育大数据正逐步改变教育形态，为学生的个性化发展和高品质学习体验带来契机。2021年7月，教育部、工业和信息化部、财政部等6个部门在《关于推进教育新型基础设施建设构建高质量教育支撑体系的指导意见》中指出，深入应用5G、人工智能、大数据、云计算、区块链等新一代信息技术，充分发挥数据作为新型生产要素的作用，推动教育数字转型。从教育政策来看，用数据为教育赋能已上升为国家意志。从数据技术应用来看，各类一站式大数据平台为数据采集和整合提供了有力支撑，依托数字化学习空间汇集各类终端、应用和服务产生的数据，能够促进规模化教育与个性化培养有机结合。可以看出，从教育政策到技术应用，大数据驱动教育高质量发展已成为教育利益相关者的共识。

在教育大数据时代，学生的学习痕迹、学习内容、学习成果等各类数据得以记录和保存，如何更加充分、有效地利用这些数据优化学与教成为一个焦点问题。对于该问题的解决，教育实践者呼唤新的学习技术。学习分析（Learning Analytics）作为一种新兴的技术，融合了教育学、数据科学、心理与认知科学、语言学、人工智能等多门学科知识，自诞生之日起就得到全球范围内教育利益相关者的广泛关注。学习分析工作者致力于使用丰富的数据进行教育实践探索，揭示学习现象与规律并改善学与教。

在开展教育实践和研究工作时我们发现，尽管教育大数据与学习分析的理论与实践探索已有数年，但很多教育从业者对教育大数据与学习分析的应用场景有哪些，采用何类方法与技术，如何开展数据驱动的学习分析设计与实践等问题，仍然比较模糊，甚至产生了一些错误的认识。教育类专业的高年级本科生和研究生虽然学习了量化研究之类的课程，但大多数学生仍然不知道如何设计和实施一个完整的学习分析案例，这在一定程度上影响了学生教育科学研究素养的培养和学生创新素质的培养。

基于上述背景和认识，我们编写了本教材。本教材按照数据驱动学习分析的系统化流程，结合教育大数据与学习分析的应用场景进行编排，既注重学习分析理论知识的讲解，又注重学习分析的实践与操作。本教材共分为 10 章，各章内容介绍如下。

第 1 章教育大数据与学习分析概述，主要介绍何为教育大数据、学习分析，如何开展学习分析；第 2 章教育大数据的采集与存储，主要介绍教育大数据的采集技术有哪些，如何进行采集和存储；第 3 章教育大数据分析方法与工具，主要介绍面向不同类型数据的具体分析方法，以及开展教育大数据分析所使用的通用型和特色型工具；第 4 章学习分析建模，主要介绍学习分析的建模方法，并详细介绍两种常见的建模方向：学习者建模和学习测评建模；第 5 章文本学习分析，主要介绍文本数据的系统化分析流程和应用；第 6 章情感学习分析，主要介绍表情数据的系统化分析流程和应用；第 7 章教育大数据可视化，主要介绍教育大数据可视化的类型与工具，并详细介绍两种常见的可视化学习分析应用：学习仪表盘和学习者画像；第 8 章学习预警与学习干预，主要介绍学习预警系统的功能与设计，以及学习干预模型与具体策略；第 9 章学习分析研究与实践案例，主要从课堂学习和在线学习两种常见的教育场景出发，列举学习分析的研究案例，并从教育产品应用视角分析了当前教育平台和 App 中的学习分析应用情况；第 10 章学习分析的新发展，主要从学习分析理论、技术、应用 3 个层面介绍各项前沿内容。

本教材最大的特点是以数据驱动的学习分析流程为轴线，强化学习分析理论、数据分析技术、教育实践场景三大元素的有效融合，突出学习分析理论与实践应用。为帮助读者更好地学习，教材每章章前给出本章主要内容的思维导图及学习目标，每章章后给出思考与实践、拓展学习资源，通过开展多样化的学习活动，加深学生对学习分析理论与技术的理解，并进一步深化应用。

在编写本教材的过程中，陈明选教授在教材体例、编排思路上给予了详尽的指导，提出了富有建设性的意见；马志强、王志军、田娜等教师为教材提供了研究案例；田娜、严大虎、王萌等教师参与了部分章节内容的编写与核对；研究生刘珊珊、高雨婷、杨阳、汪静、王习涛参与了部分案例资料的搜集与整理。在此，向各位参与的师生表示衷心的感谢。

本教材系江南大学教育技术学一流本科专业、江南大学本科教育教学改革研究项目的成果，在此对资助部门深表感谢。电子工业出版社为本书的顺利出版付出了辛勤的努力，在此表示衷心的感谢。

本教材在编写过程中参考和引用了大量国内外的研究文献与资料，其主要来源已在参考文献部分一一列出，如有遗漏，恳请作者谅解。在此，谨向提供这些文献、资料的单位与个人表示诚挚的谢意。

在查阅大量文献、编写本书的过程中我们发现，教育大数据与学习分析作为一个新的领域发展得很快，尽管我们努力去呈现该领域的理论与实践体系，但在实际工作中深深体会到这并非易事。因此，我们真诚希望本书能起到抛砖引玉的作用。由于编写时间有限，加之编者自身经验、学养所限，本书存在不足甚至谬误之处在所难免。为此，我们诚恳地希望各位同仁及读者就本书的有关内容提出宝贵的意见，以便我们能够加以改正，更好地满足读者所需。

牟智佳

2022 年 3 月 26 日于江南大学

作者简介

牟智佳，男，山东栖霞人，北京师范大学教育学博士，现任江南大学人文学院教育技术系副教授、研究生导师，主要从事教育大数据与学习分析、个性化学习与服务、在线学习与评价等方面的研究；在《电化教育研究》《中国电化教育》《远程教育杂志》《现代教育技术》等各类学术期刊发表论文 50 余篇，出版学术专著 1 部；先后主持教育部人文社会科学研究青年基金项目、江苏省社会科学基金项目、江苏省教育科学"十三五"规划重点资助课题、江苏省高校哲学社会科学研究基金项目等。

目　　录

第1章　教育大数据与学习分析概述 1

1.1　大数据对教育的变革 2
　　1.1.1　大数据技术的兴起与发展 2
　　1.1.2　大数据对教学的影响 3
　　1.1.3　大数据对学习的影响 4
　　1.1.4　大数据对教育治理的影响 5
　　1.1.5　教育大数据研究范式的形成 6
1.2　教育大数据与学习分析的概念 8
　　1.2.1　教育大数据的概念与特征 8
　　1.2.2　学习分析的概念与特征 8
　　1.2.3　教育大数据、学习分析、教育数据挖掘的关系 10
　　1.2.4　学习分析的发展脉络 11
　　1.2.5　学习分析的目标与方向 16
1.3　数据驱动的学习分析研究现状 17
　　1.3.1　文献来源与处理 17
　　1.3.2　研究者所属国家或地区分析 17
　　1.3.3　核心作者群分析 18
　　1.3.4　研究者学科背景分析 19
　　1.3.5　研究主题分析 19
1.4　学习分析的内容与流程 23
　　1.4.1　学习分析包含的内容 23
　　1.4.2　学习分析流程 23
1.5　教育大数据与学习分析的隐私保护 25
　　1.5.1　教育大数据的隐私与伦理诉求 25

		1.5.2　学习分析面临的隐私挑战 26

		1.5.3　学习分析的隐私保护策略 28

第 2 章　教育大数据的采集与存储 31

	2.1　教育大数据的采集内容与技术 32

		2.1.1　教育大数据的采集内容 32

		2.1.2　教育大数据的采集方式 38

		2.1.3　教育大数据的采集技术 39

	2.2　在线日志数据的采集与存储 45

		2.2.1　在线日志数据的采集 45

		2.2.2　在线日志数据的存储 46

	2.3　在线文本数据的采集与存储 48

		2.3.1　网络爬虫概述 48

		2.3.2　静态网页的文本数据采集与存储 49

		2.3.3　动态网页的文本数据采集与存储 51

	2.4　基于数据库的多样化数据存储 53

		2.4.1　基于数据库的数据存储流程与环境配置 53

		2.4.2　不同类型数据存储的实践操作 59

第 3 章　教育大数据分析方法与工具 76

	3.1　面向行为数据的分析方法 77

		3.1.1　预测分析 77

		3.1.2　聚类分析 78

		3.1.3　关联分析 79

		3.1.4　时间序列分析 79

		3.1.5　滞后序列分析 79

	3.2　面向文本数据的分析方法 79

		3.2.1　话语分析 79

		3.2.2　社会网络分析 80

		3.2.3　内容分析 80

	3.3　面向心理数据的分析方法 81

		3.3.1　脑电信号分析 81

		3.3.2　眼动分析 81

		3.3.3　皮肤电反应分析 82

	3.4　教育大数据分析工具 82

		3.4.1　通用型数据分析工具 82

3.4.2　特色型数据分析工具 85
第4章　学习分析建模 89
　4.1　学习分析的建模方法 90
　　4.1.1　理论构建法 90
　　4.1.2　数学建模法 91
　　4.1.3　数据挖掘建模法 92
　4.2　学习者建模 94
　　4.2.1　学习者建模概述 94
　　4.2.2　学习者建模方法 94
　　4.2.3　学习者建模的应用场景 96
　4.3　学习测评建模 97
　　4.3.1　学习测评建模概述 97
　　4.3.2　学习测评的主要理论 98
　　4.3.3　学习测评建模案例 102

第5章　文本学习分析 113
　5.1　文本学习分析概述 114
　　5.1.1　文本学习分析概念 114
　　5.1.2　文本数据来源 114
　　5.1.3　文本学习分析流程 115
　5.2　中文分词 115
　　5.2.1　中文分词概述 115
　　5.2.2　中文分词的方法分类 115
　　5.2.3　中文分词的关键问题 117
　5.3　文本表示与分类 118
　　5.3.1　文本表示 118
　　5.3.2　文本分类 119
　　5.3.3　文本分类的性能评估 123
　5.4　文本聚类 125
　　5.4.1　文本聚类概述 125
　　5.4.2　文本聚类步骤 126
　　5.4.3　文本聚类算法 126
　　5.4.4　文本聚类的性能评估 127
　5.5　文本情感分析 128
　　5.5.1　文本情感分析概述 128

　　　　5.5.2 文本情感分析的分类 129
　　　　5.5.3 文本情感分析的方法 130
　　　　5.5.4 文本情感分析案例 131
　　5.6 文本可视化 135
　　　　5.6.1 文本可视化概述 135
　　　　5.6.2 文本可视化方法 135
　　　　5.6.3 文本可视化示例 137

第6章 情感学习分析 143

　　6.1 情感学习分析概述 144
　　　　6.1.1 情感内涵与表征方法 144
　　　　6.1.2 情感计算 145
　　　　6.1.3 情感学习分析的一般过程 145
　　6.2 情感建模 146
　　　　6.2.1 维度情感模型 146
　　　　6.2.2 离散情感模型 148
　　　　6.2.3 其他情感模型 148
　　6.3 情感信号获取 149
　　　　6.3.1 语音情感信号获取 149
　　　　6.3.2 面部情感信号获取 150
　　　　6.3.3 生理情感信号获取 150
　　　　6.3.4 肢体情感信号获取 150
　　6.4 情感分析与识别 151
　　　　6.4.1 语音情感分析与识别 151
　　　　6.4.2 面部情感分析与识别 156
　　　　6.4.3 生理信号情感分析与识别 160
　　　　6.4.4 肢体情感分析与识别 162
　　6.5 情感学习分析应用 163
　　　　6.5.1 情感学习分析的设计与应用 163
　　　　6.5.2 课堂场景中的情感学习分析系统 166
　　　　6.5.3 幼教场景中的情感学习分析系统 167

第7章 教育大数据可视化 170

　　7.1 可视化分析 171
　　　　7.1.1 可视化分析概述 171
　　　　7.1.2 可视化学习分析流程 171

7.2 教育大数据可视化类型与工具 172
7.2.1 常见的数据种类 172
7.2.2 教育大数据可视化类型 173
7.2.3 教育大数据可视化工具 174
7.3 学习仪表盘 175
7.3.1 学习仪表盘的概念与功能 175
7.3.2 学习仪表盘的典型应用 177
7.4 学习者画像 179
7.4.1 学习者画像概述 179
7.4.2 学习者画像的标签体系 180
7.4.3 学习者画像案例 182

第8章 学习预警与学习干预 186
8.1 学习预测 187
8.1.1 学习预测概述 187
8.1.2 学习预测设计方向 188
8.1.3 学习预测案例 190
8.2 学习预警 196
8.2.1 学习预警概述 196
8.2.2 学习预警信息的反馈 196
8.2.3 学习预警系统的比较 197
8.2.4 学习预警系统的设计与实现 198
8.3 学习干预 208
8.3.1 学习干预概述 208
8.3.2 学习干预模型 209
8.3.3 学习干预策略 212

第9章 学习分析研究与实践案例 215
9.1 课堂学习分析 216
9.1.1 课堂学习行为分析 216
9.1.2 课堂协作学习投入分析 222
9.2 在线学习分析 227
9.2.1 面向在线学习者的认知网络分析 227
9.2.2 面向在线互动文本的主题与情感分析 232
9.3 教育平台学习分析 239
9.3.1 教育平台整体概况 239

  9.3.2 教育平台中的学习分析功能 241
  9.3.3 教育平台中的智能分析技术 243
  9.3.4 教育平台中的学习分析应用问题 248

第10章 学习分析的新发展 251
 10.1 学习分析理论的新发展 252
  10.1.1 多模态学习分析 252
  10.1.2 以用户为中心的学习设计 259
  10.1.3 开放学习分析 262
 10.2 学习分析技术的新发展 264
  10.2.1 数据中台 264
  10.2.2 多源数据融合 266
  10.2.3 多模态深度语义理解 269
  10.2.4 视频学习分析 271
  10.2.5 隐私计算 273
 10.3 学习分析应用的新发展 276
  10.3.1 自适应学习平台 276
  10.3.2 智能学习测评平台 279

主要参考文献 284

第1章

教育大数据与学习分析概述

本章主要内容

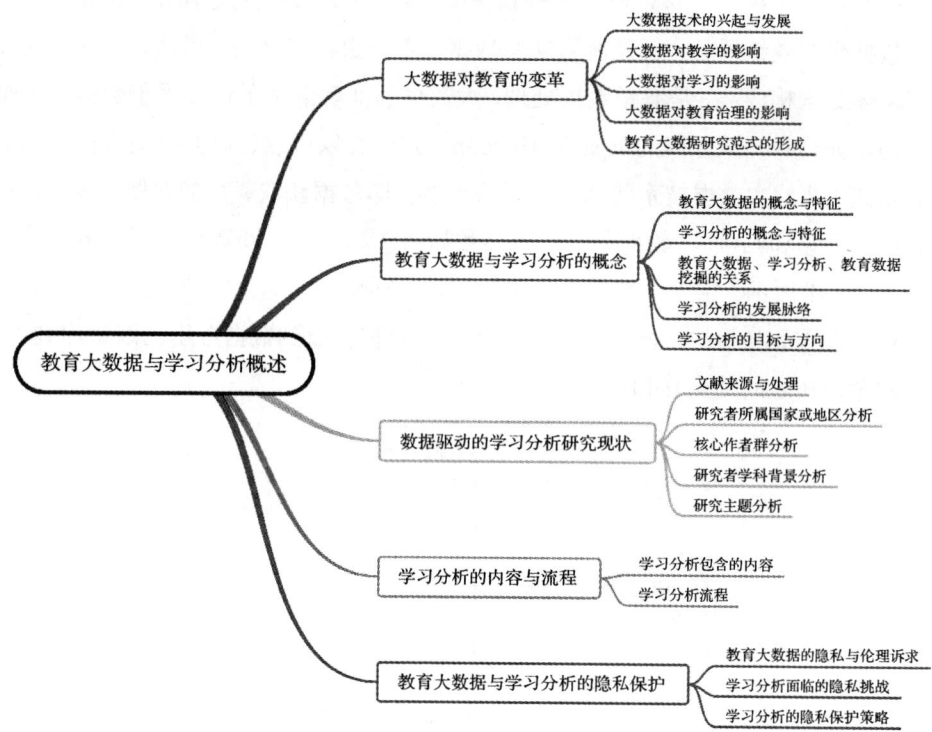

学习目标

通过本章的学习,你应能做到如下几点。

1. 了解教育大数据与学习分析发展的背景。
2. 掌握教育大数据与学习分析的概念及主要特征。
3. 知道学习分析的研究现状与热点议题。
4. 能够举例说出大数据在教育中应用的实际场景。

5. 能够说出学习分析包含的内容及其流程。
6. 能够对教育大数据与学习分析所涉及的隐私问题进行评判分析。

1.1 大数据对教育的变革

1.1.1 大数据技术的兴起与发展

大数据是近年来随着数据集的急剧扩展和汇聚从数据科学中发展形成的一个研究前沿。它主要由 3 项技术趋势汇聚组成：一是海量交易数据，在从 ERP 应用程序到数据仓库应用程序的在线交易处理与分析系统中，传统的关系数据及半结构化和非结构化信息的数据仍在继续增长；二是海量交互数据，主要由社交网站、微博、社区论坛及其他社交媒体数据构成；三是海量数据处理，大数据的涌现催生了设计用于数据密集型处理的架构，如具有开放源码的 Apache Hadoop，它能够以可靠、可伸缩的方式对大数据进行分布式处理。大数据技术包括 4 个模块内容，即数据获取、数据存储（包括数据索引、存储、分享和归档）、数据分析（包括数据清洗和处理）和数据应用，各模块之间的关系如图 1-1 所示。由于大数据具有大量化、多样化和快速化的特征，能够对数据进行实时处理，因此各模块之间的关系不仅包括从数据获取到数据应用的渐进序列关系，还包括两个模块之间的交互和反馈关系。

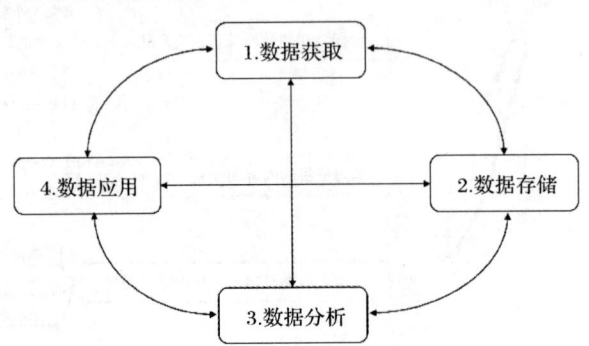

图 1-1 大数据技术的模块构成及关系

关于大数据业界尚未有一个统一的定义，但有两个观点能够诠释大数据的本质。第一个观点来自 Gartner 公司的 Merv Adrian 在 2011 年第 1 季度刊登在 *Teradata Magazine* 上的一篇文章，文中指出"大数据超出了常用硬件环境和软件工具在可接受的时间内为其用户收集、管理和处理数据的能力"。第二个观点来自麦肯锡全球数据分析研究所（Mckinsey Global Institute）在 2011 年 6 月发布的《大数据：创新、竞争和生产力的下一个前沿》报告，报告中提出"大数据是指大小超出了典型数据库软件工具收集、存储、管理和分析能力的数据集"。Gartner 公司认为大数据具有大量化（Volume）、多样化（Variety）和快速化（Velocity）等 3V 特征，各特征及其演变如图 1-2 所示。此后，业界又将真实性（Veracity）、价值性（Value）两个维度纳入大数据的特征中，进而构成大数据的 5V 特征。

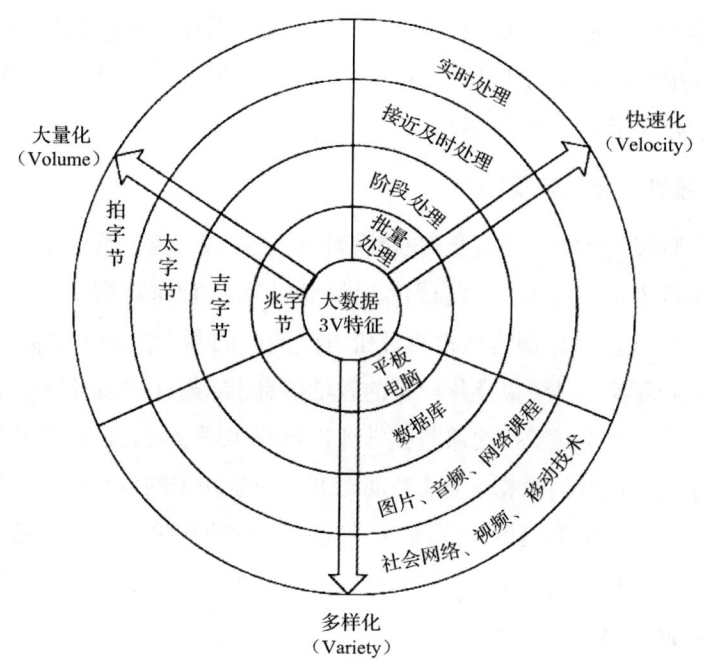

图 1-2 大数据的 3V 特征及其演变

1.1.2 大数据对教学的影响

1. 从群体教学到因材施教

当前的班级授课制具有多（将同龄人聚在一起，同时教学人数多）、快（按照统一标准培养学生，速度快）、省（节约教育投入）的优点，但是班级授课制关注的是群体教育，往往忽略了因材施教。每个学生的天性禀赋、理解能力和兴趣点都不同，如何让因材施教真正成为可能呢？School of One（SO1）是纽约市教育部门的初中数学教学改革计划，该计划以学生为主体，利用大数据技术和自适应学习系统来分析每个学生的学习过程和问题，并根据个性化需要提供学习服务。例如，在生物课堂教学中，教师在讲授生态系统的保护及生物多样性等关键概念时，可以利用大数据精心选择与教学目标关联度高的内容，体现价值观和生物学科的本质要求，实现因材施教。

2. 帮助教师开展精准干预

大数据为教师何时干预、如何干预提供了精准支持。教育文本的性质不同、认知方式不同、学习者情形不同，会使理解过程出现偏差。教育大数据能及时捕捉到各种"非正常信息"，如无节奏的键盘敲打、情绪不安的东张西望、学习者与学习者的无序交互等，这些信息有助于教师有目的地调整教学，开展有针对性的学习支持。研究者在实践应用领域中开展了关于学习干预具体方法的相关研究，如美国普渡大学的"信号灯项目"致力于从学习管理系统、课程管理系统、课程成绩簿中收集信息来划分"危险"学习者的层次，并用绿色、黄色和红色来标示"危险"等级，并针对处于"危险"状态的学习者进行个性化指导。

3. 支持系统评估与有效反馈

在教学评价阶段，教师不仅需要判断教学目标的完成程度，还需要利用多种评价方法对自己的教学行为加以反思，如测试量表、档案袋法、课堂观察等方法，以确保对教学决策方案进行有效反馈。但这些常规评价方法的时间和人力成本较高，难以持续开展，且多集中在学习者学习结果及片段化的教学信息上，忽视学习者整个学习流程的系统性评价。基于教育大数据支持的课堂教学评价能够实现全程化的教学数据收集，系统地整合教师与学习者的行为数据，全面客观地展示教学知识的内化过程，摆脱传统教学评价中对学习者学习结果的过度关注。教育大数据支持的教学评价可以充分利用技术手段对学习者的学习过程数据、学习结果数据，以及教师、学习者、同伴的评价数据进行整合，为学习者提供全方位的学习评估。

1.1.3 大数据对学习的影响

1. 挖掘真正影响学习成效的因素

学习者的学习成效受多方面因素的影响，既有学校、管理机构、教育政策等宏观层面因素的影响，又有教师、教学模式、学习策略等微观层面因素的影响。传统教育数据的整理方式注重凸显学习者整体的学业水平，较难发现影响学习成效的因素；而教育大数据更注重学习者个体的微观表现，可以分析微观、个体的学习者与课堂情况。通过采用频繁模式挖掘法、协同过滤法、聚类方法、贝叶斯分类法等大数据挖掘技术工具，对学习者在数字化学习环境下所产生的大量结构化、半结构化和非结构化数据信息进行分析和挖掘，可以探寻和挖掘真正影响学习成效的因素，进而为改善学习者的学习成效提供实证支持。

2. 记录学习行为并进行学习分析

学习分析是以理解和优化学习及其发生的环境为目的，对学习者及其所处情境的数据进行的测量、收集、分析和报告，包含多种分析和干预技术，如预测建模、建立学习者档案、个性化和自适应学习、早期干预、社会网络分析、概念分析和情绪分析等技术，其实质是对数据背后隐藏的学习信息进行挖掘、分析、理解和有效应用。教育大数据记录了学习者的学习行为信息，通过对学习分析中的应用目标、服务对象、数据来源和方法技术等内容框架进行分析，把握数据收集、信息加工和结构应用的循环过程，能够为个性化学习内容定制和智慧学习服务提供科学依据。

3. 设计学习分析工具，促进学习者自我反思

《剑桥学习科学手册》一书中指出，学习科学家对学习的几个基本事实达成了共识，其中一个就是"反思的重要性"，即学习者尝试对自己正在发展的知识进行表达的时候可以学得更好。在促进更好的学习部分，脚手架、外化和表达、反思、从具体知识到抽象知识的建构这4项能够更好地促进学习，实际上是对有效学习进行了具体诠释。可以看出，反思对于促进学习者进行有效学习具有重要作用。而通过网络学习平台中电子档案袋记录的学习者学习路径数据信息，采用 R、Python 等工具对数据进行处理和可视化分析，并设计能够对学习者个性化行为进行分析的学习分析工具，能够帮助学习者进行自我反思，把握学习状况。

4. 为学习者提供个性化学习服务

要实现创新教学甚至是变革教育，就需要在个性化、移动性和按需服务上深化改革，支持学习者在课内和课外的个性化学习，并为学习者提供个性化学习服务。教育大数据可以为学习者提供个性化学习过程监控与指导、个性化学习资源推送和个性化学习社区推荐等个性化学习服务。例如，利用电子档案袋中记录的学习者练习评测数据节点，挖掘学习者在练习评测过程中对不同知识点的掌握情况、思考时间和应用层次等，对学习者的学习过程进行监控，并从知识难点讲解、推荐拓展知识、问题即时答疑等方面对学习者给予个性化的指导。

5. 对学习者进行多元深层次评价

信息技术支持下的学习者数字化学习评价更加注重学习者的发展性评估。教育大数据涵盖了学习者在学习过程中所产生的所有学习行为数据，这些数据被记录在各个数据库系统中。通过对数据库中的学习者知识点掌握情况、学习者的个人和小组作业完成情况、学习者在讨论区中的互动交流情况等学习过程信息的记录和分析，可以对学习者进行多元深层次评价，从而发现学习者真正的不足和潜能之处，为进一步培养创新型人才提供科学指导。

1.1.4 大数据对教育治理的影响

1. 变革现有的数据管理系统

教育大数据从内容到形式都与传统教育数据有着本质的差异，为了顺应教育大数据

的发展，学校内部的管理系统及管理流程等应产生一定的变革，进而促进学校教育管理工作进入一个新的阶段。首先，数据管理模式发生转变。在教育大数据的影响下，学校对内部的信息管理系统进行变革，不仅革新了应用技术，还强化了存储功能与分析功能，为教育大数据的应用与管理提供了较为便利的条件；其次，教育大数据的出现改变了问题解决的思路，增加了管理人员对学校工作的把控能力。教育信息数据实现了实时变更，因此管理人员可以对学校工作进行实时把控，能够在最短的时间内发现问题，并对问题进行提前预防或及时解决。

2. 从经验决策到数据决策

决策是学校教育管理的核心任务之一，绝大多数学校在进行管理决策的过程中都以管理层意见为主，将管理人员的工作经验、决策直觉等放在首要位置。这种决策方式缺乏客观性，经常会因为决策者认识角度狭隘、个人经验落后等原因造成管理决策的失误。但是随着教育大数据在学校中地位的不断提升，影响教育管理决策的因素开始增多，管理者的直觉和经验成为影响管理决策的因素之一，不再对学校教育管理决策起到主导作用。在这种情况下，教育管理的思路开始转变，教育决策方式开始变得更加民主、科学。通过对数据信息归纳、总结，找到其中存在的规律和经验，进而为教育管理决策指明方向，提供依据。

3. 舆情监控从被动响应走向提前预防

大数据为教育舆情提供了崭新的监测工具和研判方法，是提升舆情危机预测能力和处理效率的有力途径。大数据具有的前瞻性、敏捷性、关联性等思维特点和强大的预测功能有利于学校舆情管理从消极被动走向积极主动，从事后干预走向事前调控。例如，通过舆情智能监测系统全时段、多领域地对校园舆情进行关联分析、聚类分析、趋势分析和级别划分，从数据背后把握舆情的内在特征及其演变规律，针对学习者密切关注和持续讨论的热点问题和突发事件，积极进行舆论引导和教育干预，化解舆情危机。

1.1.5 教育大数据研究范式的形成

范式最初发轫于自然科学领域，如今却在社会科学领域备受推崇，特别是在教育科学研究中。虽然学界多元的研究范式丰富了教育研究的路径，但"没有一种研究范式可以解决所有教育研究上的问题，每种范式都有其存在价值和局限性，其合理性总是相对的"。不同时期的教育研究都有其主流范式，新范式最终会取代旧范式，但这并不意味着对已有范式的全盘否定，各研究范式间是相辅相成、取长补短的关系。这是教育发展的必然逻辑，因为基于不同教育主题和研究目的，人们会选择最优研究方法或模式；针对同一教育主题和研究目的，人们则会采用多种研究方法或模式，从而挖掘教育现象背后的本质问题。

教育大数据范式是指教育共同体成员需要共同遵守的一种教育研究基本理论、行为规范或实践工具。它主要在"证据为本、数据思维"的教育科学研究理念指导下,综合运用各种新兴教育分析技术或手段,聚焦教育教学现实问题解决与教育规律的探究。具体而言,教育大数据范式循着教育研究的科学化道路,糅合大数据理论、教育原理和信息网络技术等于教育科学研究过程中,以人工智能的符号主义、连接主义和行为主义等为研究基础,将现实教育情境中的教育现象或活动作为研究对象。虽然这可能产生数据主义的认识倾向,但并不代表教育大数据范式的"唯数据""唯技术"。

在大数据技术、数据科学和信息计算等领域的共同驱动下,数据驱动研究已经在地球科学、生物科学、医疗科学、计算机科学和天文学等学科中开始了较为广泛的实践探索。以数据搜集、分析和互操作为特征的数据驱动研究,已经被认为是科学探索中的第4个研究范式。该类研究包括超越存储要求的数据资源、计算密度和复杂度。

随着教育大数据和学习分析的兴起,教育领域内数据驱动的研究开始进入学界视野。教育大数据涉及不同层面,包括微观层数据(如学习痕迹数据)、中观层数据(如教学模式与策略行为数据)和宏观层数据(如整合教与学结果的管理分析数据)。在这些数据的支持下,教育领域中已然形成了教育大数据研究范式,如图1-3所示。通过数据分析,一方面可以揭示数字化学习环境下的教与学理论,另一方面可以促进数字化教与学材料的优化改善。基于数据分析得出的教与学理论可以更好地指导学习平台和材料设计,形成的技术增强下的教与学资源则生成新一轮数据以支持分析。数据驱动的教与学分析能够快速精准地确定特定环境下的优缺点,并通过分析学习痕迹数据和学习者情感数据进行优化,最终依据学习科学对基本的教与学假设进行验证,将反馈结果应用于教学材料设计和教学实践。在教育大数据环境下,该范式将成为教育研究的一个新兴研究范式。

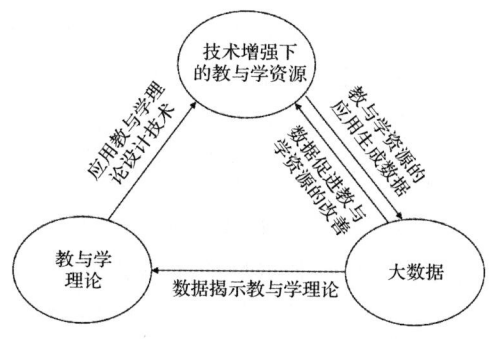

图1-3 教育大数据研究范式

1.2 教育大数据与学习分析的概念

1.2.1 教育大数据的概念与特征

教育大数据是指在教育环境下教育各项活动过程中所产生的多源异构数据集合。作为大数据的一个子集,教育大数据特指教育领域的大数据,具有驱动教育决策科学化、学习方式个性化、教学管理人性化和评价体系全面化的价值潜能。教育大数据并非仅仅强调数据的数量"大",更重要的是强调数据带来的作用"大",通过对大量的教育数据进行分析,得出教育数据之间存在的关联,分析产生数据的原因并帮助预测教育发展趋势。

依照不同层级的主体和教育教学活动的各项内容,教育大数据可以分为 4 个层次和 6 个类型。4 个层次包括个体、学校、区域和国家;6 个类型包括基础数据、管理数据、教学数据、科研数据、服务数据和舆情数据。其中,基础数据包括学习者的学号、年级、身份等基本信息数据;管理数据包括各类教育管理系统当中记录的数据,如学习者的学籍数据、档案数据和各类统计数据等;教学数据包括教学过程中涉及的过程、内容和结果数据;科研数据包括各类教育教学实验与科研项目当中所获得的数据;服务数据包括各类与教育教学相关的服务系统当中记录的数据,如各类师生生活服务、图书档案服务等数据;舆情数据包括各类公开媒体中与教育相关的数据,如各类教育新闻数据、微博等社会网络系统中教育相关数据等。

教育大数据的特征与大数据特征既有重合,又有不同:首先,从规模上看,教育大数据的体量尚未达到零售业、电信业等领域的规模,但已经超出了传统数据工具的处理能力;其次,从流转速度上看,教育大数据流转速度相对较慢,并不像交易数据、搜索数据或通信数据具有快速流转的特性。相应地,教育教学的周期性决定了教育大数据具有典型的周期性;最后,从数据构成方面看,教育大数据中的非结构化数据,特别是音视频数据占很大比重。这些数据来自课堂录像、教学资源等,不同于传统数据库记录的数据,具有一定的分析复杂性。同时,与电商等领域中步骤清晰、结果明确、周期较短的交易活动不同,教育教学活动具有更高的过程复杂性。通过教育大数据分析发现规律更为困难。可见,教育大数据的特征可以概括为强周期性、高复杂性和巨大价值性。

1.2.2 学习分析的概念与特征

目前,关于学习分析的概念学界尚未有一个统一的认识,但多数学习分析文献中引用了第一届学习分析与知识国际会议对学习分析的界定。在此，我们对国外有关学习分析的内涵和提出者进行了梳理和总结，见表 1-1。

表 1-1 国外学习分析的概念汇总

提 出 者	内　　涵
International Conference on Learning Analytics and Knowledge，2011	学习分析是指对学习者及其所在情境中产生的数据进行测量、搜集、分析和报告，以便理解和优化他们的学习及其所处的环境
Siemens George，2011	学习分析是指应用智能数据、学习者产生的数据和分析模型发现学习者内在的信息和社交联系，以预测或改善学习
Tanya Elias，2011	学习分析通过对学习者信息和行为数据的针对性分析来改善教与学
Johnson L, Smith R, Willis H, Levine A and Haywood K，2011	学习分析是指对学习者产生的数据进行汇总和解释，以评价他们的学习进展，预测未来的学习表现，并发现潜在的问题
US Department of Education, Office of Educational Technology，2012	学习分析是指采用信息科学、社会学、心理学、统计学、机器学习和数据挖掘领域中的技术，对来自教育管理和服务、教与学中的数据进行搜集、分析和创造性应用，以更好地改善教育实践
Lockyer, Heathcote & Dawson，2013	学习分析是指将学习者及其所在学习环境中的动态信息进行应用、处理和分析，以便对学习过程和环境进行实时建模、预测与优化，以及做出准确的教育决策
Johnson L, Adams Becker S, Cummins M, Estrada V, Freeman A and Ludgate H，2013	学习分析是利用与学习者相关的数据来建立更好的教学方法，以解决学习困难问题，并为管理者、政策制定者和立法者提供实践项目有效性的依据。
Johann Ari Larusson, Brandon White，2014	学习分析是对教育数据进行收集、分析和应用以对教育领域之共同体的行为进行评估。

通过对国外有关学习分析的概念梳理我们可以看出，尽管不同研究者和学术团体对学习分析有着不同的认识和理解，但其所体现的内涵和外延存在共性。在对这些概念进行内容分析的基础上，我们认为学习分析具备以下 4 个方面的特征。

1．分析过程的完整性

区别于其他与学习分析相关技术的功能单一性和独特性，学习分析注重分析过程的完整性，包括对数据的捕获和存储、分析和报告、预测、行动干预、调整等阶段。其中，数据的捕获和存储阶段主要对教育情境中的数据通过多种感知设备、输入设备进行获取，并采用大数据技术对数据进行存储和清洗；数据分析和报告阶段主要采用相关数据挖掘技术对有价值的数据进行分层处理，并以可视化的方式展现数据分析结果；预测阶段主要基于数据分析结果，参照学习者模型对学习者后面的学习行为结果进行预测，以便及时发现问题；行动干预阶段主要依据预测结果，对学习者的学习行为、学习内容、学习方式等方面进行干预，以改善他们的学习成效；调整阶段主要基于实施过程和结果对前面各阶段中可能存在的问题进行修改和调整。各阶段之间紧密相联且循序渐进，最终形成一个线性循环的分析技术路线。

2. 数据来源的广泛性和多样性

从数据收集的对象来看，学习分析的数据来源涉及教师、学习者、管理人员、决策者等，基于这些对象所产生的行为数据进行有针对性的分析，以更好地优化教育实践；从数据来源的技术平台来看，记录行为数据的平台有 Blackboard、MOOC 平台、教育云服务平台等，基于这些平台中的学习管理系统可以记录学习者的行为数据；从数据来源类型来看，搜集的数据包括学习行为、情绪状态、表情特征、注意力水平等。由此可以看出，学习分析的数据来源较为广泛且类型多样。

3. 分析结果的可视化表征

数据分析和呈现是学习分析过程中的一个重要环节，该过程往往需要借助分析工具对数据进行加工处理。在这个过程中，数据分析结果的可视化输出和表征是学习分析的一个特色所在。以往的电子学档系统注重对数据的分析和处理，在呈现方式上缺少支持；而学习分析注重对分析结果的呈现和表征，即通过折线图、蜘蛛网、社会网络、移动点等多种形式以一种直观易理解的方式呈现给用户，从而使用户能够快速了解分析结果。

4. 学习行为的预测与干预

过去的教育数据挖掘和统计分析工具往往注重对行为数据的分析和挖掘，而学习分析在数据分析结果的基础上，结合学习者特征对其学习行为进行预测，了解未来学习者的学习表现，并对可能出现学习问题的学习者进行干预，以更好地优化学习结果。可以看出，学习分析在预测和干预方面是一种学习过程分析和优化行为导向的分析思路，其目的是更好地优化教与学实践。

1.2.3 教育大数据、学习分析、教育数据挖掘的关系

1. 教育大数据与学习分析的关系

从概念内涵来看，教育大数据体现的是不同教育情境下所产生的各类数据集合，包括学习数据、教学数据、教育管理数据、校园活动数据等；而学习分析体现的是对学习者及其情境数据开展采集、分析与报告等系统化分析服务。教育大数据为学习分析提供了与学习相关的数据源，因此两者属于交叉关系。从概念外延来看，教育大数据注重数据思维和循证分析，强调应用新兴教育分析手段，探索教育实践问题及其规律；而学习分析侧重对学习者的学习及其环境进行优化。从涵盖范围来看，教育大数据包含学习分析，指向了教育领域中数据驱动的系统分析流程与多个环节，外延更大。

2. 学习分析与教育数据挖掘的关系

学习分析的环节中涉及数据的分析和处理，这与教育数据挖掘有相似之处，但两者各自有不同的特征和取向。通过前面对学习分析相关内容的介绍，可以看出学习分析关注学习者的意义建构和行动，而教育数据挖掘聚焦于开发一些方法以发现教育情境中的一些独特类型的数据。尽管两者在各自领域中应用一些共同的技术，但教育数据挖掘更聚焦于还原论分析。通过对学习分析和教育数据挖掘的比较和分析可以发现，两者在起源、探索方向、自适应和个性化、技术和方法等方面有不同的侧重点，见表1-2。

表1-2 学习分析与教育数据挖掘的区别

分析维度	学习分析（LA）	教育数据挖掘（EDM）
起源	主要源于语义网；智能课程、结果预测、系统干预	主要源于教育软件和学习者模型
探索方向	侧重支持人类判断	侧重自动探索
自适应和个性化	侧重向教师和学习者报告结果	侧重自适应
技术和方法	社会网络分析、语义分析、影响分析、讨论分析、学习者成功预测、概念分析、意义建构模型	分类和聚类、贝叶斯模型、关系挖掘、模型发现、可视化

1.2.4 学习分析的发展脉络

1. 学习分析的兴起与相关理论推动

1) 学习分析的兴起

从领域催生来看，学习分析来源于其他一些研究领域，并与这些领域保持紧密的关系，包括商业智能、网站分析、学术分析、教育数据挖掘和行动分析。其中，商业智能已经在商业领域中有一个完整的流程，决策者利用信息技术将思维策略与大量的数据进行整合以提高决策能力；网站分析是对网络站点访问者和客户的数据进行搜集、分析和报告的过程，以便更好地了解网站的运营状态、浏览数据的变化趋势等。通过网站分析，我们可以追踪用户的行为数据，了解他们的兴趣偏好，在此基础上应用预测模型可以更好地满足用户未来的需求；学术分析将商业智能中的技术和工具应用到学术界，其目标是研究影响机构收集、分析和使用数据的技术和管理因素；教育数据挖掘是将各种教育信息系统中的原始数据转换为有价值信息的过程，这些信息可以为教育研究者、管理人员、教师、学习者及教育软件开发者提供指导；行动分析是一种以前瞻性的思维方式进行教育数据挖掘实践的过程。学习分析则集合了这些相关领域中的优势与特色，通过建立分析模型来预测行为，并对实践应用的结果进行反馈，以便更好地改善与教和学实践相关的模型和工具。

从时间发展来看，学习分析可以追溯到 20 世纪 50 年代的运筹学、商业智能技术、人工智能与数据挖掘、社会网络分析及 20 世纪 60 年代的文献统计学与科学计量学、20 世纪 70 年代的信息可视化、20 世纪 90 年代的网络数据分析等。2005 年，有研究者提出了学术分析（Academic Analytics）的概念，将商业智能工具应用于教育领域，旨在研究影响教育机构收集、分析和使用数据的技术和管理因素。到 2008 年，有研究者强调不仅要获取教育数据，更重要的是应用这些数据持续改善学习条件和教育成效，并将其称为行动分析（Action Analytics）。然而学习分析真正成为一个相对独立的研究与实践领域是以 2011 年召开的第一届学习分析与知识国际会议为标志的。乔治·西蒙斯（George Siemens）发起组织了这次会议，并成立了学习分析学会，会议对学习分析的概念进行了阐述，即学习分析旨在测量、收集、分析、报告学习者及其学习情境的相关数据，以促进对学习过程的理解，并对学习及其发生的环境进行优化。

2）推动学习分析发展的相关理论

学习分析作为一个领域融合了多门学科，人工智能、统计分析、机器学习、商业智能等都推动了学习分析的发展。乔治·西蒙斯对推动学习分析发展的相关领域和教育研究活动进行了总结和介绍，包括 8 个方面。

（1）引用分析。

加菲尔德（Garfield）是最早对《科学》杂志上的论文进行分析的研究者，他通过对论文的引用分析强调如何让科学发展能更好地被人理解。通过追踪引用，科学家可以观察研究是如何被传播和验证的。谷歌早期搜索引擎的关键算法研究者提出了网页排名（Page Rank），在网络中采用了加菲尔德的分析和权重模型以获取近似或重要的特定资源。在教育领域中，引用或链接分析有助于获取该领域的知识图谱。

（2）社会网络分析。

社会网络分析在社会学中较为兴盛，其发展经历了从早期的社交网络研究到数字环境下的网络分析，近年来聚焦于不同类型的媒体对社交关系的影响分析。

（3）用户建模。

用户建模主要关注模拟用户与计算机系统的交互，摒弃将所有用户进行同等对待的做法，转而关注不同用户的个性和目标。由于用户建模能够帮助研究者设计更好的系统，并理解用户是如何与软件进行交互的，因此它在人机交互研究中变得越来越重要。在学习分析领域中，通过用户建模识别个体独特的学习特征、目标和动机将变成一项重要的活动。

（4）教育和认知建模。

教育和认知建模主要应用于追踪学习者如何学习知识。认知模型研究者一直试图开发一个能解决问题的计算模型系统，并将其用到学习者身上使其能帮助学习者解决问题。认知建模有助于将智能或认知导师进行拓展应用。一旦认知过程能够被建模，我们就可以开发软件来更好地支持学习者的学习过程。

（5）智能导师。

计算机作为学习工具已经应用了几十年，伯恩斯（Burns）在1989年对智能导师系统的采用和发展进行了分析，认为其最终会经历3个层面的智能：①领域知识；②学习者知识评价；③教学干预。这3个层面仍然与研究者和教育者相关。

（6）数据库知识探索。

自1990年之后，数据库知识探索成为一个研究方向，主要关注方法和技术的发展以更好地理解数据。教育数据挖掘影响了数据库知识探索早期的发展方向。

（7）自适应超媒体。

自适应超媒体主要通过增加内容和交互的个性化来进行用户建模。自适应超媒体根据每个用户的目标、偏好和知识建立一个模型，以便更好地满足用户需求。学习内容的个性化和自适应是未来学习科学的一个重要方向。

（8）数字化学习。

在线学习中学习者的数据能够被捕获和分析，这极大促进了学习分析的发展。当学习者应用学习管理系统、社交媒体或类似的在线工具时，他们的鼠标光标位置、学习模式、完成任务时间、在论坛中的讨论等都会被追踪。大规模在线课程的快速发展为研究者提供了丰富的数据，可以帮助他们评价网络环境下的教与学。

2. 学习分析研究协会介绍

学习分析虽然是近年来刚兴起的一个研究领域，但迅速得到了研究者们的广泛重视。世界各地对学习分析感兴趣的研究者成立了学习分析研究协会（Society for Learning Analytics Research，SoLAR），成员国涉及美国、加拿大、澳大利亚、中国、比利时等。该协会是由国际范围的跨学科研究者通过网络建立形成的，旨在探索学习分析在教学、学习、培训和发展中的作用和影响。该协会的使命是：①将最高标准的学术研究应用于学习分析中；②促进学习分析中开放教育资源的发展；③提高教育研究机构和政府中的政治家与决策者对学习分析的认识；④为学习分析中的不同利益相关者创造交流、协作、辩论的机会，如学术研究者、产品开发者、教育者、学习者、机构管理者和政府政策分析员等。该协会下开设了学习分析与知识国际会议、学习分析暑期学院、倡议、信息中心等，并且出版了《学习分析杂志》，各项目具体信息见表1-3。

表 1-3　学习分析研究协会所开设的项目

项目名称	简介
会议：学习分析与知识国际会议	该会议是最高规格的研究论坛，创办于 2011 年，主要为研究者、管理者、软件开发者提供一个交流、辩论的平台。该会议与美国计算机协会（Association for Computing Machinery，ACM）合作，并将会议论文提交到 ACM 数字图书馆，以供研究者查阅
战略活动：学习分析暑期学院	该活动旨在探索一门新兴学科在教育研究和实践中的潜在作用和影响。通过将相关研究者聚集在一起组成一个夏令营，并开展一些活动，来促进该学科的成熟发展，目前已在哈佛大学、斯坦福大学、麦考瑞大学等地举办过讨论会
协作与研究：倡议	倡议旨在通过多学科合作来支持学习分析的协作与开放研究，包括建立分布式的研究实验室，探索学习分析与开放学习、技术的交叉点及与计算分析学科的专家合作等
出版物：《学习分析杂志》	该杂志旨在将研究者、开发者与从业人员建立联系，创造和传播新的工具和技术，转换研究成果，并提供持续的评估和概念、技术、实践结果的批判
知识传播：信息中心	信息中心主要供研究者分享和发布一些讲座视频、短篇文章、演示文稿等资料，其他研究者可以在此跟帖讨论

3. 学习分析的发展阶段

为了把握学习分析的发展阶段，我们从学习分析的核心文献及其在发展历程中的推动作用的视角出发，对 2011—2019 年文献的引证关系进行分析，得到引文编年图，如图 1-4 所示，图中每个圆圈代表一篇文献；圆圈中的数字代表文献的编号；圆圈的大小代表文献被引频次数值的大小；圆圈之间的连线和箭头代表不同文献之间的引用关系；连线的疏密程度反映连线所在时间段内的文献热度。纵观整张引文编年图及线条的疏密

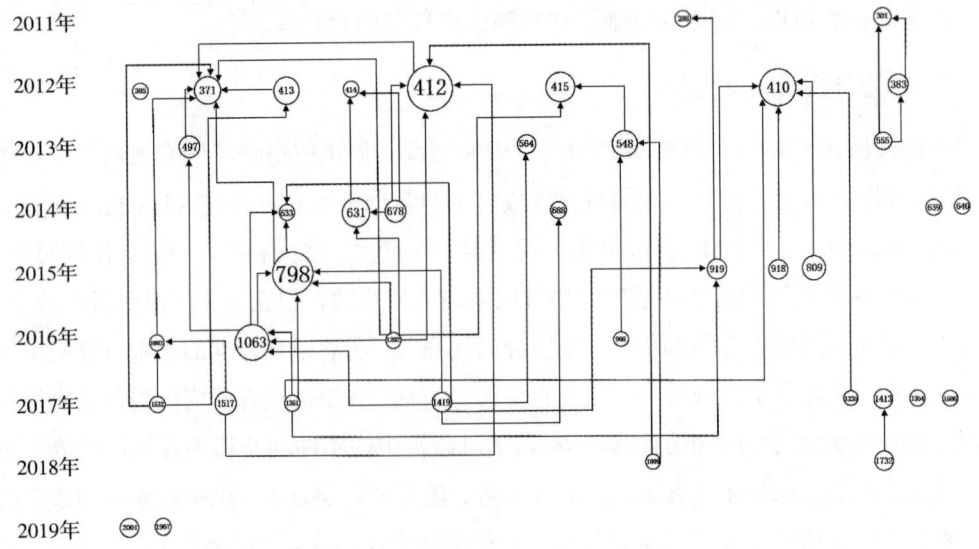

图 1-4　学习分析核心文献的引文编年图

程度，结合核心作者群的时间演化和学习分析的发展历程可以得知，学习分析发展可以归为 3 个阶段：2013 年之前的萌芽发展阶段、2014—2017 年的繁荣发展阶段、2018 年至今的深化发展阶段。

1）萌芽发展阶段

从 2011—2013 年的圆圈大小可以看出，412、410、371 是被引频次排名前三的文献节点。文献 412 由沃尔夫冈·格雷勒（Wolfgang Greller，2012 年）等人发表，该研究提出了学习分析的通用框架，并将其作为一个指南来服务学习分析，以解决其存在的障碍与问题。此外，该研究还从道德和隐私层面提出通过政策指导方针来解决上述问题。文献 410 由西蒙·舒姆（Simon Shum，2012 年）等人发表，该研究主要从技术驱动的因素、社会学习分析的用途、数据获取与管控 3 个方面来探讨学习分析所面临的挑战和机遇。文献 371 由利亚卡特·阿里（Liaqat Ali，2012 年）等人发表，该研究介绍了他们开发的一款学习分析工具 LOCO-Analyst，该工具可以为教师提供学习活动分析和学习表现反馈。综合该阶段文献分析可知，这一阶段注重学习分析的理论模型设计、发展方向讨论、工具设计、行为分析与预测等方面，体现出方向确立、主题初探、干路搭建的阶段特征。

2）繁荣发展阶段

从 2014—2017 年的圆圈大小可以看出，798、1063、631 是被引频次排名前三的文献节点。文献 798 由德拉甘·加舍维奇（Dragan Gasevic，2015 年）等人发表，主要通过对学习分析知名案例的分析，总结经验教训，指明未来学习分析发展和创新的着力点及各方条件对其产生的影响。文献 1063 由德拉甘·加舍维奇（Dragan Gasevic，2016 年）等人发表，该研究以混合式学习环境下的 9 门本科课程为研究对象，分析了教学条件，特别是学习管理系统对学习者学业成功的影响程度。文献 631 由阿贝拉多·帕尔多（Abelardo Pardo，2014 年）等人发表，该研究分析了教学环境中的隐私问题，并提出了保护数据隐私的 4 项原则，以帮助机构合理合规地应用数据。综合该阶段文献分析可知，这一阶段注重学习分析技术的教与学应用、实践反思、技术整合、数据隐私等方面，体现出方向延展、主题渐强、支路分化的阶段特征。

3）深化发展阶段

从 2018—2020 年的圆圈大小可知，此阶段线条稀疏的原因是发表时间较短，被引频次较低。出现的文献节点有 1809、1732、2001、1967，发现这一阶段的研究主要关注多模态学习分析、个性化学习反馈等，说明学习分析更加强调个性心理等内源因素的影响，并落实到以人为本的发展理念上来。此外，该阶段还对来自测量科学的信效度问题进行审视，即如何将统计分析中的信效度测试快速转化应用到学习分析中。研究者需要反思学习轨迹数据的可靠性及基于数据进行解释的有效性,该方面的分析引发理论层面的设计与优化,包括应该收集哪些学习痕迹数据,以及这些数据如何有效地改善学习。整体而言,这一阶段在继承先前研究的基础上,实现了更为具体、深入的发展,体现出研究方向更加多元、数据来源更加广泛、技术算法更加智能、主题内容更加聚焦的阶段特征。

1.2.5 学习分析的目标与方向

1. 学习分析的目标

学习分析旨在通过分析建模来预测行为并进行干预,并将结果反馈到过程中以更好地改善预测分析。与学习分析直接相关的对象包括教育者和学习者,安娜·戴克霍夫（Anna Dyckhoff）等研究者对学习分析的目标,教育者、学习者的目标进行了详细介绍,见表1-4。

表1-4 学习分析及其教育者和学习者的目标

学习分析的目标	教育者的目标	学习者的目标
（1）追踪用户的活动； （2）捕获学习者与资源及学习者之间的交互； （3）搜集不同系统中的数据； （4）为教育者和学习者提供有关学习者活动的反馈和信息； （5）强调数据的重要方面,并提供不同的分析视角； （6）为同伴的比较提供可能性； （7）将用户的注意力集中到与兴趣相关的对象中； （8）准确地指出问题所在； （9）建立起一套早期预警系统； （10）提供决策支持	（1）监控学习过程、学习方式和习者的努力程度； （2）探索学习者的行为数据,了解学习者的学习策略； （3）确定学习困难者； （4）发现学习优秀者、学习困难者和辍学者的早期学习特质； （5）了解特定学习材料和成功潜质的有效性； （6）意识到反思的重要性； （7）更好地理解学习环境的有效性； （8）对学习者进行干预、管理； （9）发现有效的模式； （10）改善教学、资源和环境	（1）监控自己的活动、交互和学习过程； （2）将自己的学习水平与班级水平和学习优秀者进行比较； （3）进行自我反思； （4）改善讨论的参与度、学习行为和表现； （5）变成学习优秀者

2. 学习分析的技术方向与应用领域

学习分析涉及两个部分的重要内容:技术与应用。技术部分主要通过一些具体的算法和模型来进行分析,应用部分则通过技术分析结果影响和改善教与学。有研究者提出学习分析领域中5个基本的技术方向:①预测；②聚类；③相关挖掘；④提取数据支持人类判断；⑤模型发现。

学习分析的5个应用领域包括:①用户知识、行为和经验建模；②创建用户档案袋；③知识领域建模；④趋势分析；⑤个性化和自适应。尽管学习分析的技术方向和应用领域各有侧重点，但两者之间紧密相联、相辅相成。例如，用户建模、知识领域分析、智能导师、社交网络分析、知识领域建模等，都需要学习分析技术和应用两个方面的支持。

1.3 数据驱动的学习分析研究现状

1.3.1 文献来源与处理

1. 文献来源

为了能够对学习分析研究进行系统分析，我们既要汇总学术组织中的各类文献，又要选取数据库中与学习分析相关的文献，基于此，研究数据样本包括近 10 年"学习分析与知识国际会议"论文、"学习分析杂志"论文、Web of Science 数据库中的相关论文。在数据库中检索时，为了避免非相关主题文献混入和相关主题文献遗漏，我们先对学习分析杂志和会议论文中的关键词进行汇总分析，再结合不同教育场景下的学习分析内容进一步拟定检索词，并对这些检索词逐一进行检索和判断，最后对各自检索出的相关文献进行汇总，通过此方式可以获取到各类相关的文献。通过汇总文献，我们获得会议论文 529 篇，学习分析期刊论文 242 篇，其他期刊论文 2941 篇，共计 3712 篇。

2. 文献处理

文献处理部分通过下载、格式统一、清洗 3 个环节完成。首先，对 Web of Science 数据库搜索到的文献进行筛选，并以文本格式将文献的题录信息进行导出；采用 Endnote 对 ACM 数据库中会议论文的题录信息进行提取；下载历年"学习分析杂志"的论文并提取题录信息。其次，以 Web of Science 数据库的字段标识符为标准格式，对其他两个数据源的题录信息文本进行格式统一。最后，将多个数据库的文献综合起来进行去重清洗，对国籍、作者、关键词等所涉及的同义词进行相关性的批量合并，将预处理完成的文本数据进行规整以供后面分析。

1.3.2 研究者所属国家或地区分析

通过对近 10 年研究者所属国家或地区的分析，可以发现不同国家或地区在学习分析领域的贡献程度，以及各个国家或地区之间合作关系的亲疏程度。我们对发文量排名前 25 的国家或地区的合作关系数据进行分析和可视化，得到如图 1-5 所示的弦图。

"圆弧"在圆周上所占的比例越大，代表该国家或地区在学习分析领域的发文量越大，对于该领域的影响力越高。"弦"代表相连两个国家或地区之间的合作关系，"弦"越粗代表两个国家或地区之间的合作次数越多，关系越紧密。从贡献程度来看，美国、澳大利亚和英国是学习分析领域国际合作中的主阵地，其次是加拿大、西班牙、中国、德国、苏格兰等国家或地区。从合作关系来看，"弦"交错紧密，说明该领域的跨国合作活跃程度很高，其中澳大利亚-美国、加拿大-美国、澳大利亚-英国、澳大利亚-苏格兰、澳大利亚-加拿大这5组国家或地区的合作关系比较紧密。由此可见，美国在该领域的贡献程度最高，澳大利亚和其他国家或地区的合作最为紧密，这两个国家引领推动着学习分析研究的发展。

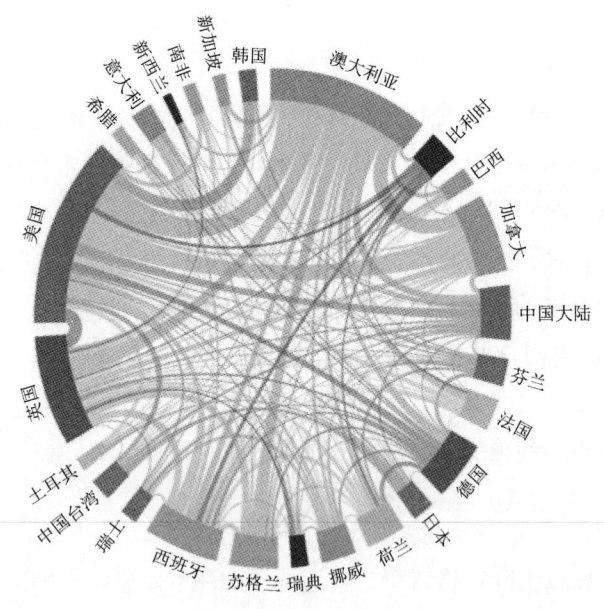

图1-5 研究者所属国家或地区的弦图

1.3.3 核心作者群分析

为了厘清学习分析主要研究团队及其变化，我们对核心作者群的社会网络关系进行分析。通过分析可知，在早期阶段，以乔治·西蒙斯（George Siemens）、西蒙·白金汉（Simon Buckingham）、弗格森·丽贝卡（Ferguson Rebecca）、德拉克斯勒·亨德里克（Drachsler Hendrik）为主的研究团队开展了较多探索，他们的国籍分布在加拿大、澳大利亚、英国、德国，这些学者主要关注学习分析的理论设计、可视化分析、学习干预等。在中期阶段，以瑞安·贝克（Ryan Baker）、肖恩·道森（Shane Dawson）、阿贝拉多·帕尔多（Abelardo Pardo）、罗伯托·马丁内斯（Roberto Martinez）为主的研究团队进一步推动了学习分析组织的壮大，他们的国籍分布在美国和澳大利亚，这些学者主要关注教育数据挖掘、文本与话语分析、学习评价等。在后期阶段，以德拉甘·加舍维奇（Dragan

Gasevic)、泽维尔·奥乔亚（Xavier Ochoa）、亚历山大·温赖特（Alexander Wainwright）、克里斯托弗·布鲁克斯（Christopher Brooks）为主的研究团队则提升了学习分析的全球影响力，他们的国籍分布在英国和美国，这些学者主要关注认知心理、自适应与人工智能分析、学习反馈等。

1.3.4 研究者学科背景分析

当前学习分析领域的研究者的学科背景除教育学、计算机科学、统计学等基础学科外，还涉及人工智能、心理学与认知科学、经济学、艺术设计、管理学、情报学等学科。各学科之间存在交叉联系，特别是教育学、计算机科学、人工智能、心理学与认知科学这4门学科合作密切，说明研究者试图通过跨学科合作来解决教与学实践中的复杂问题。此外，教育数据背后的学习本质——学习者是如何学习的这一基本问题也是学习分析需要探测和解释的，而该问题的解决需要心理学与认知科学的相关理论支持。交叉学科研究是产生新学科的沃土和源泉，是获得原创性科学成果的重要途径，也是解决重大技术、社会问题的必然选择。学习分析作为一个新的研究领域，其多学科交叉的研究背景可能在未来给教育教学带来飞跃式的变革。

1.3.5 研究主题分析

1. 学习分析理论框架研究

关于学习分析的理论研究主要集中在学习分析模型、技术和应用领域、道德和隐私原则等方面。在学习分析的理论模型和框架上，比较有代表性的有：乔治·西蒙斯（George Siemens）依据系统方法提出了学习分析模型，包括搜集、存储、清洗、整合、分析、可视化呈现和行动等7个部分，如图1-6所示；德克·伊芬塔勒（Dirk Ifenthaler）等人提出较为具体的学习分析内容框架，包括个人特征、社交网络、身体数据、课程、网络学习环境、学习分析引擎、报告引擎、个性化和自适应引擎、机构策略和管理决策等内容。

2. 学习分析工具设计与应用研究

1）学习分析工具的种类与分析

国外研究者安娜·戴克霍夫（Anna Dyckhoff）等对各类学习分析工具进行了梳理和汇总，并从不同视角对学习过程中的一些指标和数据来源进行总结，见表1-5。可以看出，当前学习分析工具分析的对象涉及学习者、小组、课程、内容和教师。在分析内容方面，这些工具主要围绕课程学习内容、作业与考试、学习资源、小组讨论交流和学习预警等方面展开。从工具的分析对象和来源上看，主要对学习者和课程信息两个方面进行分析，这些数据来源于学习者在网络学习过程中生成的数据。此外，从分析内容的深度方面看，当前的学习分析工具主要侧重分析学习者表层数据内容，如页面访问和持续时间、资源访问量、测评与考试结果等，对学习者内在的特质和背后的信息分析不足，如学习者的思维水平、学习问题成因、心理特质等。

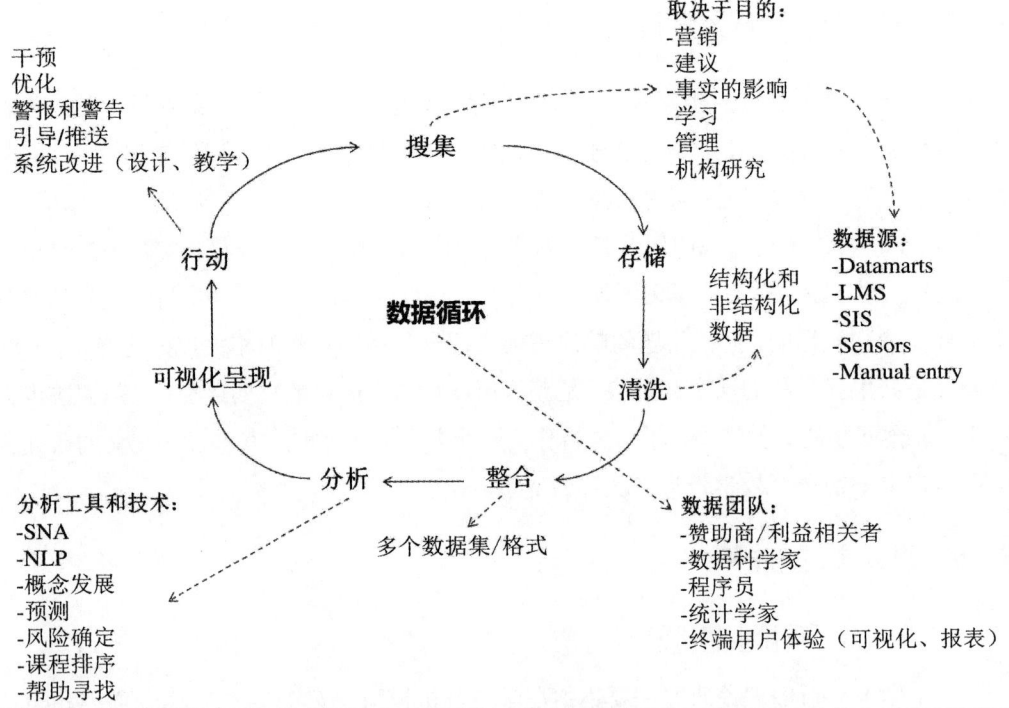

图1-6　乔治·西蒙斯提出的学习分析模型

表1-5　当前学习分析工具的分析内容和数据来源分析

分析指标	分析对象					数据来源					
	学习者	小组	课程	内容	教师	学习者生成数据	情境数据	学习档案	评价	课程表现	课程元数据
每个学习者浏览页面内容的数量	√					√					
每个学习者开始的课程数	√					√					
每个学习者提交的作业数	√					√				√	
学习者与关键词的相关性	√					√					
有风险的学习者状态报告	√					√		√		√	
对学习者邮件内容的社交网络分析	√						√				

续表

分析指标	分析对象					数据来源					
	学习者	小组	课程	内容	教师	学习者生成数据	情境数据	学习档案	评价	课程表现	课程元数据
对学习者邮件内容的关键词分析	√					√					
对学习者观看资源的情况分析	√					√	√				
对学习者的学习成绩水平分析	√		√					√			
学习者对学习资源的标签分析	√			√					√		
对每个课程阶段的学习内容数量分析	√										√
对每个小组中活动参与者的数量分析		√				√					
对每个小组中的文件数量分析		√				√					
对缺乏交流行为小组的建议		√				√					
对课程整体的访问情况分析			√			√					
对未学习的资源分析			√			√					
学习路径分析			√			√					
对每个课程阶段的学习者交互中心度分析			√			√			√		
学习者对讨论主题的理解力分析			√								
对学习测验的平均值和整体值分析			√							√	
对出错学习者的聚类分析			√							√	
给教师提供关于学习优秀者和学习困难者的建议			√							√	
对学习测验中错误问题的平均数分析				√						√	
对学习者访问学习资源的次数分析				√	√						

2）学习分析工具的设计与应用研究

这方面的研究主要通过对学习者行为数据的记录和分析，设计和开发学习分析工具，并对结果进行可视化输出和呈现，以更好地帮助教师和学习者了解当前学习状态。比较有代表性的研究有利亚卡特·阿里（Liaqat Ali）等研究者设计和开发了一个对学习活动和结果提供反馈的工具 Loco-analyst，该工具提供 4 类反馈，包括课程学习信息、学习测验、参与讨论和模块交互。安娜·戴克霍夫（Anna Dyckhoff）等研究者设计了 Elat 学习分析工具，该工具主要帮助教师分析学习者的学习时间、兴趣领域、资源使用情况、参与度及其与学习成绩的相关度，并通过可视化面板对分析结果进行输出和监控，促进教师教学方法的反思和改善。

3. 学习行为数据的可视化设计与分析研究

这类研究主要集中在可视化工具设计、基于数据肖像的学习监测和可视化学习能力与状态上。例如，何塞·桑托斯（Jose Santos）等研究者以大学工程专业二年级学生及其所学的"问题解决和设计"课程单元为研究对象，设计和开发了一个用以可视化活动数据的仪表盘，学习者可以利用该仪表盘监控自己的活动并与同伴进行比较。德里克·莱昂尼（Derick Leony）等研究者设计了一个将学习者参与活动的行为数据结果以多种方式呈现的可视化学习分析工具Glass，该工具用4种不同呈现方式对学习者参与活动的情况进行分析，方便学习者查看学习情况。大卫·索洛萨诺（David Solorzano）等研究者对异步网络学习环境下学习者头像与可视化的学习过程数据进行了探索实践，通过该可视化模式可以直观地了解到异步网络学习环境下学习者的课程学习和参与表现。在可视化学习能力状态方面，杰夫·格兰（Jeff Grann）等研究者以MBA学习者为研究对象，对其在"财务统计"这门课程学习中的胜任力进行分析，并通过进度条和不同颜色来标示学习者的优秀、熟练、一般等不同程度水平。

4. 虚拟学习社区中的社会网络分析研究

这方面的研究主要集中在网络环境下社会学习分析的方法、虚拟学习社区中的对话交流、社交网络分析及学习社区中的学习者交互预测模型等方面。比较有代表性的研究有丽贝卡·弗格森（Rebecca Ferguson）等从社交媒体、开放内容和数据、社交参与度等3个方面对社会学习分析的成因进行了分析，提出了社会学习分析的5种方法，包括社会网络分析、言语分析、内容分析、学习力分析、情境分析等，并举例说明了每种方法的应用。德万·罗森（Devan Rosen）等介绍了虚拟学习社区中基于聊天内容的分析和测量过程，并通过社会网络分析、内容分析和情境分析探索虚拟学习社区中的结构、群组交互和个人学习结果。

5. 基于学习过程监控的学习评价与预警研究

这类研究主要包括网络学习中学习过程与结果相关性研究、网络环境下学习者情感状态与行为参与度相关分析、课堂学习环境下的学习者注意力评价研究和基于学习过程数据的早期预警系统设计与应用等。例如，莫妮卡·安德加森（Monika Andergassen）等研究者对学习者在考试准备过程中应用学习管理系统的行为数据与学习结果的相关性进行了探索实践，研究结果显示，学习时间、学习天数、学习间隔与最终成绩呈正相关，而不同课程之间未有显著性差异。扎卡里·帕尔多（Zachary A. Pardos）等研究者对网络导学平台中的学习者情感状态与行为参与度的相关性进行了探索研究，结果表明，通过4种情感状态类型能有效推测学习者中长期学习结果，这说明依据情感状态观测可以开展早期学习预警。

1.4 学习分析的内容与流程

1.4.1 学习分析包含的内容

1. 多样化的数据

多样化的数据为自动化的学习支持和针对性的学习服务提供了可能性。学习分析技术数据的采集来源有 3 个：一是学习管理系统、移动终端、社会性软件中记录的学习者的学习行为数据；二是内容管理系统中的学习记录数据；三是学习者学习成果数据，如作业、作品等。将这些不同来源的多样化数据通过第三方分析软件整合并导入同一个分析框架中，就可得出学习者学习情况的分析结果。

2. 多角度的分析技术

要进行有效的分析需要使用多种研究方法、技术与工具。学习分析技术从人机交互、交互内容等多个角度展开，并对数据进行挖掘、聚合、分析，结合定量研究与定性研究的数据为学习提供支持。

3. 可视化的分析结果

通过可视化的形式呈现分析结果，学习者对学习情况、教师对教学情况有直观的了解，并做出有效的判断和分析。

4. 多层次的服务对象

学习分析技术从教师、学习者及管理者的角度，对学习者的学习过程进行客观的预测，方便教师优化教学，改进过程评价手段，帮助学习者进行自我评价、自我诊断，给教育机构和管理者提供决策依据。

1.4.2 学习分析流程

学习分析以学习者为中心，对学习数据进行采集、分析和应用，是循环、迭代的系统化流程。学习分析的系统化流程包括 6 个环节，如图 1-7 所示。

1. 学习问题确立

学习分析旨在通过对学习者及其学习情境数据的测量、收集、分析与报告，理解和优化学习及学习情境。为了达成此目标，需要重新反思当前的学习问题，例如，什么时候学习者可以进行下一个学习主题？什么时候学习者可能在某一门课程中落后？什么时候某个学习者可能有完不成一门课程的风险？如果没有干预补救措施,学习者可能得到什么样的成绩？学习分析需要观察真实环境下的学习现象,在此基础上进一步提炼学习问题。

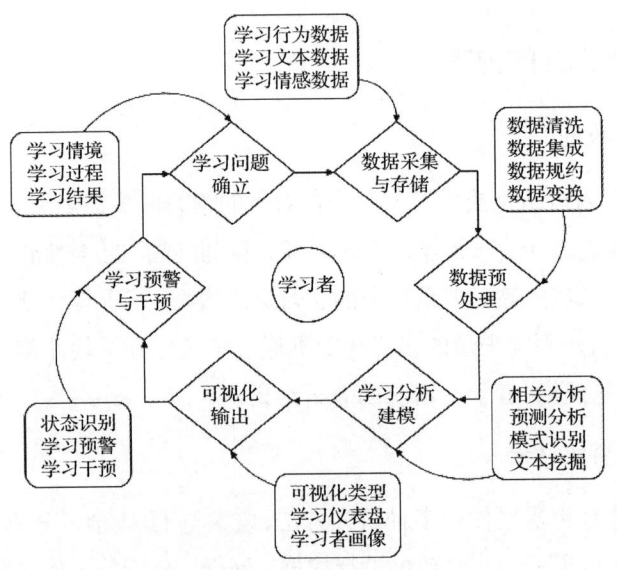

图1-7　学习分析的系统化流程

2. 数据采集与存储

学习分析的数据采集依托于用户目标,包括目标范围内所有的结构化数据、半结构化数据、非结构化数据。数据的走势是由多个维度影响的。数据采集最大的挑战是如何将不同来源的多样化数据加以整合,并将这些多种来源的数据导入同一个分析框架中（常需要采用第三方分析软件）进行存储和处理。在数据存储方面,要求存储系统高效、即时和可扩展。在教育大数据环境下,存储系统可以采用以数据为中心、分布式存储和上下整合的存储架构。

3. 数据预处理

数据预处理是在主要的处理以前对数据进行的一些处理,以保证数据质量能满足数据挖掘的任务需求。数据预处理的主要任务可以概括成4个内容,即数据清洗、数据集成、数据规约和数据变换。数据清洗是指通过填写缺失的值、光滑噪声数据、识别或删除离群点并解决不一致性来"清洗"数据；数据集成是指把不同来源、格式、性质的数据在逻辑上或物理上有机地集中,以更方便地进行数据挖掘工作。数据集成通过数据交换而达到,主要解决数据的分布性和异构性问题。数据集成的程度和形式多种多样,对于小的项目,如果原始的数据都存在不同的表中,则数据集成的过程往往是根据关键字段将不同的表集成到一个或几个表格中,而对于大的项目,则有可能需要集成到单独的数据仓库中；数据规约是指将得到的数据集简化地表示出来，这样不仅数据量较之前小得多，还能够得到几乎相同或完全相同的结果；数据变换是将数据从一种表现形式变为另一种表现形式的过程，常用的数据变换方式是数据标准化、离散化和语义转换。

4. 学习分析建模

学习分析建模通过相关分析、模式识别、预测分析和文本挖掘等方法对数据进行分析和挖掘，建立学习分析模型。例如，采用关联规则挖掘和序列模式挖掘，可以从学习者在数字化学习环境下所产生的学习行为序列中挖掘出相关的规则，揭示学习者在学习一些知识点的同时学习了其他哪些知识点，以及在学习过程中浏览的学习内容、参与的学习活动与学习结果的关系等。

5. 可视化输出

学习分析的服务对象主要是学习者或教师，所用工具和技术需要降低技术门槛，分析结果应是可视化或直观化的数据，以便学习者和教师能通过直观的分析结果对自身的学习或教学情况做出判断。可视化的方式可以使师生很容易地解读学习的参与程度或预测学习者的努力程度。例如，采用社会网络分析法可以分析学习者个人、学习小组、教师和计算机之间的信息交互关系，并以图形、矩阵的形式对数据进行直观呈现。

6. 学习预警与干预

学习预警是指按照一定的标准对学习者的学习背景、学习行为及测验成绩等相关数据进行分析，根据分析结果向教学人员、学习者发出提示信号。在预警分析中，力求了解学习者的学习过程，提前发现学习风险。学习预警系统主要负责确定潜在的风险，通过对学习者的基本数据进行分析处理，生成学习预警报告。学习干预是学习服务提供者为改善学习者学习成效和解决学习问题而针对学习者采取的各种间接的接入性策略与行为的综合，其最终目的是帮助学习者发展特定的知识、技能和态度。学习干预是学习分析技术改善、提升学习者学习成效的直接环节，对保持学习者的学习状态至关重要。

1.5 教育大数据与学习分析的隐私保护

1.5.1 教育大数据的隐私与伦理诉求

数据首先是一个科学的概念，是指能够被数字化传递或处理的数字形式信息，是对于已经发生的行为或事件的客观记录与呈现。数据与信息之间存在密切的关联，客观的数据中包含的是人或物的信息，因此数据代表了人或物所具备的特征。从社会视角来看，这些特征都是基于人而产生的。随着互联网的普及，网民的各种网络行为构成了大数据。因此，数据伦理应是从数据视角对人的各种行为所进行的伦理关注。在伦理学中，正当与善是两大主题。在数据伦理的范畴中，这两大主题聚焦为数据隐私与数据管理。其中，数据隐私为数据伦理研究的核心，数据管理则构成数据伦理研究的内容。

教育大数据通过数据主体（操作数据的人）和数据客体（产生数据的人）的相互影响形成某种伦理关系。一方面，数据主体通过改进教育活动而影响数据客体，数据客体通过生成教育数据反馈给数据主体；另一方面，数据主体通过挖掘、采集、分析等大数据技术手段来解释数据客体，数据客体则通过修改、占有、支配等应用手段对数据主体提出相应的要求。处在这种由数据内容表征出来的伦理关系中，大数据自身不具备理解道德规则、做出道德判断的能力，但可能会做出与道德判断相关的决策，因此需要更深层次伦理审思。即使教育大数据本身伦理属性并不明显，但当其被应用于预测、分析、评价、决策教育教学活动时，便不可避免地对数据主客体的思维习惯、行为方式、价值观念等产生影响，显现出鲜明的伦理特性，从而促使人们对其产生"善"的价值诉求。教育大数据的伦理诉求，就是处理教育大数据与人的相互关系时应遵循的伦理要求，是指导教育大数据发展的道德动机和正当理由，是数据主体和数据客体等结构要素对伦理价值的共同追求。

教育大数据伦理诉求的基本表现：教育大数据研究只有遵循育人的逻辑，才能不被排斥于教育范畴之外。这正是数据主体自身在教育伦理方面对实现正价值和消解负价值的基本追求——有用与无害。

1.5.2 学习分析面临的隐私挑战

随着大数据时代的来临，教育信息化过程中学习者产生的数据越来越多，为了更好地促进学习者学习，实现真正意义上的个性化学习，需要利用学习分析技术分析学习者的海量数据。但学习分析过程因为增加了学习者的透明性，所以会带来一系列的伦理道德挑战。

1. 个人隐私泄露

在利用学习分析技术分析海量数据的过程中，个人隐私很容易被泄露，因此在将学习数据转变为信息与知识时，这些数据面临着严峻的风险，处于"内忧外患"的境地。

"内忧"主要指的是拥有学习者学习数据的教育机构在处理数据的过程中泄露隐私。有研究者指出，在数据处理过程中引发的隐私泄露问题包括信息收集、误用、二次利用和未授权访问等4个维度。此外，"内忧"还包括拥有数据的教育机构将学习数据出售给第三方、政府机构或同其他教育机构共享数据。

"外患"指利用不正当手段获取学习数据的机构或个人通过学习管理系统的漏洞盗取数据。例如，当向学习者提供适当的便利条件时，这些机构或个人会要求学习者主动发布他们的个人信息。一般情况下，如果学习者想在学习活动过程中获得更多的个性化指导，他们便会主动地提供个人信息。因此，个人隐私泄露既可能是教育机构或研究者们造成的，又可能是学习者本人造成的。个人隐私泄露所带来的风险可能会危及学习者的生理、心理、财产安全等多方面。

2. 数据访问权限模糊

在学习分析过程中，学习者的数据可能被用于不同的情景，由于这些数据应用的范围比较广，它们经常被不同身份、不同目的的研究机构或研究者们访问，因此必须对学习者的学习数据设置访问权限。

然而，在学习者拥有海量学习数据的前提下，教育机构中管理这些数据的安全管理员可能因为缺乏相关的专业知识，而无法准确地为研究机构或研究者们指定能够访问的数据范围，此时若从数据利用效率的角度出发，将学习数据的访问权限设置为所有访问者均默认授权访问是一种极其不理想的方式。研究者为了完成学习分析的工作，需要访问大量的学习数据及个人信息，但能否成功地访问这些数据，是取决于学习者，还是取决于拥有学习者数据的教育机构，还是取决于研究者或研究机构，对此设置的访问权限并不明确。此外，不同类型的学习数据可能需要不同的访问权限，如在学习者的学习活动过程中，存在学习者浏览历史记录的访问权限；在学期结束时，存在学习者学习数据时间、区间的访问权限。总之，如何清晰地统一设置访问权限，是学习分析过程中面临的一个重要挑战。

3. 数据可信性受威胁

利用学习分析技术将学习者的海量数据转变为有价值的知识信息，最重要的前提就是保证数据的可信性。美国管理学家、统计学家爱德华兹·戴明曾说："除了上帝，任何人都必须用数据说话。"

但是，数据可能造假，也可能出错，如果利用伪造或错误的数据进行学习分析，往往就会得出错误的结论。由于获取的学习者数据是海量的，这使研究者们难以从中鉴别出虚假的数据，从而导致出现错误的判断。目前，学习平台中学习者虚假学习行为的产生越来越容易，随之带来的负面影响不可低估；学习数据在收集的过程中可能会因为人工干预而使获得的数据产生误差，利用这些有误差的学习数据进行分析，将影响学习者数据分析结果的正确性。此外，所记录的学习者学习数据可能会因为保存时间过长而失真，或者由于学习平台自身的升级出现数据丢失、遗漏的情况，研究者们收集到的数据不能真实地反映学习者的学习状态。因此，收集分析学习数据，要了解数据的真实来源、数据的传输过程和数据的处理过程，调研数据的各项可信度，以防止利用错误的数据得出无意义的分析结果。

1.5.3 学习分析的隐私保护策略

学习分析技术在教育中存在的伦理道德问题向研究者们提出了挑战，要求研究者们既要利用学习分析技术挖掘教育大数据的潜在价值，又要正确地应对伦理道德问题。而寻求两者利益平衡的途径之一，是遵守教育机构相关的行为规范。为了解决学习分析技术涉及的伦理道德问题，研究者们提出从数据收集和整合的角度出发，针对数据安全与隐私保护问题提出数据使用策略。

1. 遵守透明原则

当利用学习分析技术收集学习数据时，为避免个人隐私的泄露，研究者需要遵守透明原则，提高学习者数据的透明度，即在学习分析的过程中，学习者的哪些数据可以被利用、利用的目的与条件、数据的访问权限及学习者个人信息的保护等都要公开详细地予以说明。因为学习者在学习平台实施学习活动时，往往不会注意自己的学习记录、个人信息是否正在被保存、被收集或被使用。因此，明确告知学习者哪些数据会被收集使用、收集使用的范围、使用学习数据的价值及学习者需要承担的风险等，才能符合道德决策中自主原则的要求。当涉及数据的具体操作时，可以通过学习网站公告或以 E-mail 的形式告知学习者。除此之外，教育机构也应该承担起保护学习者学习数据的责任，并及时提醒学习者注意学习管理系统之外存有的风险。总之，提高学习者数据的透明度，遵守透明原则，有助于降低学习分析技术在教育领域引发的伦理道德失范风险，尤其是能减少学习者个人隐私泄露的概率。

2. 征得学习者的知情和同意

研究者在进行大数据学习分析时，应征得学习者的知情和同意。有研究者在一项关于社交网络隐私风险的调查中发现：周围的朋友或同学会看到网上发布的内容，这使学习者感觉有潜在的风险，而当学习者得知自己的数据会被使用时，为保护自己真实的学习数据，学习者的学习活动往往会呈现出一种虚假的表象。因此，研究者只有取得学习者的知情和同意、获得学习者的信任，才能保证获得的数据真实，进而保证研究的质量。但征得学习者的知情和同意，需要明确数据获取的访问权限，否则便有可能因为学习数据存在被泄露的情况，而使研究者得不到学习者的信任。所以，研究机构必须对数据访问权限不透明这一问题予以高度重视。概括地说，研究计划首先要明确规定数据的访问权限,清楚地表述出可授权访问的学习数据;其次获取学习者的知情和同意,以保证学习数据不会被越权获取;最后通过明确清晰的访问权限规定,保证学习者数据的有限访问,以避免未经授权的研究者访问学习者的学习数据。

3. 提高数据质量:真实性和完整性

在大数据学习分析过程中,数据的可信性受威胁,因此有必要提高学习者数据的质量。一方面,应保证学习数据的真实性,即利用大数据分析技术来识别虚假的学习行为,通过分析大量收集的有关学习者的位置、学习内容和时间等信息,鉴别其学习行为真实发生的可能性。例如,如果学习者浏览某网页的时间过长,或者鼠标光标的位置长时间没有改变,那么该学习者学习行为的真实性就值得怀疑;另一方面,应保证学习数据的完整性,即收集到的学习数据如果因保留时间跨度较长而失真,那么为了不影响学习分析技术的效用,可以将其删除。如果因其他原因而出现学习数据丢失、遗漏的情况,则可根据学习数据对于研究过程的重要性,来决定是将其删除还是将其补充完整。总之,不论通过何种方式来保证数据的真实性和完整性、提高学习数据的质量,都将有利于发挥大数据学习分析技术的研究价值。

思考与实践

1. 学习分析是不是就是对数据进行挖掘与分析?
2. 讨论:对学习分析、学习科学、教育数据挖掘等学术组织的研究特色与差异进行比较分析。
3. 访谈:去访谈教育部门的管理者和教师,了解他们对数据驱动的学习分析的看法及在现实应用中所面临的问题,和同伴交流访谈结果,并制作访谈记录卡。
4. 调研:对本市中小学开展教育大数据与学习分析项目的情况进行调查分析,了解其实施现状,完成一份调研报告。
5. 上网搜索国内外基于教育大数据和学习分析所开发的教育产品,分析其优缺点。
6. 教育大数据与学习分析对教育改革与发展的重要性不言而喻,但在现实中,如何将其与学科教学相结合,提高教与学的成效呢?选取某一学科,围绕学习中的问题,应用学习分析写一个解决方案,并与同伴进行交流讨论。

拓展学习资源

1. 何克抗."学习分析技术"在我国的新发展[J]. 电化教育研究,2016,37(07):5-13.

2. 杨开城. 教育何以是大数据的[J]. 电化教育研究, 2019, 40 (02): 5-11.

3. 王正青, 徐辉. 大数据时代美国的教育大数据战略与实施[J]. 教育研究, 2018, 39 (02): 120-126.

4. 刘桐, 沈书生. 从表征到决策: 教育大数据的价值透视[J]. 电化教育研究, 2018, 39 (06): 54-60.

5. 吴砥, 饶景阳, 吴晨. 教育大数据标准体系研究[J]. 开放教育研究, 2020, 26 (2): 75-82.

6. 戚万学, 谢娟. 教育大数据的伦理诉求及其实现[J]. 教育研究, 2019, 40 (7): 26-35.

7. 顾小清, 胡艺龄. 理解、设计和服务学习: 学习分析技术的回顾与前瞻[J]. 开放教育研究, 2020, 26 (02): 40-42.

8. 韩锡斌, 黄月, 马婧, 等. 学习分析的系统化综述: 回顾、辨析及前瞻[J]. 清华大学教育研究, 2017, 38 (03): 41-51.

9. 尼尔斯·平克瓦尔. 学习分析: 当前的挑战与未来的发展[J]. 开放教育研究, 2020, 26 (02): 42-46.

10. 王楠, 苟江凤. 基于隐私伦理视角的国外学习分析政策分析[J]. 电化教育研究, 2019, 40 (05): 120-128.

11. 杨现民, 田雪松. 中国基础教育大数据 2016-2017: 走向数据驱动的精准教学[M]. 北京: 科学出版社, 2018.

12. [美]戴维·涅米, 罗伊·皮, 博罗·萨克斯伯格, 等. 教育领域学习分析[M]. 韩锡斌, 韩赟儿, 程建钢, 译. 北京: 清华大学出版社, 2019.

第 2 章
教育大数据的采集与存储

本章主要内容

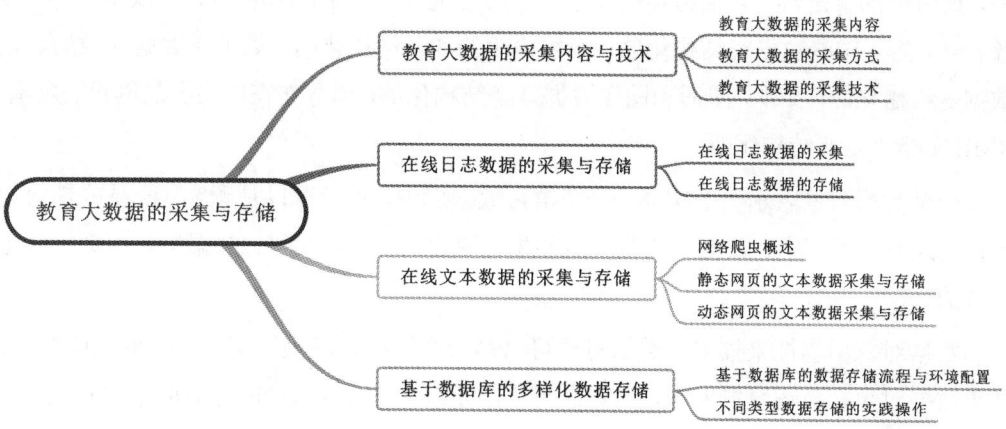

学习目标

通过本章的学习,你应能做到如下几点。

1. 能够说出常见教育大数据的采集内容,并说明其意义价值。
2. 知道教育大数据的采集方式,并能举例说明。
3. 熟悉教育大数据采集的常用技术,能够对不同技术特点进行评判。
4. 掌握不同在线数据采集的操作方法。
5. 能够使用数据库技术对常见的数据进行存储操作。

2.1 教育大数据的采集内容与技术

2.1.1 教育大数据的采集内容

1. 数据对象概述

1）数据对象与属性类型

数据（Data）就是数值，即通过观察、实验或计算得出的结果，可以泛指科学实验、检验、统计等所获得的可用于科学研究、技术设计、查证、决策等的数值。数据有很多种，最简单的就是数字，也指存储在某种介质上能够识别的物理符号，可以是文字、图像、声音等。这些数据有结构化的、半结构化的和非结构化的，如关系数据库中的数值数据是结构化的，文本、图形和图像数据是半结构化的，而分布在网络上的网页、视频、XML 文档等是非结构化的。

一个数据对象表示一个实体——在销售数据库中，对象可以是顾客、商品或销售记录；在大学数据库中，数据对象可以是学生、课程名称、成绩等。数据集是由数据对象构成的。

数据对象用属性来描述。数据对象可以是一个抽样、举例、实例、数据点或对象。如果数据对象存放在数据库中，则它们是数据元组，即数据库中的行对应数据对象，列对应属性。

一个属性是一个域，表示一个数据对象的一个特征。"属性""维度""特征""变量"这些词在语义上是可交换的。"维度"通常被用在数据仓库中，机器学习中倾向于使用"特征"，统计学中倾向于使用"变量"，数据挖掘和数据库中经常使用"属性"。属性描述一个顾客对象，如顾客 ID、姓名、地址。属性类型如表 2-1 所示。

表 2-1 属性类型

属性类型		描述	例子
分类 （定性的）	标称	其属性值只提供信息以区分对象。这种属性值没有实际意义，如 3 个对象可以用 A、B、C 区分，也可以用甲、乙、丙区分	颜色、性别、产品编号
	序数	其属性值提供足够的信息以区分对象的序	成绩等级（优、良、中、及格、不及格）；年级（一年级、二年级、三年级、四年级）
数值 （定量的）	区间	其属性值之间的差是有意义的	日历日期、摄氏温度
	比率	其属性值之间的差和比率都是有意义的	长度、时间和速度

2)数据集的特性

(1)维度。

维度是指数据集中的对象具有的属性个数总和。因为在高维度数据集中经常会遇到维度灾难,所以数据预处理的一个重要技术是维度规约。

(2)稀疏性。

稀疏性是指在某些数据集中有意义的数据非常少,对象在大部分属性上的取值为0,非零项不到1%。

(3)分辨率(粒度)。

在不同分辨率(粒度)下,数据的性质不同。

3)数据集的类型

数据集的类型有多种,并且随着数据挖掘的发展与成熟,还会有更多类型的数据集可用于分析。为方便起见,我们将数据集分成3类:记录数据、基于图形的数据和有序数据。

(1)记录数据。

在做数据分析与挖掘任务时,多数情况下都假定数据集是记录(数据对象)的汇集,每个记录包含固定的数据字段(属性)集。对于记录数据的大部分基本形式,记录之间或数据字段之间没有明显的联系,并且每个记录具有相同的属性集。记录数据通常存放在平展文件或关系数据库中。记录数据可以分为以下3种类型。

① 事务数据/购物篮数据。

事务数据是一种特殊类型的记录数据,其中每个记录(事务)涉及一系列的项。以某学生的课程成绩为例,该学生所获得学分的所有课程成绩的集合构成一个事务,而获得的课程成绩是项。事物数据又称作购物篮数据(Market Basket Data),因为记录中的项是学生"购物篮"中的"物体"。事务数据是项的集合的集族,但是也能将它视为记录的集合,其中记录的字段具有非对称的属性。这些属性常常是二元的,指出该课程成绩是否已获得。另外,这些属性还可以是离散的或连续的,如该课程的上课时间段。

② 数据矩阵。

如果一个数据集族中的所有数据对象都具有相同的数值属性集,则数据对象可以看作多维空间中的点(向量),其中每个维度代表对象的一个不同属性。这样的数据对象集可以用一个 $m \times n$ 的矩阵表示,其中 m 为行数,一个对象一行;n 为列数,一个属性一列。这种矩阵称作数据矩阵或模式矩阵。数据矩阵是记录数据的变体,由数值属性组成,可以使用标准的矩阵操作对数据进行变换和处理。因此,对于大部分统计数据,数据矩阵是一种标准的数据格式。

③ 文档数据。

文档数据是一种常见的记录数据。如果忽略文档中词（术语）的次序，则文档可以用词向量表示，其中每个词是向量的一个分量（属性），而每个分量的值是对应词在文档中出现的次数。文档集合的这种表示通常称作文档-词矩阵。

（2）基于图形的数据。

基于图形的数据是一种存储图形关系的数据库，利用图形这种数据结构来存储实体（对象）之间的关系。其数据模型主要以节点和边（关系）来实现，特点在于能存储明确关系的数据，但对于复杂关系的数据则力不从心。基于图形的数据包含以下两个方面的内容。

① 带有对象之间联系的数据。

对象之间的联系常常带有重要信息，这种情况常常用图形表示。一般把数据对象映射到图的节点，而对象之间的关系由对象和链接属性之间的链接表示，如方向和权重。

② 具有图形对象的数据。

如果对象具有某种结构，即对象包含具有联系的子对象，则这样的对象常常用图形表示。例如，化合物的结构可以用图形表示，其中节点是原子，节点之间的链是化学键。

（3）有序数据。

对于某些数据类型，其数据之间符合某一种逻辑，且此逻辑具有普遍共识性，则可以称作有序数据，其属性可以是大小、数值、等级、时间、空间顺序等。有序数据可以分为以下4种类型。

① 时序数据。

时序数据也称时间数据，可以看作记录数据的扩充，其中每个记录包含一个与之相关联的时间，即有一个时间属性。时序数据的具体时间不重要，但时间次序很重要。

② 序列数据。

序列数据是一维数据集合，其中的个体数据的类型可以不同。该类数据没有时间标记，但与时序数据类似，重要的是在序列中的位置。其元素由序号引导，可通过下标访问序列的特定元素。

③ 时间序列数据。

时间序列数据是一种特殊的时序数据，其中每个记录都有一个时间序列，即一段时间内定期测量单个或多个变量而获得的一组观察结果。时间序列数据具有时间自相关的特性，即如果两个测量的时间很接近，则这些测量的值通常非常相似。与时序数据不同，时间序列数据的观测值是有时间顺序的,并非独立采样的,观测值不具备独立性。

④ 空间数据。

有些对象具有空间属性,如位置或区域,这样的对象称作空间数据。空间数据具有空间自相关性,即物理上靠近的对象趋向于在其他方面相似。空间数据间并非独立的,而存在某种空间联系和关联性,这种联系和关联性主要存在于空间相互作用和扩散的过程。

2. 面向场景多样的教育大数据采集内容

教育大数据涉及的数据内容普遍存在场景多样、量化困难、汇聚复杂等特点。具体而言,场景多样是指教育大数据来源于众多与教育或学习相关的场景,如教学活动、科研活动、社交活动等相关场景;量化困难源于教育场景的多样性、人的不确定性及人、机、物之间交互的复杂性等因素;汇聚复杂是因为教育大数据具有来源多样化、结构异质化和内容复杂化等特点。

鉴于上述特点的存在,教育大数据的采集内容呈现出基于不同分类标准的多元化特点,目前较为常见的是根据数据采集场景来区分不同类别的教育大数据。根据数据采集场景的差别,教育大数据一般可以分为教育管理数据、教育教学数据、科学研究数据、室外学习数据、校园生活数据、成长经历数据 6 种类别。每种类别的教育大数据分别涉及不同的数据来源、数据主体和数据内容,见表 2-2。

表 2-2 不同场景下的教育大数据采集内容

场 景	数据来源	数据主体	数据内容
教育管理	教育管理活动	学生、教师、学校和其他相关机构等	学校管理信息、行政管理信息、教育统计信息等
教育教学	教育教学活动	学生、教师、教育资源和教育设备等	学生和教师的行为和状态信息、教育资源信息、教育设备运行信息等
科学研究	科学研究活动	学生、教师、论文、科研设备和科研材料等	科研设备操作信息、论文发表信息、科研耗材信息、导师指导信息等
室外学习	教室外的教育活动	学生、客观环境或对象等	学生与客观环境或对象之间的交互信息,如感知内容、互动记录、活动体验等
校园生活	校园非学习活动	学生、网络、健身设备、刷卡机、社交工具等	餐饮消费信息、上网信息、健身洗浴信息、社会交往活动信息等
成长经历	个体成长活动	学生、家长、教师、社会环境等	同个人成长经历有关的环境信息,如家庭环境、校园环境和社会环境等

1) 教育管理数据

教育管理数据来源于各种不同类型的教育管理活动,即管理者通过组织协调教育队伍并借助教育内部各种有利条件,以高效达成教育管理目标的活动过程。该过程通常涉及学生、教师、学校和其他相关机构等主体，可产生学校管理信息（如特级教师数量、教职工学历信息）、行政管理信息（如教育行政部门设置的大学专业门类信息）、教育统计信息（如班级规模、性别分布信息）等。

2）教育教学数据

教育教学数据是指广大师生在（线上或线下）教和学的活动过程中产生的数据内容，通常涉及学生、教师、教育资源和教育设备等主体。通过学生、教师与教育资源、教育设备间的交互，教学场景可以产生学生和教师的行为和状态信息（如学生的学习策略、学习动机，教师的课前准备度和教学策略等）、教育资源信息（如PPT课件、微课、软件等）、教育设备运行信息（如设备损耗、故障信息等）等。

3）科学研究数据

科学研究数据是指学生（特别是研究生）在开展科学研究活动时产生的一系列数据内容，通常涉及学生、教师、论文、科研设备和科研材料等主体。相应地，科研活动中可以产生科研设备操作信息（如错误操作类型及数量等）、论文发表信息（如实际贡献、发表时间、发表期刊名称及影响因子等）、科研材料与消耗信息（如化学或生物试剂等）、导师指导信息（如论文修改意见或发表等）等。

4）室外学习数据

室外学习数据来源于学生在教室外参与的一系列教育活动，如在动植物园中的生物习性研究、参观各种场馆、野外探险等。该活动通常由学生主动发起，并由学生自身进行调控和负责，涉及学生及与其交互的客观环境或对象。在室外学习场景中，研究者通常可以采集学生与客观环境或对象之间的交互信息，如感知内容、互动记录、活动体验等。

5）校园生活数据

校园生活数据是指学生在校园非学习活动（如餐饮、上网、健身、社交等）中产生的各类数据，通常涉及学生、网络、健身设备、刷卡机、社交工具等主体。通过参与上述非学习活动，学生可以产生餐饮消费信息（如饮食类型及价格、就餐时间等）、上网信息（如上网时间、网络活动类型等）、健身洗浴信息（如健身和洗浴的时间和频率等）、社会交往活动信息（如好友数量、联系频率）等。

6）成长经历数据

成长经历数据是指伴随学生成长（从出生到现阶段）而产生的各种环境（包括家庭环境、校园环境、社会环境）数据，涉及学生、家长、教师、社会环境等诸多主体。在成长过程中，学生可以产生一系列同个人成长经历有关的环境信息，如家庭环境（如家长文化素养、职业特点)、校园环境(如学校规章制度、教师特点)和社会环境(如社会风气、社会期望)等。

3. 面向学习分析的学习数据采集内容

学习环境的不同引发各式各样的学习方式,并由此产生不同类型的学习数据。根据学习的场景,我们进一步对学习环境、学习方式、学习数据进行了分类汇总,见表 2-3。

表 2-3 不同学习环境下的学习数据

学习环境	学习方式	学习数据
课堂环境	面对面学习	学习行为、课程作业、师生互动、学习成绩、课堂观察、课堂录像等
网络环境	网络课程	个人信息、学习资源、学习轨迹、学习成绩等
	远程教学系统	日志信息、教学资源、论坛数据等
	MOOC	学习资源、学习路径、学习行为、学习测评、互动文本等
虚拟环境	虚拟现实学习	人机交互、社交关系、学习资源、学习心理等
	游戏化学习	
双线融合环境	混合式学习	课堂学习行为、在线学习行为、学习文本、学习测评、学习互动、学习资源等
泛在学习环境	移动学习	人机交互、学习位置、学习路径、学习偏好等
	泛在学习	

1) 课堂环境下的学习数据

课堂环境下的学习数据来源于课堂教学过程中的学生学习成绩、课堂观察(出勤、参与度、小测验、小组学习等)、学习评价(师生互评、小组互评等)、调查问卷(征集意见、学习反思)和学习访谈等。这类数据的处理通常需要首先进行编码化和格式化,然后用统计学方法实现对课堂教学效果的客观评价和真实反馈。该环境下的数据具有课堂动态性和数据离散性等特点,其难点在于课堂数据的采集、整理和处理。

2) 网络环境下的学习数据

网络环境下的学习数据来源于学生在网络平台中的学习记录和人机交互。互联网教育场景下的学习活动具有自学习、自管理、自适应的特点,利用学生的学习轨迹和行为数据能够分析学生的学习表现和学习特点,预测学习成绩并提供自适应学习方案,自动创建学习路径和学习内容以提供智能学习推荐。该环境下的数据具有体量大、全链条、格式化等特点。

3) 虚拟环境下的学习数据

虚拟环境下的学习数据来源于学生在虚拟现实和游戏化学习过程中所生成的人机交互、学习轨迹、互动文本等数据。虚拟环境具有系统性、人文性、动态性、开放性、体验性、自组织性等特点,该环境可以通过个人体验式活动和与环境的社会性交互来建构个人在线身份，关注个体对虚拟现实的主观心理反应。

4）双线融合环境下的学习数据

双线融合环境下的学习数据来源于线上和线下混合式的学生行为（课堂学习行为、在线学习行为、学习互动等）、平台资源（学习文本、学习资源等）和学习测评等。双线融合环境在"以学生为中心"的理念引领下，充分考虑教学环境、学生状况及教学现场的发展动态，搭建起如同生物 DNA 双螺旋结构一样的线上教学与线下教学融合结构。该环境集合了线上网络和线下现实所留存的学习数据，具有全面化、动态化、集合性、完整性等特点。

5）泛在学习环境下的学习数据

泛在学习环境下的学习数据来源于学生与客观环境或对象之间的交互信息，如感知内容、互动记录、活动体验等。学生利用各种智能手机或移动设备学习，充分利用碎片化时间，有助于凝聚学生学习的注意力，并加深对知识的理解。泛在学习环境下的学生并非被限制在某一个特定的环境中，其学习活动具有情境性、真实性、自然性、社会性和整合性的特点，这意味着该环境下学生所产生的学习数据具有高度的灵活性。

2.1.2 教育大数据的采集方式

由于数据来源多样且形式不一，因此教育大数据的采集方式相应具有多样化特点，总体而言，主要包括集中式采集、伴随式采集和周期性采集 3 种。其中，集中式采集侧重于数据采集的统一性，伴随式采集侧重于数据采集的实时性，而周期性采集侧重于数据采集的连续性。

1. 集中式采集

集中式采集是指教育管理机构借助教育管理活动而统一开展的数据获取方式。例如，对学生在家庭情况、校园生活和学习环境 3 个方面的成长经历数据进行统一采集。在教育大数据视域下，不同机构、不同单位采集的不同层次、不同类型的信息不再相互割裂，而可以得到整合和管理，因此有助于研究者获得针对特定分析对象的全面且丰富的理解。集中式采集的教育大数据主要以结构化和结果性数据为主，具有覆盖面广、标准化程度高、关注层面相对宏观的基本特点。

2. 伴随式采集

伴随式采集是指借助教育管理信息系统的应用，在管理过程中实现数据的即时形成和实时采集的数据获取方式。例如，学习或课程类系统会全程记录学生的在线行为数据，包括学习时长、鼠标点击次数及频率、论坛读帖和发帖的次数和时间、作业和考试分数等。智能化数据采集除关注学生在线表现外,还关注学生的线下学习、练习或实践等过程性数据,如利用可穿戴设备可自然真实地抽取学生实践练习中的生理表征和行为习惯,而无须过多的人工干预。通过全域式网络架构与学生随身携带的新型便携式智能传感器,新型数据采集系统可实现伴随式采集学生学习全过程数据的目标。伴随式采集的教育大数据以过程性数据为主,普遍具有密集性、动态性、复杂性、全面性等特点。

3. 周期性采集

周期性采集是指利用特定教育管理软件对学习环境、学习过程、学习成效等进行周期性监控和测量的数据获取方式。例如,学生在入校之初会被统一要求登记身心健康信息、家庭基本信息。个体、专业、学校等不同层次和不同类型的数据内容,皆可被纳入周期性采集的对象范围内。周期性采集的教育大数据在数据类型上同时包含过程性和结果性数据,在分析层次上以整体性层次(较少关注学生个体的教育发展水平)为主,具有连续性、规范性和充分性的基本特点。

2.1.3 教育大数据的采集技术

构建多样化的数据采集手段,有助于扩展教育大数据采集的广度和深度。通过数据感知可以采集不同类型的数据。数据感知可分为"硬感知"和"软感知"。"硬感知"主要利用设备或装置进行数据的采集,采集对象是物理世界中的物理实体,或者是以物理实体为载体的信息、事件、流程等。而"软感知"使用软件或各种技术进行数据采集,采集对象存在于数字世界,通常不依赖物理设备进行采集。

1. 基于"软感知"的数据采集技术

1)埋点

(1)技术介绍。

埋点是数据采集领域,尤其是用户行为数据采集领域的术语,指的是针对特定用户行为或事件进行捕获的相关技术。埋点的技术实质是监听软件应用运行过程中的事件,当需要关注的事件发生时,首先进行判断和捕获,然后获取必要的上下文信息,最后将信息整理后发送至服务器端。

(2)技术应用。

埋点可以帮助业务和数据分析人员打通固有信息墙,为后续建立用户画像、了解用户行为路径等提供深度数据支持。在教育产品数据分析的初级阶段,业务人员通过自有或第三方的数据统计平台了解教育 App 用户访问的数据指标,包括新增用户数、活跃用户数等。这些指标能帮助管理者宏观地了解用户访问的整体情况和趋势,从总体上把握教育产品的运营状况，通过分析埋点获取的数据，制定教育产品改进策略。埋点技术在当前主要有以下3类，每一类都有自己独特的优缺点，可以基于业务的需求匹配使用。

① 代码埋点。

代码埋点是目前比较主流的埋点技术，业务人员根据自己的统计需求选择需要埋点的区域及埋点方式，形成详细的埋点方案，由技术人员手工将这些统计代码添加在想要获取数据的统计点上。

② 可视化埋点。

通过可视化页面设定埋点区域和事件 ID，从而在用户操作时记录操作行为。

③ 全埋点。

在部署 SDK 时进行统一的埋点，将 App 或应用程序的操作尽量多地采集下来。无论业务人员是否需要埋点数据，全埋点都会将该处的用户行为数据和对应产生的信息全部采集下来。

2）日志数据采集

（1）技术介绍。

日志数据采集是指实时采集服务器、应用程序、网络设备等生成的日志记录，此过程的目的是识别运行错误、配置错误、入侵尝试、策略违反或安全问题。在企业业务管理中，基于 IT 系统建设和运作产生的日志内容，可以将日志分为 3 类：①操作日志，指系统用户使用系统过程中的一系列的操作记录，此日志有利于备查及提供相关安全审计的资料；②运行日志，用于记录网元设备或应用程序在运行过程中的状况和信息，包括异常的状态、动作和关键事件等；③安全日志，用于记录在设备侧发生的安全事件，如登录、权限等。

（2）技术应用。

基于数据驱动或理论驱动方法，教育研究者可以利用日志数据采集技术发现学生的在线表现特点及规律。例如，悉尼大学的麦克布鲁姆（McBroom J）等人在考察每周练习任务中学生行为与其期末考试成绩之间的联系时，对平台练习日志数据进行了长期行为分析。

3）平台自动记录

平台自动记录是指基于在线学习与管理平台内的嵌入式数据采集系统，自动记录并获取学生的在线学习行为数据。由于在线学习与管理平台使用人数的迅猛增长，基于平台自动记录技术开展教育数据挖掘已成为当前教育大数据研究领域的一大热点。例如，来自斯坦福大学的比哈尼（Bihani A）等人在进行在线学习成绩预测时，从 Piazza 在线论坛中挖掘学生登录总天数、查看帖子数、提出问题数、回答问题数等数据。

4）网络爬虫

（1）技术介绍。

网络爬虫（Web Crawler）又称为网页蜘蛛、网络机器人，是按照一定的规则自动抓取网页信息的程序或脚本。搜索和数字化运营需求的兴起使爬虫技术得到了长足的发展。爬虫技术作为网络、数据库与机器学习等领域的交汇点，已经成为满足个性化数据需求的最佳实践。Python、Java、PHP、C#、Go 等语言都可以实现爬虫，特别是 Python 中配置爬虫的便捷性使爬虫技术迅速普及，促成了政府、企业界、个人对信息安全和隐私的关注。

（2）技术应用。

目前应用较多的爬虫框架采集方法包括基于 Python 的 Scrapy、基于 Hadoop 平台开发的 Chukwa、基于 Facebook 的 Scribe、基于 LinkedIn 的 Kafka 及基于 Cloudera 的 Flume 等。在教育领域中，爬虫技术可被用于捕获并分析教育应用平台中的文本信息，如学生在异步论坛中发布的帖子、校园贴吧中的舆情信息等。

2. 基于"硬感知"的数据采集技术

1）OCR 和 ICR

（1）技术介绍。

OCR（Optical Character Recognition，光学字符识别）是指电子设备检查纸上打印的字符，通过检测暗、亮的模式确定其形状，将其形状翻译成计算机文字的过程。如何除错或利用辅助信息提高识别正确率，是 OCR 的重要课题。ICR（Intelligent Character Recognition，智能字符识别）是一种更先进的 OCR。ICR 植入了计算机深度学习的人工智能技术，采用语义推理和语义分析，根据字符上下文语句信息并结合语义知识库，对未识别部分的字符进行信息补全，解决了 OCR 的技术缺陷。一个 OCR 系统从影像到结果输出，需要经过影像输入、影像预处理、文字特征抽取、比对识别，最后经人工校正将认错的文字更正，将结果输出。目前 OCR 和 ICR 技术在业界有较为成熟的解决方案供应商，非数字原生企业不需要自行研发就可以完成相关技术的部署和数据的采集。

（2）技术应用。

当文档以图像、传真或扫描文档形式存在时，是不容易进行搜索的。OCR 可将文本图像转换成实际可搜索的文本。使用者可以将这些文本与 PDF 文件和 XPS 文件中的原始图像结合使用。Google Desktop 和 Windows Desktop Search 可为这些带有 OCR 标识的 PDF 文件和 XPS 文件编索引，通过常规的文本搜索找到所需文件。

2）条形码与二维码

（1）技术介绍。

条形码或条码是将宽度不等的多个黑条和空白条，按一定的编码规则排列，用以表达一组信息的图形标识符。通常一维条形码所能表示的字符为 10 个数字、26 个英文字母及一些特殊字符，条形码字符集所能表示的字符最多为 128 个 ASCII 字符，信息量非常有限。二维码是用某种特定的几何图形按一定规律在平面上分布的黑白相间的图形，用来记录数据符号信息。二维码拥有庞大的信息携带量，能够把使用一维条形码时存储于后台数据库中的信息包含在二维码中，可以直接阅读二维码得到相应的信息，二维码还有错误修正及防伪功能，增加了数据的安全性。

（2）技术应用。

① 条形码的应用。

在传统的考试中，考生需要将考号信息手动填涂到试卷指定的填涂区域，阅卷系统通过检测涂黑矩形框的位置来识别考号信息。这种方式不但浪费了试卷的页面资源，而且其识别准确率与填涂质量有直接的关系，还需要占用考生一定的填涂时间。将条形码技术引入阅卷系统来代替传统的考生信息识别方式，可以给考生及阅卷工作带来极大的便利。近年来，大学生英语等级考试中也引入了条形码技术用于考生个人信息的识别，这为自动阅卷系统引入条形码技术打开了先河。

② 二维码的应用。

在课前自学阶段，学生利用手机等移动设备，通过扫描手机二维码，不仅可以快速获取教学课件、教学视频等学习材料，还可以快速链接到与教学内容相关的专题网站。在课堂教学阶段，教师可以把一些基础知识点的内容和一些扩展知识点的内容，在教学课件中以二维码的形式呈现，将移动学习与课堂教学相结合，便于学生根据需求及时地获取补充知识。在考试测验阶段，手机二维码与识别设备相结合组成的识别系统，可用于识别考试测验的学生身份，学生通过扫描二维码与教师进行交流。此外，手机二维码支持的交流互动功能还可用于教师个性化指导的开展，为学生提供更有针对性的指导。

3）音频数据采集

（1）技术介绍。

语音识别技术也被称为自动语音识别，可将人类语音中的词汇内容转换为计算机可读的输入形式，如二进制编码、字符序列或文本文件。目前音频数据采集技术在业界有较为成熟的解决方案供应商，可以很便捷地通过供应商完成技术的部署和数据的采集，采集来的声音作为音频文件存储。

(2)采集途径。

采集途径包括下载音频、麦克风录制、MP3 录音、录制计算机的声音、从 CD 中获取音频等。

4)图像识别

(1)技术介绍。

图像识别是指利用计算机对图像进行采集、处理、分析和理解,以识别不同模式的目标和对象的技术,是深度学习算法的一种实践应用。作为人工智能的重要研究领域之一,图像识别在教育领域有着广泛的应用。

(2)技术应用。

① 网评网阅技术。

网评网阅技术是指以电子扫描技术和计算机网络技术为基础,将多年来人工阅卷积累的丰富经验与现代信息技术相整合的一种先进、科学、高效的自动化评分方式。相比传统人工阅卷方法,网评网阅技术能够极大地降低广大教师的工作负担,并支持更为精准科学的教育教学评价。

② 点阵数码笔技术。

点阵数码笔技术是指一种通过数码笔前端的高速摄像头,实时捕捉笔尖在印刷了一层隐形点阵图案的纸张上的运动轨迹,同时压力传感器将压力数据传回数据处理器,将相关信息通过蓝牙或 USB 向外传输的新型书写技术。不同于传统纸笔书写,点阵数码笔技术能够记录纸张类型、笔尖坐标、笔尖压力等信息,并支持本地存储及远程传播功能。根据应用类型的不同,点阵数码笔可被划分为:支持个人笔记作业管理的数码笔,其书写内容可同步保存到计算机、平板和手机上;支持教学课堂交互的数码笔,其特点是可以多人同时使用,而且结果可以同步到教师的计算机上;支持远程教学会议的数码笔,能够突破基于视频、语音、键盘的传统交互方法,打破时间、空间限制,从而提供纸面书写的交流方式。

5)视频数据采集

(1)技术介绍。

视频数据采集是指对源于计算机硬件终端和计算机视窗环境内的视频内容加以录制的方法或手段。典型的录制模式包括捕捉摄像头、摄像机、数码相机、硬盘录像机等硬件视频,以及录制计算机视窗内的游戏视频和电影视频等。

(2)技术应用。

① 视频监控技术。

视频监控技术是指借助视频监控设备检测、监视特定物理区域,实时展示、记录现场图像,并且支持搜索和展示历史图像的技术。在教育领域中,该技术可用于监控校园环境,提供关于校园安全的数据信息。

② 视频录播技术。

视频录播技术一般是指在教师现场授课的同时,自动产生课堂教学实况录像,并完整录制教师授课全过程的技术。该技术可在无须专人操作控制的条件下录制整个教学过程,因此极大地方便了视频课程资源的制作和记录。

6) RFID 和 NFC

(1) 技术介绍。

RFID(Radio Frequency Identification,无线射频识别)是一种非接触式的自动识别技术,通过无线射频方式进行非接触双向数据通信,利用无线射频方式对记录媒体(电子标签或射频卡)进行读写,从而达到识别目标和数据交换的目的。基于特别业务场景的需求,在 RFID 的基础上发展出了 NFC(Near Field Communication,近场通信)。NFC本质上与 RFID 没有太大区别,在应用上的区别如下:NFC 的应用距离小于 10cm,所以具有很高的安全性,而 RFID 的应用距离从几米到几十米都有;NFC 仅限于 13.56MHz的频段,与现有非接触智能卡技术兼容,所以很多的厂商和相关团体都支持 NFC,而RFID 标准较多,难以统一,只能在特殊行业有特殊需求的情况下,采用相应的技术标准。

(2) 技术应用。

RFID 更多地被应用在生产、物流、跟踪、资产管理上,NFC 则在门禁、公交、手机支付等领域发挥着巨大的作用。

7) 物联感知

(1) 技术介绍。

物联感知是一种基于现有和正在发展中的可互操作的信息通信技术,通过互联(物理和虚拟)事物来测评特定对象的全球性基础设施或技术增强型解决方案。物联网信息的感知层技术包括二维码标签和识读器、RFID 标签和识读器、摄像头、GPS、传感器、M2M 终端、传感器网关等,主要功能是识别物体、采集信息。

(2) 技术应用。

① 物联网感知技术。

物联网感知技术一般是指被用于物联网底层(物理世界中发生的具体物理事件)感知信息的技术,在教育领域主要是指多媒体信息采集技术。通过多媒体信息采集技术,多媒体计算机系统中的主机能够随时采集各种多媒体外接设备的状态(视频或音频)信息，从而为相关（教学）设备的精确调整提供信息支撑。

② 可穿戴技术。

可穿戴技术是指利用可直接穿戴在用户身上或嵌入用户衣饰或配件内的设备（如智能手环、谷歌眼镜）来开展数据采集的技术。通过可穿戴设备，学生个体的生理状态及学习行为数据能够得到实时的记录和存储。例如，在学生的语音指令下，集成了麦克风、耳机及微型摄像头的谷歌眼镜可以进行拍照摄像，从而实现及时保存教师板书内容的功能。

③ 非接触式感知技术。

非接触式感知技术是指以光电、电磁等技术为依托，在不接触被测对象的情形下，获取其基本信息的科学技术或手段。在教育领域中，该技术强调在不产生干扰的情况下采集学生的生理与行为数据，有助于实现针对学生信息（认知、行为及情感）的自动化和非侵扰式采集。

④ 校园一卡通技术。

校园一卡通技术是指将智能卡物联网技术、计算机网络的数字化理念融合于校园日常管理，而开展的统一管理身份认证、人事、学工等信息的应用解决方案。该技术能够统一记录并采集学生的金融消费、图书借阅和考勤等校园生活信息，是构建"数字化校园""智慧校园"的重要组成部分。

⑤ 多模态融合技术。

多模态融合技术一般是指联合图像、文本、语音等多模态信息进行目标检测或识别的技术。在教育领域中，该技术可用于分析与学生相关的多维度数据，以识别和解释内在学习过程、特征和变化，最终助力学生学习体验和学习绩效的提升。其中，情感识别技术被认为是多模态融合技术在教育领域中的典型应用。如何基于教学中的视频、音频和文本多样化信息判断学生学习过程中的情感状态，是走向智慧教育阶段要解决的问题。

2.2 在线日志数据的采集与存储

2.2.1 在线日志数据的采集

1. 在线日志介绍

在线日志通常是指网络环境下的网站日志，是用户访问网络服务器时产生的各种日志文件，包括访问日志、引用日志、代理日志、错误日志等文件。这些文件里包含了大量的原始信息，如用户的 IP 地址、访问时间、请求链接、请求状态、请求字节数、用户操作系统、浏览器内核、浏览器名称、浏览器版本等信息。

2．在线日志数据的采集

对在线日志的分析统计可以使我们了解网站当前的一些状况及发现用户的一些行为和规律，为改善用户的使用体验提供依据。下面以网站访问日志文件 access.log 为例，使用 Python 去解析处理这些原始文件，可以抽取出很多"有用"的信息，如用户的 IP 地址、访问时间等，进而可以分析 IP 所在地、用户的登录次数、在线时间等信息。使用 Python 分析日志文件的代码如下。

```python
def read_log():
    """
    读取日志文件，进行数据重组，写入 MySQL
    """
    file = "access.log"
    data = []
    with open(file) as f:
        """使用 while 循环每次只读取一行，读到最后一行的时候结束"""
        while True:
            lines = f.readline()
            if not lines:
                break
            line = lines.split(",")
            data.append((line[0], line[1].strip(), int(str(line[2]).strip()), line[3].strip()))
        return data
```

2.2.2 在线日志数据的存储

解析到的日志数据是结构化的，每条数据为[IP 地址,访问时间,请求链接,请求状态,请求字节数,用户操作系统,浏览器内核,浏览器名称,浏览器版本]。我们需要使用 Python 中的 pymysql 库，对 MySQL 数据库进行增删改查的操作，把这些结构化的数据存储到数据库中，具体操作步骤如下。

1．连接数据库并建表

使用 Python 连接 MySQL 数据库需要安装相应的 pymysql 库，pymysql 库是一个连接 MySQL 数据库的第三方模块，可作为连接 MySQL 数据库的客户端，对数据进行增删改查操作。

Python 连接 MySQL 并创建数据库的代码如下。首先调用 pymysql 库中的 connect() 函数来创建连接对象，然后利用数据库对象的 cursor() 方法创建 cursor 对象，用 cursor

对象的 execute()方法执行数据库增删改查操作，可以用 fetchone()方法和 fetchall()方法查看数据，最后用数据库对象的 commit()方法提交数据后关闭数据库对象和 cursor 对象。

其中，host 是连接 MySQL 的主机（如果主机是'localhost'）；port 是连接 MySQL 主机的端口（默认是 3306 端口）；db 是数据库的名称；user 是连接的用户名；password 是连接的密码。

```python
import pymysql
# 连接数据库并建表
def create_table(conn,cursor):
    sql_txt = '''CREATE TABLE logfile (
                ID INT NOT NULL primary key auto_increment,
                ip varchar(200) not null,
                login_time varchar(100),
                submit_url varchar(200)
                )'''
    cursor.execute(sql_txt)
    conn.commit()

host = 'localhost'
port = 3306
db = 'discussion_db'
user = 'root'
password = ''
```

2．在表中添加数据

成功连接数据库后，可以使用"insert into 表名 values(),(),();"向表中添加数据，代码如下。在 MySQL 数据库中输入"select*from 表名"，即可发现添加成功的数据。

```python
def get_connection():
    conn = pymysql.connect(host=host,port=port,db=db,
                        user=user,password=password,charset='utf8')
    # 使用cursor()方法创建一个dict格式的游标对象
    cursor = conn.cursor(pymysql.cursors.DictCursor)
    return conn, cursor

# 插入一条记录
def insert(conn,cursor, params):
    sql_txt = "insert into logfile ( ip, login_time, submit_url) " \
            "values( %s, %s, %s)"
    cursor.execute(sql_txt, params)
    conn.commit()
```

2.3 在线文本数据的采集与存储

2.3.1 网络爬虫概述

1. 爬虫的概念及法律规范

爬虫是指通过编写程序来模拟浏览器上网,自动地在互联网中进行数据信息采集与存储的过程。爬虫在使用场景中分为 3 类:一是通用爬虫,用来抓取系统重要组成部分,抓取的是一整张页面的数据;二是聚焦爬虫,建立在通用爬虫的基础之上,抓取的是页面中特定的局部内容;三是增量式爬虫,用来检测网站中数据更新的情况,只会抓取网站中更新出来的数据。

在编写爬虫程序的过程中,我们要注意不能干扰被访问网站的正常运行,也不能抓取受到法律保护的特定类型的数据或信息。爬虫程序通过搜索引擎访问网站时,要查看的第一个文件是一种存放于网站根目录下的 robots.txt 协议,这个 ASCII 编码形式的文本文件作为网站与爬虫程序之间的"君子协议",指出爬虫程序被允许的权限。robots.txt 协议中的语法分为 3 种,分别是 User-agent、Disallow、Allow。其中,User-agent 表示针对哪些搜索引擎,如"User-agent:baiduspider"表示针对百度爬虫程序,"User-agent:*"表示针对所有爬虫程序;Disallow 表示禁止抓取的内容;Allow 表示允许抓取的内容。在默认情况下,通常允许爬虫程序抓取所有内容,因此 Disallow 这个命令很少用到。

2. 爬虫的原理与步骤

爬虫程序要尽量模拟人类用户的行为,模拟浏览器去访问网站,从而获取想要的内容,其步骤如下。

1)获取网页

爬虫首先要做的工作就是获取网页,即获取网页的源代码,具体是指根据请求和响应的概念,构造一个请求并发送给服务器,接收到响应后进行解析。Python 是实现爬虫的一个非常好用的工具,提供了许多库来帮助我们实现这个操作,如 urllib、request 等。我们可以使用这些库提供的数据结构来实现 HTTP 请求和响应操作,得到响应之后,对数据结构中的 Body 部分进行解析即可。

爬虫能够抓取的数据类型包括:①HTML 源代码,这是最常见的抓取类型;②JSON 字符串,有些网页返回的是 JSON 字符串,API 接口大多采取这种方便传输和解析的数据形式;③二进制数据,如图片、视频、音频等,利用爬虫我们可以将这些二进制数据抓取下来，保存成对应的文件名；④各种扩展名文件，如 CSS、JavaScript 和配置文件等。

2）提取信息

获取网页源代码后，接下来就是分析网页源代码，从杂乱的数据中提取有效的信息，方便我们后续对数据进行处理和分析。提取信息最通用的方法是采用正则表达式，其缺点是比较复杂、容易出错。另外，由于网页的结构有一定的规则，因此还可以使用 Python 中的库，这些库会根据网页节点属性、CSS 选择器或 XPath 来提取网页信息，如 BeautifulSoup、PyQuery、Lxml 等。通过使用这些库，我们可以更高效、快速地从网页中提取数据，如节点属性、文本值等。

3）*存储数据*

提取信息后，我们一般会将提取到的数据保存到某处以便后续使用。保存形式多种多样，既可以保存为 Excel、TXT 或 JSON 文本，也可以保存到数据库中，如 MySQL 等，或者保存到远程服务器中。

4）*自动化程序*

自动化程序是指爬虫可以在抓取过程中进行各种异常处理、错误重试等操作，持续高效地自动完成获取网页、提取信息、存储数据的工作。

2.3.2 静态网页的文本数据采集与存储

1. 网页结构和 HTML 标记

只有了解网页的组成结构，才能高效地解析网页，从而获得想要的内容资源。页面标准可分为 HTML 标准、XHTML 标准和 HTML5 标准。大多数网页是 HTML 标准，XHTML 是更严格的标准，HTML5 标准发展得很快，正逐步成为主流。3 个标准都是用 htm 或 html 扩展名定义的文档，是一种解释性的代码语言，被浏览器加载后进行解析和渲染，随后在页面上显示运行。超文本标记语言 HTML 是生成 WWW 网页文件的语言，用以生成超文本文档。在文档中，可以加入任何元素（文本、图像、动画、声音等）的链接。其中的成对标记<html></html><head></head>等构成了网页的"骨架"，负责整体框架及内容，而网页的"皮肤""功能"是由 CSS、JavaScript 和 PHP 等实现的，JavaScript 负责数据验证和交互，CSS 负责网页的美化、特效等。

静态网页是指内容全部嵌在 HTML 标记代码中，不需要登录信息的网页。那么，爬取其中的内容，只需要获取网页的源代码后去解析即可。例如，我们点开某个网页，右击查看网页源代码。用记事本打开页面文档后可以看到，代码是用很多<标签名></标

签名>的元素相互嵌套来实现的。这种成组的标签，就是构成页面的基本材料元素。同时，每个标签都拥有相应的属性来进行说明。这些属性分为通用属性和特定属性。通用属性指的是大部分标签都拥有的属性，特定属性是每个标签特有的。拥有属性的标签组成了基本的页面结构。在正常情况下，我们按照HTML5标准的写法即可。

下面的代码为某个网页的源代码，其页面结构分为3个部分：第一部分是文档版本说明<!DOCTYPE html>；第二部分是文档头部<head>，其中标记着网页标题、语言编码、网页描述等基本信息；第三部分是文档主体<body>，网页中真正可见的部分均在此进行标记。

```
<!DOCTYPE html>                              #文档版本说明
<html>                                       #文档开始
<head>                                       #文档头部开始
    <meta charset="UTF-8">                   #头部内容
    <title> This is a Demo </title>          #头部内容
</head>                                      #文档头部结尾
<body>                                       #文档主体开始
    <div id="container">                     #主体内部
        <div class="wrapper">                #主体内部
            <h2 class="title"> Hello World </h2>              #主体内部
            <p class="text"> Hello, this is a paragraph. </p> #主体内部
        </div>                               #主体内部
    </div>                                   #主体内部
</body>                                      #文档主体结束
</html>                                      #文档结尾
```

2. Python抓取静态网页

1）获取网页

我们以豆瓣网某部电影的影评为例，使用Python中用于获取网页数据的第三方库（需要单独安装）抓取静态网页。操作代码如下：

```
import requests    # 获取网页数据的库
# 网页的网址
url = 'https://movie.douban.com/subject/25845392/comments?******=P'
# headers 可以帮程序伪装成浏览器，以防被网站阻挡
headers = {'user-agent': 'Mozilla/5.0 (Windows NT 10.0; WOW64) '
                        'AppleWebKit/537.36 (KHTML, like Gecko) '
                        'Chrome/65.0.3325.146 '
                        'Safari/537.36'}
response = requests.get(url, headers=headers)
response.encoding = 'utf-8'         # 如果有中文字符，需要'utf-8'编码
print(response.status_code)         # status_code只有等于200才是正常的
print(type(response.text))          # 网页代码是str类型的
content = response.text
```

```
print(content)
```

2)提取信息与存储数据

将获取的网页数据以字符串的形式存储在 content 中,来解析这个特殊的字符串。网页是由 HTML 标记代码构成的,所以我们首先需要分析要抓取的内容(文本、图片、视频等)在网页代码中的位置和规律,即每条影评文本都在<div class="comment-item"...><span class="short">...</span></div>中。之后,我们可以使用不同的方式来解析。

(1)使用 Python 中的 re 正则表达式解析的操作代码如下。

```
import re              # 正则表达式库
# 解析网页
pattern = re.compile('<span class="short">(.+)</span>')
comments = pattern.findall(content)
print('总共有',len(comments),'条影评')
for comment in comments:
    print(comment)
```

(2)使用 Python 中的 BeautifulSoup 解析的操作代码如下。

```
from bs4 import BeautifulSoup
soup = BeautifulSoup(content,'lxml')
comment_divs = soup.find_all(name="div",attrs={"class":"comment-item"})
content_texts = []    # 用于存储影评文本
for comment_div in comment_divs:
    one_comment = comment_div.find(name="span").string
    content_texts.append(one_comment)
```

2.3.3 动态网页的文本数据采集与存储

1. 动态网页工作原理

目前大多数网页都不是静态网页,而是用 JavaScript 脚本生成显示内容的动态网页。在正常情况下,用户通过浏览器访问网站的过程如图 2-1 所示,用户向服务器发送请求,服务器响应用户的请求。动态网页中显示的内容是在和服务器交互的过程中动态生成的,所以我们在采集动态网页中的文本数据时,需要通过程序模拟浏览器,进而模仿人的行为。

图 2-1 用户通过浏览器访问网站的过程

2. Python 抓取动态网页

当我们使用面对静态网页的方法(右击查看源代码的方法)时,抓取的网页源代码中并不包含网页中动态生成的显示内容。这时就需要用动态的爬虫工具来抓取，在 Python 中最常用的是 Selenium 工具。Selenium 是一个用于测试网站的自动化测试工具，可以模拟浏览器访问网站，并获取想要的结果，支持的浏览器包括 Chrome、Firefox、Safari 等。在使用 Selenium 之前，需要安装一个 webdriver 驱动文件，如 Chrome 浏览器对应的驱动文件是 chromedriver.exe。需要注意的是，该文件需要放到一个在环境变量 path 中注册的目录中，并且 chromedriver 的版本必须和浏览器的版本相对应。其操作步骤如下。

1）获取网页

我们以中国大学 MOOC 中的课程评论区为例，从"课程详情"界面切换到"课程评论"界面，来动态爬取评论区的内容。使用 Selenium 模仿用户单击"课程评论"按钮的代码如下。

```
from selenium import webdriver
from bs4 import BeautifulSoup
import lxml

headers = {'user-agent': 'Mozilla/5.0 (Windows NT 10.0; WOW64) '
                        'AppleWebKit/537.36 (KHTML, like Gecko) '
                        'Chrome/65.0.3325.146 '
                        'Safari/537.36'}
course_url = "https://www.icourse163.org/course/BIT-268001"
driver = webdriver.Chrome("D:\\anaconda3\\chromedriver.exe")     #驱动文件的存放路径
driver.get(course_url)
page_content = driver.page_source   # 默认是课程详情页
soup = BeautifulSoup(page_content,'lxml')

# 模仿浏览器行为，单击"课程评论"按钮
course_review_button = driver.find_element_by_id("review-tag-button")
course_review_button.click()
```

2）提取信息与存储数据

获取网页的源代码之后，开始解析网页，找到每条课程评论在网页中对应的位置进而找到规律。爬取所有评论文本的代码如下。

```
course_review_button = driver.find_element_by_id("review-tag-button")
course_review_button.click()
# 已经跳转到课程评论页
# 下一页
next_btn = driver.find_element_by_class_name("ux-pager_btn__next")
content = driver.page_source
soup = BeautifulSoup(content,'lxml')
comment_divs = soup.find_all(name="div",
```

```python
        attrs={"class":"ux-mooc-comment-course-comment_comment-list_item_body_content"})

    total_content = [] #第一页的评论
    for comment_div in comment_divs:
        one_comment = comment_div.find(name="span").string
        total_content.append(one_comment)

    for i in range(1731):

        next_btn.click()
        content = driver.page_source
        comment_divs = soup.find_all(name="div",
            attrs={"class": "ux-mooc-comment-course-comment_comment-list_item_body_content"})

        for comment_div in comment_divs:
            one_comment = comment_div.find(name="span").string
            total_content.append(one_comment)

    f = open("course_review.txt",'w+',encoding='utf-8')
    for one_comment in total_content:
        f.write(one_comment+'\n')
    f.close()
```

上述代码将爬取的课程评论存储在了 course_review.txt 中，这是一种适用于存储文本类型且数据量较小的方式。如果数据量较大，或者存储类型为包含评论者 ID、发表评论的时间等信息的结构化数据，那么我们需要将文本数据写到数据库中。

▶ 2.4 基于数据库的多样化数据存储

2.4.1 基于数据库的数据存储流程与环境配置

1. 基于数据库的数据存储流程

数据存储和标准化是数据处理过程中的两项关键流程，而基于数据库的标准化数据存储能够有效提升数据的存储效率，该过程对采集到的数据进行标准化处理，之后导入数据库中形成"数据仓库"，为后续的数据分析提供便利。数据存储一般包含两种方式：①文件形式，如使用 TXT、CSV、Excel 等文件形式进行存储；②数据库形式，如利用 Access、MySQL、SQL Server、Oracle 等多种类型的数据库进行存储，并支持数据信息的管理和查询。数据存储形式类型见表 2-4。

表 2-4　数据存储形式类型

类　　型	存 储 形 式	备　　注
文件	TXT	普通文本
	Excel	微软办公软件 Excel 文件
	CSV	用 "," 分割列的文件
	…	其他数据
数据库	MySQL	广泛使用的免费开源数据库
	Access	微软办公软件 Access
	SQL Server	微软企业级数据库
	…	其他数据库

基于数据库的标准化数据存储流程共分为 5 个步骤，如图 2-2 所示。首先在本地存储源数据；其次，通过数据存储辅助工具选择存储在本地的源数据，并获取文件标识符；再次，将所选的文件数据导入内存临时表中；之后，将内存临时表中的数据与数据库中对应列名相匹配并进行转换，该过程对数据进行标准化处理，并将内存临时表中的数据导入数据库中；最后，可在数据库中查看已导入内容。

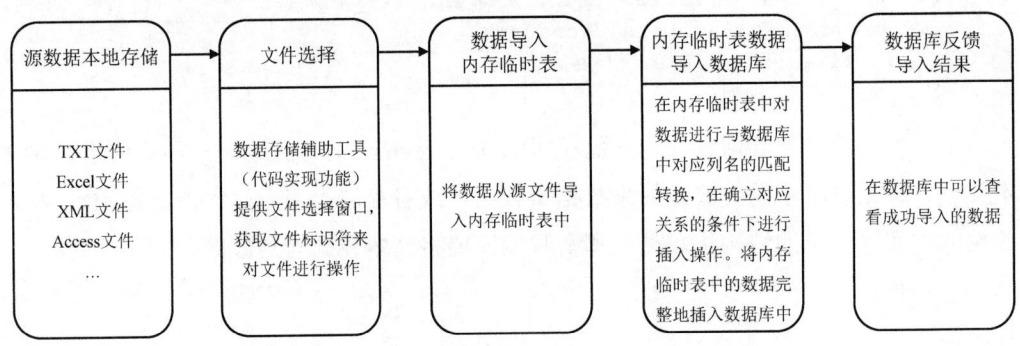

图 2-2　基于数据库的标准化数据存储流程

2. 数据存储技术的环境配置

1）工具简介

基于数据库的标准化数据存储主要使用到的工具为 Visual Studio 和 SQL Server，其中 Visual Studio 作为开发工具编写程序实现数据导入，SQL Server 作为数据存储的数据库。下面对所用到的两个工具进行简单介绍。

（1）Visual Studio 简介。

Visual Studio（简称 VS）是美国微软公司的开发工具包系列产品，用于生成 ASP.NET Web 应用程序、XML Web Services、桌面应用程序和移动应用程序。Visual Basic、Visual C#和 Visual C++都使用相同的集成开发环境，这样有利于进行工具共享，并能够轻松地创建混合语言解决方案。Visual Studio 是一个基本完整的开发工具集，包括了整个软件生命周期中所需要的大部分工具,如 UML 工具、代码管控工具、IDE 等;所写的目标代码适用于微软支持的所有平台,包括 Microsoft Windows、Windows Mobile、Windows CE、.NET Framework、.NET Compact Framework 和 Microsoft Silverlight 及 Windows Phone。

(2) SQL Server 简介。

SQL Server 是美国微软公司推出的一种关系型数据库系统,是一个可扩展的、高性能的、为分布式客户机/服务器计算设计的数据库管理系统,实现了与 Windows NT 的有机结合,提供了基于事务的企业级信息管理系统方案,它的主要特性包括以下几点。

① 高性能设计,可充分利用 Windows NT 的优势。

② 先进的系统管理,支持 Windows 图形化管理工具,支持本地和远程的系统管理和配置。

③ 强大的事务处理功能,采用各种方法保证数据的完整性。

④ 支持对称多处理器结构、存储过程,并具有自主的 SQL 语言。SQL Server 以其内置的数据复制功能、强大的管理工具、与 Internet 的紧密集成和开放的系统结构为广大的用户、开发人员和系统集成商提供了一个出众的数据库平台。

从 SQL Server 2019(15.x)开始,SQL Server 大数据集群可深度集成行业标准大数据源,并提供新的数据虚拟化功能。SQL Server 大数据集群基于多种不同的技术,包括 Docker 容器、Apache Spark、Hadoop 和 Kubernetes 中的 SQL Server on Linux 等,用户能够部署可扩展的 SQL Server 容器集群,这些集群可使用 Transact-SQL 读取、写入和处理大数据,以实现对大数据的灵活处理。

2) SQL Server 配置

下面以操作系统 Windows 10 为例,介绍 SQL Server 2008 R2 的安装和配置过程,在此之前,需要准备好 SQL Server 2008 R2 安装文件。

(1) 安装扩展文件。

下载完成后,双击安装文件。

(2) 安装向导。

扩展文件安装完成后,在 SQL Server 2008 的安装向导界面中选择"安装→全新安装或向现有安装添加功能"命令,如图 2-3 所示。

(3) 安装程序支持规则。

SQL Server 在安装之前需要进行"安装程序支持规则"检查,检查成功界面会显示操作完成,包括已完成的项数、失败项数、警告项数、已跳过的项数等,之后单击"确定"按钮，进行下一步操作。

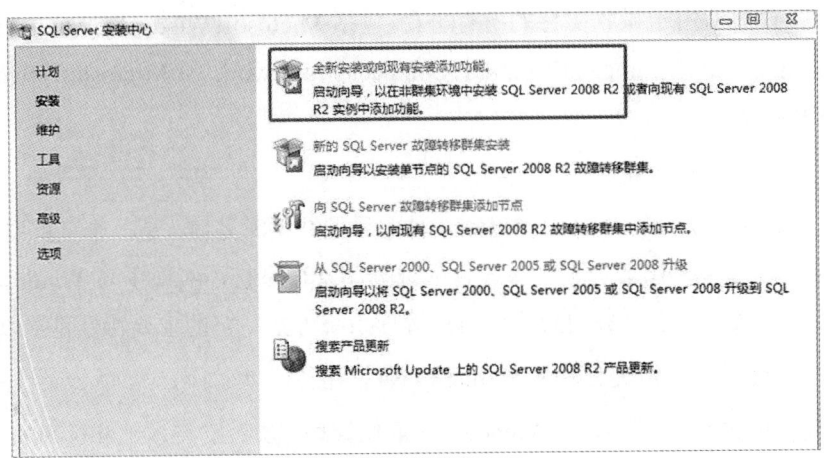

图 2-3　安装向导界面

（4）功能选择。

选择需要安装的数据库功能，其中"SQL Server 复制""管理工具-基本"是必选项，之后单击"全选"按钮、设置"共享功能目录"并单击"下一步"按钮。功能选择界面如图 2-4 所示。

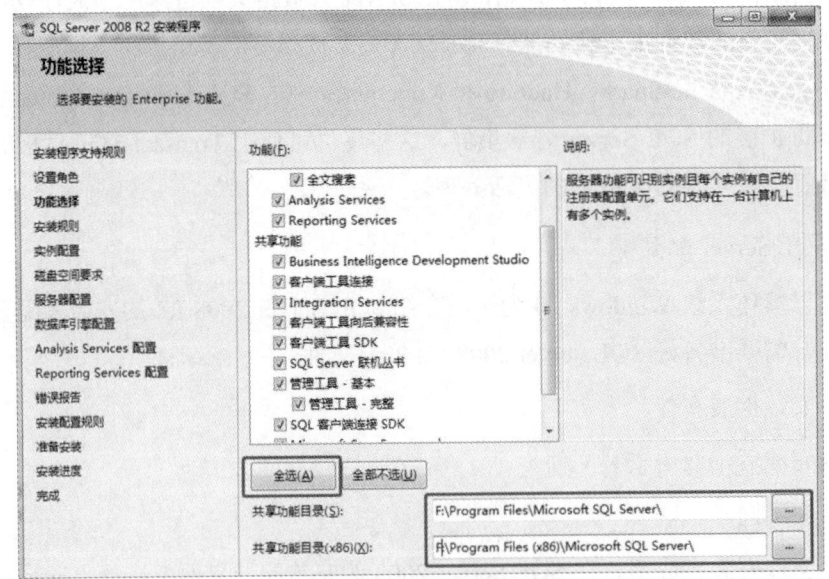

图 2-4　功能选择界面

（5）实例配置。

在实例配置界面中，选择默认实例或自己命名实例，输入一个未被使用的数据库实例 ID，并为其设置根目录，之后单击"下一步"按钮。实例配置界面如图 2-5 所示。

第 2 章　教育大数据的采集与存储

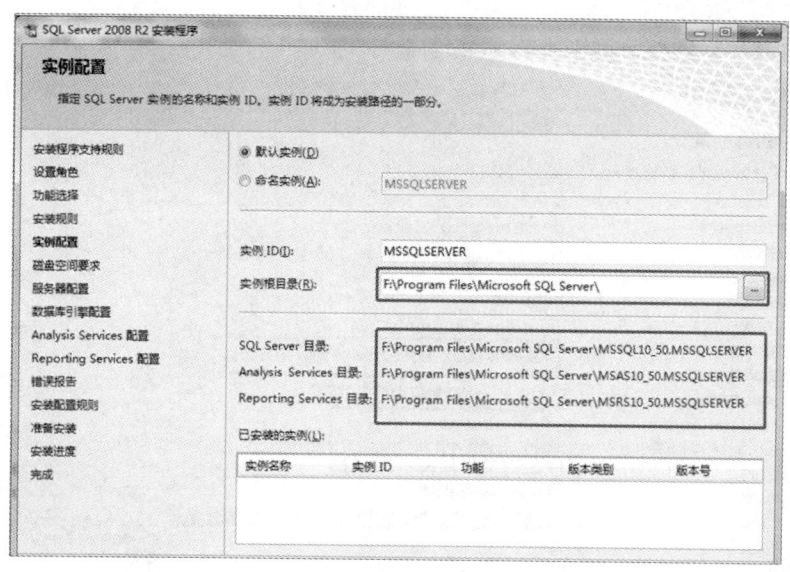

图 2-5　实例配置界面

（6）服务器配置。

单击"对所有 SQL Server 服务使用相同的账户[①]"按钮，如图 2-6 所示，浏览账户名，密码不设置则默认没有密码，之后单击"下一步"按钮。

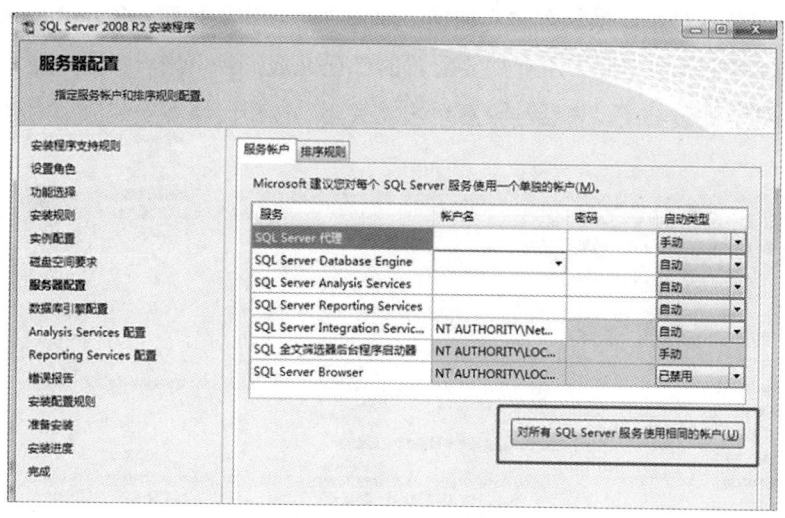

图 2-6　服务器配置界面

（7）数据库引擎配置。

选择"混合模式"按钮，设置账户密码后，添加当前用户。值得注意的是，该用户是 SQL Server 管理员，SQL Server 管理员账户中"主机名与用户名不能相同"，否则会

———————————
① 软件图中"帐户"的正确写法应为"账户"。

导致安装失败。数据库引擎配置界面如图2-7所示。

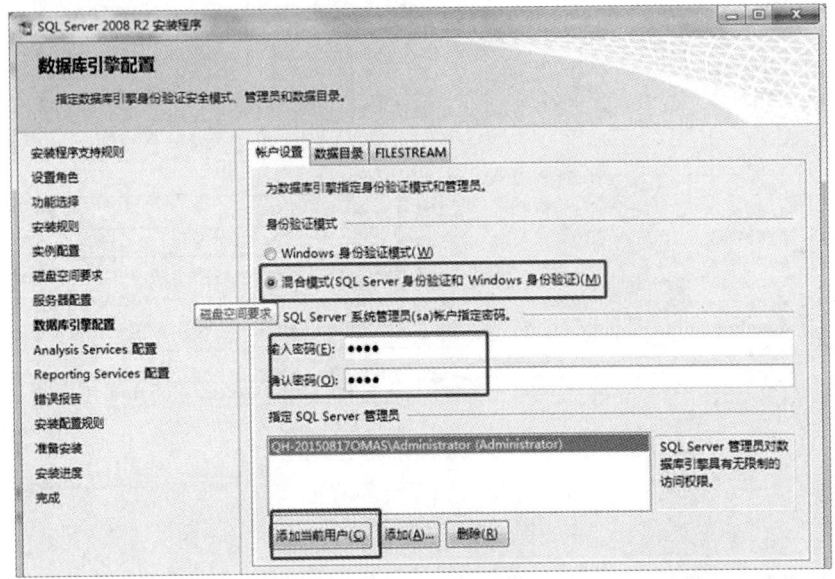

图2-7　数据库引擎配置界面

（8）Reporting Services 配置。

选择"安装本机模式默认配置"按钮，单击"下一步"按钮，Reporting Services 配置界面如图2-8所示。至此，所有需要配置的都已完成，接下来只需要一直单击"下一步"按钮，直至安装结束，安装结束后单击"关闭"按钮。环境安装成功后开始登录数

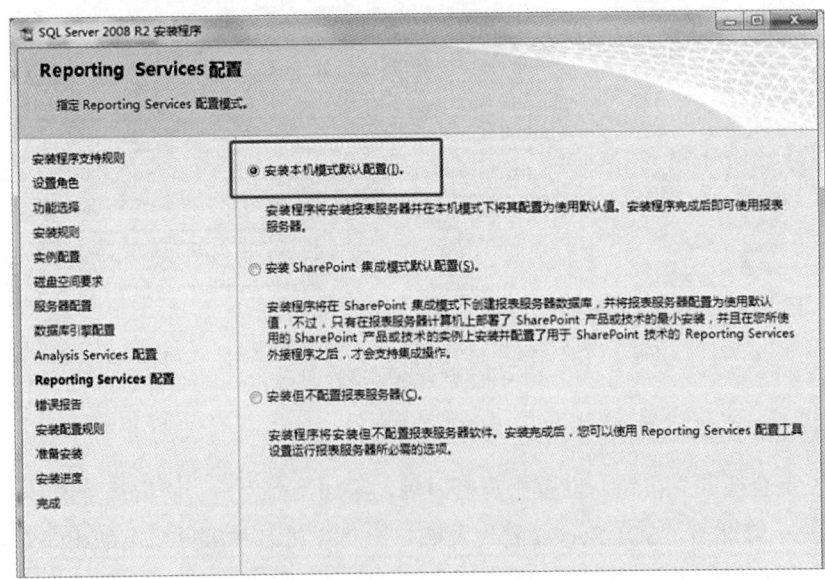

图2-8　Reporting Services 配置界面

据库，打开数据库，选择服务器，输入登录名和密码，密码为步骤（7）中设置的账户密码，并单击"连接"按钮，成功登录后即可查看 SQL Server 界面，如图 2-9 所示。

图 2-9　数据库登录界面

2.4.2　不同类型数据存储的实践操作

1．文本类数据存储

1）文本类数据介绍

文本类数据存储在文本文件中，该文件是一种由若干行字符构成的计算机文件，因存储内容不同，继而其有效字符信息存储类型也有不同，如英文、数字等字符以 ASCII 码形式存储，汉字则以机内码形式存储。常见的文本文件扩展名有.txt、.doc、.docx、.wps、.exe 等类型。

2）文本类数据存储操作

TXT 是诸多数据存储文件格式中常用的一种，TXT 文件不支持图像等其他非文本形式的数据。下面以 TXT 文件为例介绍文本类数据存储的具体操作。

（1）获取文件标识符。

获取文件标识符在 Visual Studio 中通过基于 C#的窗体程序实现，利用文件选择窗口获取文件的绝对路径，即文件标识符。首先，需要创建一个窗体程序，并添加"导入 TXT 文件"按钮控件，如图 2-10 所示；其次，使用 OpenFileDialog()函数打开计算机自带的文件选择窗口，以便用户在图形界面选择所需文件，同时定义文件选择窗口中文件类型的筛选项以规范文件格式。获取 TXT 文件标识符的具体代码如下。

```
OpenFileDialog ofd = new OpenFileDialog(); //打开文件选择窗口
ofd. Filter = "文本文档|*.txt"; //定义文件类型筛选项目
  string fileName = ofd. FileName; //获取文件名和路径
```

图 2-10　导入 TXT 文件窗体程序界面

（2）数据导入内存临时表。

获取文件标识符之后，需要将文件里的不规则数据规范成数据库导入所需格式，此时需要创建内存临时表。首先，将内存临时表中行列的意义对应到数据库中数据的行列位置，此步骤可理解为标签对应；其次，进行文件内容分析，具体是指将文件内容中的语句利用相关函数读取字节流中的字符，并按照特定的界限符进行划分，进而将读取信息写入相关行中的相应位置，其中读取文件的过程需要引用相关函数来创建一个字符阅读器，目的是使其能够在字节流中以相应的编码进行字符的读取。数据导入内存临时表的具体代码如下：

```
DateTime startTime = DateTime.Now;//定义一个开始时间
//创建内存临时表来存储从文本文件中读取出来的数据
using (DataTable table = new DataTable())
{
   table.Columns.Add("startNum");  //为内存临时表创建相应的数据列
   table.Columns.Add("numArea");
   table.Columns.Add("numType");
//因为文件比较大，所以使用 StreamReader 的效率比使用 File.ReadLines 高
   using (StreamReader sr = new StreamReader(fileName, Encoding.Default))
   {
     while (!sr.EndOfStream)    //此处用于判读字节流是否已经结束
     {
       DataRow dr = table.NewRow();//创建数据行
       string readStr = sr.ReadLine();//读取一行数据
       if (readStr.StartsWith("1"))//去掉标题行
       {
       //将读取的字符串按制表符分割成数组
         string[] strs = readStr.Split(new char[] { '\t', '"' }, StringSplitOptions.RemoveEmptyEntries);
```

```
            string startNum = strs[0];
            string numArea = strs[1];
            string numType = strs[2];
            //向对应的行中添加数据
            dr["startNum"] = startNum;
            dr["numArea"] = numArea;
            dr["numType"] = numType;
            table.Rows.Add(dr);//将创建的数据行添加到内存临时表 table 中
        }
    }
}
```

（3）内存临时表数据导入数据库。

将内存临时表中的内容导入数据库中需要调用数据库相关代码。首先，通过 System.Data.SqlClient 函数及相应的连接语句创建一个连接器，保持与远程数据库或本地数据库的联系，在连接语句中指定数据库服务器的公网 IP 及其对应的控制账户和密码；其次，数据库连接成功后，需要在数据库众多表格中找到目标表格，同时绑定内存临时表中相应的行列信息，确保数据导入到正确位置；最后，通过程序执行的顺序及定义的时间节点，呈现导入结果（包括导入数量、花费的时间）。内存临时表数据导入数据库的具体代码如下。

```
//指定数据库服务器的公网 IP，同时指定其对应的控制账户和密码
    string connStr = @"Data Source=.;Initial Catalog=mes;user id=sa;password=Heisadog?!123;Connect Timeout=5";
    System.Data.SqlClient.SqlBulkCopy bulkCopy = new System.Data.SqlClient.SqlBulkCopy(connStr); //连接数据库
    //设置数据库中对象的表名
    bulkCopy.DestinationTableName = "T_PhoneInfo";
    //设置内存临时表 table 和数据库中表的列对应关系
    bulkCopy.ColumnMappings.Add("startNum", "FStartNum");
    bulkCopy.ColumnMappings.Add("numArea", "FNumArea");
    bulkCopy.ColumnMappings.Add("numType", "FNumType");
    bulkCopy.WriteToServer(table);//将内存临时表 table 复制到数据库中
    TimeSpan ts = DateTime.Now - startTime;   //计算导入时间
    MessageBox.Show(" 共导入 " + table.Rows.Count + " 条数据，总共花费时间:" + ts.ToString());
```

（4）数据库导入反馈。

执行上述代码，选择需要导入的文件，此时默认文本文件第一行为列名，且以制表符进行分割，单击"导入 TXT 文件"按钮，并单击"确定"按钮，如图 2-11 所示。若文件成功导入，则系统返回数据导入成功信息及所用时间；若文件导入异常，则应检查文件格式是否正确。另外，可在数据库中查看成功导入的内容。

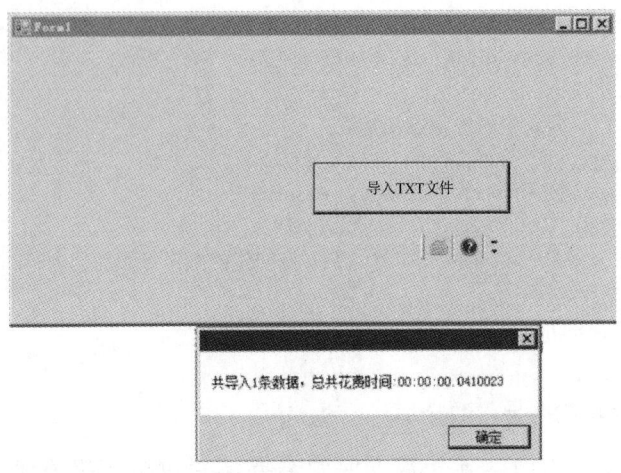

图 2-11　选择 TXT 文件界面

2．表格类数据存储

1）表格类数据介绍

表格类数据以线框与文字相结合的方式记录信息，线框便于更加简明、直观、具体地表明字词的具体含义和组配关系。Excel 是一类典型的表格类文件，同时是目前最流行的个人计算机数据处理、分析工具之一，其拥有直观的界面、出色的计算功能和图表工具，因此也是最常用的数据存储文件之一。

利用 Excel 进行数据存储具有以下优点：①避免中文乱码，Excel 统一使用系统默认编码进行读写，无须设置编码参数，从而避免了出现编码问题；②避免分隔符与列内容相互冲突，当使用 CSV 文件保存数据时，若列的内容中含有逗号，则需要使用其他字符替换，否则会导致列识别操作失败，而 Excel 中的列支持任意字符；③便于编辑和备份数据，Excel 支持随时操作与编辑，且采用复制粘贴或另存为的方式即可得到 Excel 备份文件。然而，通过 Excel 进行数据存储存在限制数据存储的最大量级问题，Excel 2007 及以上版本最大可存储 1048576 行、16384 列的数据，CSV 与 TXT 文件则无此项限制。

2）表格类数据存储操作

（1）获取文件标识符。

获取 Excel 文件标识符的方法包括如下两个步骤。

① 打开文件选择窗口。首先，通过使用两个按钮控件——"选择 Excel 文件"和"导入数据库"将选择文件与导入数据库的功能分开，具体图例参考 TXT 窗体程序图；其次，添加 click 事件响应函数以处理文件路径及信息，此函数定义了两种不同的字符串，用户需要依据文件类型选择对应的处理方式；最后，使用文件选择窗口选定对应的

文件从而获取其文件路径,同时通过变量进行存储。打开文件选择窗口具体的操作代码如下。

```
private void button1_Click(object sender, EventArgs e) {
    System.Windows.Forms.OpenFileDialog fd = new OpenFileDialog();
//打开计算机自带的文件选择窗口
    if (fd.ShowDialog() == DialogResult.OK) {
        string fileName = fd.FileName;
        bind(fileName);
    }
}
```

② 标准化处理,用户选择要导入的 Excel 文件并单击"确定"按钮后,需要对选定文件进行标准化处理。首先,通过 Path.GetExtension(fileName)函数获取文件的扩展名,返回参数可能是 null 或 string.empty;其次,由于 Excel 有两种文件类型,Excel 2003 版文件格式后缀为".xls",Excel 2007 版文件格式后缀则为".xlsx",所以需要定义两种不同的连接方式分别对应不同的文件类型,根据对应的文件类型选择使用何种连接方式进行处理;最后,选择连接方式后打开数据库连接源,值得注意的是,一张 Excel 表可能由多个 sheet 文件组成,用户需要定义导入的工作表所在 sheet 的名称。示例使用特定的 sheet 名,获取文件扩展名并根据文件类型选择对应的连接方式及具体的 sheet 文件的代码如下。

```
string fileExtenSion;
fileExtenSion = Path.GetExtension(fileName); // 获取文件扩展名
//定义两种类型文件对应的连接方式
string connstr2003 = "Provider=Microsoft.Jet.OLEDB.4.0;Data Source=" + fileName + ";Extended Properties='Excel 8.0;HDR=Yes;IMEX=1;'";
string connstr2007 = "Provider=Microsoft.ACE.OLEDB.12.0;Data Source=" + fileName + ";Extended Properties=\"Excel 12.0;HDR=YES\"";
OleDbConnection conn;
//根据不同的文件类型选择对应的连接方式
if (fileExtenSion.ToLower() == ".xls")
{
conn = new OleDbConnection(connstr2003);
}
else
{
conn = new OleDbConnection(connstr2007);
}
conn.Open();
 string sql = "select * from [Sheet1$]"; //定义要访问的 sheet 文件
```

(2)数据导入内存临时表。

定义好要访问的 sheet 文件后,首先,用户通过 OleDbDataAdapter(sql,conn)类来更新 DataSet 和数据源,同时通过 DataSet 定义一个内存中的数据缓存(ds),其中

OleDbDataAdapter 建立在 OleDbCommand 对象之上，具有该类一切功能，能够不再连接数据库直接从 DataSet 或 DataTable 中获取数据，同时 DataSet 对象类似于内存中的一个小型数据库，包含数据表、数据列、数据行、视图、约束及关系，其数据源通常是数据库或 XML 文件；其次，为从数据库中获取数据，可以使用数据适配器（DataAdapter）从数据库中查询数据；最后，定义 ds 后需要将本地文件中的数据导入内存临时表中。上述操作具体代码如下。

```
OleDbDataAdapter da = new OleDbDataAdapter(sql, conn);
DataSet ds = new DataSet();
conn.Close();
try
{
da.Fill(ds);//向 DataSet 中添加或刷新行，返回受影响的行数
dt = ds.Tables[0];// dt 是在程序开始时提前定义的一个内存中的数据表，接收 DataSet 中的数据表
this.dataGridView1.DataSource = dt;// 指定图形操作界面数据表格的数据源，方便即时观察数据正确性
}
catch (Exception err)
{
MessageBox.Show("操作失败！" + err.ToString());
}
```

（3）内存临时表数据导入数据库。

将文件数据导入内存临时表后，要将该表中的数据导入数据库中。①通过 SqlConnection 函数连接数据库（需要提前定义数据库访问方式，方法与 TXT 文件导入方法一致）。②标准化处理数据。用户首先判断表格中是否存在数据，其次通过自定义的插入函数（如 insertToSql）遍历内存临时表中的数据，该函数先校验内存临时表中的每一行数据，确认所导入数据的列名一一对应，再开始导入。内存临时表数据导入数据库的具体代码如下。

```
private void button2_Click(object sender, EventArgs e)
{
    conn = new SqlConnection(connString);
    conn.Open();
    if (dataGridView1.Rows.Count > 0)
    {
        DataRow datarow = null;
        for (int i = 0; i < dt.Rows.Count; i++)
        {
            datarow = dt.Rows[i];
            insertToSql(datarow);
        }
        conn.Close();
```

```csharp
            MessageBox.Show("导入成功！");
        }
        else
        {
            MessageBox.Show("导入失败！");
        }
    }
    private void insertToSql(DataRow datarow)
    {
        conn = new SqlConnection(connString);
        conn.Open();
        //判断 Excel 表中的列名和数据库中的列名是否对应
        if (dt.Columns[0].ColumnName.ToString() == "学号" && dt.Columns[1].ColumnName.ToString() == "姓名")
        {
            string XSBH = datarow["学号"].ToString();
            string XSXM = datarow["姓名"].ToString();
            string  sql1 = string.Format("insert into XSZD_TB(XSBH,XSXM) values('{0}','{1}')", XSBH, XSXM);
            SqlCommand cmd = new SqlCommand(sql1, conn);
            cmd.CommandText = sql1;
            cmd.ExecuteNonQuery();
        }
    }
```

（4）数据库导入反馈。

执行代码，首先单击"选择 Excel 文件"按钮，选择所需文件并单击"确定"按钮，然后单击"导入数据库"按钮。下面以存放学生信息的 Excel 数据为例，导入成功后在数据库中可查看被成功导入的数据，如图 2-12 所示。

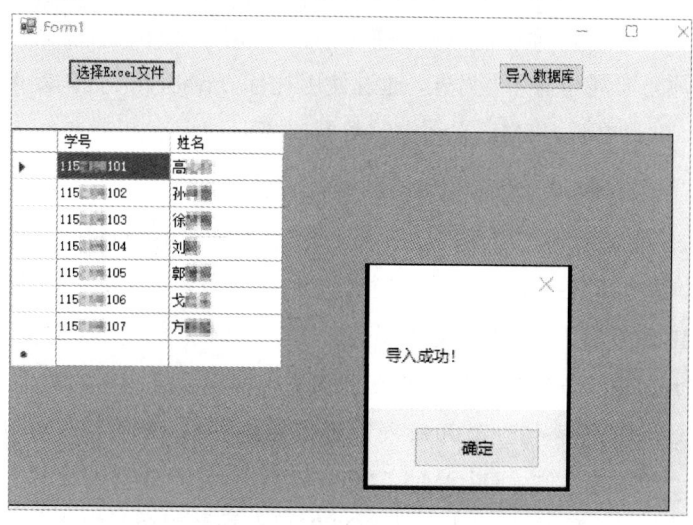

图 2-12　Excel 文件导入成功界面

3. XML 文件类存储

1) XML 文件介绍

XML 即可扩展标记语言（Extensible Markup Language），是一种用于标记数据文件使其具有结构性的标记语言，一般用于传输和存储有关系的数据。在电子计算机领域中，标记指计算机所能理解的信息符号，通过此种标记，计算机之间可以处理各种信息（如文章等）。

XML 文件主要由 6 个部分组成——文档声明、元素、属性、注释、CDATA 区、特殊字符、处理指令（Processing Instruction)，并具有以下特点：便于互联网文档信息传输，能够提供统一的方法来描述和交换独立于应用程序或供应商的结构化数据；在程序开发中，XML 文件通常用来作为各种框架的配置文件；便于数据共享，通常计算机系统使用不兼容的格式存储数据，而 XML 数据以纯文本格式进行存储，因此形成一种独立于软件和硬件的数据存储方法，便于共享不同应用程序间的数据。

XML 文件的主要应用领域包括以下 6 个方面。

（1）数据交换。

在数据传输过程中，使用 XML 文件进行数据交换可以使应用程序更具有弹性。XML 文件使用元素和属性描述数据，并始终保留类似父/子关系的数据结构，多个应用程序可以共享和解析同一个 XML 文件而不必通过传统字符串进行解析或拆解。相反，普通文件不会对每个数据段进行描述（除了在头文件中），也不会保留数据关系结构。

（2）独立于 HTML 文件。

通常情况下，更新 HTML 文件中的数据需要花费大量的时间进行编辑。XML 文件能够支持数据独立存储，确保修改底层数据不需要对 HTML 文件进行整体更改，使 HTML 文件专注于布局与显示。另外，通过使用几行 JavaScript 代码就可以读取一个外部 XML 文件，以此更新 HTML 文件中的数据内容。

（3）支持 Web 服务。

之所以 Web 服务能为使用不同系统和不同编程语言的用户提供一个相互交流和分享数据的机会，是因为 Web 服务器利用 XML 文件在系统之间交换数据。在数据交换过程中，通常用 XML 进行标记，并保证协议规范且具有一致性，如简单对象处理协议（Simple Object Access Protocol，SOAP）。SOAP 支持在不同编程语言构造的对象之间传递消息，这意味着一个 C#对象能够与一个 Java 对象进行通信，这种通信甚至可以发生在运行于不同操作系统上的对象之间。DCOM、CORBA 或 Java RMI 等协议只能在紧密耦合对象（二者相互访问）之间传递消息，而 SOAP 可在松散耦合对象（各自执行独立的功能，无互相调用）之间传递消息。

(4) 内容管理。

XML 文件用元素和属性来描述数据，具有能够运行于不同系统平台之间和转换成不同格式目标文件的能力，因此能够标记独立于平台和语言的相关内容。通过如 XSLT 这样的语言能够轻易地将 XML 文件转换成多种格式文件，如 HTML、WML、PDF、Flat File、EDI 等，因此 XML 文件成为应用系统中内容管理的首选。

(5) 简化平台变更。

系统（硬件或软件平台）更新需要转换大量的数据，在此过程中易丢失不兼容数据。XML 数据以文本格式存储，在不损失数据的情况下，通过 XML 文件更容易扩展或升级为新的操作系统、应用程序或浏览器。

(6) 创建新型 Internet 语言。

如今较多新型 Internet 语言是通过 XML 创建的，如 XHTML（新的 HTML 版本）、WSDL（用于描述可用的 Web Service、WAP）、WML（用于手持设备的标记语言）、RSS（用于 RSS Feed 的语言）、RDF（资源描述框架）和 OWL（用于描述资源和本体）、SMIL（同步多媒体集成语言）。

另外，在实际教育场景中，XML 文件能够存储教育教学相关信息，如班级信息，包括学生（姓名、年龄、城市、手机号）、教师（姓名、课程）、账号信息（账号、密码），具体的存储代码如下。

```
<?xml version="1.0" encoding="utf-8"?> #文件声明
<?xml version="1.0" encoding="utf-8"?>
<class>
 <student>
  <name>小明</name>
  <age>21</age>
  <city>Hangzhou</city>
 </student>
  <student>
  <name>小红</name>
  <age>19</age>
  <city>Shanghai</city>
 </student>
  <student>
  <name>小李</name>
  <age>25</age>
  <city>Beijing</city>
 </student>
  <teacher>
  <name>王老师</name>
  <course>Java</course>
 </teacher>
```

```
<teacher>
 <name>赵老师</name>
 <course>C++</course>
</teacher>
<account>
 <login username="stuname" pwd="123456"/>
 <login username="tername" pwd="888888"/>
</account>
</class>
```

2）XML 文件存储操作

（1）获取文件标识符。

获取 XML 文件标识符的方法与 Excel 文件导入过程类似，首先在 Visual Studio 中创建包含"选择 XML 文件"和"导入数据库"两个按钮及数据表格控件的窗体程序；然后通过调用计算机自带的文件选择窗口，在用户选择文件后获取文件标识符，注意在筛选文件时需要选择后缀名为".xml"的文件。获取 XML 文件标识符的具体代码如下。

```
private void button1_Click(object sender, EventArgs e)
{
   System.Windows.Forms.OpenFileDialog fd = new OpenFileDialog();
   fd.Filter = "xml 文件(*.xml)|*.xml";
   if (fd.ShowDialog() == DialogResult.OK)
   {
      string fileName = fd.FileName;
       bind(fileName);
   }
}
```

（2）数据导入内存临时表。

数据导入内存临时表的步骤与 Excel 文件导入方式相同，首先将数据通过 ReadXml()函数读取 XML 架构和数据，并转存到 DataSet 中，然后利用提前定义的内存临时表 dt 接收 DataSet 中的数据表，最后将内存临时表中的数据导入图形操作界面的数据表格中，方便即时观察数据正确性。XML 数据导入内存临时表的具体代码如下。

```
private void bind(string fileName)
{
   DataSet ds = new DataSet();
   ds.ReadXml(fileName);
   try
   {
      dt = ds.Tables[0];
      dataGridView1.DataSource = ds.Tables[0].DefaultView;
   }
   catch (Exception err)
   {
```

```
            MessageBox.Show("操作失败！" + err.ToString());
        }
    }
```

（3）内存临时表数据导入数据库。

内存临时表数据导入数据库需要首先使用自定义的插入函数 insertToSql 对数据进行校验，然后利用 SQL 语句将数据插入数据库，注意需要在程序开始时定义数据库连接方式。XML 文件内存临时表数据导入数据库的代码如下。

```
private void button2_Click(object sender, EventArgs e)
{
    conn = new SqlConnection(connString);
    conn.Open();
    if (dataGridView1.Rows.Count > 0)
    {
        for (int i = 1; i < dt.Rows.Count; i++)
        {
            DataRow datarow = dt.Rows[i];
            insertToSql(datarow);
        }
        conn.Close();
        MessageBox.Show("导入成功！");
    }
    else
    {
        MessageBox.Show("导入失败！");
    }
}
private void insertToSql(DataRow datarow)
{
    conn = new SqlConnection(connString);
    conn.Open();
    string DQMC = datarow["DQMC"].ToString();
    string DQBH = datarow["DQBH"].ToString();
    string sql = string.Format("insert into DQ_TB(DQMC,DQBH) values ('{0}','{1}')", DQMC, DQBH);
    SqlCommand cmd = new SqlCommand(sql, conn)
    {
        CommandText = sql
    };
    cmd.ExecuteNonQuery();
}
```

（4）数据库导入反馈。

执行代码，单击"选择 XML 文件"按钮，如图 2-13 所示，首先选择需要导入的文件，然后单击"导入数据库"按钮，单击"确定"按钮。以存放学生信息的 Access 文件为例,文件被成功导入后可在数据库中查看导入内容。XML 文件导入成功界面如图 2-14 所示。

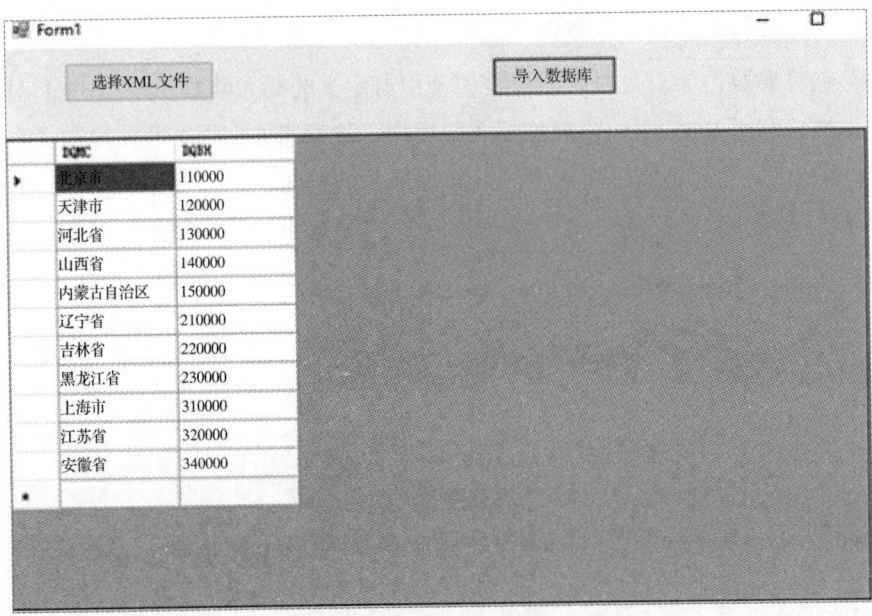

图 2-13 选择 XML 文件界面

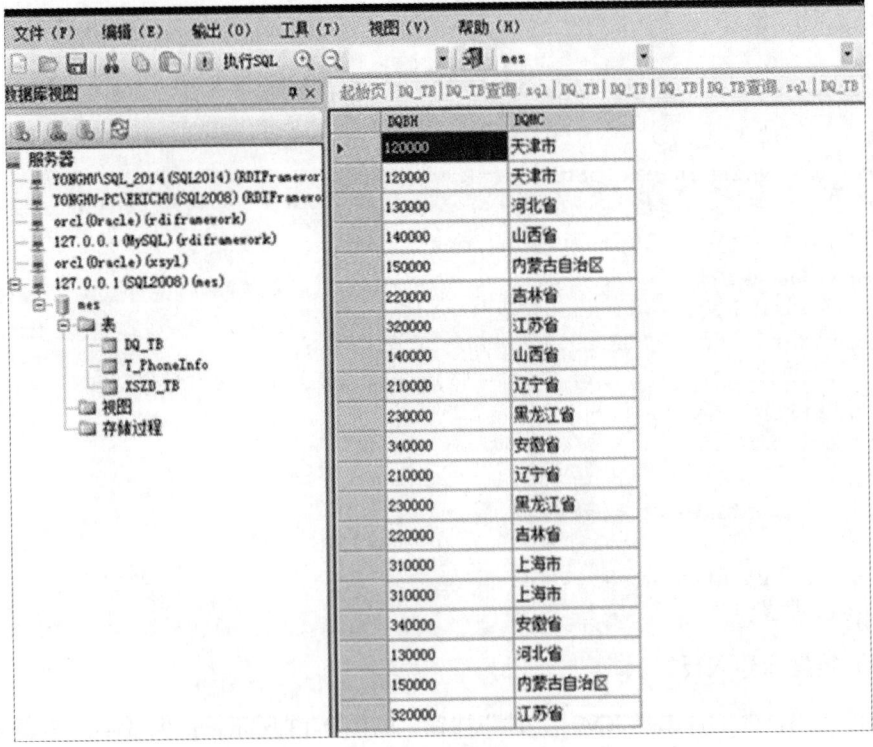

图 2-14 XML 文件导入成功界面

4. 异构数据库存储

1）异构数据库介绍

异构数据库是相关的多个数据库系统的集合，能够实现数据的共享和透明访问，合并其他数据库系统之前拥有自己的数据库管理系统。异构数据库的各个组成部分具有自治性，实现数据共享的同时每个数据库系统仍有自己的应用特性、完整性控制和安全性控制。异构数据库的异构性主要体现在以下几个方面：①计算机体系结构的异构，参与的数据库可以在大型机、小型机、工作站、PC 或嵌入式系统中分别运行；②基础操作系统的异构，各个数据库系统的基础操作系统可以是 UNIX、Windows NT、Linux 等；③数据库管理系统本身的异构，可以是同为关系型数据库系统的 Oracle、SQL Server 等，也可以是不同数据模型的数据库，如关系、模式、层次、网络、函数型数据库共同组成一个异构数据库系统。

2）异构数据库存储操作

（1）获取文件标识符。

获取 Access 文件标识符的方法与 TXT 文件导入过程类似，在 Visual Studio 中创建包含"选择 Access 文件"和"导入数据库"两个按钮及数据表格控件的窗体程序。这里获取文件标识符的具体操作可参考 TXT 和 Excel 文件的导入操作。异构数据库获取文件标识符的具体代码如下。

```csharp
private void button1_Click(object sender, EventArgs e)
    {
        System.Windows.Forms.OpenFileDialog fd = new OpenFileDialog();
        fd.Filter = "mdb 文件(*.mdb)|*.mdb|accdb 文件(*.accdb)|*.accdb|所有文件(*.*)|*.*";
        if (fd.ShowDialog() == DialogResult.OK)
        {
            string fileName = fd.FileName;
            bind(fileName);
        }
    }
```

（2）数据导入内存临时表。

用户通过用户操作获取所需文件名，同时利用 Environment.CurrentDirectory 获取当前文件夹的路径，使用 Path.Combine()函数将两个路径合成一个路径获取文件完整路径。依据此路径用 OLEDB 直接打开 mdb 文件，OLEDB 使用的是 Jet 引擎，此引擎一般默认为 Windows 自带的，因此用户在未安装 Access 数据库的情况下依然可以使用。由此可见，未安装数据库的情况下只需要安装相应的数据库引擎（安装包），如使用 SQL

Server 只需要安装 msde。后续数据导入内存临时表的步骤可参考 Excel 文件导入流程，数据导入内存临时表的代码如下。

```
private void bind(string fileName)
    {
        string DbPath = Path.Combine(Environment.CurrentDirectory, fileName);
        OleDbConnection oleDb = new OleDbConnection(string.Format(@"Provider=Microsoft.Jet.OLEDB.4.0;;Data Source={0}", DbPath));
        string sql = "SELECT * from XSZD_TB WHERE 1=1";
        OleDbDataAdapter dbDataAdapter = new OleDbDataAdapter(sql, oleDb);
        dbDataAdapter.Fill(dt);
        try
        {
            this.dataGridView1.DataSource = dt;
        }
        catch (Exception err)
        {
            MessageBox.Show("操作失败！" + err.ToString());
        }
    }
```

（3）内存临时表数据导入数据库。

内存临时表数据导入数据库与 Excel 文件导入流程一致，首先使用自定义的插入函数 insertToSql 对数据进行校验，然后利用 SQL 语句将数据插入数据库。内存临时表数据导入数据库的代码如下。

```
private void button2_Click(object sender, EventArgs e)
    {
        conn = new SqlConnection(connString);
        conn.Open();
        if (dataGridView1.Rows.Count > 0)
        {
            for (int i = 0; i < dt.Rows.Count; i++)
            {
                DataRow datarow = dt.Rows[i];
                insertToSql(datarow);
            }
            conn.Close();
            MessageBox.Show("导入成功！");
        }
        else
        {
            MessageBox.Show("导入失败！");
        }
```

```
            }
            private void insertToSql(DataRow datarow)
            {
                conn = new SqlConnection(connString);
                conn.Open();
                string XSBH = datarow["XSBH"].ToString();
                string XSXM = datarow["XSXM"].ToString();
                string   sql = string.Format("insert into XSZD_TB(XSBH,XSXM) values('{0}','{1}')", XSBH, XSXM);
                SqlCommand cmd = new SqlCommand(sql, conn)
                {
                    CommandText = sql
                };
                cmd.ExecuteNonQuery();
            }
```

（4）数据库导入反馈。

执行代码，单击"选择 Access 文件"按钮，如图 2-15 所示，首先选择需要导入的文件，然后单击"导入数据库"按钮，单击"确定"按钮。下面以存放学生信息的 Access 文件为例，文件被成功导入后可在数据库中查看被导入的数据内容。Access 文件导入成功界面如图 2-16 所示。

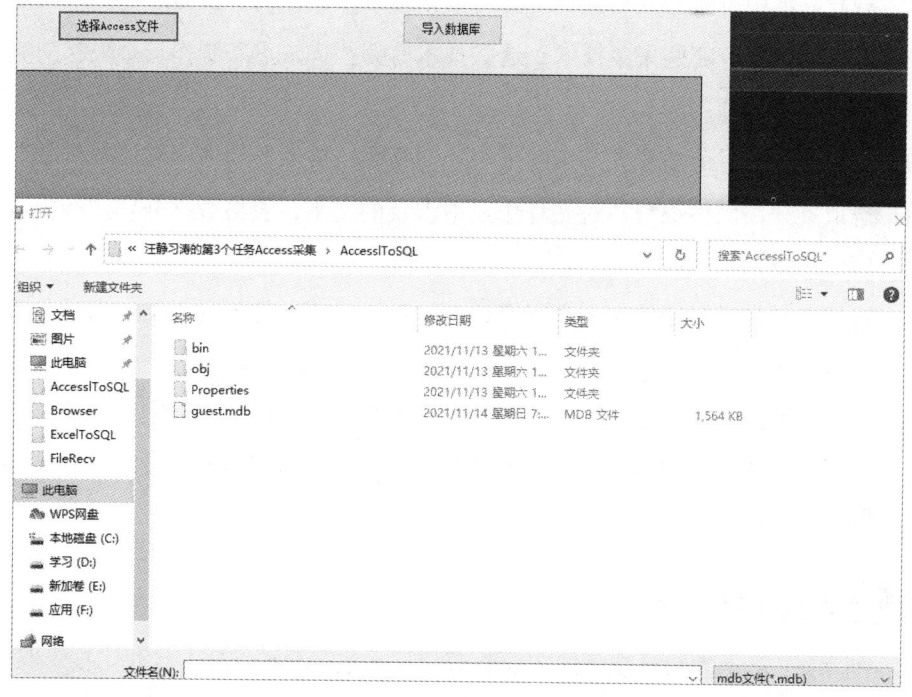

图 2-15　选择 Access 文件界面

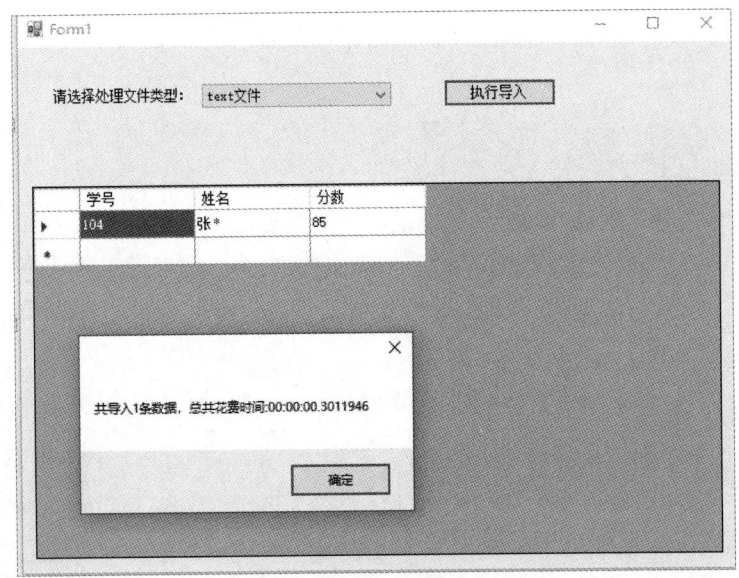

图 2-16　Access 文件导入成功界面

思考与实践

1. 教育领域中有哪些数据类型？这些数据蕴含什么样的价值信息？
2. 教育大数据有哪些采集技术？这些技术有哪些优缺点？制作一个表格对它们进行对比分析。
3. 小组讨论：目前教育大数据的采集还面临哪些挑战？如何应对这些挑战？
4. 选取某一门网络课程，对课程作业中涉及的文本、表格数据分别进行提取，形成一个数据文档。
5. 以所在学校图书馆的某个数据库为例，对数据库中的不同类别信息进行提取，形成一个数据文档。
6. 访谈与交流：访谈中学一线教师数据素养情况，与中学一线教师交流，了解他们在教学中使用数据的情况，并把问题记下来，与你的同学交流，提出提升教师数据素养的对策。

拓展学习资源

1. 刘幸兴. 基于大数据技术的在线教育信息采集平台研究[J]. 自动化技术与应用，2020，39（09）：41-43+51.
2. 柴唤友，刘三女牙，康令云，等. 教育大数据采集机制与关键技术研究[J]. 大数据，2020，6（06）：14-25.

3. 杨现民,郭利明,邢蓓蓓. 区域教育大数据分析架构与展示设计研究——以江苏省 A 市为例[J]. 电化教育研究,2020,41(05):66-72.

4. 张国华,叶苗,王自然,等. 大数据 Hadoop 框架核心技术对比与实现[J]. 实验室研究与探索,2021,40(02):145-148+176.

5. 杜小勇,卢卫,张峰. 大数据管理系统的历史、现状与未来[J]. 软件学报,2019,30(01):127-141.

6. 林子雨. 数据采集与预处理[M]. 北京:人民邮电出版社,2022.

7. 上海德拓信息技术股份有限公司. 大数据采集技术与应用[M]. 西安:西安电子科技大学出版社,2019.

8. 曾剑平. Python 爬虫大数据采集与挖掘[M]. 北京:清华大学出版社,2020.

第 3 章

教育大数据分析方法与工具

本章主要内容

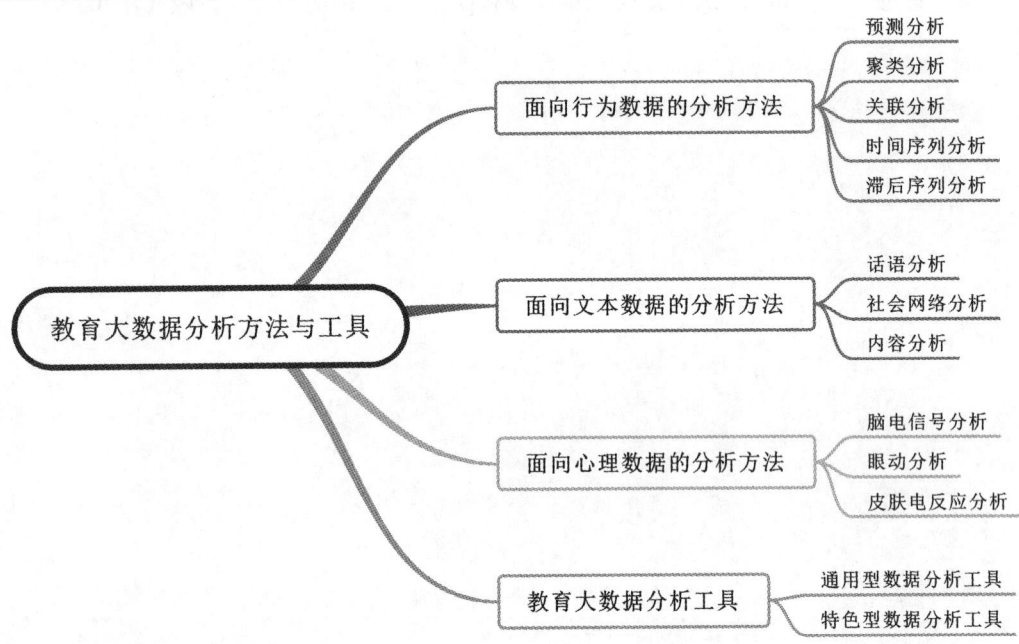

学习目标

通过本章的学习,你应能做到如下几点。

1. 知道常见的教育大数据分析方法及其所实现的功能。
2. 能够说出不同教育场景下可以采用的教育大数据分析方法。
3. 能够指出不同教育大数据分析方法的优势与不足。
4. 掌握常见教育大数据分析工具操作的基本步骤与方法。

3.1 面向行为数据的分析方法

3.1.1 预测分析

预测的目的是从历史数据记录中自动推导出对给定数据的推广描述,从而能够对事先未知类别的数据进行预测。分类和回归是两类主要的预测问题,分类问题预测离散值,回归问题预测连续值。

1. 分类分析

分类(Classification)利用已知的观测数据构建一个分类模型——通常称为分类器,来预测未知类别的对象的所属类别。数据分类可以分为两步:第一步是建立模型,通过分析由属性描述的数据集,来建立反映其特性的模型。常用的分类模型有决策树、贝叶斯分类器、k-最近邻分类、神经网络分类等。该步骤也称作有监督的学习,基于训练集导出模型,训练集是已知类别标签的数据对象;第二步是使用模型对数据对象进行分类。先评估模型的分类准确度或其他指标,如果可以接受,再使用它来对未知类别标签的对象进行分类。

分类分析是常用的数据挖掘技术,在教育数据挖掘中主要用于学习者分类的研究,即通过采用决策树或神经网络算法,对一组预先分好类的数据进行学习训练,建立一个能够对其他数据进行分类的模型。分类分析的过程主要包括学习和分类两个阶段。在学习阶段,用分类算法对训练数据进行学习;在分类阶段,用测试数据估计分类的精度。如果精度满足要求,那么分类规则就可以应用到新的数据集上。

2. 线性回归

线性回归(Linear Regression)是利用数理统计中的回归分析,来确定多个变量之间相互依赖的定量关系的一种统计分析方法,应用十分广泛。具体来说,线性回归利用最小二乘函数对一个或多个自变量(常表示为 X)和一个标量型因变量(常表示为 y)之间的关系进行建模,这种函数是一个或多个称为回归系数的模型参数的线性组合。只涉及一个自变量的称为简单线性回归,涉及多个自变量的称为多元线性回归。

线性回归主要用于预测。线性回归使用观测数据集的 y 值和 X 值来拟合一个预测模型,建立这样一个模型后,如果给出一个新的 X 值,但没有给出对应的 y 值,这时就可以用预测模型来预测 y 值。

在教育数据挖掘中,自变量通常是学习者的自身信息,如出勤率、平时成绩、每天学习的时间等，因变量是我们要预测的变量，如学习者的期末考试成绩及学习者的表现。由于现实问题都较为复杂，通过简单的回归分析不能获得良好的预测结果，因此引入更加复杂的预测技术，如决策树和神经网络，则显得十分必要。此类技术既可用于回归分析，又可用于分类分析。

3．神经网络

神经网络（Neural Network）既是一种分类方法，又是一种预测方法。究其本质，神经网络是一组连接输入和输出的单元，且每个连接都有一个权重。在学习阶段，通过调节神经网络学习的权重来预测输入的正确性。神经网络具有从复杂或不精确的数据中提取有效隐含信息的能力，能够用来提取对于人或其他计算机技术而言过于复杂而被忽略掉的模式或趋势。

4．决策树

决策树（Decision Tree）既是一种分类模型，又是一种预测模型。决策树代表一组决定的树形结构，且每一棵树均代表自变量与因变量之间的一种对应关系。决策树主要由决策点、状态节点和结果节点等 3 个部分组成，具体的决策树方法主要包括分类与回归树和卡方自动交互检测。

3.1.2 聚类分析

聚类（Clustering）是将数据集划分为由若干个相似实例组成的簇的过程，同一个簇中实例间的相似度最大化，不同簇中实例间的相似度最小化。一个簇就是由彼此相似的一组对象构成的集合，不同簇中的实例通常不相似或相似度很低。

聚类是一种无监督的机器学习方法，主要依据样本间的相似度将数据集自动划分为几个簇。聚类中的簇不是预先定义的，而是根据实际数据的特征按照数据之间的相似度来定义的。聚类分析算法的输入是一组样本及一个度量样本间相似度的标准，输出是簇的集合。主要的聚类分析方法有划分的方法、层次的方法、基于密度的方法、基于网格的方法、基于模型的方法等。

聚类分析适合用于在网络教育中了解学习者个性特征、发现学习行为模式，如根据学习者的学习兴趣、学习风格等特点，在社会化学习或混合学习空间中对具有相似学习行为的学习者进行分组。这种划分比教师无规则划分或学习者凭感情分组更客观、更高效，既有利于学习者顺利开展小组学习，又有利于教师对不同小组实现个性化教学与指导。

3.1.3 关联分析

关联分析（Association Analysis）用于发现隐藏在大型数据集中的有意义的联系，这种联系可以用关联规则（Association Rule）进行表示。例如，商家通过关联分析挖掘商场销售数据，发现顾客的购买习惯，假如顾客在购买产品 X 的同时购买产品 Y，超市就可以调整货架的布局，将产品 X 和产品 Y 放在一起，增进销量。

关联分析算法在教育数据挖掘应用中的使用频率较高，较早地被应用在教育教学决策方面，目前已在学业预警、教学评价、就业推荐等方面得到了广泛应用。在课堂教学环境下，可利用该算法挖掘师生各种教学活动之间的内在联系，辅助教师选择恰当的教学方法，提高教学实施效果；在教学管理中，可用该算法判定课程内容教学顺序的合理性；在网络教学场景下，可利用该算法提供学习内容推荐和学习策略建议。

3.1.4 时间序列分析

时间序列分析（Time Series Analysis）根据时间的数据序列预测未来发展趋势。时间序列分为平稳序列和非平稳序列两类。平稳序列是不存在趋势，只存在随机性的序列；非平稳序列是包含趋势、季节性和随机性的序列。其中，趋势是指时间序列在长时间内呈现出来的长期上升或下降的变动；季节性是指时间序列在一年内出现的周期性波动；随机性是指时间序列的偶然性波动。

时间序列分析的步骤是：①数据平稳性检验；②若数据不平稳，则进行差分处理；③确定最佳模型；④模型预测与检验。

3.1.5 滞后序列分析

滞后序列分析（Lag Sequential Analysis，LSA）旨在评估系列行为随时间发生的概率。该方法主要用来检验人的某一种行为发生后，另一种行为紧随发生的情况是否存在统计意义上的显著性，即利用序列分析调整后余值表 Z-score 解释行为之间是否存在显著的关系。近年来，有许多研究者利用滞后序列分析对在线学习行为进行了分析，探索师生在讨论交流、知识获取过程中的行为模型。

3.2 面向文本数据的分析方法

3.2.1 话语分析

话语分析（Discourse Analysis）是对学习过程中的开放式问答环节进行分析的方法。

话语分析的对象包括面对面的对话内容、网络课程与会议中产生的文本内容、网上进行的异步交流内容等。现有的话语分析研究大多从认知的角度来看待学习及其与语言的联系，根据相关的话语过程和与学习相关的认知过程之间的联系，对学习效果做出预测，如对学习者写作情况的评估。运用话语分析技术可以分析网上学习交流中的文本性含义，探究知识建构的过程。

3.2.2 社会网络分析

社会网络分析（Social Network Analysis，SNA）是研究行动者及其彼此之间关系的方法。20世纪30年代，哈佛大学的学者开始研究人际关系的交互模式和派系的形成。1954年，人类学家巴恩斯（Barnes）首次利用社会网络分析研究社会结构。1960年，社会网络分析作为一种方法论被明确定义，并作为一种跨学科的领域得到快速发展，已广泛应用于社会学、人类学、经济学和心理学。社会网络分析学家巴里·威尔曼（Barry Wellman）指出社会网络是由群体间的社会关系构成的庞大的关系网。社会网络分析探究的是深层结构——隐藏在复杂的社会系统表面下的一定的网络模式。社会网络分析研究主要关注网络中的关系对行动者的影响，不仅能揭示行动者的社会人际信息，还能进一步反映网络群体及个体的社会网络特征，甚至能帮助了解许多社会现象，如当人们遇到困难或寻求合作伙伴时，往往会依据所拥有的社会网络来寻找最可能的协作对象。在教育领域，社会网络分析可以用来研究和促进学习者与学习者之间、学习者与导师之间，甚至学习者与资源之间的交互，以达到学习效果的最优化。

运用社会网络分析，不仅可以探究网络学习过程中的联系、关系、角色及网络形成的过程与特点，还可以了解人们如何在网络学习中建立并维持关系，从而为自己的学习提供支持。当以学习者个体为研究对象时，运用社会网络分析，可以判断哪些学习者个体从哪些同伴那里得到了启示，学习者个体在哪里产生了认知上的困难，哪些情境因素影响了学习者个体的学习过程等。当以整个网络为研究对象时，社会网络分析主要关注的是网络学习中信息的分布及学习的进展情况。

3.2.3 内容分析

内容分析（Content Analysis）是以理解学习活动并改进教育研究与实践为目的，用于检查、评估、索引、过滤、推荐和可视化不同形式数字学习内容的自动化方法。内容分析侧重于自动分析不同的学习资源和学习产品，而非来自学习管理系统的跟踪数据。内容分析最早的应用之一是分析、推荐、评估和组织教育资源和材料，即根据学习者的兴趣或课程进度等标准来推荐与学习相关的学习内容。内容分析系统的开发通常基于推荐系统技术，包括协同过滤技术和基于内容的技术。除此之外，内容分析还用于评估可用教学资源的质量及它们如何影响学习结果。内容分析不仅用于分析文本内容,还用于分析交互式多媒体内容。

3.3 面向心理数据的分析方法

3.3.1 脑电信号分析

脑电波(Electroencephalogram,EEG)是大量脑神经细胞在高度相关状态下的电活动作用在头皮上的总体效应。脑电信号是一种低频且非常微弱的电压,一般为 5~1000μV,需要在时间和空间上经过多级放大才能被观察记录下来。脑电图仪器是将微小的脑电信号进行多级放大并记录下来的一种装置,主要由输入部分、放大部分、调节部分及记录部分组成。提取脑电信号的方法一般分为两种:一种是将电极放在头皮上,通过脑电图仪器记录大脑皮层的自发电活动,称为皮层脑电图法或脑电图法;另一种是把电极直接放在大脑皮层的表面上,称为皮层脑电信号法。由于皮层脑电信号法具有一定的创伤性,因此一般用于动物实验或临床上给病人做的开颅手术中。

将电极按照一定的顺序或有目的地组合起来进行描记称为导联。描记脑电图的常规方法有单极导联和双极导联两种。通常而言,单极导联对癫痫灶定位较好,而双极导联的波形、波幅失真较少。在放置电极时,通常采用国际脑电系统学会建议的国际 10-20 标准系统放置法,即通常将电极放在大脑两个半球的凸面上,均等地遍及两个半球的额、中央、顶、枕、颞等部位。

1932 年,迪奇(Dietch)首先用傅里叶变换对脑电信号进行分析,此后该领域相继引入了时域分析、频域分析等脑电分析的经典方法。近年来相继出现了一些现代处理技术运用于脑电分析,如时频分析、高阶谱分析、非线性动力学分析、人工神经网络分析等,它们代表了脑电信号现代分析方法的新发展。

3.3.2 眼动分析

眼动分析(Eye Tracking Analysis)是通过记录和分析人的眼动数据来推断其心理过程的方法。在人的认知过程中,视觉是人获得信息的主要途径。在不同认知过程中,眼动行为会表现出不同的特点。眼球有以下 3 个基础状态:追随、注视和眼跳。其中,追随是指学习者在对学习内容进行观察时,尽量维持面部不移动,这时眼球要随着学习内容进行转移。注视是指将眼睛的中央窝对准某个物体。眼跳是指注视点的快速转移。当眼球关注物体时,即使是静止物体,眼球也不是没有运动的,而是出现 3 种眼动效果:震颤、漂移和微小的不随意眼跳。

眼动技术先后经历了观察法、后像法、机械记录法、光学记录法、影像记录法等多种方法的演变。眼动仪是测量眼动的专用设备。随着技术的发展，眼动仪得以持续升级，可以提供更精确、更多的评价指标，且便携、采样率更高。常用眼动指标包括兴趣区、注视次数、注视时间、眼跳次数和眼动轨迹图。

眼动的过程伴随着6个心理认知过程：视线寻找、发现、分辨、识别、确定、记忆搜索。

3.3.3 皮肤电反应分析

皮肤电反应（Galvanic Skin Response）是汗腺活动或交感神经系统变化导致的皮肤电阻波动。皮肤电反应的原理是当机体受外界刺激或情绪状态发生改变时，其自主神经系统的活动就会引起皮肤内血管的舒张和收缩，以及汗腺分泌等变化，从而导致皮肤电阻发生改变。

皮肤电反应具有稳定性、采集简单、灵敏度高等优势。通常认为，更多的情绪唤醒会导致更多的汗腺分泌，因此皮肤电反应分析可以通过皮肤电导率的变化检测学习者的心理状态（尤其在可用性检测、焦虑程度判断及创意主题评价等方面）。在测试过程中，皮肤电反应水平是跨越皮肤两点的皮肤电导率的绝对值，体现了人机交互过程中用户的觉醒水平。当学习者接触任务时，皮肤电反应水平会瞬间升高，之后逐渐下降，当有新学习事件发生时，皮肤电反应水平会重新提升。记录肌肉纤维中运动单元动作电位叠加的信号称为肌电信号。通常利用表面导出法来检测神经传导、肌肉反应及人体生物力学等指标。

▶ 3.4 教育大数据分析工具

3.4.1 通用型数据分析工具

数据分析与挖掘是一个反复探索的过程，只有将分析工具提供的技术和实施经验与教育的研究逻辑和需求紧密结合，并在实施过程中不断磨合，才能取得好的效果。下面简要介绍几种常用的学习分析与建模工具。

1. Enterprise Miner

Enterprise Miner 是 SAS 推出的一个集成数据挖掘系统，允许使用和比较不同的技术，同时集成了复杂的数据库管理软件。Enterprise Miner 在一个工作空间中按照一定的顺序添加各种可以实现不同功能的节点，对不同节点进行相应的设置，最后运行整个工作流程，便可以得到相应的结果。

2. IBM SPSS Modeler

IBM SPSS Modeler 原名 Clementine，2009 年被 IBM 收购后，产品性能和功能有了大幅度的改进和提升。IBM SPSS Modeler 封装了先进的统计学和数据挖掘技术来获得预测知识，并将相应的决策方案部署到现有的业务系统和业务过程中。IBM SPSS Modeler 拥有直观的操作界面、自动化的数据准备机制和成熟的预测分析模型。

3. SQL Server

微软的 SQL Server 集成了数据挖掘组件——Analysis Server，借助 SQL Server 的数据库管理功能，该组件可以无缝集成在 SQL Server 数据库中。SQL Server 2008 提供了决策树算法、聚类分析算法、Naive Bayes 算法、关联规则算法、时序分析算法、神经网络算法、线性回归算法等常用的数据挖掘算法，但是其预测建模的实现是基于 SQL Server 平台，平台移植性相对较差。

4. SSAS

SSAS（SQL Server Analysis Services）是微软 SQL 服务器中的联机分析处理、数据挖掘与报告工具，广泛用于分析多个数据库或不同类表中的信息处理。SSAS 可使用来自数据集市或数据仓库中的数据进行更深入和更快速的数据分析，以创建多维数据集。针对不同的操作和编程环境，SSAS 可支持不同的 API 接口、目标模型及多种查询语言。在许多不需要实时而具有海量数据或需要足够灵活的分析模型中，SSAS 有很大优势，如性能和用户可定制性，可分析多个数据集或不同的数据表。

5. WEKA

WEKA（Waikato Environment for Knowledge Analysis）是一款基于机器学习的数据挖掘工具。WEKA 通过对数据的挖掘获取趋势和模式，支持多种经典的数据挖掘任务，可对大规模数据进行预处理、分类、回归、聚类、关联规则分析。该工具适合开发新的机器学习模式，但其不能实现多关系数据挖掘，需要转换为单表才能在 WEKA 中实现数据挖掘。

6. KNIME

KNIME（Konstanz Information Miner）基于 Java 开发并可以扩展使用WEKA 中的挖掘算法。KNIME 采用类似数据流的方式来建立分析挖掘流程。分析挖掘流程由一系列功能节点组成，每个节点有输入/输出接口，用于接收数据或模型、导出结果。

7. RapidMiner

RapidMiner 也叫 YALE（Yet Another Learning Environment），能够提供图形化界面，采用类似 Windows 资源管理器中的树状结构来组织分析组件，树上每个节点表示不同的运算符（Operator）。RapidMiner 提供了大量的运算符，包括数据处理、变换、探索、建模、评估等各个环节。RapidMiner 是用 Java 开发的，基于 WEKA 来构建，可以调用 WEKA 中的各种分析组件。RapidMiner 有拓展的套件 Radoop，可以和 Hadoop 集成起来，在 Hadoop 集群上运行任务。

8. TipDM

TipDM 是基于 Python 引擎、用于数据挖掘建模的开源平台。TipDM 采用 B/S 结构，用户不需要下载客户端，可通过浏览器进行访问。该平台支持数据挖掘流程所需的主要过程为数据探索（相关性分析、主成分分析、周期性分析等）、数据预处理（特征构造、记录选择、缺失值处理等）、构建模型（聚类模型、分类模型、回归模型等）、模型评价（R-Squared、混淆矩阵、ROC 曲线）。用户可在没有 Python 编程基础的情况下，通过拖曳的方式进行操作，将数据探索、数据预处理、构建模型、模型评价等环节通过流程化的方式进行连接，达到数据分析挖掘的目的。

9. R

R 是一种免费、自由的编程语言，由统计学家发明和发展。R 解决的问题只有一个，即如何挖掘数据价值。R 是一款强大的数据统计分析、数据可视化工具。其在数据分析方面的优势如下。

（1）免费开源。

R 完全免费，开放源代码，可以在它的网站及其镜像中下载任何有关的安装程序、源代码、程序包、文档资料。标准的安装文件自身就带有许多模块和内嵌统计函数，安装好后可以直接实现许多常用的统计功能。

（2）绘图功能强大。

R 中有很多优秀的可视化包，绘制静态图可使用 ggplot2、ggmap、lattice，绘制动态图可使用 gganimate、remap、animation，绘制交互式图可使用 plotly、rCharts。

（3）程序包丰富。

R 涵盖了多种行业数据分析中几乎所有的方法。R 也有不足之处，对于无编程基础的朋友来说，R 的学习曲线是陡峭的，用户一开始可能要花相对较多的时间进行学习。在处理大型数据集时，相对 Python 来说，R 的数据处理、计算速度相对缓慢，提升运行效率的方法除提升计算机的配置外，还可对代码进行优化。

10. Python

Python 是一种面向对象的解释型计算机程序设计语言，拥有高效的高级数据结构，并且能够用简单高效的方式进行面向对象的编程。Python 可用于软件、游戏、Web 开发及运维，也可用于数据分析、数据挖掘、数据可视化等，是一款强大的数据分析、数据挖掘工具。

Python 并不提供专业的数据挖掘环境，但提供众多的扩展库，如 3 个经典的科学计算扩展库：NumPy、SciPy 和 Matplotlib，分别为 Python 提供了快速数组处理、数值运算及绘图功能。正因为有了这些扩展库，Python 才成为数据挖掘常用的语言。随着人工智能技术的流行，Python 语言越来越普及。

3.4.2 特色型数据分析工具

1. 学习网络分析工具

社交网络近年来发展迅速，成为平台中学习交互的重要工具，从而产生了大量社群数据。学习网络分析工具主要分析个体、群体在交互过程中的角色、关系。常见的学习网络分析工具如下。

1）Gephi

Gephi 定位于复杂网络分析，主要用于分析各种网络和复杂系统，可分析多达 5 万个节点、100 万条边际的复杂网络。Gephi 提供 10 余种不同的布局算法，可实现实时动态分析、时段动态分析、无标度网络分析、分层图示等交互可视化与数据探测。它还可用于探索性数据分析、链接分析、社交网络分析、生物网络分析、新媒体分析等，具有较强的多媒体展示功能，提供 API 接口，便于功能扩展。

2）NetMiner

NetMiner 可分析多达 100 万个节点、1 亿条边际的复杂网络，可进行可视化、交互式探索数据分析，发掘数据隐藏的潜在联系与结构，具有影响力、结构洞等关系和邻近结构分析、子图布局、中心性分析、派系分析、核分析、社团发现等网络分析功能。此外，NetMiner 还包含为数众多的基于过程的分析程序，如聚类分析、多维量表、矩阵分解、对应分析、结构分析等，支持描述性统计、方差分析、相关和回归等一些标准的统计。NetMiner 4 还提供基于 Python 的脚本编程环境，允许用户通过编辑代码实现复杂分析，也允许没有编程基础的用户通过各类 GUI 工具实现复杂分析。社会网络关系可用立体 3D 图可视化地表示，用户可随意改变观察视角。在展示、调整社会网络布局时，用户可录屏记录，方便回放和结果展示。

3）UCINET

UCINET 是目前使用较多的网络分析软件，最大可处理 32767 个节点的网络数据，适用于子群分析、中心性分析、个体网络分析和角色分析等，还包含许多基于过程的分析，如聚类分析、多维标度、二模标度（奇异值分解、因子分析和对应分析）、角色和地位分析（结构、角色和正则对等性）等。

4）Cohere

Cohere 是一款在线分享工具，可将网上交流的学习内容进行结构化，也可用于分析学习者相互间的分享联系。该工具会根据内容的相似程度，自动连接相匹配的用户，帮助用户找到与自己有共同想法的人，并与其建立联系。Cohere 能将同一个主题下的用户及相互关系用社会网络关系图可视化展示并进行分析。

5）NodeXL

NodeXL 是一款简单易用的开源社交网络可视化分析软件，是 Microsoft Excel 的一个扩展，其优点是有灵活的输入输出及布局灵活。与 Gephi 类似，NodeXL 不仅提供了一组用于过滤数据的可视化工具，还可计算基本网络性质（如半径、直径、密度等）、节点属性（如度中心性、中介中心性、特征向量中心性等）及进行其他网络分析（如社群挖掘的聚类分析等）。除可以进行社交网络分析外，NodeXL Pro 还包含来自多个社交媒体平台（如 Twitter、YouTube）的数据，不过它的处理速度比较慢，只适合处理小规模的数据。

2. 学习内容分析工具

学习内容分析主要对文本类内容进行定量分析，并进行可视化输出。常见的学习内容分析工具如下。

1）WMatrix

WMatrix 是用于文本语料库的词频分析和可视化的文本分析工具，主要在特征工程阶段用来提取语言特征，包括单词 N-Gram、词性标签和单词语义类别。该工具的主要优势在于语义归类和范畴研究，且可根据研究自建语料库。此外，它还可以通过文字云的形式提供文本语料库的可视化，并提供用于同时比较几个文本语料库的界面。

2）Coh-Metrix

Coh-Metrix 是一款基于网络的文本分析工具，提供了超过 100 种、大致 11 类的文本语料库。该工具的优势在于可通过一系列文本特征来分析文本的衔接性，且其具有多个标签，可用于评估深度文本内聚效果，如叙述性和参考内聚性。Coh-Metrix 拥有巨大的文本语料库，已被广泛应用于自动测量文本难易度及衔接性。

3）LIWC

LIWC 支持包括中英文在内的多种语言，内嵌近 80 本词典供文本分析使用。LIWC 可根据用户选定的词典统计目标文本中各维度使用的词汇频次，如表达积极/消极情感维度、因果关系维度。用户可在给定词典中选择需要分析的维度，也可自定义词典。

4）NVivo

NVivo 是一款质性分析工具，可方便地收集、整理和分析访谈、小组讨论、问卷调查、音频、视频等内容，还可协助处理社交媒体和网页内容，分析无特定结构或半结构化数据。NVivo 不仅可以导入多种类型数据，还可以导入 EverNote 或 OneNote 笔记作为源数据，能快速对各种源数据创建节点并编码分析。

3．学习行为分析工具

学习行为分析工具以学习者与系统的人机交互数据为分析对象。学习者登录系统的时间、访问时间、完成作业等情况都被系统自动捕获并记录。通过监测学习者访问系统的行为及对学习过程数据的分析，了解学习者的学习轨迹、学习特征，挖掘学习者的行为模式、学习需求等。常见的学习行为分析工具如下。

1）Mixpanel

Mixpanel 是一款能提供实时 Web 数据分析服务的通用性工具，可以自动捕获并记录用户行为数据，用户可通过 API 接口导出数据。Mixpanel 可以实时监测学习者的访问行为，记录、分析学习者特征，追踪评论数。教师可选择任意一个学习者，查看其在平台中浏览的页面、学习历史记录，了解其行为特征，预测行为趋势等。课程管理者可根据不同维度的监测数据等衡量学习者在平台的学习体验，如运用"漏斗分析"工具，可查看学习者在哪些环节的缺失率上升，进而针对该环节进行课程改进。

2）Google Analytics

Google Analytics 是一款通用的 Web 数据统计分析工具，用于分析学习者访问网站的行为轨迹及相关数据，了解学习者访问各学习页面的频率、停留时间、平台内的移动轨迹、用户参与度等。Google Analytics 利用事件跟踪系统，可跟踪所有重要事件，参与流模块可直观显示学习者学习的全过程，包括他们实际查看的页面及进行的操作。该分析工具功能丰富，提供多种功能的 API 接口，支持内容分析、社交分析等多种统计分析。

3）Heap Analytics

Heap Analytics 是一款"去技术化"的数据统计工具，即让任何完全不懂技术的"普通人"，也能够轻而易举地监测到想监测的内容。这种简单的模式能被用于精细化统计，如用户在任何一个页面看到一个按钮，若想统计该按钮的流量和用户数据，那么直接添加到 Heap Analytics 统计系统内，就可以去做多个类似数据组的服务，而每个数据组的统计基本都是细分的统计。借助该工具，教师可以对学习者的在线学习轨迹和内容进行分析评判，提升在线学习的监测能力。

思考与实践

1. 教育大数据分析方法与教育统计方法有何不同？
2. 上网搜索、查阅期刊，选取某一个应用教育大数据分析方法的研究案例，分析其研究设计，并对其分析环节进行评判，指出研究所取得的成绩和存在的不足，将分析成果做成 PPT，在班级内进行汇报。
3. 在进行教育大数据分析时，是不是应用的方法越多，分析效果就越好？
4. 如何将教育大数据分析方法与工具应用到日常的教学活动当中？
5. 除书中介绍的几种常见的教育大数据分析方法和工具外，还有哪些其他的分析方法和工具？上网查找这些方法和工具，并了解其功能。
6. 选择你所熟悉的教育情境，采集一些样本学习数据，运用所学的分析方法和工具进行分析，并与教师和同学进行交流所分析的结果。

拓展学习资源

1. 王志军，刘璐，杨阳. 联通主义学习行为分析方法体系研究[J]. 开放教育研究，2019，25（04）：18-30.
2. 郑隆威，冯园园，顾小清. 学习成果可测了吗：基于学习分析方法的认知分类有效性研究[J]. 电化教育研究，2019，40（01）：77-86.
3. 叶俊民，陈曙，郭思培，等. 线下学习数据的分析方法研究[J]. 电化教育研究，2016，37（12）：52-59.
4. 牟智佳，俞显，武法提. 国际教育数据挖掘研究现状的可视化分析：热点与趋势[J]. 电化教育研究，2017，38（04）：108-114.
5. 李颖洁，邱意弘，朱贻盛. 脑电信号分析方法及其应用[M]. 北京：科学出版社，2009.
6. 尚涛. Python 数据分析全流程实操指南[M]. 北京：北京大学出版社，2020.
7. 常象宇，曾智亿，李春艳，等. Python 数据科学实践[M]. 北京：北京大学出版社，2020.

第4章

学习分析建模

本章主要内容

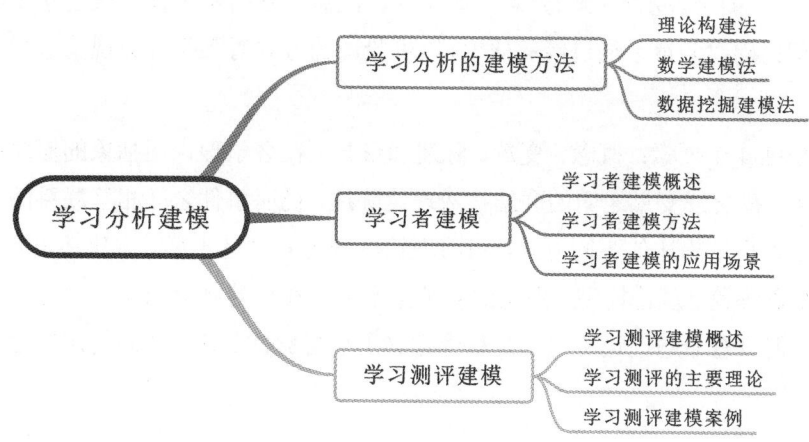

学习目标

通过本章的学习,你应能做到如下几点。

1. 能说出学习分析建模的主要方法及其差异。
2. 熟悉学习建模的主要技术与方法,并能举例说明不同技术与方法的教育应用情境。
3. 掌握学习者模型的构建过程,能够结合具体教育场景、数据、方法进行学习者建模。
4. 能够结合测评数据进行学习测评建模。

4.1 学习分析的建模方法

4.1.1 理论构建法

1．理论构建概述

理论构建泛指提出或建立理论体系的过程。从严格的意义上讲,科学理论是像数学理论那样由公理、定理和推理构成及有内在逻辑联系的命题等级系统。在这个系统中,所有的低层命题都可以依据严格的逻辑推理从高层命题中推演得到。一些社会科学家用"理论"这一名词来表示不同的内容,如学说、流派、学科基本概念或思想史等。科学意义上的理论构建侧重于通过经验研究,以可验证的方式对某类社会现象进行系统性的解释。

理论包括4个要素:概念、变量、陈述和形式。社会学理论用抽象的概念或变量指称社会事实。概念或变量之间的联结构成理论陈述,说明事件之间相互联系的方式或因果顺序。依据理论陈述的不同方式,可将理论区分为4种基本形式,包括思辨理论、分类理论、命题理论、理论模型。理论的4种基本形式在构建社会科学理论体系中都有一定的作用,但只有命题理论称得上是科学意义上可检验的、具有较高的逻辑性和抽象性的理论。

2．理论构建流程

科学理论的构建依赖于逻辑、理性和经验研究。科学所使用的逻辑体系分为演绎逻辑和归纳逻辑,这两种方式都可用来构建理论。理论构建流程如下。

(1) 确定理论的基本主题内容和范围,明确理论要解释什么现象。

例如,构建一种社会结构理论,要对社会结构进行明确定义,并说明它解释的是普遍的宏观结构还是个人交往层次上的微观结构,是各种社会形态的社会结构还是特定社会制度中的社会结构。

(2) 了解与主题有关的经验知识。

通过探索性研究或对以往经验研究的考察,掌握现有的各种经验概括。

(3) 提出新的中心概念来组织理论命题。

中心概念称为理论构建的"运算符"。中心概念的提出要运用创造性的洞察力和思辨方法。

（4）对概念进行操作定义。

对中心概念和其他基本概念进行明晰、具体的操作定义，即用变量和指标来表述概念的内涵。

（5）建立命题演绎系统。

明确阐述一些作为公理的假定，并推导出一系列定理，最后结合各种经验命题，发展一套抽象层次不同的命题等级系统。

（6）用经验资料检验理论。

用经验资料检验理论的主要方法是根据理论命题严格推演出假设后，根据假设来搜集新的经验资料，进而检验理论。

美国社会学家布莱洛克（H.M. Blaylock）在《理论构建》一书中提出一种构建复杂的演绎理论的方法，主张将文字陈述的因果命题与线性方程组结合起来，构建数学形式的抽象理论。主要步骤是：首先，将文字命题转化为变量图式的因果模型，列出多因一果的图式（称为辐合式结构）和一因多果的图式（称为辐射式结构），并将这两种图式联结起来；其次，构建各种变量的线性方程组和块组递归系统或非递归系统；最后，运用统计分析技术鉴定各种变量的作用，以检验模型的效度。通过对变量的合并、删减，抽象层次较低的经验概括和因果模型发展为抽象理论。

4.1.2 数学建模法

1．数学建模概述

数学建模是指根据实际问题来建立数学模型，对数学模型进行求解后，根据结果来解决实际问题。当需要从定量的角度分析和研究一个实际问题时，人们就要在深入调查研究、了解对象信息、进行简化假设、分析内在规律等工作的基础上，用数学的符号和语言进行表述来建立数学模型。

数学模型是一种模拟，是用数学符号、数学式子、程序、图形等对实际课题本质属性的抽象而简洁的刻画，或能解释某些客观现象，或能预测未来的发展规律，或能为控制某一现象的发展提供某种意义下的最优策略或较好策略。数学模型一般并非现实问题的直接翻版，它的建立常常既需要人们对现实问题进行深入细致的观察和分析，又需要人们灵活巧妙地利用各种数学知识。这种应用知识从实际课题中抽象、提炼出数学模型的过程就称为数学建模。

2．数学建模流程

一般而言，数学建模需要以下 7 个流程。

(1)模型准备。

了解问题的实际背景,明确其实际意义,掌握对象的各种信息。用数学思想来包容问题的精髓,用数学思路来贯穿问题的全过程,进而用数学语言来描述问题。要求符合数学理论,符合数学习惯,清晰准确。

(2)模型假设。

根据实际对象的特征和建模的目的,对问题进行必要的简化,并用精确的语言提出一些恰当的假设。

(3)模型建立。

在假设的基础上,利用适当的数学工具来刻画各变量、常量之间的数学关系,建立相应的数学结构(尽量用简单的数学工具)。

(4)模型求解。

利用获取的数据资料,对模型的所有参数进行计算(或近似计算)。

(5)模型分析。

对所要建立模型的思路进行阐述,对所得的结果进行数学上的分析。

(6)模型检验。

将模型分析结果与实际情形进行比较,以此来验证模型的准确性、合理性和适用性。如果模型与实际情形较吻合,则要对计算结果给出实际含义,并进行解释;如果模型与实际情形吻合较差,则应该修改假设,重复建模过程。

(7)模型应用与推广。

模型的应用方式因问题的性质和建模的目的而异,模型的推广就是在现有模型的基础上对模型有一个更加全面的考虑,建立更符合现实情况的模型。

4.1.3 数据挖掘建模法

1. 数据挖掘概述

数据挖掘是指从大量的数据中,通过统计学、机器学习、数据可视化等方法,挖掘出未知且有价值的信息和知识的过程。数据挖掘主要侧重于解决 4 类问题,分别是分类、聚类、关联和预测。数据挖掘的重点在于寻找未知的模式与规律。数据挖掘是在数据中寻找模式的过程。这个寻找过程必须是自动的或半自动的,并且数据总量应该是相当大的,从中发现的模式必须有意义并能产生一定的效益。这些海量数据不可能采用手工方式进行处理,因此迫切要求能进行数据分析的自动化方法,这些都由机器学习提供。

机器学习能够自动寻找数据中的模式,使用所发现的模式来预测将来的数据,或者在各种不确定条件下进行决策。

数据挖掘和机器学习这两项技术的关系非常密切。机器学习方法构成数据挖掘的核心，绝大多数数据挖掘技术都来自机器学习领域，数据挖掘又向机器学习提出新的要求和任务。

2. 数据挖掘建模流程

（1）数据准备。

根据教育环境的不同，可以收集不同种类的数据从而解决不同的教育问题，这些未处理数据通常包含结构化数据（如学习者数据）、非结构化数据（如教学视频、英语音频等）及半结构化数据（如邮件、教学资源库等）。如果想将这些数据进行数据整合和集成，那么异构性和多层次性将是严峻的挑战。

（2）数据筛选。

为了获得高质量的有效数据，我们需要对从几个部门得到的数据进行筛选处理，从众多数据中筛选出我们所需要的数据，此过程可以称为简单的数据挖掘。数据筛选过程既可以人工手动实现，又可以编程自动实现。若筛选的数据量相对较小，则手动筛选相对方便简洁；若筛选的数据量较大，则可以借助编程来实现自动筛选。

（3）数据预处理。

对筛选出的数据进行预处理，删除明显错误、不全的数据，对简录、少录且能补上的数据进行增补，以保证数据的完整性，随后对数据进行重新整理分类，做到条理清楚，以备后续数据转换之用。

（4）数据转换。

将预处理后的数据依照数据挖掘变量的格式要求进行组合变换。对预测分析而言，甚至需要对字符变量进行赋值操作，将其转化成数值变量，进而参与数据挖掘预测模型的建立。对分类分析而言，则不需要对字符变量进行定量化操作，仅需要对变量进行归类。有时数据转换结果的好坏对教育数据挖掘的结果具有较大的影响。

（5）数据挖掘模型建立。

将转换好的数据分成两个部分，较大部分的数据作为训练数据，用于模型的建立；较小部分的数据作为测试数据，用于模型的检验。建立模型所用到的方法主要有分类与回归、聚类分析、预测分析、关联规则、神经网络及决策树等。模型的评价方法多种多样，主要因建模方法的不同而存在差异。

（6）解释与评估。

对利用数据挖掘得到的模型进行解释与评估，从而判断其是否能达到预期效果。解释与评估中应用广泛的是可视化技术,可视化技术使教育者能够清楚地了解挖掘出的结果,并做出精确的教学决策。对于利用分类算法建立的预测模型而言,混淆矩阵是常用于判断分类好坏程度的方法,其评价指标包含准确率,即在全部样本中被分类器识别正确的样本所占百分比;精确率,即预测为正的样本中真正的正样本所占百分比;召回率,也称为灵敏度,即正样本被正确识别的百分比。此外,还有 ROC(Receiver Operating Characteristic)曲线、AUC(Area Under Curve)等可用于评估分类器性能。

4.2 学习者建模

4.2.1 学习者建模概述

学习者建模基于知识图谱、认知诊断、情感计算、情境感知技术等实现对学习者"知识-认知-情感-交互"的深层建模分析,以挖掘学习者的知识建构模式、认知发展规律和情感发生机制,用以对学习者的潜在特征进行深入挖掘和分析,服务于教育研究工作的实际需求。学习者建模需要充分发挥人工智能技术在数据采集、分析、应用层面的技术功用,构建基于生物识别技术的多元数据感知通道。

学习者建模关注学习者个性化信息的有效组织,以提升教学设计水平和学习服务效果。学习者建模旨在对学习者的知识水平、认知发展、学习风格、学习动机等方面进行精准刻画,实现对学习者全方位、多层次的建模分析,为个性化学习、智慧化教学、精准化管理工作的开展提供多元支持,其在教育科学研究领域具有广阔的应用前景。

4.2.2 学习者建模方法

1. 覆盖模型、微分模型、摄动模型

覆盖模型、微分模型和摄动模型都是基于学习者知识建模的。在建模方法上,微分模型和摄动模型是基于覆盖模型的。它们之间具有相似之处,也存在一定的差异。覆盖模型(Overlay Model)假设学习者行为和专家行为的不同是缺乏技能造成的,因此将学习者知识简单认为是专家知识的子集,其中的学习者模型是通过将学习者的行为同专家相比较建立的,如图 4-1 所示。

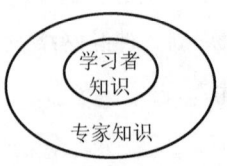

图 4-1 覆盖模型

微分模型（Differential Model）是对覆盖模型的进一步改进，在本质上仍然属于覆盖模型。微分模型把学习者知识视为专家知识中期望学习者具有知识的一个子集，将学习者的知识分为期望学习者具有的知识和不期望学习者具有的知识。微分模型如图4-2所示。

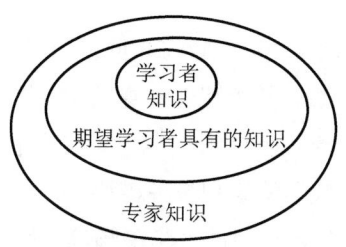

图 4-2　微分模型

在摄动模型（Perturbation Model）中，学习者知识不再被看作专家知识的一个子集。摄动模型认为学习者知识加工的潜力和专家知识在数量和质量方面是不同的。摄动模型把学习者知识视为专家知识和学习者可能形成的错误知识的一个子集，如图4-3所示。

图 4-3　摄动模型

2．铅版模型

铅版模型（Stereotype Model）是一种简单描述学习者知识状态的模型。该模型虽然比较容易实现，并可以快速地建立学习者模型，但其适应的粒度不够细。在实际建模中，铅版模型往往和覆盖模型结合起来运用。

3．贝叶斯模型

贝叶斯模型（Bayesian Model）利用贝叶斯网络进行学习者建模。将贝叶斯网络应用于学习者建模中，能够编码学习者知识项之间的因果关系，通过不断加入后验数据信息，可以推导出学习者知识的掌握程度。根据建模技术，贝叶斯学习者模型分成3种：以专家为中心的学习者模型、以效率为中心的学习者模型、以数据为中心的学习者模型。

4．约束模型

约束模型（Constraint-Based Model）认为，学习者求解问题时所达到的问题求解状态可以反映出学习者所犯的错误。约束模型与其他学习者模型是有区别的，其他模型根据学习者在求解路径上所使用的运算"发现"学习者的错误。

4.2.3 学习者建模的应用场景

1. 智能导师系统中的学习者建模

智能导师系统兴起于20世纪50年代～20世纪70年代,是伴随计算机辅助教学发展而产生的智能化教学决策系统,利用智能计算技术,结合教育学、心理学的理论和实践经验,模拟优秀教师的思维模式来组织教学。智能导师系统一般由4个部分构成,包括领域知识库、学习者模型、教学策略和推理模块、人机接口。其功能包括自动问题求解、知识建构表征、学习过程诊断、精准教学干预等。智能导师系统的学习者模型建立于领域知识库之上,是智能导师系统的核心,负责学习者静态和动态特征的存储和更新,主要包含学习者的基本信息、领域知识、认知发展、心理要素等信息。常用的建模方法有覆盖模型、铅版模型、偏差模型、贝叶斯模型、模糊数学模型、机器学习模型、本体模型等。智能导师系统通过对学习者知识、能力发展状况的精准监测,借助教学策略和推理模块生成智能化的教学改进措施,提供个性化的学习干预措施,从而实现了对学习者智能化、适应性的学习辅导。

2. 远程学习中的学习者建模

远程学习中的学习者建模是近年来教育技术领域研究者关注较多的内容,这类研究的核心关注点主要是:通过对学习者在网络学习过程中的资源检索、资源浏览、论坛评论、作业提交数据进行采集,形成面向个体的学习信息流;对学习者的先验知识、认知水平、学习风格等方面进行分析,为学习者提供个性化的学习资源推荐和学习路径规划;对在线学习的流程进行优化,帮助学习者及时获取所需资源,提升学习服务的质量。

3. 大数据和人工智能时代下的学习者建模

教育大数据应用的核心在于:通过整合学习者知识、动机、元认知和态度等信息,构建精准的学习者模型,对学习者的学业表现进行精准预测,分析其知识、能力薄弱点,为教师提供个性化的教学干预措施。近年来,知识图谱、认知诊断、深度知识追踪、学习风格理论、情感计算等理论和技术的发展,为学习者模型的构建和学习过程的量化分析带来了良好的发展契机,促进了大数据技术与学习者知识、能力、认知、情感建模方面的深度融合。研究者利用智能感知技术和可穿戴设备等,采集课堂学习过程中学习者的表情、动作、语言、呼吸、心跳等数据,构建多模态的数据集,并利用机器学习和深度学习技术,对相关数据进行深入的建模分析,实现面向学习者的多场景、细粒度精准建模。

4. 融合教育情境感知的学习者建模

情境是指任何可以被用于标识实体状态的信息，大致可以分为物理情境、社会情境、用户情境、时间情境等。随着物联网和可穿戴设备技术的发展，对学习者建模相关研究的开展更加强调环境要素对学习发生机制的影响。随着人工智能技术的发展，我们可以运用情境感知技术，构建融合智慧学习空间的智能化分析模型，研究教育情境对学习者知识建构、认知发展、情感发生的影响，实现融合学习者建模、知识建模、情境建模、交互建模的多元化教学分析模型，从而促进智慧学习空间中情境感知相关研究的开展。

4.3 学习测评建模

4.3.1 学习测评建模概述

学习测评是教学环节中的重要活动模块，主要围绕练习与题目的考察情况开展，包括题目的知识点、题型、难度、区分度，学习者的正误情况、成绩、排名等。学习测评建模基于学习者测评所产生的数据进行知识建模分析，以评估学习者的知识学习状态。学习测评数据具备易采集、结构化程度高、分析难度小的优势，可以支持教师开展精准测评和教学。随着移动终端的大规模普及，以及智能化数据采集设备与平台的广泛应用，学习测评大数据逐步成为教育大数据的一个重要子类。基于学习测评数据的学习分析成为一个方向，该方向通过学习测评分析和建模为学习者提供个性化学习体验。学习测评数据源种类丰富，具体分类见表4-1。

表4-1 学习测评数据源分类

学 习 分 类	测 评 分 类	核 心 数 据 源
题目数据	直观题目信息	题目内容、题型、该题型常用题号、总分、解析数据
	隐含题目信息	区分度、信效度、题目难度、题目要求的解决方法和能力
	知识点关联数据	核心知识、内容描述、知识类型、知识所在章节、相关知识、知识点要求掌握程度、知识点难度
学习者个人测评数据	学习者作答数据	正误、得分、选项、解题过程、解题时间、错误次数
	学习者当前状态	已学过的知识点、正在学的知识点、已做过的题目、失误率、错题数据、学习资源浏览行为、学习时间、交流交互次数、知识点得分率、平均分、距离集体最高分差距值、成绩波动、学习者当前知识掌握程度、解题方法掌握程度、能力水平、各类型题目正确率、做题速率
学习者群体测评数据	班级层级	知识点平均得分率、知识类型平均得分率、平均做题速率、题目平均正确率、班级平均分数、标准分、及格率、各分数段比例、最高分最低分、排名及其变化数据
	年级层级	

学习测评建模是指在教育测评理论指导下，以学习测评数据为基础，应用测评分析技术和方法建立学习评价模型，以实现精准测评。学习测评建模可以辅助教师高效开展教学工作，诊断学习者学习需求，识别课程重难点，同时帮助学习者了解自我学习情况，为教师的教、学习者的学提供有效帮助。

4.3.2 学习测评的主要理论

1．经典测验理论

经典测验理论（Classical Test Theory，CTT）是以真分数理论为基础发展起来的测验理论，并提出了信度、效度、标准化、常模、项目分析等基本概念。经典测验理论从19世纪末兴起，20世纪30年代形成完整体系，20世纪50年代逐渐趋于成熟。1968年，罗德（F.M.Lord）和诺维克（M.R.Novick）出版的《心理测验分数的统计理论》将经典测验理论的发展推至巅峰状态。虽然后来出现了新的测验理论，但是经典测验理论依然在各个测验领域扮演着重要的角色，对编制测验、实施测试、评价等环节提出了一系列简单、具体、实用的方法，在各种实际测验中得到广泛应用。

1）经典测验理论的基本假设

假设一，观察分数（X）等于真分数（T）与误差分数（E）之和，即 $X=T+E$。这就是经典测验理论中最重要、最基本的真分数理论，其中真分数表示学习者在没有任何测量误差下的真实水平；假设二，真分数不变，即测量的学习者的特质数值是恒定的；假设三，误差分数完全随机，即误差分数符合以零为平均数的正态分布且误差分数与真分数、误差分数之间，误差分数与被测特质外的变量之间相互独立。

2）经典测验理论的信度理论

经典测验理论中的信度表示观察分数与真分数之间的关联程度。基于以上的假设，得出了信度指数的公式：

$$\rho_{XT} = \frac{\sigma_T}{\sigma_X}$$

式中，ρ_{XT} 表示信度指数；σ_T 表示真分数标准差；σ_X 表示观察分数标准差。

由于真分数的不可观测性，真分数的方差没有办法得到。经典测验理论基于平行测验的假设，通过计算平行测验观察分数的相关系数间接地求得信度指数：

$$\rho_{XT} = \sqrt{\rho_{X1}\rho_{X2}}，\ 其中\ \rho_{X1}\rho_{X2} = \frac{\sigma_T^2}{\sigma_X^2}$$

经过近百年的发展，经典测验理论对试卷、试题等具有比较完善的可操作的统计方法，但是由于误差的独立性假设和测验的平行性假设仍然存在不足。经典测验理论的优缺点如下。

（1）经典测验理论的优点。

经典测验理论的模型简单，使用性广，很多普通的一线教师也能快速理解和接受信度、效度等概念，对试卷、考试数据等进行分析。这是经典测验理论成为测验领域使用和流通最广的理论的重要原因之一，它对我国教育测验的发展有重大的贡献并且仍将发挥作用。

（2）经典测验理论的缺点。

在教育理论和实践的不断发展下，经典测验理论逐渐显示出不足，主要包括 3 个方面。

① 参数估计依赖于样本。以试卷为例，试卷的难度、区分度、信度、效度等都与选取的学习者样本有关，选取的学习者群体不同，就有可能得到不一样的试卷难度和信度等。就难度而言，如果学习者的水平普遍比较高，试卷难度就低；如果学习者的水平普遍比较低，试卷的难度就高，所得到的难度值存在差异。就信度而言，信度的计算公式建立在平行测验的假设之上，但教师在实际教学过程中很难要求学习者多次作答同一份试卷，即使是同一个班级的学习者作答同一份试卷，也会受到遗忘、新知识的习得或考试焦虑、审题不清等因素的影响，不可能达到完全平行。

② 学习者的考试分数与试卷的试题内容和试题数量有关，参加不同考试的学习者之间难以比较。学习者测试的成绩得分是试卷每道试题得分的总和，在评价时用总分衡量学习者的学习效果，因此要想对不同的学习者进行比较，只能要求他们参加同一份试卷的测试（除非测试他们的两套试卷是完全平行的，而这几乎不可能实现）。

③ 试题的难度和学习者的能力水平的不一致性。学习者的最后得分由各道试题的得分累加而得，未考虑试题难度系数。试题的难度值有大小之分，区分能力也不相同。但在测试中，所有选择题的分值一样，一个学习者答对一道简单的试题和一个比他水平更高的学习者答对一道困难的试题的得分是相同的，没有给予不同的权重分数，未能揭示学习者认知水平和作答反应表现之间的关系。

2．概化理论

克龙巴赫（Gionbach）等人在 1963 年基于真分数理论的信度研究中提出了概化理论，并在 1972 年出版了《行为测量的可靠性》，这标志着概化理论的诞生，是对经典真分数理论特别是信度理论的进一步拓展。经典测验理论笼统地用误差 E 概括了所有的误差，概化理论提出了测验情境关系的概念，认为所有的测验都是在一定的情境下进行的。测验情境关系是测验目标和测验侧面的统一,其中测验目标解决的是"测什么"的问题,测验侧面指的是影响测验目标的所有内外因素,如测验工具、测验环境、测验时间等,涉及"怎么测"的问题。

概化理论的发展主要经历了一元概化理论和多元概化理论两个阶段,包括概化研究和决策研究两个部分。概化研究指的是在特定的测验情境下,设计试卷,组织测试,收集数据,利用方差分析法对测验情境中涉及的误差进行分解,估计误差的大小;决策研究指的是利用概化研究的结论,在改变测验情境的条件下,研究如何改善测验的信度和效度。

概化理论是针对经典测验理论的不足而诞生的,其优越性在于:①在理论假设上,概化理论以随机平行测验假设代替经典测验理论中的经典平行测验假设,即认为从同一题库中随机抽取试题组成的几份试卷是平行的,从而使条件较容易得到满足;②在具体方法上,概化理论采用方差分析技术分解误差来源,更便于控制测量误差;③在测验设计上,经典测验理论仅考虑测量一个笼统的误差,而概化理论主张在研究测验问题时要提前确定测验情境,这是概化理论最显著的特点。概化理论从整体上进行设计,并在一定范围内改变测验的情境关系,寻求最完善、最优化的测验设计,指导实际的测验。

概化理论虽然具有许多独特的优点,但其在进行方差的划分时,仍然遵循的是抽样的思想,它与经典测验理论同属随机抽样理论,并未改良经典测验理论的微观结构。其局限性主要体现在概化理论注重所测心理特质的单维性、方差分量估计有时会出现负值、对施测者的测验设计和施测能力要求较高、随机误差的影响等。

3. 项目反应理论

项目反应理论是建立在潜在特质理论基础上的,其主要内容是通过学习者在试卷上的作答情况,测量学习者的潜在特质值。项目反应理论假设学习者的作答情况是受某种心理特质(因其无法直接测量,所以称为潜在特质)影响的。项目反应理论可以估计出学习者的这种特质值,并且根据值的大小来解释、预测学习者对试题的反应。罗德在 1952 年提出了双参数正态肩形曲线模型(Two-parameter Normal Ogive Model),这是第一个项目反应模型,标志着项目反应理论的创立。20 世纪 60 年代后,新技术(尤其是计算机技术)的发展为项目反应理论中复杂的参数估计方法的实现提供了可能,项目反应理论迅速发展成一种较为成熟的现代测验理论。

表示试题特性的参数主要有难度和区分度,具有难度参数和区分度参数的二参数逻辑斯谛模型如下。

$$P(\theta) = \frac{1}{1 + \exp(-Da(\theta - b))}$$

式中，$P(\theta)$表示学习者正确作答试题的概率；D为常数且$D=1.7$；a表示区分度参数；θ表示学习者的能力参数；b为难度参数。

项目反应理论研究的一项重要工作就是确定项目特征曲线的形态，该曲线是由学习者对试题的正确作答概率、学习者的能力参数及试题参数的函数关系表示的。三参数逻辑斯谛模型增加了猜测参数c，表示学习者因为猜测、推论等偶然因素答对试题。

$$P(\theta) = \frac{1-c}{1 + \exp(-Da(\theta - b))}$$

项目反应理论可以采用最大似然法或贝叶斯法等估计学习者的能力参数，或者已知能力参数估计项目参数，或者同时估计两种参数，具有经典测验理论所无法比拟的优点。由于项目反应理论在估计试题参数时，涉及的样本数多，计算复杂，因此常常与计算机结合，在建设题库、编制试卷、自适应测验等方面具有一般测验难以达到的效果。例如，利用计算机进行自适应测验，从试题作答结果中可以估计学习者的能力水平，并根据估计的能力水平从题库中匹配适宜的试题，这样就可以避免出现过难或过易的试题。

尽管项目反应理论在经典测验理论上有了很大的改进，受到了很多研究者和实践者的青睐，但仍有不足，主要体现在：①项目反应理论建立在复杂深奥的数学基础上，需要借助计算机技术，否则计算方法复杂，工作量大，难以在一线教师的日常工作中大范围推广；②受到严格假设条件的限制，对样本数量、试题数量要求较高，否则精确性容易受到质疑；③项目反应理论认为学习者对试卷的作答情况主要受一种特质的影响，因此测验出的学习者能力参数是一个笼统的能力值。

4．认知诊断理论

认知诊断理论是新一代测验理论的核心，用于对学习者的认知过程、加工技能、知识结构进行诊断评估。经典测验理论、概化理论、项目反应理论的共同点在于都把学习者的心理量或潜在特质视为单纯的统计结构，忽视所谓潜在特质的心理学实际意义。认知诊断理论结合了心理测验理论和认知心理学的研究成果，与传统测验理论相比，认知诊断理论在理论基础、测验目的、功能、评价标准等方面都存在区别。在传统测验理论的基础上，认知诊断理论更强调测验要深入考察学习者的内部心理加工过程。

无论是教师还是学习者，都不希望测验的数据分析结果仅仅是一个分数成绩，而希望测验能够为教学、学习提供更多的诊断建议，为教师教学、学习者学习提供更多的信息。认知诊断理论可以帮助教师准确了解学习者的知识结构、存在的技能问题等，实现因材施教、个性化教学，提高教学效率。此外，认知诊断理论还可以为学习者提供个性化测评信息，帮助学习者及时了解自身当前的学习情况和存在的具体问题，有针对性地进行补救。因此，认知诊断理论可以为素质教育提供有力的评价和诊断工具，具有极大的应用价值。

认知诊断理论的发展前景看似一片大好，但在实际应用中任重而道远。一方面，认知心理学对人的大脑内部加工机制的研究多为描述性的，难以量化，认知心理学家难以理解复杂的测验模型，测验学家也难以把握认知心理学的知识，二者的结合与沟通存在阻碍；另一方面，研究开发实用、有效、可操作性强的认知诊断模型是非常困难的，学习者的认知过程、加工技能和知识结构等复杂、易变，难以用模型去量化，能够较好地解释这些内部加工过程的复杂模型仍存在很多技术难题需要攻克。

4.3.3 学习测评建模案例[①]

我们以中学生为分析对象，以中学生测评数据为基础，进行学习测评建模实践。

1. 学习测评的问题

测验是评价的基础，评价是对测验结果教学意义的阐述。在测验理论指导下，学习评价结果逐渐由笼统测验分数转向精准个性化诊断结果，以此来了解学生认知结构与学习水平。然而，传统考试中教师多采用人工计算的方法对学生成绩、班级平均分、排名变化等进行统计分析，往往忽略试卷内容和试题作答情况等细节信息，造成数据信息不能得到有效记录、挖掘和利用。当人数、试题数及题型过多时，计算时间长、工作负荷重会导致错误情况的发生，影响评价结果的准确性和时效性。当前，数据驱动学习评价逐渐趋向智能化，我们基于学生学习测评数据构建个性化测评模型，从不同教学目标达成情况、知识点掌握情况等维度分析学生的学习测评数据，进而为学生和教师提供个性化的测评报告。

2. 学习测评建模的理论依据

每种研究理论的合理性与优势皆有限度，单独的理论与教学实际和待解决问题不能实现契合。因此，我们通过对教育测验理论进行横纵分析对比，将研究问题与理论的优劣进行耦合，最终决定用布卢姆教学目标分类学支撑学生内部认知维度，为目标属性的划分提供依据；以 Q 矩阵理论为个性化评价方法，用数学公式的形式展现学生对知识点的掌握情况，解决数据与评价之间的转化问题。

[①] 本案例选自牟智佳，李雨婷，彭晓玲. 基于学习测评数据的个性化评价建模与工具设计研究[J]. 电化教育研究，2019，40（08）：96-104+113. 入选本书时略有改动。

1)布卢姆教学目标分类学修订版

布卢姆教学目标分类学修订版是安德森等人在原有理论基础上,借鉴现代心理学的研究成果而提出的,从知识和认知过程两个维度来区分教学目标。其中,知识维度包括事实性知识、概念性知识、程序性知识和元认知知识,主要协助教师区分教什么;认知过程维度分为记忆、理解、应用、分析、评价、创造 6 类,帮助教师明确促进学生掌握和应用知识的阶段历程。在该案例中,布卢姆教学目标分类学的指导意义包括以下 3 个方面:①试题分类,根据两个维度各层级所代表的含义,将每一道试题分别在两个维度上进行分类;②属性划分,以布卢姆教学目标分类学为学生认知结构构成的理论基础,将知识和认知过程维度分别作为一个测量过程的属性,计算得到学生对于知识维度各类知识和认知过程维度各个层级的掌握概率;③结果阐述,基于布卢姆教学目标分类学中各类教学目标的含义,对计算得到的客观掌握概率结果进行阐述,作为相应的评价反馈。

2)Q 矩阵理论

Q 矩阵理论在布卢姆教学目标分类学的基础上,借鉴辛涛等人基于 Q 矩阵的属性掌握概率模型,为学生知识掌握情况和认知结构变化的评价计算提供具体的方法和流程。Q 矩阵是大部分认知诊断模型的基础,最早由恩布雷斯顿(Embreston)提出,后经完善形成 Q 矩阵理论。该理论通过确定不可观察的认知属性,并将其转化为可观察的试题作答模式,来使不可观察的认知结构与项目上可观察的作答反应联系起来,为了解学生的认知结构提供依据。个性化评价是指通过学生的作答表现系统地分析测评数据,对学生的知识水平和目标达成度等属性进行分析评判,而 Q 矩阵理论在量化不可观测数据方面有独特优势,可以通过测评数据分类、处理、计算实现对学生认知水平的可视化呈现,且从测评数据到有效评价信息的过程外显,契合教师理解需求。

3. 基于学习测评数据的评价建模

1)测评试题的分类及其标准化处理

试题分类作为考查知识点类型的基础,是了解学生对知识点掌握情况的重要手段。该案例将从教学目标分类和知识点分类两个维度对试题进行分类,以了解学生的学习目标掌握情况,并依据学生测评数据隐含信息深度挖掘各知识点掌握情况,以此构建对学生个体具有针对性的个性化评价模型。具体内容为:①教学目标分类,实现从教学内容、学习结果到目标属性的转换。在使用布卢姆教学目标分类学时,只需要将教学目标中的名词、动词与两个维度上各层级之间的关系对应,即可实现教学目标归类划分。例如,在"运用正弦定理解答问题"这一教学目标中,动词"运用"与分类表认知过程类别中的"应用"对应,名词"正弦定理"与知识类别中的概念性知识对应,该教学目标属于应用概念性知识；②知识点分类，明晰知识点相关关系，实现从测评数据、知识点数据到编码数据的转换。首先需要分析教材内容，将教材内容以相关知识点的形式呈现。在此基础上，确定试题涉及的所有知识点。进而将题目数据拆分成各个相互关联的知识点，以满足 Q 矩阵将学生的作答情况用 1 和 0 进行编码计算的前提需求，确保测评数据可以和 Q 矩阵进行耦合，从而扩大题目类型的适用范围。

2）基于 Q 矩阵的评价结果理论计算

在上述处理结果的基础上，我们基于 Q 矩阵的属性掌握概率模型来实现对学习评价结果的计算和认识水平层级的诊断，该模型的可行性、有效性均已得到验证，满足教师从明晰数据到有效信息转化过程的现实需求。其计算步骤如下。

（1）假设在某个测试中，共有 m 道试题，n 个学生，答对记为 1，答错记为 0。可得到所有学生在所有试题上答对或答错的项目反应矩阵——R 矩阵：

$$R_{n \times m} = \begin{pmatrix} r_{11} & r_{12} & \cdots & r_{1m} \\ r_{21} & r_{22} & \cdots & r_{2m} \\ \vdots & \vdots & \ddots & \vdots \\ r_{n1} & r_{n2} & \cdots & r_{nm} \end{pmatrix}, \; r_{ij} \in \{0,1\}$$

（2）假设所有试题只涉及 1 个属性，通过对试题进行分析，若试题涉及该属性则记为 1，不涉及则记为 0。由此组成一个描述测试试题与所测属性间关系的 Q 矩阵：

$$Q_{m \times l} = \begin{pmatrix} q_{11} & q_{12} & \cdots & q_{1l} \\ q_{21} & q_{22} & \cdots & q_{2l} \\ \vdots & \vdots & \ddots & \vdots \\ q_{m1} & q_{m2} & \cdots & q_{ml} \end{pmatrix}, \; q_{jk} \in \{0,1\}$$

（3）根据以上得到的 Q 矩阵和 R 矩阵，利用矩阵乘法 $N_{n \times l} = R_{n \times m} Q_{m \times l}$，可以得到每个学生在各个属性上的答对个数 N_{ik}，即学生 i 对涉及属性 k 的试题的答对个数：

$$N_{n \times l} = \begin{pmatrix} r_{11} & r_{12} & \cdots & r_{1m} \\ r_{21} & r_{22} & \cdots & r_{2m} \\ \vdots & \vdots & \ddots & \vdots \\ r_{n1} & r_{n2} & \cdots & r_{nm} \end{pmatrix} \begin{pmatrix} q_{11} & q_{12} & \cdots & q_{1l} \\ q_{21} & q_{22} & \cdots & q_{2l} \\ \vdots & \vdots & \ddots & \vdots \\ q_{m1} & q_{m2} & \cdots & q_{ml} \end{pmatrix} = \begin{pmatrix} n_{11} & n_{12} & \cdots & n_{1l} \\ n_{21} & n_{22} & \cdots & n_{2l} \\ \vdots & \vdots & \ddots & \vdots \\ n_{n1} & n_{n2} & \cdots & n_{nl} \end{pmatrix}$$

（4）将学生 i 正确作答试题 j 的概率估计为该试题涉及的所有属性答对频率的乘积，若试题 1 涉及属性 2 和属性 3，则学生 1 答对试题 1 的概率 $g_{11} = f_{12} \times f_{13}$；若试题 3 只涉及属性 1，则学生 2 答对试题 3 的概率 $g_{23} = f_{21}$。由此可得到学生 i 答对试题 j 的概率：

$$g_{ij} = \prod_{k=1}^{l}\left(f_{ik} \vee (1-q_{jk})\right), \quad x \vee y = \max(x,y)$$

（5）学生 i 对属性 k 的掌握概率=涉及属性 k 且学生 i 答对的所有试题的答对概率之和/涉及属性 k 的所有试题的答对概率之和。至此，可得到所有学生对这次考试涉及的所有属性的掌握概率估计值：$p_{ik} = \dfrac{\sum_{j=1}^{m}\min(r_{ij}, q_{jk}) \times g_{ij}}{\sum_{j=1}^{m} q_{jk} \times g_{ij}}, x \wedge y = \min(x,y)$，若 $\sum_{j=1}^{m} q_{ik} \times g_{ij} = 0$，则 $p_{ik} = 0$。

3）评价结果的可视化呈现

通过以上方法可以准确计算出每个学生对教学目标及各知识点的掌握情况，但教师和学生缺乏的往往不是数据而是有效信息，基于此问题我们采用数据可视化技术呈现结果信息，帮助教师和学生快速掌握评价结果，提升教育决策的科学性。考虑到认知评价结果的二维性，我们选取可将二维数据外显的数据可视化图形，对评价结果进行可视化呈现。其中，我们用三维柱形图表示学生对教学目标各个属性的达成情况，帮助教师明晰学生擅长及生疏的学习领域，并针对此进行因材施教，实现个性化评价的教学价值；用雷达图表示学生不同考试的评价结果数据，以此观察知识点掌握情况的动态变化过程；用网络图表示相关知识点的影响关系和学生对单个知识点的掌握情况，直观发现学习困难的根本原因及造成学习成绩不理想的问题知识点，对存在学习风险的知识点及时进行有针对性的补救。

4）基于测评数据的个性化评价模型生成

在确定研究数据、分析方法的基础上，我们对个性化评价维度和评价内容进行了梳理和划分，并由此构建了个性化评价模型，如图 4-4 所示。学生学习内容掌握情况包含内在和外在两种表现形式，在模型中我们以布卢姆的二维教学目标来评判学生的内在认知水平，以此评价各个学生不同认知层级的达成度；以知识点掌握情况为量化形式，以属性掌握概率方法为算法实现支撑，用直观数据展示学生外在知识点掌握情况。在设计思路方面，个性化评价模型左侧圆轮以 Pedagogy 轮为设计思路来源，以此表现数据基础及评价维度的划分，并在此基础上将模型加以引申、完善，该模型包含教学目标达成情况、知识点掌握情况两个维度，从知识点掌握度、学习风险问题点、学习目标达成度、课程成绩 4 个方面来实现对学生学习掌握情况的个性化评价分析。

个性化评价模型的优势为：①以测评数据为基础，使得计算过程及反馈结果更加具有针对性，为实际教学提供个性化评价反馈信息，从而提高学习质量；②随着测评数据的累积，个性化评价与学生个体的真实学习情况趋于一致，并会逐渐起到个性化评价、问题诊断、预测预警等作用。在微观层面可以帮助师生了解学生个体对各个知识点的掌握状况，帮助教师制定针对学生的个性化培养方案。在宏观层面，教师也可以从繁杂的测评数据中发现隐含的教学规律，从而为教师提供相关教学方案完善建议。

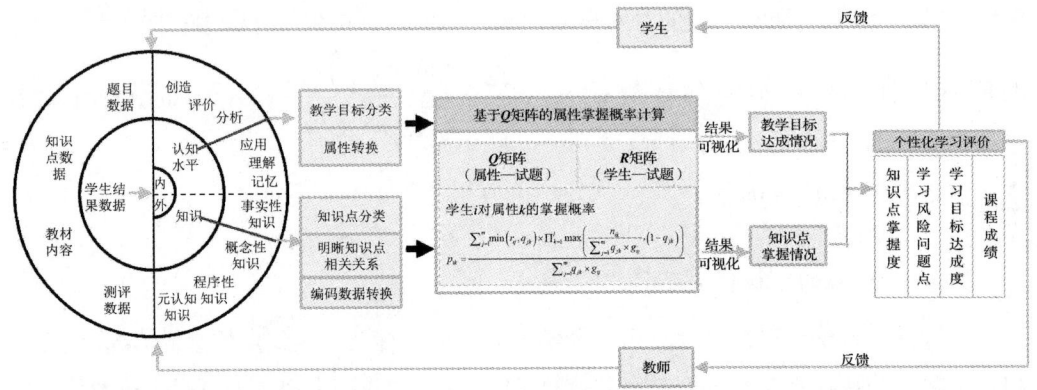

图 4-4　基于测评数据的个性化评价模型

4．评价模型的数据检验与计算分析

1）研究对象与数据选取

我们以江苏某高中高一 50 个学生为研究对象，其中男生 28 个，女生 22 个，用研究对象在某数据分析平台上的 3 次考试信息作为数据来源，对模型进行数据检验。经过和任课老师协同筛选，排除不在本次教学内容之内和学生作答数据不全的 21 道试题，共选取了 52 道考试试题。涉及的题型包含选择题、填空题、解答题，其中考试试题涉及的教学内容为苏教版高中数学必修 5 "解三角形"和"数列"。在此基础上将题目数据分解成相关知识点数据，完成标准化处理，得到测验的知识点可以划分为正弦定理、余弦定理、正弦定理和余弦定理的应用、等差数列、等比数列、数列的综合应用 6 个。

2）学习目标达成度个性化评价与分析

依据评价模型中基于 Q 矩阵的评价结果计算方法，学生学习二维目标达成度计算过程如下：首先，根据某数据分析平台上的学生答题数据（计算过程中答对记为 1，答错记为 0），统计学生对所有题目的作答情况，完成学生和试题的项目反应矩阵 $R_{50 \times 52}$；其次，通过对试题进行分析、归类，将试题与所涉及的布卢姆教学目标分类学中的 12 个二维目标进行耦合。将涉及的某一目标属性记为 1，不涉及记为 0，得到 52 道试题和 12 个二维目标属性的关联矩阵 $Q_{52 \times 12}$ 矩阵，明晰测试试题与所测属性间的关系，详情见表 4-2。

表4-2 基于试题和二维目标属性的关联矩阵 Q

试题	目标											
	记忆事实性知识	理解事实性知识	应用事实性知识	评价事实性知识	记忆概念性知识	理解概念性知识	应用概念性知识	分析概念性知识	评价概念性知识	应用程序性知识	分析程序性知识	评价程序性知识
1	0	0	0	0	0	1	0	0	0	0	0	0
2	0	0	0	0	0	1	0	0	0	0	0	0
3	0	1	0	0	0	0	0	0	0	0	0	0
⋮	⋮	⋮	⋮	⋮	⋮	⋮	⋮	⋮	⋮	⋮	⋮	⋮
49	0	0	0	0	0	0	1	0	0	0	1	0
50	0	0	0	0	0	1	0	0	0	0	0	0
51	0	0	0	0	0	0	0	1	0	0	0	0
52	0	0	0	0	0	0	0	0	1	1	0	0

计算得到学生对二维目标属性的掌握概率估计值，将认知水平用具体的数值外显化，从而帮助教师掌握学生对不同知识属性的内化吸收状态，详细数值见表4-3。我们在上述表征学生作答情况的项目反应矩阵 R 和表征试题、属性间关系的关联矩阵 Q 的基础上，首先利用矩阵乘法 $N_{50\times12} = R_{50\times52}Q_{52\times12}$，计算每个学生对涉及12个二维目标属性试题的答对个数，得到50个学生在12个二维目标属性试题上的答对个数矩阵 $N_{50\times12}$；然后通过公式 $f_{ik} = \dfrac{N_{ik}}{S_k}$（其中 $s_k = \sum_{j=1}^{m} q_{jk}$ 为涉及属性 k 的所有试题个数），计算每个学生对12个二维目标属性试题的答对频率，得到50个学生对12个二维目标属性的试题的答对频率矩阵 $F_{50\times12}$；接着将学生 i 答对试题 j 的概率估计为该项目涉及的所有属性答对频率的乘积 $g_{ij} = \prod_{k=1}^{l}\left(f_{ik} \vee (1-q_{jk})\right), x \vee y = \max(x, y)$，计算得到50个学生在52道试题上的答对概率矩阵 $G_{50\times52}$；最后学生对属性 k 的掌握概率等于涉及属性 k 的且学生作答正确的所有试题的答对概率之和与涉及属性 k 的所有试题的答对概率之和的比值，即 $p_{ik} = \dfrac{\sum_{j=1}^{m}\min(r_{ij}, q_{jk}) \times g_{ij}}{\sum_{j=1}^{m} q_{jk} \times g_{ij}}, x \wedge y = \min(x, y)$。

表4-3 学生二维目标属性掌握概率估计值

学生	目标											
	记忆事实性知识	理解事实性知识	应用事实性知识	评价事实性知识	记忆概念性知识	理解概念性知识	应用概念性知识	分析概念性知识	评价概念性知识	应用程序性知识	分析程序性知识	评价程序性知识
1	1.00	0.74	1.00	1.00	1.00	1.00	0.87	1.00	0.47	0.91	0.65	0.50
2	1.00	0.69	1.00	1.00	0.80	0.93	0.84	0.64	0.27	0.75	0.60	0.73
3	1.00	0.87	0.78	1.00	0.60	0.80	0.58	0.56	0	0.51	0.65	0.46

续表

学生	目标											
	记忆事实性知识	理解事实性知识	应用事实性知识	评价事实性知识	记忆概念性知识	理解概念性知识	应用概念性知识	分析概念性知识	评价概念性知识	应用程序性知识	分析程序性知识	评价程序性知识
⋮	⋮	⋮	⋮	⋮	⋮	⋮	⋮	⋮	⋮	⋮	⋮	⋮
47	0.87	1.00	1.00	1.00	1.00	0.93	0.77	0.78	0.50	0.71	0.70	0
48	1.00	0.69	0.56	1.00	1.00	0.66	0.68	0.75	0.17	0.63	0.14	0
49	0.82	0.73	0.73	1.00	1.00	0.92	0.82	0.92	0.48	0.81	0.65	0.70
50	1.00	0.65	0.70	1.00	1.00	0.72	0.69	0.50	0.44	0.66	0.23	0.23

在得到每个学生在知识目标、认知过程目标及知识与认知过程二维目标的达成度的基础上，进一步从班级的平均情况和学生的个体情况两个方面对其进行统计分析。分析结果表明：在班级平均情况方面，整个班级对布卢姆教学目标的平均达成度随层级的升高而降低；学生普遍对"记忆事实性知识"掌握得较好，随着认知过程的层次的升高，知识越来越抽象，学生的目标达成度越来越低。在学生个体情况方面，将 A 学生对布卢姆教学目标的达成情况与班级平均情况进行对比，发现该学生高层次认知能力低于班级平均能力，应该加强对事实性知识的学习，逐步提高自己的高层次认知能力。此外，将不同分数段具有相同分数的学生进行对比，发现分数相同的学生认知分布也存在差异。因此，生生帮扶并不一定是优生辅导差生，量化认知属性等级、找出互补区间、增加生生有效互动显得尤为关键。

3）知识点掌握度个性化评价与分析

通过上述计算方法，我们计算得到该班级 50 个学生在所有知识点上的掌握度，具体值见表 4-4。从班级的平均情况和学生的个体情况两个方面对知识点掌握计算结果进行统计分析，结果如下：①通过对班级知识点平均掌握度的分析，可以帮助教师找准薄弱知识点，对班级普遍掌握较差的知识点进行统一讲解。如图 4-5 所示，班级知识点平均掌握度从高到低依次是余弦定理>正弦定理>等差数列>等比数列>正弦定理和余弦定理的应用>数列的综合应用；②在学生的个体情况方面，我们进行了学生个体各个知识点掌握情况横向对比，发现了存在学习风险的知识点，如 48 号学生的数列综合应用知识点的掌握度明显低于其他知识点的掌握度，据此提出有针对性的指导建议。同时，我们针对各个知识点进行不同学生掌握情况的纵向对比，以此发现互补点，帮助学生寻找合适的学习伙伴。

我们将知识点掌握度的计算结果与教师对学生的宏观评价、学生知识点掌握情况自评进行了对比，其中 41 个学生认为计算结果和自己的真实状况一致；9 个学生认为该计算结果比自己更加清楚自己的学习状态。在计算结果中，掌握度较差的知识点（学习风险知识点）引起了师生的共同关注，师生把该方面的个性化评价数据当作解决学习问题、提高教、学效率的核心关键点。部分教师认为随着测评数据的增加和完善，发现学习风险知识点、解决学习问题、减轻教学负荷、实现因材施教成为可能。

表 4-4 学生知识点的掌握度

学生	知识点					
	正弦定理	余弦定理	正弦定理和余弦定理的应用	等差数列	等比数列	数列的综合应用
1	1.00	1.00	0.88	0.92	0.80	0.79
2	1.00	0.75	0.75	0.67	0.80	0.71
3	0.67	0.75	0.50	0.83	1.00	0.29
⋮	⋮	⋮	⋮	⋮	⋮	⋮
48	0.67	1.00	0.75	0.67	0.80	0.36
49	1.00	1.00	0.88	0.83	0.80	0.64
50	0.78	1.00	0.75	0.83	0.60	0.29

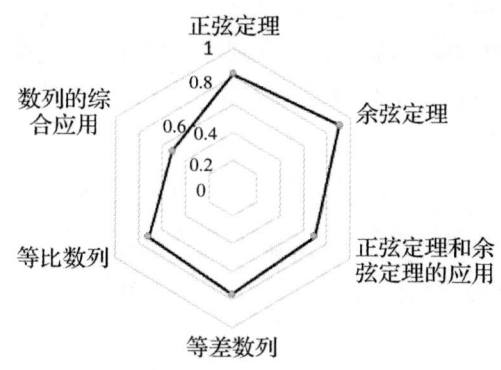

图 4-5 班级知识点平均掌握度

5．评价工具的原型设计与 UAT 测试

在个性化评价模型构建与 UAT 测试的基础上，我们运用 Axure RP 对个性化评价工具进行了原型设计，并进行个性化评价模型的 UAT 测试。UAT 即 User Acceptance Test，也就是用户可接受测试，在本研究中邀请师生参与测试流程，并鼓励师生对个性化评价工具原型进行质疑及漏洞检测，以此得到有效反馈信息，迭代优化工具原型，提高普适性与实用性。期望我们的评价工具最终能够以插件的形式嵌入各个学校的网络教学平台中，为各类学习平台实现个性化评价提供参考。

1）个性化评价工具的功能结构设计

在现阶段基础教育当中，教师和学生依旧是学习评价的主要参与者。在评价实施过程中，教师通过设置不同测评目标的考试来对学生的学习进行评价，学生则通过参与考试来获得评价。因此,评价工具在用户分类上可分为教师和学生两类,在功能设计上可分为测试子系统、评价子系统和用户管理子系统。

(1) 测试子系统功能。

测试子系统涵盖考试的整个过程,主要实现试题的录入与管理、编制试卷、在线考试、在线阅卷、成绩查询、试题推荐等功能。在教学过程中,教师和学生扮演的身份不同,在测试子系统的功能需求上也会有所差异。其中,教师模块包括多种编制试卷的方式、通知阅卷、在线阅卷、创建试题、试题录入与管理、题库管理、试题推荐等功能,主要帮助教师完成试卷的编制、考试的实施及测评的组织;学生模块包括自我联系、同学竞赛联系、查看成绩、查看解析、综合测评推荐、经典试题推荐等功能,主要帮助学生快速获取考试信息。

(2) 评价子系统功能。

评价子系统主要负责对收集到的学习测评数据进行分析,具有纸笔测试的考试数据录入、布卢姆教学目标达成度、知识点掌握度测评、答题时间分析、测评轨迹追踪记录及常规分析等功能。教师模块与学生模块在功能上也有差异:教师模块的重点是帮助教师通过分析考试数据,掌握班级学情,及时发现问题,调整教学,主要包括成绩的录入与管理、试卷分析、常规分析、目标达成度、知识点测评、答题时间分析、测评轨迹追踪记录、教学建议等功能;学生模块的重点是帮助学生了解自身学习情况,发现不足与薄弱点、促进学习,主要包括查看个人或班级的成绩单、观察试卷得分情况、获得布卢姆教学目标达成度和知识点测评结果、学科追踪、总分追踪、名词追踪、知识点掌握度追踪及学习建议等功能。

(3) 用户管理子系统功能。

用户管理子系统主要实现教师、学生对用户信息的管理功能,包括学科管理、班级管理、账号管理、接收通知等功能。教师模块提供了较为全面的用户管理功能及较高分配权限,主要包括任教学科、其他学科、任教班级、其他班级、分组权限、阅卷通知、测评报告、账号信息等功能。学生模块提供了账号信息、考试通知、测评通知等功能。

2) 个性化评价工具的原型设计

在以上评价工具的功能结构设计基础上,结合现有网络学习平台测评功能和实践应用分析结果,采用 Axure RP 软件制作了评价工具各部分功能原型。根据工具的结构功能设计,该原型主要可以分为 3 个模块:测试模块、评价模块和用户管理模块。测试模块对应于测试子系统中的各部分功能,体现在编制试卷、在线阅卷和数据录入中;评价模块对应于评价子系统中的各部分功能,主要体现在测评分析部分,包括常规分析(成绩单、得分分布等)、目标达成度、知识点测评等评价内容;用户管理模块对应于用户管理子系统中的各部分功能，在原型中用个人信息 UI 图标作为该模块的入口。

3）个性化评价工具的 UAT 测试

在原型设计的基础上，选取了 10 位中小学一线教师和 30 位与本研究方向相近的高校研究者进行工具的试用，随后采用面对面访谈、视频访谈和电话访谈等多种方式对这 40 位试用者展开用户体验访谈。访谈内容为：如果从理论基础、测评功能、内容呈现、界面设计、用户体验感 5 个维度给该工具评分，每个维度的满分为 10 分，您会给多少分？为什么？对访谈问题量化评分结果进行统计，得到本次访谈的 40 位对象在不同维度上的平均评分分别为 9 分、8.75 分、8.75 分、8.92 分、8.75 分，分值普遍较高，说明该工具整体接受度较高，可用性较好。在以上访谈结果材料基础上，采用 NVivo 软件对该工具的优点进行编码分析。经过 3 轮的调整，我们获得测评功能、界面与操作、理论基础 3 个一级编码节点，评价分析深入、知识点掌握度测评、界面简洁、理论基础扎实和理论先进等 10 个二级编码节点。通过分析发现，功能全面、评价多样、布卢姆教学目标达成度测评、知识点掌握度测评等测评功能方面的节点编码数量远高于界面与操作方面，说明相比于简洁的界面和简便的操作，该工具的测评功能更受被访谈者的认可；但同时发现相比于布卢姆教学目标达成度测评，教师更倾向于进行知识点掌握度测评。

思考与实践

1. 有人说学习者模型和学习者画像是一回事儿，请谈谈你对该观点的看法。
2. 用思维导图展示学习分析建模的具体方法，并比较各自的优缺点与适用情境。
3. 头脑风暴：学习者建模在理论、技术方面未来将朝着何种方向发展？
4. 翻译：在英文数据库中找一篇学习者建模研究文献，对文献中的数据来源、建模技术、建模过程等方面进行分析，并与同伴交流分享。
5. 小组活动：结合一个要解决的学习问题，采用学习分析建模方法与技术形成一个研究分析方案，如有条件，进行研究实施，并对研究成果进行汇报交流。

拓展学习资源

1. 王小根，吕佳琳. 从学习者模型到学习者孪生体——学习者建模研究综述[J]. 远程教育杂志，2021，39（02）：53-62.
2. 殷宝媛，武法提. 智能学习系统中学习习惯建模的方法研究[J]. 电化教育研究，2020，41（04）：55-61.
3. 黄涛，王一岩，张浩，等. 智能教育场域中的学习者建模研究趋向[J]. 远程教育杂志，2020，38（01）：50-60.

4. 牟智佳，李雨婷，彭晓玲. 基于学习测评数据的个性化评价建模与工具设计研究[J]. 电化教育研究，2019，40（08）：96-104+113.

5. 陈子健，朱晓亮. 基于教育数据挖掘的在线学习者学业成绩预测建模研究[J]. 中国电化教育，2017（12）：75-81+89.

6. 郑勤华，陈耀华，孙洪涛，等. 基于学习分析的在线学习测评建模与应用——学习者综合评价参考模型研究[J]. 电化教育研究，2016，37（09）：33-40.

7. 薛薇. Python机器学习：数据建模与分析[M]. 北京：机械工业出版社，2021.

8. 张良均，谭立云，刘名军，等. Python数据分析与挖掘实战[M]. 北京：机械工业出版社，2021.

第 5 章

文本学习分析

本章主要内容

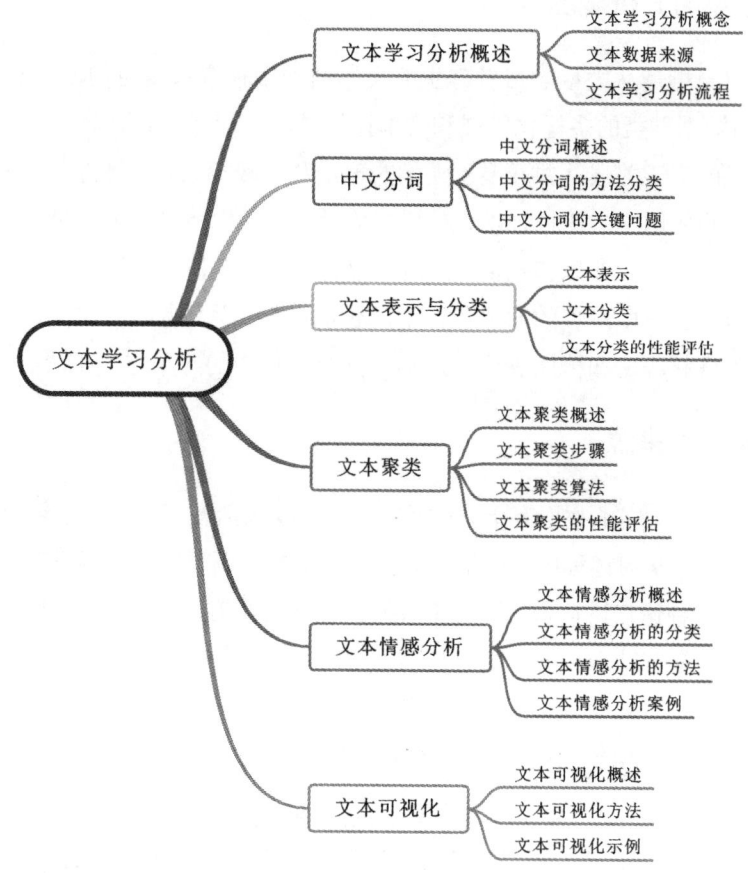

学习目标

通过本章的学习，你应能做到如下几点。

1. 能够用自己的语言解释文本学习分析的内涵，并列举其主要的教育数据来源。

2. 熟悉文本学习分析的一般流程，并能结合具体案例进行分析。
3. 知道文本分析与挖掘常用的算法，并能对不同算法性能进行比较。
4. 能够说出文本学习分析的典型应用，并详细阐述其对教或学的改变。
5. 能够对某一教育场景下的学习文本进行数据采集，使用文本挖掘工具进行分析，并基于结果优化教学设计。

5.1 文本学习分析概述

5.1.1 文本学习分析概念

文本学习分析是从大量学习者产生的文本数据中抽取最终可用的信息和知识的过程。随着学习数据种类的多样化发展和文本挖掘的深入应用，基于学习文本类数据的分析得到研究者的广泛关注，并开展了大量的理论和实践探索，文本学习分析由此产生。文本学习分析是应用文本挖掘技术，对教与学活动过程中所产生的各类互动、评价、反思类文本数据提取有效信息和知识的过程。借助文本挖掘技术，不仅可以捕捉学习者在在线学习平台或论坛中发表的帖子和言论，还可以捕捉学习者的写作文本，从而更好地分析学习者的理解程度和情感表达，是学习分析过程中的一个重要手段。

5.1.2 文本数据来源

在教育环境中，文本数据有十分广泛的来源，既包括教育系统中已经存在的资源类文本数据，又包括学习过程中产生的过程性文本数据，以及随着在线学习平台、网络公开课而出现的各种论坛讨论数据、评论数据、反思数据等。此外，随着社交媒体的广泛应用，产生了大量有助于了解学习者情感、问题的真实数据。相较于传统文本数据，网络中的文本数据不但在数量上呈指数级的增长趋势，而且更加容易获取和处理。目前文本学习分析常用的数据类型如下，见表 5-1。

表 5-1 文本学习分析常用的数据类型

数据类型	数据特征	应用特点
问卷调查类	学习者、教师关于学校、课程、教学的总结性调查或访谈	直观地了解调查和访谈中的内容，无须人工逐一查看
在线互动类	学习者和教师在网络课程平台、学习类网站、学习者管理系统上的交互文本	了解学习者与学习者之间、学习者与教师之间的交互，挖掘互动主题，识别讨论参与者的角色，为相关人员的干预提供依据

续表

数据类型	数据特征	应用特点
学习反馈类	学习者在网络课程平台、学习者管理系统上发布的关于学习过程和课程的学习反馈	发掘学习者的课堂感受、学习参与情况，寻找学习存在的问题
在线评论类	学习者在网络课程平台论坛上发布的文本评论	挖掘学习兴趣点，用以改进课程结构与设计
课程作业类	学习者课程评价中所产生的文本性作业	分析评判学习者课程作业的质量
社交媒体类	主要是学习者发布在一些社交媒体上的关于学习、生活的文本信息	了解学习者在学习和生活中存在的问题

5.1.3 文本学习分析流程

文本学习分析一般从文本数据采集开始，后面依次为文本分词、文本表示、文本特征选择、模式或知识挖掘、文本可视化，如图 5-1 所示。以中文文本为例，由于词与词之间没有明显的间隔符，因此需要进行分词处理。目前主要存在两种分词技术：基于规则的分词技术和基于统计的分词技术。基于规则的分词技术将待分的句子与一个"充分大的"词典中的词条进行匹配。基于统计的分词技术认为上下文中相邻的字同时出现的次数越多，就越可能构成一个词，因此字与字相邻出现的概率或频率能较好地反映词的可信度。基于词的频度统计的分词方法是一种全切分方法，这种方法的代表是 Jieba 分词工具。

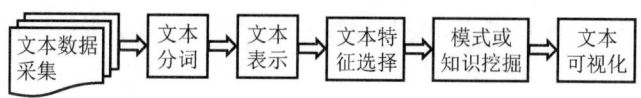

图 5-1 文本学习分析流程

5.2 中文分词

5.2.1 中文分词概述

在中文文本中，词与词之间没有明确的分割标记，而是以连续字符串的形式呈现的。因此，任何中文自然语言处理任务都必须解决中文序列切分的问题——中文分词。中文分词是通过某种方法或方法的组合，将输入的中文文本基于某种需求并按照特定的规范划分为词的过程。

5.2.2 中文分词的方法分类

现有的分词方法可分为 3 类：基于字符串匹配的分词方法、基于理解的分词方法和基于统计的分词方法。按照是否与词性标注过程相结合，分词方法又可以分为单纯分词方法和分词与标注相结合的一体化方法。

1. 基于字符串匹配的分词方法

基于字符串匹配的分词方法又叫作机械分词方法，按照一定的策略将待分析的字符串与一个"充分大的"机器词典中的词条进行匹配，若在词典中找到某个字符串，则匹配成功（识别出一个词）。按照扫描方向的不同，该方法可以分为正向匹配法和逆向匹配法；按照不同长度优先匹配的情况，可以分为最大（最长）匹配法和最小（最短）匹配法。常用的几种基于字符串匹配的分词方法包括正向最大匹配法（从左到右的方向）、逆向最大匹配法（从右到左的方向）、最少切分法（使每一句中切出的词数最小）、双向最大匹配法（进行从左到右、从右到左两次扫描）。

一般来说，逆向匹配的切分精度略高于正向匹配，遇到的歧义现象也较少。统计结果表明，单纯使用正向最大匹配法的错误率为1/169，单纯使用逆向最大匹配法的错误率为1/245。但这种精度远远不能满足实际的需要。实际使用的分词系统都把基于字符串匹配的分词方法作为一种初分手段，还需要通过利用各种其他的语言信息来进一步提高切分的准确率。

2. 基于理解的分词方法

基于理解的分词方法通过让计算机模拟人对句子的理解，来达到识别词的效果。其基本思想是在分词的同时进行句法、语义分析，利用句法信息和语义信息来处理歧义现象。基于理解的分词系统通常包括3个部分：分词子系统、句法语义子系统、总控系统。在总控系统的协调下，分词子系统可以获得有关词、句子等的句法和语义信息来对分词歧义进行判断，即它模拟了人对句子的理解过程。这种分词方法需要使用大量的语言知识和信息。由于汉语语言知识的笼统、复杂性，难以将各种语言信息组织成机器可直接读取的形式，因此目前基于理解的分词系统还处在试验阶段。

3. 基于统计的分词方法

从形式上看，词是稳定的字的组合，可以对语料中相邻共现的各个字的组合的频度进行统计，计算它们的互现信息。互现信息体现了汉字之间结合的紧密程度。当紧密程度高于某一个阈值时，便可认为此字组可能构成了一个词。这种方法只需要对语料中的字组频度进行统计，不需要切分词典，因此又叫作无词典分词法或统计取词法。但这种方法有一定的局限性，会经常抽出一些共现频度高、但并不是词的常用字组，如"这一""之一""有的""我的""许多的"等，并且对常用词的识别精度差，时空开销大。实际应用的基于统计的分词系统都要使用一部基本的分词词典（常用词词典）进行字符串匹配分词，同时使用统计方法识别一些新的词，即将字符串频度统计分词和字符串匹配分词结合起来，既发挥了字符串匹配分词切分速度快、效率高的特点，又利用了字符串频度统计分词结合上下文识别生词、自动消除歧义的优点。

5.2.3 中文分词的关键问题

中文分词首先要面对的问题是需要有清晰的分词标准，然而中文博大精深，分词标准一直以来都无法统一。目前，只能对具体问题设定特定标准。在特定标准下，实际分词的过程中主要存在切分歧义和未登录词识别两个问题。

1．分词标准

中文分词研究者最初认为要先对词进行清晰、统一和可计算的定义。然而，目前为止所有关于词的定义都是模糊的、不可直接用于计算的。汉语语法教科书中对词的定义为：语言中有意义的能单说或用来造句的最小单位。在《语法讲义》中，朱德熙明确提出了对词的定义"词是最小的能够独立活动的有意义的语言成分。"1992年，国家技术监督局发布的《信息处理用现代汉语分词规范》对自然语言处理中的若干个问题进行了规范和统一，该规范对词的定义为：最小的能独立运用的语言单位。中文词汇本身具有开放性、动态性，与研究问题和研究视角相关，不同的人之间存在认同差异，实验表明人与人之间的认同率只有 0.76 左右。因此，至今仍无法给出一个通用的可操作标准。已有研究绝大多数都是先在特定领域或特定问题前提下设定特定标准，再进行分词研究的。事实上，针对不同问题、不同领域的分词标准，甚至是同一问题内部的分词标准都存在矛盾。

2．切分歧义

切分歧义是指在切分中文字符序列时存在歧义，有两种常见的分类。第一种是从歧义的切分角度分类，该分类在中文分词文献中被广泛使用，分为交集型切分歧义和多义组合型切分歧义。交集型切分歧义也被称为交叉歧义，如在"按时下的进展，很难完成任务！"中，"按时"和"时下"都可以构成词。多义组合型切分歧义也被称为覆盖歧义，如在"李刚是很有才能的人"中，"才""能"本身都可以单独构词，也可以合并为"才能"构词。第二种是从歧义的真伪角度分类，分为真歧义和伪歧义。真歧义是指中文文本本身的语法和语义都没有问题，即便人工进行切分，也会产生歧义。例如，"乒乓球拍卖完了"，这句话本身可以有两种不同的理解，而且都是没有问题的，即"乒乓/球拍/卖完/了"和"乒乓球/拍卖/完/了"。解决真歧义问题的过程非常复杂，需要依赖具体的情境及更多的上下文信息。

3. 未登录词识别

未登录词包括新涌现的通用词、专业术语和专有名词，如中国人名、外国译名、地名、机构名（泛指机关、团体和其他企事业单位）等。其中，人名、地名和机构名具有多变性，处理难度较大。因此，在1995年的第6届MUC（Message Understanding Conference，信息理解会议）上首次提出了命名实体的概念，命名实体的任务包括3个子任务：实体名包括人名、地名、机构名；时间表达式包括日期、时间和持续时间；数字表达式包括钱、度量衡、百分比及基数。命名实体识别是信息检索、问答系统、句法分析、机器翻译、知识图谱等众多自然语言处理任务的重要基础工具。因此，命名实体识别被单独研究。

5.3 文本表示与分类

5.3.1 文本表示

1. 文本表示概述

文本是由文字和标点组成的字符串。字或字符组成词、词组或短语，进而形成句子、段落和篇章。要使计算机能够高效处理真实文本，就必须找到一种理想的形式化表示方法。这种表示方法一方面要能够真实地反映文档的内容，包括文档的主题、领域、结构和语义等，另一方面要对不同文档有较好的区分能力。

字符串是无结构的数据，但是字符串具有语法，通过语法组织起来的字符串背后隐藏着丰富的含义，这些含义无法被统计机器学习模型直接使用，因此需要将真实的文本转化为机器学习算法易于处理的表示形式。统计学习方法首先将输入的文本进行形式化，将其表示为向量或其他形式，并基于形式化表示进行机器学习模型的训练和决策。这种将文本进行形式化的过程称为文本表示。

2. 文本表示方法

1）向量空间模型

向量空间模型是一种简单的文本表示方法。该方法由萨尔顿（G.Salton）等人于20世纪60年代末期在信息检索领域中提出，最早用于SMART信息检索系统中，逐渐成为文本挖掘中常用的一种文本表示模型。构建向量空间模型的过程需要解决两个问题：一是如何构造特征项；二是如何计算特征项的权重。在基于向量空间模型建立文本表示之前，通常需要利用词条化、去停用词、词形标准化等预处理技术，对给定文档进行规范和约减，将文档转化为词项的序列，随后定义文本表示的特征项，特征项构造好之后，向量空间就确定了，最后通过特征权重计算方法将每个文档表示为向量空间的一个向量。

2）文本概念表示

传统的向量空间模型是一种显式的文本表示方法，无法深入捕获文本中隐含的语义关系。以潜在语义分析、概率潜在语义分析和潜在狄利克雷分布为代表的主题模型，旨在挖掘文本中隐含的主题或概念，可以较好地捕获多义性和同义性，从而部分地解决一词多义和一义多词问题。同时，主题模型提供了一种高维文本数据维数的约减方法，将传统的向量空间模型中的高维稀疏向量转化为低维稠密向量，以缓解维数灾难问题，为文本表示提供了一种新的思路。

3）文本深度表示

文本表示学习的目标是通过机器学习方法，学习得到文本不同粒度单元的低维稠密向量。近年来，随着计算机计算能力的提升，基于人工神经网络的深度学习方法在自然语言处理中获得了很大的成功，涌现出了系列基于深度学习的文本分布式表示方法。与传统的向量空间表示方法相比，文本分布式表示方法的向量维度较低，可有效缓解数据稀疏问题，从而提高计算效率。同时，文本分布式表示学习方法在构造文本表示的过程中，可充分捕捉文本对象的语义信息和其他深度信息，避免了传统向量空间模型所需的复杂特征工程，在诸多文本挖掘任务中表现出了高效的性能。文本表示的目的是构造适合自然语言处理任务的文本表示形式。对于不同的任务，文本表示的侧重点有所不同，如针对文本情感分类任务的文本表示，需要在向量空间构造或表示学习过程中体现较多的文本情感属性；而面向主题检测和跟踪任务中的文本表示需要更多地体现事件描述信息等。因此，文本表示往往是任务相关的。面向不同的任务，不存在一种"好而全"的文本表示方法。在评价文本表示方法的优劣时，需要结合不同任务的特点，分别进行，酌情而定。

5.3.2 文本分类

1．文本分类概述

文本分类是一种典型的机器学习问题，是指根据预先定义好的带有主题类别的文本集合及每一个类别的文本子集合的特点，找出一个分类函数或分类模型（分类器）后，根据该分类模型为其他未知类别的文本自动地确定类别的过程。从数学角度来看，文本分类可以看成一个映射的过程，将未标明类别的文本映射到已有的类别中，该映射可以是一一映射，也可以是一对多映射，因为通常一篇文本可以同多个类别相关联。用数学公式可以表示为 $f:A \rightarrow B$。其中，A 为待分类的文本集合，B 为分类体系中的类别集合。

文本分类是按照一定的分类体系对文本类别进行自动标注的过程,其目标是在给定分类体系下,将文本集中的每个文本划分到某个或某几个类别中。常见的文本分类任务包括文本主题分类、体裁分类、垃圾邮件识别等。需要注意的是,文本分类的效果一般和数据集本身的特点有关。有的数据集包含噪声,有的存在缺失值,有的分布稀疏,有的字段或属性间相关性强。目前,普遍认为不存在某种文本分类方法能适合于各种特点的数据集。

早期的文本分类方法以规则方法为主,但是这种方法往往需要专家精心制定分类规则,规则集的建立和维护都非常耗时耗力。20 世纪 90 年代以后,随着机器学习算法的兴起,基于监督机器学习的分类算法在文本分类任务中取得了很大的成功。常见的文本分类算法包括朴素贝叶斯、Logistic 回归、最大熵模型和支持向量机等。近年来,以卷积神经网络和循环神经网络为代表的深度神经网络技术在文本分类任务上取得了较大的进展,逐渐发展为当下研究中的主流方法。

2. 文本分类方法

1) 传统文本表示

在文本分类任务中,如何准确、高效地表示一个文本对于后续的分类算法非常重要。一方面,要求表示方法能够真实地反映文本的内容;另一方面,要求该方法对不同类型的文本有足够的区分能力。对于不同的分类模型,其相应的文本表示方法有所不同。例如,传统的线性分类模型(如 Logistic 回归、线性支持向量机)通常用向量空间模型进行文本表示,生成式模型的文本表示则是由类条件分布假设确定的,如在朴素贝叶斯模型中,多项分布假设对应的是词袋模型。

用向量空间模型进行文本表示需要经过以下两个主要步骤:一是根据训练集生成文本特征序列;二是根据特征序列对训练文本集和测试样本集中的各个文档进行赋权值和标准化等处理,将其转化为机器学习算法所需的特征向量。需要注意的是,向量空间模型虽然简单、高效,但是丢失了原始文档的很多信息,因此为了提高文本分类的性能,往往需要借助特征工程向特征空间中引入更多的语言学特征,如 n 元词序信息、句法信息和语义信息等。另外,对于不同的文本分类任务,甚至对于不同的语料,所采用的最优特征权重方法有所不同,如在文档主题分类任务中,TF-IDF 权重常常效果最好;在文本情感分类任务中,Bool 权重则得到了更加广泛的使用。

表 5-2 给出了一个文本分类数据集,该数据集的类别包括"教育"和"体育",训练集中每个类别各有两个文档,测试集一共包括两个文档。表 5-3 给出了该数据集对应的词表,每个文档可以表示为以词表为基的向量空间中的一个向量。

表 5-2 文本分类数据集

序号	文档	类别
train-d1	北京 理工 大学 计算机 专业 创建 于 1958 年 是 中国 最早 设立 计算机 专业 的 高校 之一	教育
train-d2	北京 理工 大学 学子 在 第四 届 中国 计算机 博弈 锦标赛 中 夺冠	教育
train-d3	北京 理工 大学 体育馆 是 2008 年 中国 北京 奥林匹克 运动会 的 排球 预赛 场地	体育
train-d4	第五 届 东亚 运动会 中国 军团 奖牌 总数 创 新高 男女 排球 双双 夺冠	体育
test-d1	北京 理工 大学 是 理工 为主 工理文 协调 发展 的全国 重点 大学	
test-d2	复旦 大学 排球 队 获得 本届 大学生 运动会 排球 比赛 冠军	

表 5-3 文本分类数据集（表 5-2）对应的词表

奥林匹克 北京 博弈 场地 创 创建 大学 第四 第五 东亚 夺冠 高校 计算机 奖牌 届 锦标赛 军团 理工 男女 年 排球 设立 双双 体育馆 新高 学子 预赛 运动会 之一 中 中国 专业 总 数最早

2) 特征提取和选择

传统的向量空间模型基于高维稀疏的向量表示文本,因此在进行分类算法之前通常需要对高维的特征空间进行降维。降维方法主要分为两类：特征提取和特征选择。

特征提取的目的是将原始的高维稀疏特征空间映射为低维稠密特征空间。在模式识别领域,经典的特征提取方法有主成分分析方法和独立成分分析方法等。

特征选择是从特征空间中择优选出一部分特征子集的过程。文本分类领域常见的特征选择方法包括无监督特征选择和有监督特征选择两类。前者可以应用于没有类别标注的语料（如文本聚类）,但是效果往往较差,常见方法包括基于词频 TF（或文档频率 DF）的特征选择；后者依赖于类别标注信息,可以有效地针对分类问题选择出较优的特征子集,常见方法包括互信息法、信息增益法和卡方统计量法等。

3) 分类器设计

（1）传统文本分类算法。

一个文本经过文本表示和特征选择之后,就可以基于传统机器学习算法进行文本分类了。文本的分类方法有很多,比较经典的有 k 最近邻模型、朴素贝叶斯模型、支持向量机模型等。

① k 最近邻模型。

k 最近邻模型是一种基本分类方法,通过测量不同特征值之间的距离进行分类。k 最近邻模型是最简单最初级的分类器,将全部的训练数据所对应的类别都记录下来,当测试对象的属性和某个训练对象的属性完全匹配时,便可以对其进行分类。在 k 最近邻模型中,所选择的邻居都是已经正确分类的对象。

k 最近邻模型的思路是：如果一个样本在特征空间中的 k 个最相似（特征空间中最邻近）的样本中的大多数属于某一个类别，则该样本也属于这个类别，其中 k 通常是不大于 20 的整数。在 k 最近邻模型中，利用计算对象间的距离来作为各个对象之间的非相似性指标，避免了对象之间的匹配问题，在这里距离一般使用欧氏距离或曼哈顿距离。

在训练集中的数据和标签已知的情况下，输入测试数据，将测试数据的特征与测试集中对应的特征进行相互比较，找到训练集中与之最为相似的前 k 个数据，则该测试数据对应的类别就是 k 个数据中出现次数最多的那个分类，其算法的描述如下。

第 1 步，计算测试数据与各个训练数据之间的距离。

第 2 步，按照距离的递增关系进行排序。

第 3 步，选取距离最小的 k 个点。

第 4 步，确定前 k 个点所在类别的出现频率。

第 5 步，返回前 k 个点中出现频率最高的类别作为测试数据的预测分类。

② 朴素贝叶斯模型。

贝叶斯模型以贝叶斯原理为基础，使用概率统计的知识对样本数据集进行分类。由于有着坚实的数学基础，因此贝叶斯模型的误判率是很低的。贝叶斯模型的特点是结合先验概率和后验概率，既避免了只使用先验概率的主观偏见，又避免了单独使用样本信息的过拟合现象。贝叶斯模型在数据集较大的情况下表现出较高的准确率，同时算法本身比较简单。

朴素贝叶斯模型在贝叶斯模型的基础上进行了相应的简化，即假定给定目标值时属性之间相互条件独立。也就是说，没有哪个属性变量对于决策结果来说占有较大的比重，也没有哪个属性变量对于决策结果来说占有较小的比重。虽然这种简化方式在一定程度上降低了贝叶斯模型的分类效果，但是在实际的应用场景中，极大地简化了贝叶斯模型的复杂性。

朴素贝叶斯模型基于贝叶斯定理与特征条件独立假设的分类方法，先通过已给定的训练集，用特征词之间独立作为前提假设，学习从输入到输出的联合概率分布，再基于学习到的模型，输入 X 求出使后验概率最大的输出 Y。朴素贝叶斯模型在文字识别、图像识别方向有着较为重要的作用，可以将未知的一种文字或图像，根据其已有的分类规则来进行分类。

朴素贝叶斯模型假设数据集属性之间是相互独立的，因此算法的逻辑性十分简单，并且算法较为稳定，当数据呈现不同的特点时，朴素贝叶斯模型的分类性能不会有太大的差异。换句话说就是，朴素贝叶斯模型的健壮性比较好，对于不同类型的数据集不会呈现出太大的差异性。当数据集属性之间的关系相对比较独立时，朴素贝叶斯模型会有较好的分类效果。

属性独立的条件同时是朴素贝叶斯模型的不足之处。数据集属性的独立性在很多情况下是很难满足的，因为数据集的属性之间往往都存在相互关联，如果在分类过程中出现这种问题，则会导致分类效果大大降低。

③ 支持向量机模型。

支持向量机模型是一类按监督学习方式对数据进行二元分类的广义线性分类器，其决策边界是对学习样本求解的最大边距超平面。支持向量机模型用铰链损失函数计算经验风险并在求解系统中加入了正则化项以优化结构风险，是一个具有稀疏性和稳健性的分类器。

（2）深度神经网络方法。

传统的文本表示和分类算法依赖人工设计的特征工程，具有纬度高、稀疏性强、表达能力差、不能自动学习等缺点。近年来，以深度神经网络为代表的深度学习技术自从在语音识别和图像处理领域取得了较大突破后，以其强大的特征自学习能力（尤其是端到端的联合学习框架），在自然语言处理领域获得了广泛的应用，在包括文本分类在内的诸多任务上都取得了较大的进展，目前已经发展为主流方法。用于文本分类中比较常见的神经网络方法有多层前馈神经网络、卷积神经网络和循环神经网络。

5.3.3　文本分类的性能评估

分类效果可以直接使用训练样本的分类准确率来评估，但由于一般的学习算法都有过拟合训练样本的倾向，即对产生分类模型的训练样本具有很好的分类准确率，而对新样本的分类效果很差，特别是当训练样本数量过少或存在噪声的时候，都容易产生过拟合问题，因此仅用训练样本的分类准确率还不能完全反映出分类模型的优劣。

为了更客观地评估分类模型，通常采用保持法和 k-折交叉验证两种重采样技术来评估。

1．评估分类模型

1）保持法

（1）将给定的数据集随机划分为两个独立部分：一个作为训练集；另一个作为测试集。通常训练集占 2/3，测试集占 1/3。利用训练集导出分类模型，用分类模型在测试集上的分类准确率评估分类模型，如图 5-2 所示。

（2）随机子选样是保持法的一种变形。该方法重复保持法 k 次，最后对这 k 次所得的预测准确率求平均值便是最终的预测准确率。

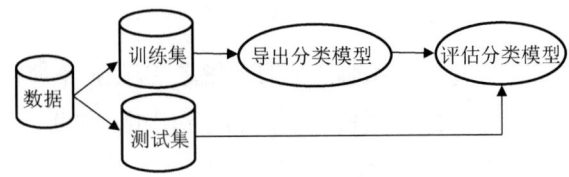

图 5-2 保持法

2) k-折交叉验证

k-折交叉验证如图 5-3 所示。

(1) 将数据集分为大小大致相等的 k 个互不相交的子集 $S_1, S_2, \cdots, S_k$，k 一般取 10。

(2) 用 $k-1$ 个子集作为训练集，1 个子集作为测试集进行学习测试，分别进行 k 次，第 i 次以 S_i 为测试集，其余为训练集。准确率为 k 次迭代正确分类数/原始样本总数。特例：留一法，以每个样本为一个 S_i。

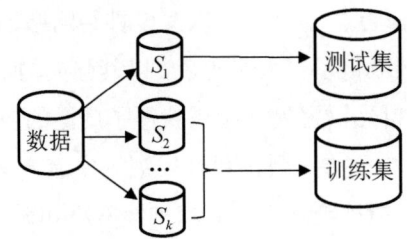

图 5-3 k-折交叉验证

2. 评估指标

文本分类从根本上说是一个映射过程，所以评估文本分类系统的标志是映射的准确程度和映射的速度。映射的速度取决于映射规则的复杂程度；评估映射准确程度的参照物是专家思考判断后对文本的分类结果（这里假设人工分类完全正确并且排除个人思维差异的因素），与专家分类结果越相近，分类的准确程度就越高，这里隐含了评估文本分类系统的两个指标：查准率和查全率。

查准率是所有被分类的文本中被正确分类的文本所占的比率。其数学公式表示如下：

$$查准率 = \frac{分类的正确文本数}{实际分类的文本数}$$

查全率是人工分类结果应有的文本中正确分类的文本所占的比率。其数学公式表示如下：

$$查全率 = \frac{分类的正确文本数}{应有文本数}$$

差准率和查全率反映了分类质量的两个不同方面，两者必须综合考虑，不可偏废。因此存在一种新的评估指标——F1 测试值，其数学公式如下：

$$F1测试值 = \frac{查准率 \times 查全率 \times 2}{查准率 + 查全率}$$

为评估多类分类模型的查准率和查全率，可以采用两种不同的方法：微平均方法和宏平均方法。微平均方法：计算每一类的查准率、查全率和 F1 测试值。宏平均方法：计算全部类的查准率、查全率和 F1 测试值。所有文本分类系统的目标都是使文本分类过程更准确、更快速。

5.4 文本聚类

5.4.1 文本聚类概述

文本聚类是指将文本集合分成若干个簇，要求同一个簇内文本内容的相似度尽可能大，而不同簇间的相似度尽可能小，从而发现整个文本集合的整体分布特点。文本聚类是根据文本数据的不同特征，将其划分为不同数据类的过程，其目的是使同一类别的文本间的距离尽可能小，而不同类别的文本间的距离尽可能大。

传统的聚类方法在处理高维和海量文本数据时的效率不是十分理想，原因是：一方面，传统的聚类方法对样本空间的搜索具有一定的盲目性；另一方面，在高维很难找到适宜的相似度度量标准。

虽然文本聚类用于海量文本数据时存在不足，但与文本分类相比，文本聚类是一种典型的机器学习问题，可以直接用于不带类标号的文本集，避免了为获得训练文本的类标号所花费的代价。根据聚类算法无须带有类标号样本这一优势，卡马尔·尼加姆（Kamal Nigam）等人提出从带有和不带有类标号的混合文本中学习分类模型的方法。其思想是利用聚类技术减少分类方法对带类标号训练样本的需求，减轻手工标记样本类别所需的工作量，这种方法也称为半监督学习。

文本聚类的主要应用如下。

（1）信息检索系统中的应用，用于提高查准率与查全率、发现最近邻文档。在有些研究中，使用文本聚类方法对由搜索引擎等工具获取的文档进行组织，或者用来浏览文档集合。

（2）用于自然语言处理应用的预处理环节，如进行多文档自动文摘，其中比较典型的例子是哥伦比亚大学开发的多文档自动文摘系统 Newsblaster。

（3）用于信息过滤和个性化推荐等服务，通过对用户浏览器 Cache 中的网页进行聚类，发现用户的兴趣模式。

（4）用于可视化地改善文本分类结果，如将高维空间的文档向量拓扑通过某种方法映射到二维空间，从而使得聚类结果更加直观和便于理解。

此外，文本聚类还可以在大规模文本数据中进行主题发现，通过对一个大文本集的内容进行概括、摘要、共同点分析等，最终进行文本的主题分析。

5.4.2 文本聚类步骤

1. 获取结构化的文本集

结构化的文本集由一组经过预处理的文本特征向量组成。从文本集中选取的特征好坏直接影响到聚类的质量。如果选取的特征与聚类目标无关，那么就难以得到良好的聚类结果。对于聚类任务，合理的特征选择策略应使同类文本在特征空间中相距较近，异类文本相距较远。

2. 执行聚类算法，获得聚类谱系图

聚类算法的目的是获取能够反映特征空间样本点之间关系的"抱团"性质。

3. 选取合适的聚类阈值

在得到聚类谱系图后，领域专家凭借经验，并结合具体的应用场合确定聚类阈值。聚类阈值确定后，就可以直接从聚类谱系图中得到聚类结果。

5.4.3 文本聚类算法

1. 层次聚类法

文本数据中存在大量的层次类别关系。无论是 Web 信息检索的结果，还是科研领域文档的梳理，或者是垃圾邮件的分类整理，将文档集合组织成层次对用户都是十分有益的。层次聚类法将数据对象组成一棵聚类树，顶端是单一的包含全部内容的簇，底端是单个文档组成的簇。层次聚类法对给定的样本集进行层次分解，根据聚类过程方向的不同，目前的层次聚类法主要有分裂法、凝聚法和约束凝聚法等。

2. 平面划分法

平面划分法采用自顶向下的策略，首先将所有对象置于一个簇中，然后将它逐步细分为越来越小的簇，直到每个对象自成一簇，或者达到了某个终止条件。该终止条件可以是达到了某个希望的簇数量，或者每个簇的直径都在某个阈值之内。对于平面划分

法，聚类问题可以描述成使得某个代价函数最优的求解问题。

在平面划分法中，一个关键的步骤就是选择哪个簇进行对分。目前有两种不同的簇选择方法。第一种方法比较简单，选择最大的簇进行对分。这种方法的局限性是对于那些数据本就分布不均匀的数据集合，采用该方法将总是先对分那些较大的簇，这样不能准确反映各层次之间的自然关系。第二种方法选择能够使特定的代价函数最优的簇，这样可以优化簇内的相似性、簇间的差异性，但是复杂度较大。常见的平面划分法有 k-均值算法、k-中心点算法、CLARANS 算法。

平面划分法的一个突出的优势就是在将文本集合划分成一定数量的簇时，会使用整个文本集合的信息。而凝聚法进行聚类本质上是局部的。这一局部特性既有好处，又有坏处。好处是容易生成小的、内聚性好的簇；坏处是如果文档并不是某个特定组的一部分，则最初的合并可能包含错误，而这一错误将会随着凝聚的进程成倍放大。

3．基于密度的方法

多数平面划分法使用距离度量样本间的相似程度，因此只能发现球状簇，难以发现其他任意形状的簇。基于密度的方法根据样本点附近区域的密度进行聚类，使在给定区域内至少包含一定数量的样本点。DBSCAN 就是一个具有代表性的基于密度的聚类算法。

4．基于网格的方法

基于网格的方法采用多分辨率的网格数据结构，将样本空间量化为数量有限的网格单元，所有聚类操作都在网格上进行，如 STING 算法。

5．基于模型的方法

基于模型的方法首先为每个簇假定一个模型，然后通过寻找样本对给定模型的最佳拟合进行聚类。有些聚类算法集成多种算法的思想，因此难以将其划归到上述类别中的一类，如 CLIQUE 算法综合了基于密度和基于网格的两种聚类方法。

5.4.4 文本聚类的性能评估

文本聚类性能评估也称作文本聚类有效性分析。常用的文本聚类性能评估方法有两种：一种根据外部标准，通过测量聚类结果与参考标准的一致性评估聚类结果的优劣；另一种根据内部标准，仅从聚类本身的分布和形态方面评估聚类结果的优劣。

基于外部标准的评估方法是指在参考标准已知的前提下，将聚类结果与参考标准进行比对，从而对聚类结果做出评估。参考标准通常由专家构建或人工标注获得。基于内部标准的评估方法不依赖于外部标注，而仅靠考察聚类本身的分布结构来评估聚类的性能。其主要思路是：簇间越分离（相似度越低）越好，簇内越凝聚（相似度越高）越好。常用的内部评估指标有轮廓系数、Moran's I 指数、Davies-Bouldin 指数、Dunn 指数、Calinski-Harabasz 指数、Hubert's r 统计量和 Cophenetic 相关系数等。这些指标大多同时包含凝聚度和分离度两种因素。

5.5 文本情感分析

5.5.1 文本情感分析概述

文本情感分析和观点挖掘是文本数据挖掘领域的一个重要方向，其主要任务是对文本中的主观信息（如观点、情感、评价、态度等）进行提取、分析、处理、归纳和推理。文本情感分析又称意见挖掘，是指通过计算技术对文本的主客观性、观点、情感、极性的挖掘和分析，对文本的情感倾向做出分类判断。随着计算机和网络技术的发展，人类开始研究如何让计算机理解和运用人类社会的自然语言，这一研究取得了丰硕的成果，这些成果为文本情感分析奠定了基础。文本情感分析是自然语言理解领域的重要研究分支，涉及统计学、语言学、心理学、人工智能等领域的理论与方法。

文本情感分析的第一步需要对文本来源进行处理，对网络文本进行主客观分类。网络文本信息可以广义地分成两种类型：客观性文本和主观性文本。客观性文本就是我们对于实体、事件及它们属性的客观性陈述；主观性文本通常是我们对于实体、事件及它们属性的主观性评价，包含丰富的主观性的意见、情感、观点和态度等。主客观分类从主客观混合的文本中将描述事实的客观性文本与表达意见的主观性文本区分开来，将主观语言的文本抽取出来，过滤掉不带情感色彩的文本。这一阶段研究的主要目的是为文本情感极性分析提供主观性文本。

文本情感分析的第二步是对主观性文本的分析，主要包括文本情感极性分析和文本情感极性强度分析。文本情感极性分析的任务是识别主观性文本的情感极性。情感极性分为两极，即正面的赞赏和肯定、负面的批评与否定，也有一些学者在正面和负面之间加入了中性。文本情感极性强度分析的任务是判定主观性文本情感极性强度，如强烈贬抑、一般贬抑、客观、一般褒扬、强烈褒扬 5 个类别。

早期的文本情感分类研究主要基于规则方法。在随后的研究中，文本情感分析技术自然分流成两类，即基于规则（情感词典）的方法和基于统计学习的方法。前者根据情感词典所提供的词的情感倾向性信息，结合语言知识和统计信息，进行不同粒度下的文本情感分析；后者主要研究如何在文本表示层面寻找更加有效的情感特征，以及如何在机器学习模型中合理地使用这些特征。主要特征包含词序及其组合、词类、高阶 n 元语法、句法结构信息等。虽然文本情感分类中的统计机器学习方法沿袭了传统的基于主题的文本分类模型的框架,但是存在一些特殊问题需要单独处理,如情感极性的转移和领域适应问题等。

5.5.2 文本情感分析的分类

文本情感分析按照分析粒度的不同,可以分成文档级、句子级、词语级和属性级情感分析。

1. 文档级情感分析

继承主题文本分类研究的传统,情感文本分类在初始研究阶段都集中在针对整篇文档的分类上,或者说从整体上判断一个文档所表达的观点和态度。

文档级情感分析定义为:给定文档 d(d 可能包含多个句子,甚至多个段落),决定整个 d 的情感极性 $O(d)$。例如,给定一个包含 3 个段落的书评文档,文档级情感分析的目标是从整个文档级别识别作者对于内容的评价。

2. 句子级情感分析

整篇文档通常包含多个主题,不同的主题牵涉的观点、态度等主观性信息可能有差异。因此,将文档作为一个整体,笼统地进行情感分析存在一定的局限性,分析的粒度也比较粗糙。相比而言,句子涉及的主题往往比较单一,而且很多自然语言处理技术都以句子为处理单元,句子层面的情感分析也更容易融入更多的自然语言处理手段。因此,从实用意义和可行性角度来看,句子级别的情感分析比文档级别的情感分析更加合理。

句子级情感分析定义为:给定句子 s,决定 s 的情感极性 $O(s)$。例如,给定一个评论句,句子级情感分析的目标就是识别该句子所表达的情感。

早期的句子级情感分析工作包括句子的主客观性分类。监督学习方法类似于文本分类,首先基于词语、N-Gram、词性、词序等特征进行文本表示,然后利用朴素贝叶斯模型、最大熵模型等分类器进行文本主客观性分类。句子级情感分析的一个缺点是,当基于监督学习方法建立情感分类器时,句子级情感标签需要进行人工标注,而文档级情感标签往往可以依据自然标注信息(如评论的星级)确定。

此外,随着近年来社交媒体的发展,出现了一类针对社交网络文本(如 Twitter、微博、微信等)的消息级情感分析任务。这类消息级文本通常受长度的限制,篇幅较短,包含的句子数量也不多,通常称为"短文本"。在不考虑社交网络结构的情况下,消息级情感分析任务可以作为句子级情感分析任务或短文档级情感分析任务进行处理。

3. 词语级情感分析

词语和短语通常被认为是情感表达的最小语言单元。为了方便描述，我们将词语和短语级的情感分析统称为词语级情感分析。词语级情感分析定义为：给定词语或短语 p，决定 p 的情感极性 $O(p)$。对于给定语料，词语级情感分析任务与情感词典构建任务是基本等价的。

目前大部分的通用情感词典都是通过人工构建的。基于人工构建的情感词典虽然具备较好的通用性，但是在实际应用中难以覆盖来自不同领域的情感词，领域适应性较差。同时，人工情感词典构建需要耗费大量的人力和物力。因此，学术界更多地聚焦于情感词典的自动构建方法研究，这些方法主要分为3类：基于知识库的方法、基于语料库的方法和知识库和语料库相结合的方法。

4. 属性级情感分析

属性级情感分析是从文本中挖掘评价对象实体的属性，并对其进行情感分析的任务。文档级和句子级情感分析只识别文档或句子的整体情感，而不涉及评价文本的具体属性及针对该属性的情感，因此在分析粒度上有所欠缺。属性级情感分析则可以理解为对文本中的评价对象的属性进行抽取，并确定针对该属性的情感倾向性的过程。

表 5-4 给出了一个属性级情感分析示例，针对输入的评价文本，输出该评价文本所包含的 (g,s) 二元组序列，其中 g 表示评价对象（Target），s 表示情感（Sentiment）。同时，针对大量的评价文本，可以根据属性级情感分析的结果给出对整个评价对象的观点摘要。

表 5-4　属性级情感分析示例

评价文本	手机外观很好，速度很快，拍照也不错，就是电池容量有点小，续航时间一般
分析结果	{(外观,正面), (速度,正面), (拍照,正面), (电池容量,负面), (续航时间,负面)}

在早期的研究工作中，属性级情感分析又称为基于特征的观点挖掘。后期的工作进一步将观点表示为一个四元组 (g,s,h,t)，其中 g 表示评价对象（Target），s 表示情感（Sentiment），h 表示观点持有者（Opinion Holder），t 表示时间（Time）。评价对象通常包含实体（Entity）及其属性（Attribute），因此上述四元组可以转化为五元组 (e,a,s,h,t)。属性级情感分析相应地定义为上述多元组（四元组或五元组）的抽取与识别过程。

5.5.3　文本情感分析的方法

1. 基于规则的无监督情感分类

基于规则的方法本质上是一种确定性的演绎推理方法，优点在于能够根据上下文对确定事件进行定性的描述，能够充分利用现有的语言学知识。有研究者通过使用人工构造的情感词典识别出其中的倾向性词语，并将这些倾向性词语的极性（正面为+1，负面为-1，中立为0）进行累加，得到整个文档的极性，据此评价整个文档的情感类别。此外，还有很多工作直接基于情感词典获取候选词或短语的情感极性及其强度，随后将全文中情感词或短语的情感值累加得到文档的情感，我们将这类方法称为基于规则的无监督情感分类方法。

2．基于传统机器学习的监督情感分类

基于规则的方法的优点在于使用方便，不依赖人工标注的语料集。但是，其性能极大地受限于情感词典的质量、规则的合理程度和覆盖范围。近20年来，统计机器学习方法在人工智能、自然语言处理和数据挖掘等领域迅速兴起，并占据了主流地位。统计机器学习方法是一种经验主义方法，优势在于其知识是基于大规模语料分析获得的，为语言处理提供了比较客观的数据依据和可靠的质量保证。基于机器学习的情感文本分类方法继承了主题文本分类方法的思路，用向量空间模型作为文本表示，基于线性分类算法进行分类。

3．基于知识库的方法

有些语种已经具有相对充分、开放的语义知识库（如英文的 WordNet），通过挖掘其中词与词之间的关系（如同义、反义、上位和下位关系等），就可以构建出一部通用性较强的情感词典。基于知识库的方法仅依赖语义知识库即可快速地构建情感词典，且情感词典具有较强的通用性，但存在对语义知识库有较强的依赖性、领域适应性差、情感分析精度欠佳等明显的缺点。

5.5.4 文本情感分析案例[①]

1．数据选取

我们选取中国大学 MOOC 计算机类的一门热门课程作为代表性的应用实例。通过 Python 编程进行网络爬虫，获取在线课程讨论文本数据共 19548 条，采集的主要信息包括发表讨论学习者名称、学习者发表讨论内容及发表时间。

2．文本情感分析思路

课程讨论文本信息反映了学习者对于该课程某方面的情感倾向，可能是学习者学习

[①] 本案例选自周驿. 基于话题挖掘与情感分析的学习资源推荐研究[D]. 无锡：江南大学，2020. 入选本书时略有改动。

过程中遇到的不能解决的知识性问题,也可能是对于课程设计、教材、视频、作业测试等方面的评价,这些信息从侧面表现出了该课程存在的问题。因此,通过对课程讨论数据进行情感分析,获取学习者对于课程整体及学习者关注的每个主题的情感分布,是进一步挖掘学习者需求的重要手段。

基于已有的课程讨论语料库数据及构建的课程讨论情感词典,通过情感词匹配的方法来计算学习者讨论文本的情感倾向。因为否定词和程度副词对于文本最终的情感值有很大的影响,因此在实验过程中要尤为注意该问题,可以通过设置权值来减少它们对于文本最终情感值的影响。

本案例中采用基于情感词典的文本情感分析方法,具体过程如图 5-4 所示。

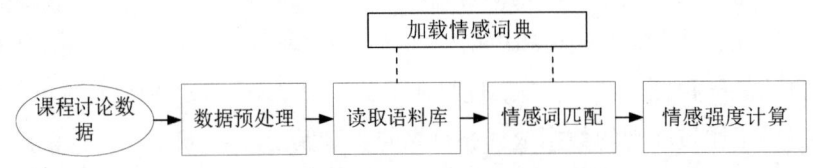

图 5-4 基于情感词典的文本情感分析过程

基于情感词典的文本情感分析主要分为 3 个步骤。

第 1 步,对获取的课程讨论数据进行预处理。

第 2 步,加载课程讨论情感词典并读取经过预处理的课程讨论语料库数据,匹配情感词典中的情感词。

第 3 步,计算情感强度。

根据单词组成短语,短语组成句子的原理可知,一段讨论文本或许由几个不同的短句组成,一个短句又由不同的单词组成。因此,通过对单个短句的分析可以得到整个讨论文本的情感倾向。用 O 表示评论文本中不同部分的情感值,S 表示单个评论句的整体情感值,W 表示情感值的权重,D 表示程度副词的权重,N 表示网络情感词的权重。单个句子的情感强度计算规则如下。

(1) 单个句子的情感值只取决于情感词的权重,其情感值的计算公式如下:

$$O_1 = W_1 + W_2 + \cdots + W_k \tag{5.1}$$

式中,k 表示句子中情感词的数量。

(2) 句子的情感值依赖于网络情感词的权重,其计算公式如下:

$$O_2 = N_1 + N_2 + \cdots + N_k \tag{5.2}$$

式中,k 表示句子中网络情感词的数量。

(3) 当情感词之前有否定词时,否定词的数量会对情感值造成影响。如果否定词数量为奇数，则情感值与情感词的极性相反；反之，其情感值不变。在这样的情况下，情感值的计算公式如下：

$$O_3 = (-1)^n \times W \tag{5.3}$$

式中，n 表示句子中否定词的数量。

（4）当情感词前面出现程度副词时，其情感值的计算公式如下：

$$O_4 = D \times W \tag{5.4}$$

（5）有时候，情感词前会同时出现否定词和程度副词，一般会存在两种情况，一种是"否定词+程度副词+情感词"，这种表达方式会减弱情感值；另一种是"程度副词+否定词+情感词"，这种表达方式对情感值起到增强作用。两种方式都会对句子的情感值产生影响。因此，要对相应的两个公式设置不同的系数进行区分。

表达方式"否定词+程度副词+情感词"对应的情感值的计算公式如下：

$$O_5 = (-1) \times D \times W \times 0.5 \tag{5.5}$$

表达方式"程度副词+否定词+情感词"对应的情感值的计算公式如下：

$$O_6 = (-1) \times D \times W \times 2 \tag{5.6}$$

综上所述，如果一个情感句中包含上述部分，则该句的情感值计算公式如下：

$$M = \sum_{i=1}^{6} O_i \tag{5.7}$$

因此，如果一段讨论文本中包含 n 个句子，则该文本最终的情感值计算公式为：

$$Q = \sum_{i=1}^{n} M_i \tag{5.8}$$

在式（5.8）中，Q 表示整个讨论文本最终的情感值，M_i 表示讨论文本中每个句子的情感值。在最终的计算结果中，如果 $Q>0$，则该讨论文本表达积极情感；如果 $Q<0$，则该讨论文本表达消极情感；如果 $Q=0$，则该讨论文本无明显的情感倾向，为中立。

3．文本情感分析结果

1）课程讨论主题数量的确定

在本案例中，找到最佳主题数量的方法是主题一致性（Topic Coherence）分析，即建立许多不同主题数量（K）的 LDA 模型，并选择具有最高一致性的模型，使用 K 来标记主题连贯性的快速增长。选择更高的 K 值有时可以提供更为详细的子主题，如果在实验中发现相同的关键字在多个主题中重复出现，可以考虑降低 K 值。通过 LDA 建模及主题一致性计算分析得知，当主题数量为 32 个时，其对应的一致性分数最高，因此本文将该课程讨论区的主题数量确定为 32 个。

2）课程讨论主题的情感分析

我们对每个主题中包含的文本进行情感极性计算，得到主题-情感概率分布。由此可以得到不同主题所蕴含的情感态度信息，帮助教师或教学管理人员有效改进教学设计。

结合主题内容，可以进一步得到学习者关注主题的情感分布，见表 5-5。可以看出，对于该课程，学习者普遍表示积极的情感倾向，说明该课程的内容组织、教学设计及教师授课等方面存在较多优点。但是对于课程资料及学习平台，学习者存在较多的消极情感。同时，在课程的主要内容中，学习者对于格式化操作、类和面向对象、分支结构、函数调用、文件操作、字典和元组等表现出了消极情感，可以发现，这些内容都是 Python 语言学习中的重点、难点及易错点，是后续进行 Python 编程开发的不可或缺的知识内容，学习者在这方面表现消极情感，或许出于以下原因：学习本课程的学习者不是计算机专业的，大多缺乏编程基础，学习起来较为困难；课程知识本身较为深奥，难以理解。因此，在后续对这些内容进行教学设计及讲解的时候，教师可以提供有关的学习资源供学习者使用，也可以用简单易理解的语言和实例来讲解这些内容。

表 5-5 主题-情感分布表

主题	主题标签	情感概率 积极	情感概率 消极	情感极性
1	环境安装	0.424	0.576	消极（-）
2	作业测试	0.371	0.629	消极（-）
3	切片	0.710	0.290	积极（+）
4	基本数据类型	0.610	0.390	积极（+）
5	文件操作	0.278	0.722	消极（-）
6	考试证书	0.348	0.652	消极（-）
7	IDLE 编辑器	0.442	0.791	消极（-）
8	课程内容	0.711	0.289	积极（+）
9	格式化操作	0.444	0.556	消极（-）
10	程序的输入输出	0.750	0.250	积极（+）
11	课程概况	0.730	0.270	积极（+）
12	类和面向对象	0.588	0.412	积极（+）
13	程序异常	0.852	0.148	积极（+）
14	字符串	0.625	0.375	积极（+）
15	Random 库	0.706	0.294	积极（+）
16	Python 基础	0.577	0.423	积极（+）
17	第三方库的安装	0.824	0.176	积极（+）
18	平台	0.769	0.231	积极（+）
19	Jieba 库	0.526	0.474	积极（+）

续表

主题	主题标签	情感概率 积极	情感概率 消极	情感极性
20	词云	0.673	0.327	积极（+）
21	函数调用	0.405	0.595	消极（-）
22	成绩	0.034	0.621	消极（-）
23	选择	0.577	0.423	积极（+）
24	字典和元组	0.290	0.710	消极（-）
25	课程资料	0.794	0.206	积极（+）
26	Turtle	0.706	0.294	积极（+）
27	列表	0.619	0.381	积极（+）
28	内置函数	0.625	0.375	积极（+）
29	分支结构	0.475	0.525	消极（-）
30	PyInstaller	0.706	0.294	积极（+）
31	循环	0.771	0.229	积极（+）
32	Python 应用	0.840	0.160	积极（+）

5.6 文本可视化

5.6.1 文本可视化概述

随着信息技术的快速发展，海量信息不断涌现，人们对其处理和理解的难度日益增大。传统的文本分析技术虽已在一定程度上实现了从大数据中挖掘出重要信息，但是这些挖掘出的信息通常仍然无法满足人们利用浏览及筛选等方式对其进行合理的分析、理解和应用的需求。面对这种挑战，文本可视化技术应运而生，它将文本中复杂的或难以通过文字表达的内容和规律以视觉符号的形式表达出来，同时向人们提供与视觉信息进行快速交互的功能，使人们能够利用与生俱来的视觉感知的并行化处理能力快速获取大数据中蕴含的关键信息。文本可视化技术综合了文本分析、数据挖掘、数据可视化、计算机图形学、人机交互、认知科学等学科的理论和方法，为人们提供了一种理解海量复杂文本的内容、结构和内在规律等信息的有效手段。

5.6.2 文本可视化方法

文本可视化涵盖了信息收集、数据预处理、知识表示、可视化呈现和交互等过程。其中，数据预处理和知识表示等技术充分发挥计算机的自动处理能力，将无结构的文本信息自动转换为可视的有结构信息；可视化呈现使人类视觉认知、关联、推理能力得到充分发挥。因此，文本可视化有效地综合了机器智能和人类智能，为人们更好地理解文本和发现知识提供了新的有效途径。

图 5-5 展示了文本可视化基本框架。总的来说，文本可视化系统主要包括 3 个部分：①产生可视化所需数据的文本分析；②可视化呈现，即包含文档、事件、关系或时间等文本信息的低维信息图（通常是 2D 图或 3D 图）；③用户与信息图的交互。

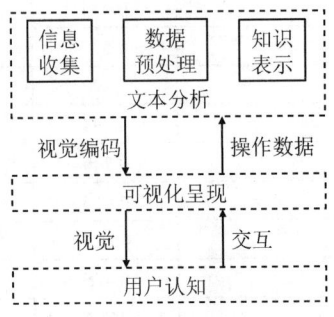

图 5-5　文本可视化基本框架

1．文本分析

文本可视化依赖于自然语言处理，因此词袋模型、命名实体识别、关键词抽取、主题分析、情感分析等是较常用的文本分析技术。文本分析的过程主要包括特征提取，通过分词、抽取、归一化等操作提取出文本词语级的内容；利用特征构建向量空间模型并进行降维，以便将其呈现在低维空间，或者利用主题模型处理特征；最终用灵活有效的形式表示这些处理过的数据，以便进行可视化呈现和交互。

2．可视化呈现

在信息图中，文本内容的视觉编码主要涉及尺寸、颜色、形状、方位、纹理等，文本间关系的视觉编码主要涉及网络图、维恩图、树状图、坐标轴等。文本可视化的一个重要任务是选择合适的视觉编码呈现文本信息的各种特征，如词语的频度通常用字体的大小表示，不同的命名实体类别用颜色加以区分。如何快速创建符合人们先验认知的可视化呈现一直是可视化研究者关心的问题，对于视觉编码有效性的研究与认知科学息息相关。

3．交互

为了使用户通过可视化呈现有效地发现文本信息的特征和规律，通常会根据使用场景为系统设置一定程度的交互功能。在文本可视化中，主要应用到的交互方式有高亮、缩放、动态转换、关联更新、焦点+上下文等。

5.6.3 文本可视化示例

1. 文本内容可视化

基于文本内容的可视化主要关注的是如何快速获取文本内容的重点,可以分为基于词频的文本可视化和基于词语分布的文本可视化。基于文本内容的可视化可以应用于单个文本,也可以应用于较大的文本集。通过这些基本统计结果的可视化呈现,用户能快速地了解文本的大体内容,这对于进一步的分析具有重要的向导意义。

1) 基于词频的文本可视化

当面对海量文本时,人们需要对每个文本或整个文本集合的主要内容进行快速浏览,因此需要进行基于词频的文本可视化。常用的文本可视化的思路是,将文本看作一个词语的集合(词袋模型),利用词频信息来呈现文本特征。其中,经常被采用的词频计算方法是 TF-IDF(Term Frequency-Inverse Document Frequency,词频-逆文档频率),典型的可视化形式是标签云,如图 5-6 所示。标签云将关键词按照一定顺序和规律排列,如频度递减、字母顺序等,并用文字的大小代表词语的重要性。最初的标签云大多采用将文字一行一行地水平排列的方式,后来渐渐遵循更加美观复杂的布局规则。词语的布局遵循了严格的条件,文字间的空隙得以被充分利用,可视化结果更加美观。这种形式的标签云自出现就被广泛应用于报纸、杂志等传统媒体,以及互联网,甚至实物中。为了遵循更加美观和复杂的布局规则,标签云加入了高效编辑的功能,用户能够得心应手地定制文本可视化呈现形式,选择不同的文字轮廓甚至自定义轮廓。

然而,标签云只能对文本中的高频词语进行简单罗列,无法提供连贯的上下文信息。文档卡片(Document Card)在克服这一问题上做出了尝试,它通过自动提取重要文字和图片,将文本信息综合到一系列信息连续的卡片上,用户能够快速地了解文本的关键信息。另外,标签云经常以辅助的呈现方式出现在一些可视化方案中。

图 5-6 标签云示例

2)基于词语分布的文本可视化

基于词语分布的文本可视化反映了词语在文本中的分布情况,主要应用于查询任务。通常,这种可视化将去掉停用词后的词语建成索引,图形化地展示用户输入的查询词在文本中的分布情况。

2. 文本关系可视化

文本关系可视化研究文本内外关系,帮助人们理解文本内容和发现规律。常用的可视化形式有树状图、节点连接的网络图、力导向图、叠式图和单词树等。基于文本内在关系的可视化主要关注文本的内部结构和语义关系等。基于文本外在关系的可视化主要关注文本间的引用关系、网页的超链接关系等直接关系,以及主题相似性等潜在关系。

1)单词树

单词树(Word Tree)把文本中的句子按树形结构布局,可以很好地看出一个单词在文本中出现的频率和单词前后的联系,其示例如图 5-7 所示。

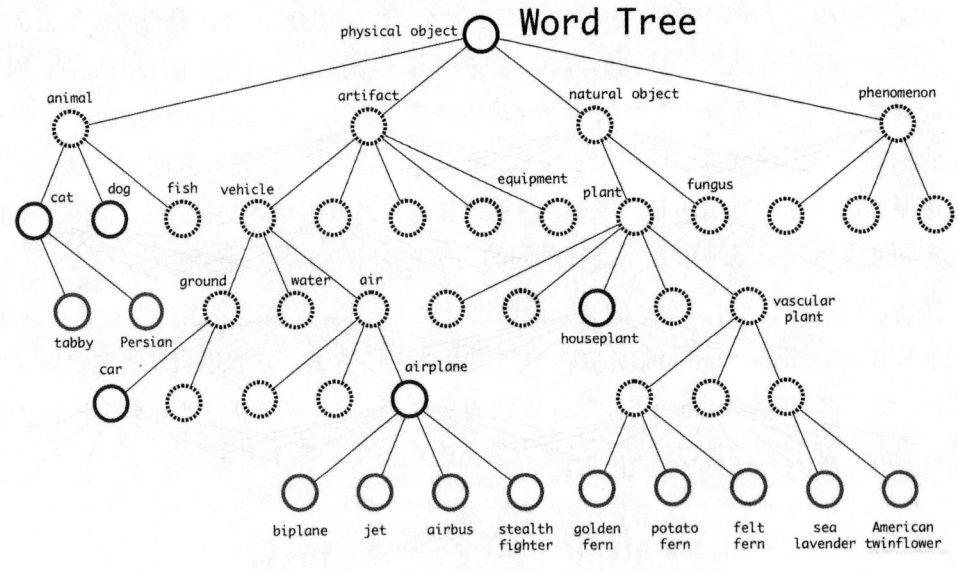

图 5-7 单词树示例

2)短语网络

短语网络(Phrase Net)是经典的力导向图,图 5-8 中的节点是从文本中挖掘出的词语级或语法级的语义单元,边代表语义单元间的联系,边的方向即短语的方向,边的宽度代表短语在文本中出现的频率。

3)星系图

当文档数量到一定量的时候,针对文本进行可视化就不现实了,此时通常对单个文档定义一个特征向量，利用向量空间模型计算文档间的相似性，并采用相应的投影技术呈现文档集合的关系。星系图（Galaxy View）把一个文档比作一颗星星，通过投影的方法把所有文档按照其主题的相似性投影为二维平面的点集，星星离得越近，则代表文档越相似，因此一个星团可以非常直观地反映出文档主题的紧凑和离散。

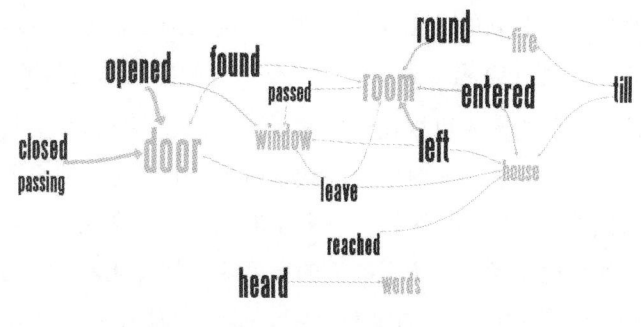

图 5-8　短语网络示例

4）主题地貌

主题地貌（Theme Scape）是对星系图的改进。主题地貌把等高线加入投影的二维平面中，把文档相似性相同的放在一个等高线内，用颜色来编码文本分布的密集程度，把二维平面背景变成一幅地图，这样就把星系图中的星团变成了一座座山丘。文档越相似，则山丘分布越密集，这座山丘就越高。主题地貌示例如图 5-9 所示。

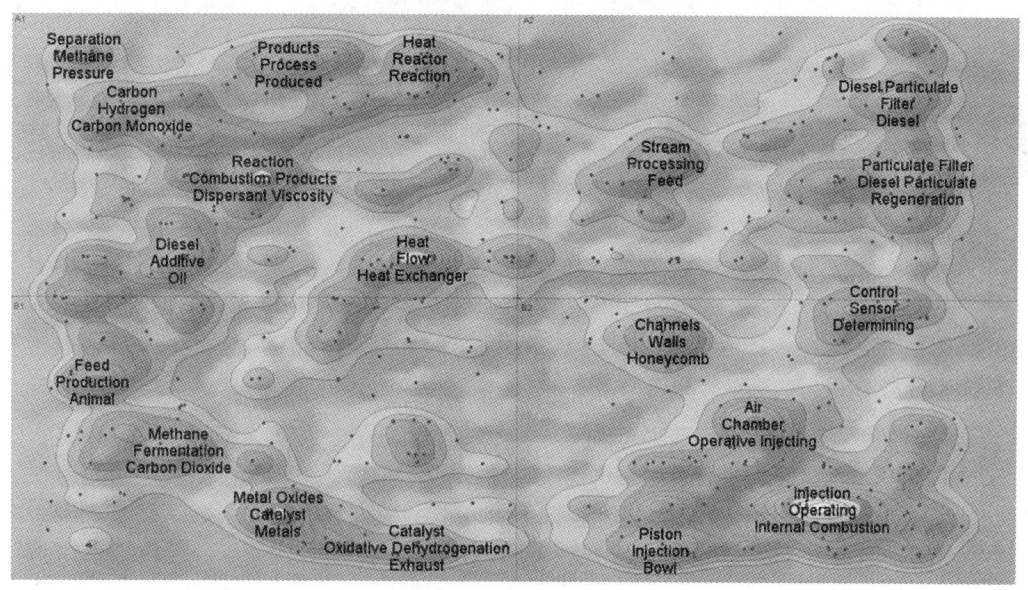

图 5-9　主题地貌示例

3．文本多层面信息可视化

文本多层面信息可视化主要研究，如何结合信息的多个方面帮助用户从更深层次理解文本数据。"多层面或多维度"是指从多个角度或提取多种特征对文本集合进行分析。

通过对关键词之间关联信息的可视化分析,用户能够了解多个关键词之间的共现关系或互斥关系。图 5-10 展示了学习分析近 10 年高频关键词的相互关系。图 5-11 结合了节点和连接两种视图关系,用于表达文本各层面信息内部和外部的关联。每个节点表示一个实体,各线条将有关联的节点连接起来。节点的圆圈越大,表示该关键词出现的频次越高;节点之间的连线越粗,表示两个关键词之间的联系越紧密。

此外,包含时间信息的文本可视化近年来受到越来越多的关注,其最直接和主要的方式是引入时间轴,并将信息按照时间顺序线性排列。主题河流把主题隐喻为时间上不断延伸的河流,用横轴表示时间,纵轴上有多条河流表示多个主题,多条主题流排列在一起,各条主题流的宽度不等,每条主题流的宽度随时间变化,河流的宽度表示在当前时间点上其在所有文本主题中所占的比例。通过主题河流图,用户可以看出特定时间点上主题的分布,以及多个主题随着时间的发展变化。图 5-11 展示的是通过知识图谱软件绘制的主题河流图,该图表示 2011—2020 年学习分析领域的研究热点演进。主题河流图中的每种颜色代表一个对应的关键词,横轴代表年份(时间),河流随着时间的宽窄变化代表关键词随着时间的数量演变。以任意年份为节点,竖直方向的河流截断长度代表该年份对应关键词出现的频次。

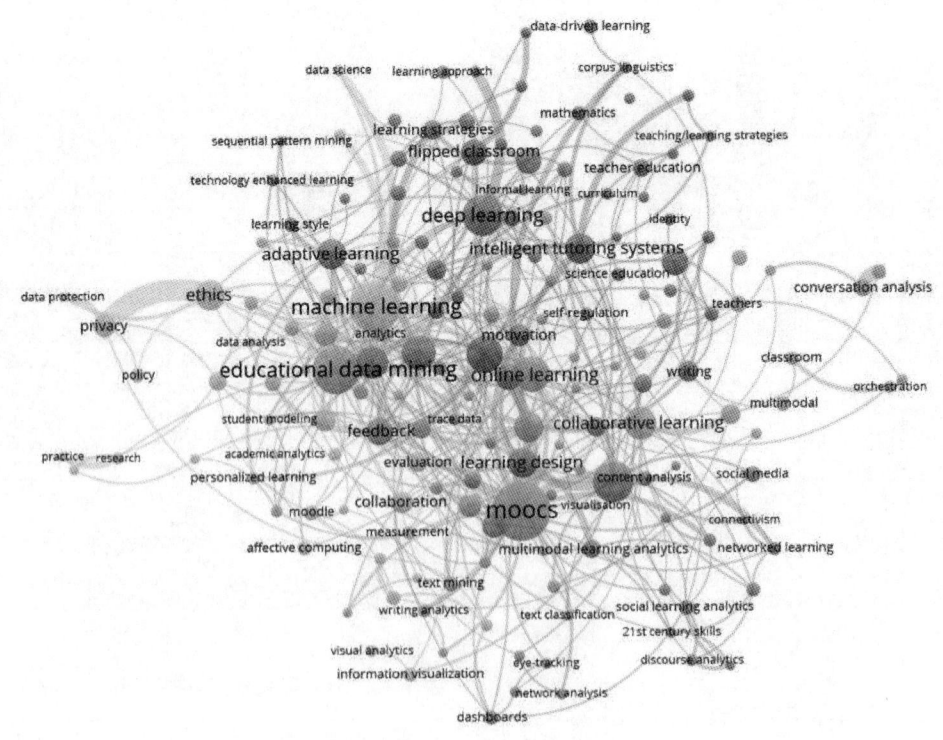

图 5-10 学习分析近 10 年高频关键词的相互关系

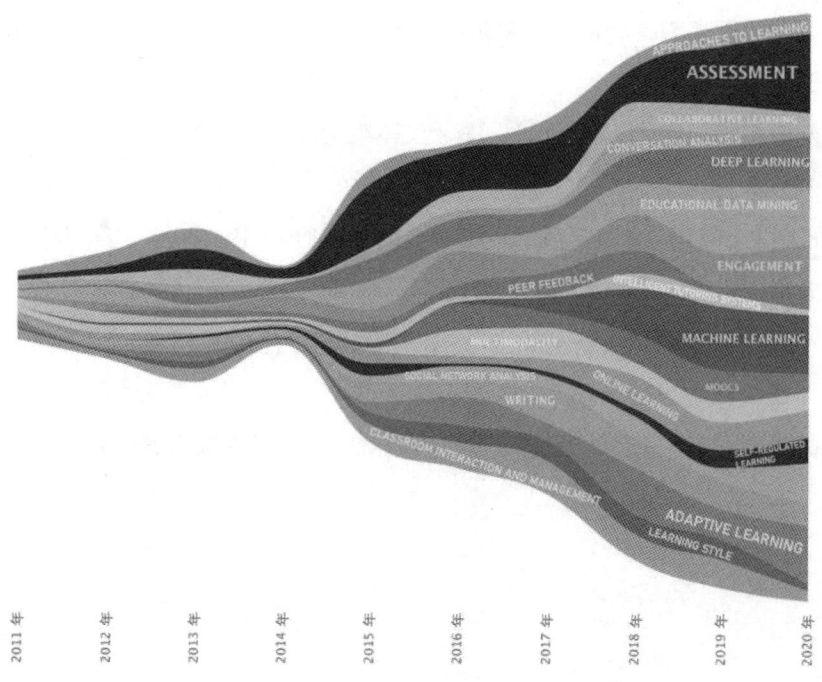

图 5-11　2011—2020 年学习分析的研究主题河流图

思考与实践

1. 有人说内容分析和文本挖掘是一回事儿，请谈谈你的看法。
2. 文本挖掘和自然语言处理有何区别？请进行多角度比较分析。
3. 文本学习分析一般包含哪些环节？可以采集哪些教育数据？
4. 上网查找开源文本挖掘工具和商业文本挖掘工具，并对其具体分析功能进行比较分析。
5. 设计与实践：选取某一课程互动论坛，提取该互动论坛中的互动文本，对论坛中的社会网络关系、主题分布进行文本分析，并与同伴分享得出的分析结果。
6. 分析与比较：选取某一网络课程，分别提取该课程学习者的学习行为数据（点击流数据）和文本数据，基于这两类数据采用预测分析法分别对学习成绩进行预测分析，看看两类数据在学习成绩预测结果上有无差异，并试着解释其成因。

拓展学习资源

1. 刘清堂，贺黎鸣，吴林静，等. 智能时代的教育文本挖掘模型与应用[J]. 现代远程教育研究，2020，32（05）：95-103.
2. 王阿习，王旭. 整合会话分析与文本挖掘技术来评价协作学习——访谈卡耐基梅隆大学著名教授卡洛琳·佩恩斯坦·罗泽[J]. 现代远程教育研究，2017（06）：3-10.

3. 刘三女牙，彭晛，刘智，等. 基于文本挖掘的学习分析应用研究[J]. 电化教育研究，2016，37（02）：23-30.

4. 张雯雯，许鑫. 文本挖掘工具述评[J]. 图书情报工作，2012，56（08）：26-31+55.

5. 宗成庆，夏睿，张家俊. 文本数据挖掘[M]. 北京：清华大学出版社，2019.

6. 李杰，陈超美. CiteSpace：科技文本挖掘及可视化[M]. 北京：首都经济贸易大学出版社，2020.

7. 胡盼盼. 自然语言处理从入门到实战[M]. 北京：中国铁道出版社，2020.

第6章

情感学习分析

本章主要内容

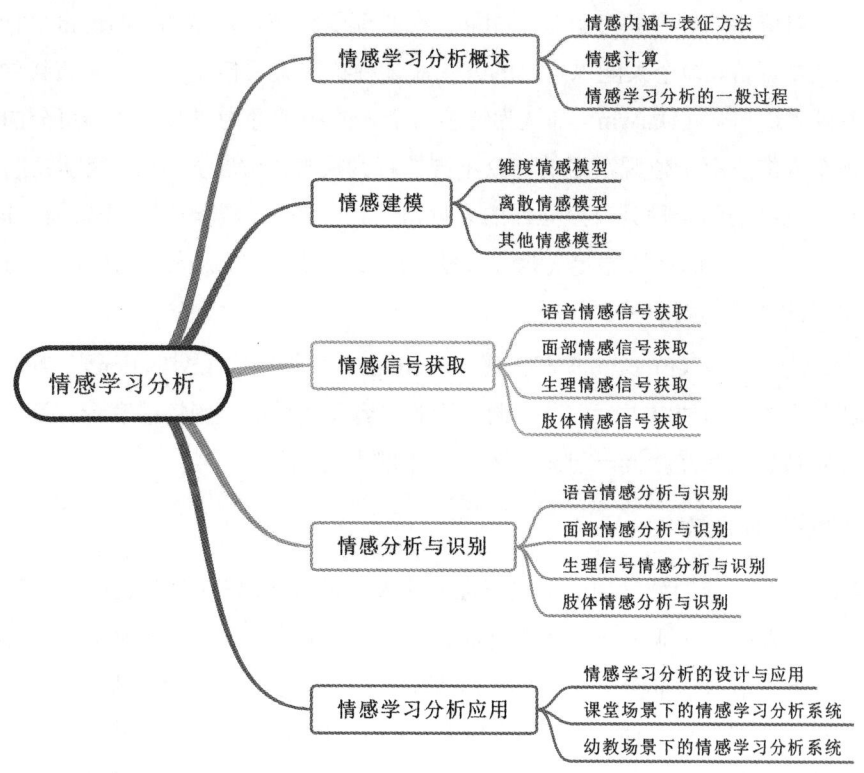

学习目标

通过本章的学习,你应能做到如下几点。

1. 能够用自己的语言解释情感学习分析的内涵,并列举其主要的教育数据来源。
2. 知道情感建模的常用方法,并能说出每种方法的主要思想。

3. 熟悉不同情感信号的获取方式，能够对这些情感数据进行处理和分析。

4. 能够对具体情境下的学习状态进行情感学习分析。

6.1 情感学习分析概述

6.1.1 情感内涵与表征方法

1. 情感内涵

到目前为止，研究者对于情感的定义还没有达成一致的观点。在不同领域的研究当中，研究者对情感的解释和理解各不相同。在心理学领域，阿诺德（Arnold）把情感定义为一种认知评价，即个人能以自己的方式对某种特殊重要情景做出一种直接的、即时的感知判断。达尔文（Darwin）则认为情感与个人的相关行为习惯是密不可分的，这种习惯是由个人的生存价值观决定的与众不同的行为模式；在哲学领域，庞学铨把情感理解成客观上把握到的一种具有空间性的力量、气氛；在生理学领域，詹姆斯（James）提出情感外周理论，即将情感定义为一种独立的心理过程，突出人体的神经系统及内脏器官对情感的产生起到的重要作用。

一般认为，情绪（Emotion）和情感（Feelings）统称感情（Affection）。当强调感情的过程和状态时，用情绪表示；当强调感情的内容和性质时，用情感表示。可见，无论是情绪还是情感，都是指同一过程、同一现象的不同侧面。

2. 情感表征方法

情感心理学研究领域采用的情感表征方法大致可分为两类：分类表征方法和维度表征方法。分类表征方法即离散的情感特征表达，将情感分为几种彼此独立、有限的基本情感，复合情感则由基本情感变化混合而成。维度表征方法即连续的情感特征表达，将情感视为高度相关的连续体，并用某个维度空间中的坐标点来表征情感。分类表征方法和维度表征方法各有优缺点，两种情感表征方法的对比见表 6-1。分类表征方法简洁、易懂，更符合人们的日常体验，也有利于对特定情感类别进行检测和识别，但存在难以处理复合情感的问题。维度表征方法可以在几个连续的维度上，对情感进行标定，有利于机器情感模拟，但这种方式需要解决情感和维度空间坐标点之间的相互转换问题。

表 6-1 两种情感表征方法的对比

项目	分类表征方法	维度表征方法
表征方式	形容词标签	维度空间中的坐标点

续表

项　目	分类表征方法	维度表征方法
适用领域	情感自动识别	机器情感模拟
优点	简洁、易懂、符合日常体验	无限的情感表征能力
缺点	情感表征能力有限	情感和空间坐标点之间难以转换，维度之间缺乏独立性

6.1.2 情感计算

自从美国 MIT 大学的明斯基（Minsky）教授在 *The Society of Mind* 一书中首次明确提出了智能机器的情感识别问题后，人们逐渐开始关注情感的相关问题，并由此引发了各种遐想。随后，情感进一步被认为是由主观体验（Subjective Experience）、外部表情（Emotion）及生理唤醒（Physical Arousal）这 3 个核心要素组成的。其中，主观体验反映了个体对不同情感状态的自我感受；外部表情反映了不同情感状态下的肢体动作和行为的可量化形式，包括面部表情、姿态表情和语调表情等；生理唤醒反映了在情感产生时人的生理反应及特征的激活水平。为了进一步对情感进行有效的度量，MIT 媒体实验室的皮卡德（Picard）教授于 1997 年提出了情感计算，在 *Affective Computing* 一书中将情感计算定义为与情感有关、由情感引发或能够影响情感因素的计算。情感计算的目的是赋予计算机感知、理解及表达情感的能力。

情感对记忆、问题解决和认知的影响是显而易见的。因此，学习分析的研究在智能辅导系统、教育游戏、图文界面设计和问题解决等方面，与情感计算存在交叉点。情感学习分析是指对学习者在学习过程中的情感数据进行采集和分析，以识别学习者的情感状态。情感学习分析涉及的核心主题包括基于学习交互的情感检测、基于学习者身体信号的情感检测、在情感感知学习技术中整合情感模型、基于情感因素预测学习者的流失和辍学情况、论坛情感分析、课堂学习分析及教师分析等。最近的研究更加注重学习互动的环境和广泛的社会文化背景。

6.1.3 情感学习分析的一般过程

从学习者所表现的情感状态与变化来看，情感学习分析的一般过程主要包括 5 个环节，如图 6-1 所示。具体环节如下。

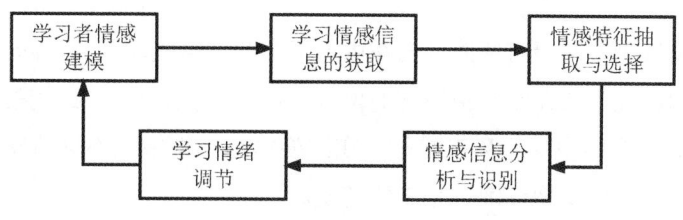

图 6-1　情感学习分析的一般过程

1. 学习者情感建模

离散情感模型将学习者普遍存在的几种基本情感进行划分，如厌烦、焦虑、高兴等。维度情感模型采用一个或多个维度来定义学习者的情感，激发程度或强度（Arousal）和价态（Valence）是比较常用的两个维度。

2. 学习情感信息的获取

我们主要通过多模态传感器直接或间接与学习者接触，获取学习情感信息，如语音、面部表情、手势、站姿等体态语，以及脉搏、皮肤电反应、呼吸频率等生理指标。

3. 情感特征抽取与选择

情感特征抽取是抽取情感信息中有意义的信息单元，将非结构化的情感信息转化为计算机容易识别和处理的结构化信息的过程。情感特征选择是从原始情感特征集合中选择一个最优子集的过程。情感特征抽取与选择都试图减小情感特征数据集合中特征的数量。

4. 情感信息分析与识别

情感信息分析与识别是对与学习者情感表达密切相关的情感特征参数进行分析，对基于情感机理建立的模型进行训练和测试，最后输出学习者的情感类型，得到识别结果的过程。

5. 学习情绪调整

学习情绪调整是指利用情感信息分析和识别技术对整个学习过程中的情感状态进行持续跟踪、监控、评估、调整和管理，使用情感表达技术辅助修正和改善情感状态并对此保持适时、适度的响应。

6.2 情感建模

6.2.1 维度情感模型

维度空间论认为人类所有情感分布在由若干个维度组成的某一空间中，不同的情感根据不同维度的属性分布在空间中不同的位置，且不同情感状态彼此间的相似程度和差异可以根据它们在空间中的距离来显示。在维度情感模型中，不同情感之间不是独立的，而是连续的，可以实现逐渐、平稳的转变。

1. 一维情感模型

一维情感模型用一根实数轴来量化情感，认为学习者的情感除了其独特分类不同，都可以沿情感的快乐维度排列，实数轴的正半轴表示快乐，负半轴表示不快乐，并且可以通过该轴的位置判断学习者的快乐和不快乐程度。

当学习者受到消极情感的刺激时，情感会向负半轴方向移动，当刺激终止时，消极情感减弱并向原点靠近；当学习者受到积极情感的刺激时，情感向正半轴方向移动，并随着刺激的减弱逐渐向原点靠近。

情感的快乐维度是个体情感的共有属性，许多不同的情感会借此相互制约，这可以为个体情感的自我调节提供依据，但多数心理学家认为情感是由多个因素决定的，因此产生了后来的多维情感空间。

2. 二维情感模型

二维情感模型从极性和强度两个维度区分情感，"极性"是指情感具有正情感和负情感之分，"强度"是指情感具有强烈程度和微弱程度的区别。这种情感描述比较符合人们对客观世界的基本看法，目前使用较多的是由 Russell 提出的 A-V（Arousal-Valence）二维情感模型，该模型将情感划分为两个维度，唤醒维度和价效维度，如图 6-2 所示。

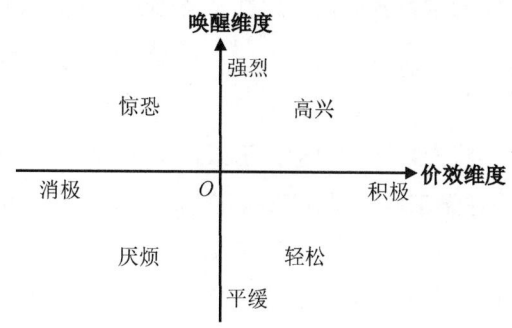

图 6-2　A-Valence 二维情感模型

价效维度的负半轴表示消极情感，正半轴表示积极情感。唤醒维度的负半轴表示平缓的情感，正半轴表示强烈的情感。例如，在图 6-2 中，高兴位于第一象限，惊恐位于第二象限，厌烦位于第三象限，轻松位于第四象限。每个人的情感状态都可以根据价效维度和唤醒维度上的取值组合得到表征。

3. 三维情感模型

在三维情感模型中，除需要考虑情感的极性和强度外，还有其他因素需要考虑。PAD 三维情感模型是当前认可度比较高的一种三维情感模型，该模型定义情感具有愉悦度、唤醒度和优势度三个维度，其中 P 代表愉悦度，表示个体情感状态的正负特性；A 代表唤醒度，表示个体的神经生理激活水平；D代表优势度，表示个体对情景和他人的控制状态。

4．其他多维情感模型

除以上3种情感模型外，还有更复杂的情感模型。心理学家伊扎德（Izard）的思维理论认为情感有愉悦度、紧张度、激动度和确信度4个维度。其中，愉悦度代表情感体验的主观享乐程度；紧张度和激动度代表人体神经活动的生理水平；确信度代表个体感受情感的程度。

克里奇（Krech）认为情感的强度是指情感具有由弱到强的变化范围，同时用紧张水平、复杂度、快乐度3个指标来进行量化。紧张水平是对要发生的事情的事先冲动，复杂度是对复杂情感的量化，快乐度表示情感所处的快乐和不快乐的程度，可以从这3个维度来判断人的情感。

整体而言，维度情感模型用学习者情感体验的欧氏距离空间来描述，其主要思想是学习者的所有情感都涵盖于情感模型中，且情感模型不同维度上的不同取值组合可以表示一种特定的情感状态。虽然维度情感模型是连续体，基本情感可以通过一定方法映射到情感模型上，但对于基本情感并没有严格的边界，即基本情感之间可以逐渐、平稳转化。维度情感模型的发展为学习者的情感识别、情感合成和情感调节提供了模型基础。

6.2.2 离散情感模型

离散情感模型把情感状态描述为离散的形式，即基本情感类别，如喜、怒、哀、乐等。较为著名的是由心理学家埃克曼（Ekman）提出的6种基本情感：愤怒、厌恶、恐惧、高兴、悲伤、惊讶，其在情感计算研究领域得到广泛应用。普拉奇克（Plutchik）从强度、相似性和两极性3个方面进行情感划分，得出8种基本情感：狂喜、警惕、悲痛、惊奇、狂怒、恐惧、接受、憎恨。

6.2.3 其他情感模型

除较常用的维度情感模型和离散情感模型外，一些心理学家还提出了其他基于不同思想的情感模型，如基于认知的情感模型、基于情感能量的概率情感模型、基于事件相关的情感模型等，从不同的角度分析和描述人类的情感，使情感的数学描述更加丰富。

1．OCC情感模型

OCC（Ortony-Clore-Collins）情感模型是针对情感研究而提出的最完整的情感模型之一，它将22种基本情感根据其起因分为三类：事件的结果、仿生代理的动作和对于对象的观感，并对这三类定义了情感的层次关系，可以描述特定情感的产生条件和后续发展。OCC 情感模型给出了各类情感产生的认知评价方式。同时，该模型根据假设的正负极性和个人对刺激事件反应是否高兴、满意和喜欢的评价倾向构成情感反应。

在情感模型中，最常产生的是恐惧、愤怒、高兴和悲伤这 4 种情感。尽管 OCC 情感模型传递函数并不是很明确，但从广义上看，其具有较强的可推理性，易于计算机实现，因此被广泛应用于人机交互系统中。

2. 隐马尔可夫情感模型

隐马尔可夫情感模型有 3 种情感状态——感兴趣、高兴、悲伤，并且可根据需要扩展到多种情感状态。在该模型中，情感状态是通过观测情感响应上升时间、峰值间隔的频率变化范围等情感特征得到的，并且通过转移概率来描述情感状态之间的相互转移，从而输出一种最可能的情感状态。

隐马尔可夫情感模型适合表现由不同情感组成的混合情感，如忧伤可以由爱和悲伤组成。另外，该模型还适合表现若干单一的情感状态基于时间的不断交替出现而成的混合情感，如爱恨交织的情感状态。

3. 分布式情感模型

分布式情感模型是针对外界刺激建立起来的一种情感模型，整个模型将特定的外界情感事件转换成与之对应的情感状态，其过程分为以下两个阶段。

（1）由事件评估器评估事件的情感意义，针对每一类相关事件，分别定义一个事件评估器。当事件发生时，首先确定事件的类型和信息，然后选择相关事件评估器进行情感评估，并产生量化结果——情感脉冲向量。

（2）通过情感状态评估器计算出新的情感状态。

▶ 6.3 情感信号获取

6.3.1 语音情感信号获取

语音情感信号的获取需要借助语音处理工具，随着电子计算机的发展，以 20 世纪 60 年代为分界点，以硬件为主的研究转向以软件为主的研究。语音情感信号的快速发展可以说是从 1940 年前后 Dudley 的声码器（Vocoder）和 Potter 等人的可见语音（Visible Speech）开始的。现在的语音情感信号获取步骤，一般是被试者首先录制一段语音信号，然后测试者在 MATLAB 一类的软件中采集并回放语音信号，对语音信号进行 FFT 频谱分析，最后画出语音信号的时域波形和频谱图。

6.3.2 面部情感信号获取

面部情感信号的获取需要借助感知层移动终端的摄像头，如笔记本电脑、iPad、手机。首先通过录制视频对学习者的表情进行采集，对视频中学习者的人脸进行检测和剪切，对剪切之后的人脸数据进行分析和归类。然后对数量较少的类别进行数据扩充，将这些数据进行标记后保存为.csv格式文档，用于对神经网络模型进行训练。

6.3.3 生理情感信号获取

用于情感识别的生理信号包括心电信号（ECG）、肌电信号（EMG）、呼吸信号（RSP）和皮电信号（SC）。心电信号是人体的心脏在波动的时候，其中的心电细胞产生动作电位的综合活动信号，是对心脏电活动的记录，可以在被试者的体表通过心电图进行测量。心电图的P波、P-R间隔、QRS波群、S-T间隔、T波、Q-T间隔等参数可以反映心电信号的特征。

肌电信号是通过在人体的骨骼肌的表面安装一种小型电极装置而记录下的神经肌肉活动时产生的生物电信号。人类在不同的情感状态下，神经肌肉活动存在较为明显的差异，电极装置记录下的生物电信号也是不同的。以愤怒时下颚外侧咬肌电压为例，当咬紧牙关时，电压会有明显的升高。

呼吸信号是记录人体呼吸时胸廓起伏运动的偏离值信号。人体通过呼吸作用来实现与外界的气体交换，来吸入人体所需要的氧气，呼出代谢产生的二氧化碳。人在呼吸的时候会引起胸廓的有规律的运动，这种有规律的运动面对不同的心理情感体验，在呼吸速度和深度等方面会产生不同的反应，将每次起伏运动的偏离值记录下来就可获得呼吸信号。

皮电信号表征的是皮肤的导电性能，可以通过取皮肤上被测量的两个点位，加以微小的电压，来测量皮肤电导。皮电信号依据的原理是：在一定的情感状态下，皮肤内的血管会产生不同程度的收缩或舒张，汗腺的分泌情况也会有所不同等，这些变化都会引起皮肤电导的变化。在通常情况下，采集皮电信号的一般方式是在皮肤上的不同两点上贴上非极化的正负电极，并连接到高灵敏度的电表上，通过测量这个回路的电压与电流之比计算人体的阻抗。

6.3.4 肢体情感信号获取

情感不仅可以通过语音和面部表情来表达，还可以通过各种肢体语言来传递。有研究表明，人的交流有85%以上都是以非语言形式进行的。肢体语言又称身体语言，可以用身体的各种动作代替语言达到表情达意的沟通目的。从广义上看，肢体语言包括前述的面部表情；从狭义上看，肢体语言只包括身体与四肢所表达的含义。谈到由肢体表达情感，自然会想到很多常见动作。例如，鼓掌表示兴奋、顿足表示生气、搓手表示焦虑、垂头表示沮丧、摊手表示无奈、捶胸表示痛苦等，我们可以通过这些肢体活动表达情感。目前，对应各种情感状态下的肢体语言研究已经取得长足进步。

针对肢体情感信号的获取，有研究者提出可以在一幅图像中实时检测多个人体姿态，在多相机场景下预测关节点置信度和部分亲和场向量，并用二维检测姿态结果匹配三维信息。也有研究者提出使用蒙皮多人线性模型拟合密集三维人体方法，构建Dense Pose网络对人体表面进行回归，将图像的人体像素映射成三维人体表面。

在人体姿态采集过程中，相机距离人体面部较远，处理细微面部表情的能力较差。为解决该问题，有研究者提出采用两个单目相机分别对面部和身体姿态数据进行采集，然而两个相机同时采集会产生时间、空间不同步问题，导致后续面部数据与姿态估计数据融合求解过程中产生误差，因此需要对相机进行时间同步和空间对齐。为了保证两个相机采集的人物数据的空间坐标保持一致，可以采用张正友相机标定法对两个相机进行空间标定；为了保证时间同步，可以采用TCP网络时间戳方法对面部和身体信息进行同步融合。相机标定的目的是修正相机畸变系数，矫正图像。根据张正友相机标定法，用两个相机对同一棋盘图像的不同方向拍照，得到相机各自的内参、外参及畸变系数。

6.4 情感分析与识别

6.4.1 语音情感分析与识别

1. 概念阐释

语音信号包含的信息主要有语义信息和声学特征。语义信息即语音中语言文字的信息，目前关于语言文字识别的研究较多。相比语义信息，声学特征包含了更多情感，如说话人的语气、语调，语音情感变化主要是通过声学特征的差异体现的，因此声学特征是语音情感识别中至关重要的因子。

自动语音情感识别是计算机对人类上述情感感知和理解过程的模拟，它的任务是从采集到的语音信号中提取表达情感的声学特征，并找出这些声学特征与人类情感的映射关系。

2. 语音情感特征

1）语音声学特征

常见声学特征有韵律特征、音质特征和基于谱的相关特征。其中，韵律特征、音质特征的特点及参数见表6-2。

表6-2 韵律特征、音质特征的特点及参数

特 征	特 点	具 体 特 征
韵律特征	动态表达	语音能量、共振峰、音高、时长、语调、基音频率、过零率
音质特征	固有属性	带宽、振幅扰动、声门参数

（1）韵律特征。

韵律特征又称超音段特征，在语音学中表现为语调、音高、时长等可以被人类感知的特征。在声学信号中，韵律特征对不同语言的语音情感识别具有较好的泛化性能，其中使用广泛的韵律特征是语音能量、时长和基音频率。

（2）音质特征。

音质特征用于衡量语音的纯净度、清晰度和辨识度，主要包括带宽、振幅扰动、声门参数等。目前，音质特征与情感联系的方式存在争议性，普遍认为感知的情感和语音质量的关系体现在语音级别、语调、时长和特征边界结构等方面。

（3）基于谱的相关特征。

基于谱的相关特征描述了声道形状变化和发声运动之间的相关性，能够反映出信号的短时谱特性。

语音频谱图是通过处理接收的时域信号而得到的频谱图，更确切地说是频谱分析视图。对原始信号进行分帧加窗后，对每一帧进行短时傅里叶变换，把时域信号转为频域信号，频域信号在时间上堆叠后就可以得到语音频谱图。

2）语音情感特征参数

语音之所以能够表达情感，是因为其中包含了能够体现不同情感特征的参数，情感的变化是通过特征参数的变化来体现的。因此，研究从语音信号中提取出来的特征参数，对于语音情感识别分析具有重要的意义。语音情感识别使用的主要特征参数见表6-3。

表6-3 语音情感识别使用的主要特征参数

特 征 参 数	含 义
Rate	语速
Pitch Average	基音的均值

续表

特征参数	含义
Pitch Range	基音的变化范围
Intensity	强度,语音信号的振幅方差
Pitch Change	基音的平均变化率
F_1 Average	第一共振峰平均值
F_1 Range	第一共振峰的变化范围

不同的情感在实际情况下对应的是不同的语音声道特征和激励源统计特征。科学家默里（Murray）和阿莫特（Amott）总结了在愤怒、高兴、悲伤、恐惧、厌恶和惊讶6种基本的情感状态下,语音特征参数的变化情况,见表6-4。

表6-4 6种基本的情感状态下语音特征参数的变化情况

参数	情感					
	愤怒	高兴	悲伤	恐惧	厌恶	惊讶
语速	略快	快	略慢	很快	非常快	非常快
平均基音	非常高	很高	非常低	非常高	非常低	非常高
基音范围	很宽	很宽	略窄	略窄	略宽	正常
声音质量	有呼吸声、胸腔声	有呼吸声、共鸣音调	有共鸣声	有共鸣声	不规则声音	不规则声音
基音变化	重音处突变	光滑、向上弯曲	向下弯曲	向下弯曲	正常	正常、尾端有上翘
清晰度	含糊	正常	含糊	含糊	清晰	精确
强度	高	高	低	低	正常	正常

3. 语音情感库

语音情感库是语音情感识别的基础,一个高质量的语音情感库对语音情感识别效果具有重要作用。因此,建立一个多样化、大规模、高质量的语音情感是进行语音情感识别的第一步。目前,许多国家建立了不同语种的语音情感库。这些语音情感库根据情感定义可归纳为维度情感库和离散情感库,这两个情感库的区别见表6-5。在语音情感识别领域,采用离散的情感类别表示理论进行情感识别占据主流方向。

表6-5 基于情感定义的维度情感库和离散情感库的区别

考察点	维度情感库	离散情感库
情感描述方式	形容词标签	笛卡儿空间中的坐标点
情感描述能力	有限的情感类别	任意情感类别
应用到语音情感识别领域的时期	20世纪80年代	21世纪
优点	简洁、易懂、容易着手	无限的情感描述能力
缺点	单一、有限的情感描述能力无法满足对自发情感的描述需求	将主观情感量化为客观实数值的过程,是一个繁重且难以保证质量的过程

尽管国内外已经建立了各种各样的语音情感库，但至今还没有一个能满足各种不同需求的标准的语音情感库。此外，众多建立的语音情感库都不能供研究者免费获取，这在很大程度上抑制了研究者所取得的研究结果的可比较性。

4．语音情感识别流程

一般说来，语音情感识别系统主要由 3 个模块组成：语音信号采集模块、情感特征提取模块和情感识别模块。语音信号采集模块通过语音传感器（如麦克风等语音录制设备）获得语音信号，并传递到情感特征提取模块对语音信号中与话者情感关联紧密的声学参数进行提取，最后送入情感识别模块完成情感的判断。需要特别指出的是，一个完整的语音情感识别系统除了要完善上述 3 个模块外，还离不开两项前期工作的支持：①情感空间的描述；②语音情感库的建立。情感空间的描述有多种标准，如离散情感标签、激励-评价-控制空间和情感轮等，不同的标准决定了不同的情感识别方式，对情感语料的收集标注、识别算法的选择都会产生影响。语音情感库是语音情感识别研究的基础，负责向语音情感识别系统提供训练和测试用语料数据。语音情感识别的具体流程如下。

1）预处理

语音信号的预处理包括语音信号采样与语音信号量化、预加重处理、语音信号加窗。语音信号具有长时的不平稳性及短时的相对平稳性，需要对其在时域上进行分帧处理（以帧为单位对语音信号进行特征提取）。

2）特征提取

在处理语音信号的过程中，必须先对大量样本进行参数化，提取可以表征语音信号的数据，这个过程就是特征提取。具体来说，特征提取就是把声音的每个片段（10～30ms）映射到多维特征空间，得到声音的特征向量。对经过加窗得到的语音帧进行时域或频域分析，得到相应的特征参数，各种语音的特征参数组成的参数序列构成整个语音信号的特征。

（1）特征提取过程。

特征提取过程一般包括特征转换、特征降维和特征选择。常用的特征转换方法有矢量量化法、说话人插值法、线性多变量回归法、神经网络法、重采样法、高斯混合模型法。常用的特征降维方法有主成分分析、独立成分分析、拉普拉斯特征映射、多维尺度变换、线性判别分析等。常用的特征选择方法有双向搜索、序列前向选择、序列后向选择等。

（2）特征提取方法。

目前流行的语音学特征提取方法主要有两类：一是采用传统特征，从原始音频文件中提取信号特征，捕获原始的不同类型的声学特征，从而判定该特征所属的语音学任务类型；二是将传统特征与深度学习模型相融合，在交叉领域中突出特征的重点。

通过特征提取得到的能够表现语音情感状态的声学特征，在情感信息传递中起了关键作用。情感特征提取的好坏直接影响情感识别的正确率。语音信号的声学特征复杂多样化，能否正确地从语音信号中找出可体现情感差异的特征参数并准确地将其提取出来，直接关系到后续情感识别的效果。

3）特征选择。

在语音情感识别中常用的特征选择方法主要有以下几类：①对语音情感特征数据进行随机试探的特征选择方法，包括单独最优特征组合法、顺序前进选择法（SFS）、顺序前进浮动选择法（SFFS）等；②对语音情感特征数据进行数学变换的特征选择方法，包括主成分分析、线性映射等；③对语音情感特征数据用分类器进行特征选择的方法，包括基于支持向量机的特征加权法、神经网络预测法等。

4）语音情感识别。

语音情感识别分为两步，第一步是训练，第二步是识别。语音情感识别框图如图6-3所示。

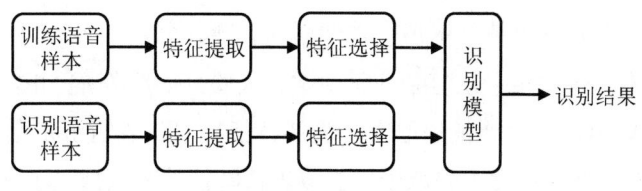

图6-3　语音情感识别框图

适合于语音情感识别的建模方法很多，如隐马尔可夫模型（HMM）、混合高斯模型（GMM）、k最近邻算法（kNN）、支持向量机模型（SVM）、卷积神经网络（CNN）、循环神经网络（RNN）等。不同类型的情感识别方法综合性能分析见表6-6。

表6-6　不同类型的情感识别方法综合性能分析

方法	机制类型	优点	缺点	适用范围	成本
HMM	马尔可夫过程的统计模型	时间序列的建模能力较强、系统的扩展性好	模型复杂度高、拟合功能一般、鲁棒性差	连续、大词汇量的语音情感识别	时间成本较高
GMM	用于密度估计的概率模型	拟合功能很强、鲁棒性较好	对数据的依赖性过强、初始值和阶数较难确定	基音频率和能量相关特征的情感分类	模型阶数过高
kNN	有监督的简单机器学习算法	算法简单、理论成熟	计算量较大、可解释性较弱、需要大量内存	非线性分类、容量较大的调练数据	时间成本较大、空间复杂度高

续表

方法	机制类型	优点	缺点	适用范围	成本
SVM	以统计学习理论为基础的机器学习算法	鲁棒性好、可实现全局最优	对大规模样本的识别效率低且解决多分类问题存在困难	小样本分类、非线性分类和高维空间分类	模型复杂度低
CNN	空间上的深度神经网络	共享卷积核、泛化能力更强、特征分类效果好	容易出现梯度消散问题	语谱图的检测和分类、低级声学特征的情感识别	空间复杂度与卷积核尺寸、通道数相关
RNN	时间上的深度神经网络	对序列内容建模能力强	容易出现梯度消散或梯度爆炸问题	结合频谱特征和韵律特征的时间序列情感分类	时间复杂度高

6.4.2 面部情感分析与识别

1. 概念阐释

表情作为人类情感表达的主要方式，蕴含了大量有关内心情感变化的信息。根据一个人的面部表情，人们可以推断他内心微妙的情感状态。面部表情识别（Facial Expression Recognition，FER）研究的就是如何准确、高效地利用面部表情传达的信息进行内心情感分析。FER涉及图像处理、机器视觉、情感计算及心理学等多门学科，一般包括3个环节，即人脸检测、表情特征提取及表情分类。

人脸检测技术已经实现了从复杂背景中定位人脸，分类算法也相对成熟，因此FER的研究工作主要集中在表情特征提取上。表情特征提取是表情识别系统的重要组成部分，表情识别的性能很大程度上依赖于所提取表情特征的有效性。好的表情特征应具备以下几个特点：可以完整地表示表情的本质特征；去除与表情识别无关的干扰信息；数据表示形式紧凑，避免特征维数过高；不同类别的表情特征之间具有良好的区分性。表情特征具有典型的局部性，对分类起关键作用的特征主要集中在眉、眼、嘴等部位。

2. 面部表情编码

单一的情感可能会对应一或多个面部表情，多种表情的组合可能会对应多种情感的混合，面部动作和情感之间并没有一对一的对应关系，因此人们提出通过特定的符号来描述面部表情的方法。FACS在表情识别领域被广泛应用，它通过分析相关运动单元的运动特征及区域来说明与之联系的相关表情，是目前公认的分析复杂表情的有效工具。

埃克曼（Ekman）发现当人表达同一情感时，面部肌肉运动具有一定的规律，不受性别、年龄、种族及受教育程度等因素的影响，并从人的面部表情中抽象出了喜、怒、哀、恶、惊这5种基本的情感特征。在此基础上，Ekman与Friesen进一步开发了一个基于运动单元（Action Unit，AU）的面部表情编码系统（Facial Action Coding System，

FACS）。运动单元通过面部特定的 64 个独立的肌肉动作来表达相应的表情特征，并且每个动作都有其文字解释和照片比对。同时，不同的运动单元组合可以用来定义和表示细化的面部表情，详细描述了内心情感与面部表情的关系。面部表情运动单元描述见表 6-7。

表 6-7　面部表情运动单元描述

运动单元	特征	外显变化	运动单元	特征	外显变化
AU1		抬起内眉梢	AU14		收紧嘴角
AU2		抬起外眉梢，眉毛呈拱形	AU15		嘴角向下（撇嘴）
AU4		眉毛降低并靠拢（皱眉）	AU16		下唇向下
AU5		提升上眼睑	AU17		下唇向上
AU6		眼睑提升和眼轮匝肌外圈收紧	AU18		噘嘴
AU7		眼睑拉紧	AU20		嘴角拉伸
AU43		闭眼	AU22		双唇向外翻
AU45		眨眼	AU23		收紧嘴唇
AU9		皱鼻	AU24		嘴唇相互按压
AU10		提升上嘴唇	AU25		嘴唇分开
AU11		人中部位的皮肤向上	AU26		下颊下移
AU12		嘴角倾斜向下	AU27		嘴唇绷紧张开
AU13		急剧的嘴唇拉动	AU28		吸唇

3．面部情感识别流程

面部情感识别首先要进行表情数据预处理，即获取人脸图像库，并进行人脸检测和人脸配准；然后进行特征提取和表情分类，这是面部情感识别的关键步骤，目前关于面部情感识别的研究大多集中在这个部分；最后确定表情的所属类别。面部情感识别流程如图 6-4 所示。

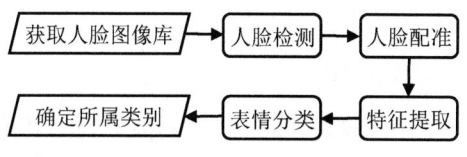

图 6-4　面部情感识别流程

1）预处理

（1）人脸检测。

人脸检测是在人脸图像中找到并框出人脸部分的过程。目前的人脸检测算法有基于传统知识的算法、基于几何特征的算法、基于 AdaBoost 的算法及基于神经网络的算法等。

（2）人脸配准。

人脸配准是在人脸检测的基础上去除旋转、遮挡等因素的影响，准确定位人脸特征点的过程。目前人脸配准的算法主要有基于参数化模型的算法和基于回归的算法。

2）特征提取

特征提取是提取图像上的特征点，判断该点是否属于某一类特征的过程。表情特征提取是指从人脸图像或图像序列中提取能够表征输入表情本质的信息。在提取特征数据的过程中，为了避免维数危机，可能需要特征降维、特征分解等进一步处理。要提取表情特征，就需要面部表情的特征提取方法。面部表情的特征提取方法可以分为传统的计算机视觉方法和深度学习方法两类，下面是不同特征提取方法的特点及局限性。

（1）传统的计算机视觉方法。

① 基于静态图像的表情识别。

基于静态图像表情识别的特征提取算法大致可分为两类：几何特征提取和外观特征提取。

几何特征提取是指通过测量距离、形变、曲率和其他几何属性来表征面部表情。基于静态图像几何特征的面部表情识别只利用了面部器官的几何形变信息，忽视了面部的纹理、皱褶等蕴含的信息，因此对于面部肌肉运动幅度小的自然面部表情，识别准确度较低。

外观特征提取是指基于图像像素的特征提取，采用领域专家设计的图像特征描述算子从像素蕴含的信息中提取面部表情特征，反映的是面部表情底层的信息，适用于低强度的自然面部表情和微表情的检测与识别。但是外观特征提取本身存在局限性，如信息冗余、计算量大、对噪声敏感等问题。未来应主要针对现有的外观特征提取算法进行改进，或者与其他类型的特征提取算法进行融合。

② 基于动态图像序列的表情识别。

面部表情的产生是一个动态过程，基于动态图像序列的表情识别提取的动态特征大致可分为光流特征、几何动态特征和外观动态特征 3 类。

光流特征利用序列图像间像素强度的时域变化和相关性，来确定像素点的"运动"，用于表征脸部形变和变化趋势。具体来说，先在微表情视频序列中抽取主方向，对面部区域进行分割，并计算分块中的平均光流特征，再对微表情进行识别。但是，光照不均和脸部非刚性运动等因素都将影响面部表情光流特征的提取，建立可靠、快速的光流算法仍然面临很大的挑战。

几何动态特征以面部特征点定位为基础。具体来说，需要构建面部表情的几何形状特征描述，跟踪几何形状的时域变化，实现面部表情识别。虽然几何动态特征对静态图像表情的识别准确率较低，但几何动态特征具有可以跟踪面部形变过程的特点，计算量小，对光照变化不敏感，因此常用于图像序列的表情识别。

为了表征脸部皱纹、沟纹、皮肤纹理的细微动态变化，一些研究者尝试将二维静态图像外观特征描述算子扩展到三维空间，用于提取面部表情的外观动态特征。动态图像序列除二维静态图像的 X、Y 两个维度外，还有一个时间维度 T。但是这类外观特征描述算子在学界还存在争议，相关研究显示，这种人工设计的特征描述算子很难提取到面部表情图像帧之间的时域特征。

（2）深度学习方法。

传统的机器学习依赖于人工特征提取，特征的选择对机器学习算法的性能存在巨大的影响。而深度学习赋予了计算机表征学习的能力，即计算机可以自我构建对事物的描述并形成概念，从而实现特征的自动提取（特征学习）。利用深度学习提取面部表情特征的方式与人的视觉系统的信息处理方式一致，即首先提取低层的特征，然后逐层地将低层特征组合成高层特征。

3）表情分类

表情分类是指根据提取的图像特征判断该表情所属的类别。具体归属的类别可以是根据 FACS 划分的运动单元，也可以是目前通用的 6 种基本表情，还可以是根据时间信息划分的类别等。下面介绍几种常用的表情分类算法。

（1）隐马尔可夫模型算法。

隐马尔可夫模型（Hidden Markov Model，HMM）是一种统计模型，用来描述一个含有隐含未知参数的马尔可夫过程。隐马尔科夫模型的状态不能直接观测到，但可以由观测向量序列观测到，每一个观测向量是由一个具有相应概率密度分布的序列产生的。隐马尔可夫模型具有双重随机过程，一个是马尔可夫链，用来输出状态序列；另一个是随机过程，用来输出观测向量序列。隐马尔可夫模型能够保证在面部表情和头部位置发生较大变动时仍可以得到较高的识别率，但实现复杂度较高，而且需要的存储空间很大。

(2) k 最近邻算法。

k 最近邻（k-Nearest Neighbor，kNN）算法是一种 Lazy-Learning 算法，分类器不需要使用训练集进行训练。该算法的基本思路为：随机将所有样本划分为 k 类，计算每一类的平均值，将所有样本与求出的平均值进行比较，依据距离重新划分，不断迭代更新，直至划分的类中样本不再发生变化。划分的标准为：一维的使用两点之间的距离公式；二维的使用欧氏距离；n 维的使用闵氏距离（闵可夫斯基距离）。kNN 主要依靠周围有限的近邻样本，而不依靠判别类域的方法来确定所属类别，对于类域的交叉或重叠过多的待分样本集来说比较适合。

(3) 其他算法。

表情分类算法可分为静态和动态的，静态模型有贝叶斯网络分类器（Bayesian Network Classifier，BNC）、神经网络（Neural Network，NN）、支持向量机（SVM）、卷积神经网络（CNN）等。动态模型有可变状态潜在条件随机场（Variable-State Latent Conditional Random Field，VSL-CRF）和使用多层反馈神经网络（Recurrent Neural Network，RNN）架构的长期短期内存网络（Long Short Term Memory Network，LSTM）等。

6.4.3 生理信号情感分析与识别

1. 概念阐述

基于生理信号的情感分析本质上是一种"情感信号处理+模式识别"的问题，其技术核心在于寻找用户的神经生理反应在心理生理学中的合理解析，即如何从原始生理信号中获取情感相关特征集，并基于这些信息进行数据挖掘和科学决策。基于生理信号的情感分析的主要目的在于通过统计学习技术开发出一种能够识别复杂情感模式的人工模型，其一般过程遵循经典的模式识别处理流程，包括情感信号采集和预处理、情感特征抽取和参数计算、特征归一化、维度空间约简和模式分类等。现阶段应用于情感识别和分析相关的生理信号主要包括皮肤电反应、肌电、呼吸、眼动、心电、脑电、脉搏等。

2. 生理信号情感识别流程

基于生理信号的情感识别流程大致分为生理信号采集、预处理、特征提取、分类器选择和结果表达 5 个步骤，如图 6-5 所示。首先，在各类情感诱导的方式下，利用专业的采集生理信号的设备采集被试者的各类生理信号；然后，基于不同的生理信号采取不同的预处理手段，去除可能对实验结果造成干扰的信息；最后，将预处理后的数据分成训练集和测试集两个部分并进行特征提取，通过一些特征融合和特征选择的方法处理特征（在训练阶段，选择合适的分类器并将训练集放进分类器中训练出多个情感模型；在测试阶段,将测试数据放入构建好的情感模型中,输出情感预测结果)。

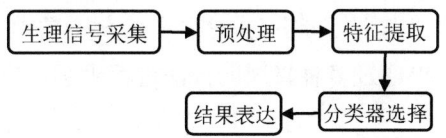

图 6-5 基于生理信号的情感识别流程

1) 生理信号采集

生理信号的采集过程即在各类情感诱导的方式下,利用专业的采集生理信号的设备采集被试者的各类生理信号。例如,采集多模态生理信号,被试者每天同一时间坐在安静的空间里,在计算机提示系统的引导下,尝试体验 8 种情感状况,测试者实时记录被试者的 4 种生理信号。

2) 预处理

预处理过程能够去除各种信号在采集过程中产生的干扰信息和噪声,保证了预测被试者情感状态的准确性。脑电信号在采集过程中极易受到其他信号干扰,采集到的脑电信号很微弱,因此需要通过放大器放大,去除伪迹,才能获得较为纯净的脑电信号。

3) 特征提取

特征提取的目的是提取信号中最有效、最具有代表性、最能体现被试者情感状态的特征。因此,特征提取效率的高低直接影响到情感识别的性能。生理信号的情感特征可以分为时域特征、频域特征和时频域特征 3 类。其中,时域特征主要是提取信号中的统计特征,如最大值、最小值、平均值、方差、中值、标准差、方差等统计数据。频域特征主要是提取信号的有效频率。因为生理信号本身的不稳定性,所以需要选择时频域特征提取时域上和频域上的联合信息。

4) 分类器选择

分类器的工作方式可以依据样本集是否有标签,分为有监督学习和无监督学习。有监督学习先通过含有特征及对应标签的训练样本来推断出分类函数,再用分类函数将新样本映射到对应的标签。无监督学习主要寻找未标记数据中的隐藏结构,其训练样本中不包含相对应的类别标签。

在情感识别过程中,选择最合适的分类识别算法,建立最高效的情感模型,对于情感识别分类性能及情感识别系统鲁棒性来说都至关重要。常用的基于生理信号多模态情感识别的机器学习模型有支持向量机、k 最近邻、随机森林、集成学习等。

5）结果表达

结果表达是指对情感状态进行分析与识别,在所获得数理实验结果的基础上对其进行推导和表示,最后将结果通过多种直观的方法进行表示,完成情感分析的全部过程。

6.4.4 肢体情感分析与识别

1．概念阐述

肢体表情是除了面部的身体其他部分的表情动作,不仅可以协同或补充表达言语内容,还可以有效地传递情感信息。肢体表情主要通过辅助语言表达传递信息,也可单独表达信息。人的情感状态、能力特性和性格特征有时可以通过身体姿态来自发地或有意识地表达出来,从而形成肢体表情。

2．肢体情感识别方法

肢体表情识别中常用的方法有两种：一是通过对日常的行为举动进行分析来识别其中包含的情感内容；二是利用肢体动作的时空特性（如动作的节奏、幅度、力度）来分析其情感内容。例如,有研究者利用身体动作的节奏和力度来识别情感,开发了一套系统来捕获身体行动数据,用多层信号序列和信号处理算法对这些数据进行分析处理,最后通过可扩展特征集将数据映射到 4 种基本情感（生气、恐惧、悲伤和快乐）。与通过特定的体态动作来识别特定的情感相比较,这种方法可以避免文化和习惯的影响造成的民族或团体之间的差异。

3．肢体情感识别流程

对于手势识别来说,一个完整的手势识别系统包括 3 个部分和 3 个过程。3 个部分是采集部分、分类部分和识别部分；3 个过程是分割过程、跟踪过程和识别过程。采集部分包括摄像头、采集卡和内存部分。在多目的手势识别中,摄像头以一定的关系分布在用户前方。在单个摄像头的情况下,摄像头所在的平面应该和用户的手部运动所在的平面基本水平。分类部分包括要处理的分类器和反馈回来的接收比较器,用来对之前的识别结果进行校正。识别部分包括语法对应单位和相应的跟踪机制,分类得到的手部形状通过识别部分一一对应确定的语义和控制命令。分割过程包括对实时视频图像中的手部动作进行逐帧分割,先得到需要关注的区域,再对该区域进行细致分割,直到获取所需要的手指和手掌的形状。跟踪过程包括对手部的不断定位和跟踪,并估计下一帧手的位置。识别过程通过对比之前的知识来确定手势的意义,并做出相应的反应,如显示出对应的手势或做出相应的动作,并对不能识别的手势进行处理,或者在记录特征后询问用户。手势识别的基本框架如图 6-6 所示。

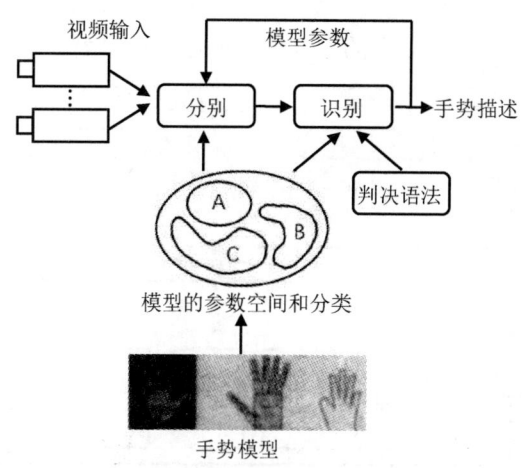

图 6-6 手势识别的基本框架

6.5 情感学习分析应用

6.5.1 情感学习分析的设计与应用

本案例以智慧学习环境下的学习者为对象，依据心理学家埃克曼（Ekman）提出的 FACS（面部表情编码系统），构建基于面部表情识别的情感分析框架，并在三维虚拟学习平台 Magic Learning 的师生情感交互子系统上，实现学习者情感识别及情感干预[①]。

1. 表情识别应用框架设计

智慧学习环境是一种能感知学习情景、识别学习者特征，提供合适的学习资源与便利的互动工具，自动记录学习过程和评测学习成果，以促进学习者有效学习的学习场所或活动空间。为了能对该环境下的学习者进行表情识别，本案例首先设计了智慧学习环境中的表情识别应用框架，包括感知层、传输层、数据层、分析层和应用层，如图 6-7 所示。感知层主要提供感知终端，用来采集表情数据，主要设备有手机、摄像头、笔记本电脑及 iPad 等，这些设备可随时随地采集学习者学习过程中的表情数据。传输层可提供无处不在的便捷上网环境，保证表情数据被安全、高速地传送到服务器。感知层采集的表情数据通过传输层被传送到数据层，数据层存储表情视频及表情图像。分析层主要实现表情识别功能，数据层中存储的表情图像在分析层进行处理得到表情所对应的情感状态。应用层利用分析层的处理结果为整个智慧学习环境提供智能服务，如利用学习

---

① 孙波, 刘永娜, 陈玖冰, 等. 智慧学习环境中基于面部表情的情感分析[J]. 现代远程教育研究, 2015 (02): 96-103.

者的情感数据分析学习者在学习中的专注度、耐心度、理解度及疲劳度等。

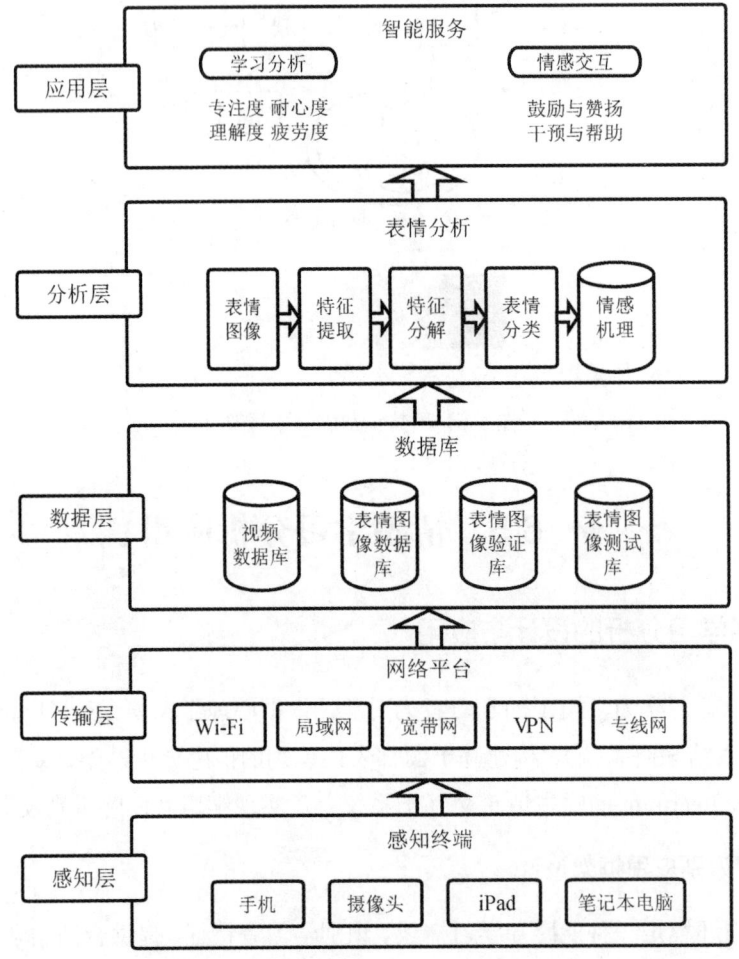

图 6-7 智慧学习环境中的表情识别应用框架

2. 表情识别过程设计

智慧学习环境中的表情识别应用框架的核心是实现学习者的表情识别。感知层采集的人脸视频包含丰富的信息,在识别表情时,要将个体相关的人脸特征和个体无关的表情特征相分离。但是在分类阶段,人脸特征会对表情特征产生干扰而影响表情识别的效果。因此,本案例对提取的人脸特征进行分解,将人脸特征与表情特征进行分离。分析层的表情识别过程如图 6-8 所示。

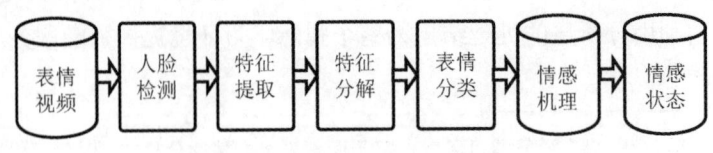

图 6-8 分析层的表情识别过程

3．基于张量分解的表情识别

同一种表情因个体面部差异而相差甚远，不同个体的面部差异会对表情识别产生干扰。但在二维空间中我们无法将图像的个体特征及表情特征进行分离。因此该案例基于三阶张量的高阶奇异值分解（Higher-Order Tensor Singular Value Decomposition，HOSVD）方法将三阶人脸张量的个体特征及表情特征进行分解。在三维空间中，按表情、个体及图像特征建立三阶张量 $D\in \mathbf{R}^{i\times j\times k}$，其中 i、j、k 分别表示表情种类数、个体数及特征维数，$\mathbf{R}$ 表示实数集。

用 HOSVD 方法，首先将三阶人脸张量的个体特征与表情特征进行分离，$D=Z\times U^{\text{expression}}\times U^{\text{person}}\times U^{\text{feature}}$，其中 Z 为核张量，描述 3 个子空间之间的相互关系；$U^{\text{expression}}$、U^{person}、U^{feature} 均为列正交矩阵，分别为表情子空间、个体子空间及特征子空间。$U^{\text{expression}}\times U^{\text{person}}\times U^{\text{feature}}$ 中间每行都是具有特定物理意义的向量，$U^{\text{expression}}$ 的第 n 行表示第 n 类表情的特征。然后用不同类别的表情图像训练表情系数，将待测图像的表情系数与训练图像的表情系数进行比较，就可以判断该测试图像的表情类别了。由此可见，通过特征分解可将个体特征及表情特征分解到不同的子空间，在表情子空间中进行表情识别，从而可以排除个体特征对表情识别的干扰。

4．算法验证与分析

接下来对该案例中的算法进行验证分析，对局部保留投影方法及 LPP+HOSVD 方法在日本 JAFFE 表情库上进行实验，两种方法均采用支持向量机进行分类。

JAFFE 表情库共包含 10 名女性的 7 种表情（中性、高兴、悲伤、惊讶、愤怒、厌恶及恐惧），每人每种表情有 2~4 幅图像，共 213 幅。在实验中，从每人每种表情图像中随机选取 1 幅作为测试样本，剩下的作为训练样本，随机重复 3 次对算法进行验证。首先对 JAFFE 表情库中的原始图像进行尺度、角度及灰度归一化处理，处理后的图像大小为 40pixel×40pixel。

验证结果得出，本案例提出的方法排除了人脸差异对表情识别的干扰，表情识别结果比较理想。7 种表情的平均识别率从 87.62%提高到了 89.05%。然而，与人脸识别相比，表情识别更加具有难度，人脸差异对表情识别的影响远远大于表情差异对人脸识别的影响。仅从表情的外显特征来看，悲伤与厌恶的特征极其相似，很难加以区分，这给识别工作带来了一定难度。

5．基于面部表情的情感识别应用

将本案例中提出的框架及方法，在北京师范大学虚拟现实实验室开发的三维虚拟学习平台 Magic Learning 的师生情感交互子系统上进行应用。

通过感知层移动终端（笔记本电脑、iPad 及手机等）的摄像头对学习者的表情进行采集，用 WiFi 或局域网将数据传输到数据层，将预处理后的表情图像按高兴、专注、困惑、疲劳分类。在分析层中完成对 4 种表情的特征提取、特征分解及表情识别，将识别结果传输给应用层。

在应用层中，表情识别结果作为师生情感交互模块的输入变量，通过情感分析、情感计算得到学习者的内心情感状态，从而激发虚拟教师的情感表达。当学习者出现高兴表情时，虚拟教师通过微笑、点头或 Victory 手势等情感表达方式给予赞扬；当学习者出现专注表情时，虚拟教师对其进行正常的学习指导；当学习者出现困惑表情时，虚拟教师通过微笑、轻拍肩膀等情感表达方式给予鼓励并进行帮助；当学习者出现疲惫表情时，虚拟教师通过摇头、轻拍肩膀等情感表达方式进行干预。

6.5.2 课堂场景中的情感学习分析系统

国内外很多企业都对课堂场景下的情感学习分析系统进行了开发和应用。在此，我们以好未来的"魔镜"智能评测系统为案例进行介绍。

1. "魔镜"系统的原理与功能

"魔镜"系统是利用图像和语音等人工智能技术将教学过程数据化，同时联合教育专家的研究与实践，结合脑科学理论，共同打造出的一套智能评测分析系统。在硬件层面，"魔镜"系统包括"眼睛"和"耳朵"及其他"器官"——通过安装摄像头和语音设备让教室会"看"、会"听"，通过答题器和平板电脑记录学习者在课堂中的练习和学习结果。与以往更关注前排或活跃学习者的教师不同，"魔镜"系统可以对每个学习者的信息进行全面捕捉。在软件层面，"魔镜"系统能做到识别身份、表情、姿态、状态、声音、情绪等，从而进一步拟合出学习者的学习状态。"魔镜"系统的情感识别采用半监督（手动+半自动）方式为表情打标签，用深度学习算法自动发现特征，自动完成与情绪对应。最终在目前可识别的 20 余种人类情绪中，选出 8 种情绪进行应用：正面情绪为"高兴"；负面情绪包括"厌恶、悲伤、疑惑、轻蔑、愤怒"；中性情绪包括"专注、惊讶"。

为了方便将"魔镜"系统接入现有 App 或网页，该系统还提供情感计算内核 SDK。标准化 SDK 包含：①实时人脸关键点跟踪，头部三维姿态估计；②多种类型表情，如高兴、惊讶、厌恶等头部姿态；③脸部特征：是否戴眼镜等。定制化 SDK 包含：①事件预测，如打哈欠，说话等；②专注度测评，兴趣识别等。

2. "魔镜"系统中的表情智能评测

"魔镜"系统的目标是完成对课堂的全面量化，从而找到"好课堂"的标准。在一对多的课堂环境中，不同学习者的听课注意力集中程度并不相同，该系统基于面部表情识别技术对学习者上课的表情和身体姿态进行实时采集，从专注、高兴、疑惑、闭眼 4 个维度，精确分析判断学习者在听课过程中的状态，并生成可视化的注意力曲线。"魔镜"系统的评测流程如图 6-9 所示。

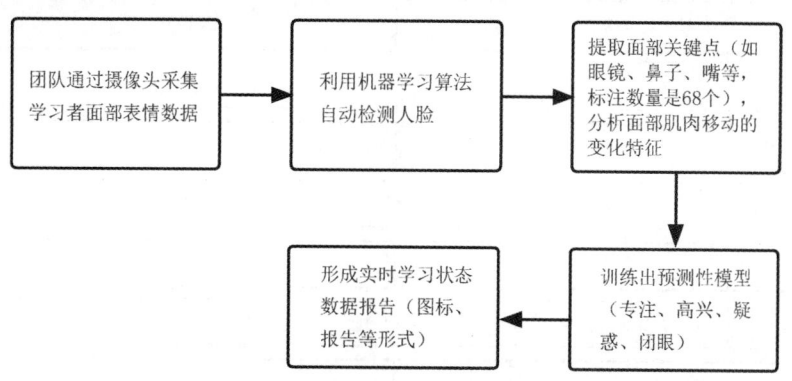

图 6-9　"魔镜"系统的评测流程

在测评知识点的掌握情况时，结合学习者情绪的表现，将改变对于学习效果的判断标准：从单一的学习成绩来评估转变为从学习习惯和兴趣等多个角度来评估学习者的学习效果。同时，情绪识别技术的一个优势是"连续性的实时反馈"，这将提升测评的自适应能力——感知到学习者的学习状态并不断给出相应的互动。据此，教师将根据学习者实时反馈的注意力集中情况、学习状态调整教学内容，同时给每个学习者充分的关注。家长可以根据每堂课结束后生成的学习状态数据报告，及时了解自己孩子的知识掌握情况，而非单一关注学习成绩，从而做出对孩子有益的个性培优计划。

6.5.3　幼教场景中的情感学习分析系统

1. 小童百度 AI 儿童保护系统介绍

在幼儿园的教学管理中，教学质量评估主要依靠人为感知，缺乏科学的统计手段；教学评估追踪周期过长，无法及时调整教学方案。由此引发的儿童教学质量问题愈发突出。在情感分析技术应用于幼儿教育场景的内容中，我们以小童科技为案例进行介绍。小童百度 AI 儿童保护产品通过使用百度大脑技术与幼教场景的对接，将课堂上识别到的儿童（学习者）的听课时间、行为、物体、表情、微动作等要素反馈给学校管理系统，能够综合评估儿童（学习者）群体在课堂上的专注度状况，为学校和机构评估教学质量并采用针对性的提升方法提供科学依据。"课堂专注度"解决方案流程图如图 6-10 所示。

2. 实践应用

在真实环境下，在教室正前方 / 侧方安装多个摄像头后，通过综合运用人脸识别、人体关键点及动作识别和物体识别等技术，对采集的视频流进行抽帧分析，综合显示个体课堂专注度、课堂累计专注度及课堂平均专注度等指标。

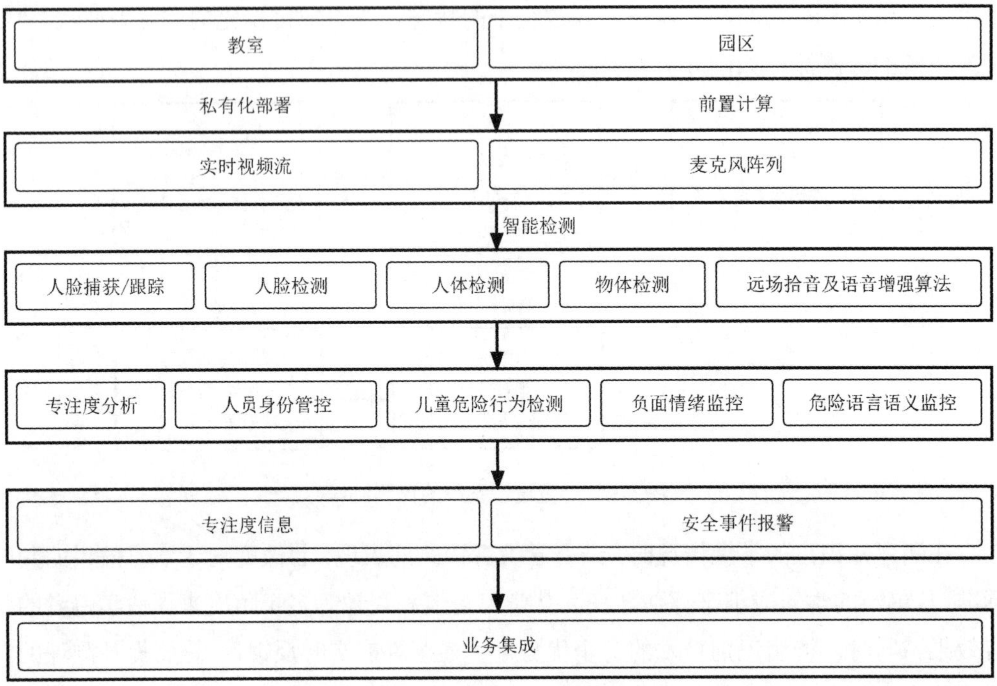

```
┌─────────────────────┐         ┌─────────────────────┐
│       教室          │         │       园区          │
└─────────────────────┘         └─────────────────────┘
       │ 私有化部署                    │ 前置计算
       ▼                              ▼
┌─────────────────────┐         ┌─────────────────────┐
│     实时视频流       │         │     麦克风阵列       │
└─────────────────────┘         └─────────────────────┘
                         │ 智能检测
                         ▼
┌──────────┬──────────┬──────────┬──────────┬──────────────────┐
│人脸捕获/跟踪│ 人脸检测 │ 人体检测 │ 物体检测 │远场拾音及语音增强算法│
└──────────┴──────────┴──────────┴──────────┴──────────────────┘
                         │
                         ▼
┌──────────┬──────────┬──────────────┬──────────┬──────────────┐
│ 专注度分析│人员身份管控│儿童危险行为检测│负面情绪监控│危险语言语义监控│
└──────────┴──────────┴──────────────┴──────────┴──────────────┘
                         │
                         ▼
┌─────────────────────┐         ┌─────────────────────┐
│     专注度信息       │         │     安全事件报警     │
└─────────────────────┘         └─────────────────────┘
                         │
                         ▼
              ┌─────────────────────┐
              │      业务集成        │
              └─────────────────────┘
```

图 6-10 "课堂专注度"解决方案流程图

除人脸识别技术外,"魔镜"系统还会采用手部识别技术作为补充,来更准确地判定儿童的情绪。手部分析功能包含三大模块:①手部检测模块,检测图像中的所有手部,识别手部位置,不限手部数量,支持自拍、他拍和各种拍摄角度;②关键点定位模块,精准定位手部的 21 个主要骨节点,包括指尖、各节指骨连接处等,返回每个骨节点的坐标信息,输出 4 个辅助关键点的坐标信息(食指中间关节、食指指根、中指中间关节、中指指根);③24 种手势识别模块,识别 24 种常见手势,支持单手手势和双手手势,包括拳头、OK、比心、作揖、作别、祈祷、我爱你、点赞等。通过脸部与手部的共同评判分析,可以更精确地分析儿童的学习状态。

思考与实践

1. 有人说情感是一种内在心理状态,难以进行量化分析和识别,你如何看待这一观点?
2. 在中国知网中搜索一篇情感学习分析的文献,结合本章所学内容,对文献中的分析流程进行评判,并写出自己的阅读体会。
3. 比较:对课堂学习、在线学习、虚拟现实学习 3 种环境下的学习者情感进行对比分析,总结出学习者情感特征,完成一份分析报告。

4. 翻译：从网上下载一篇情感学习分析的外文文章，试着将其翻译成中文，并与学习同伴、教师分享你的学习成果。

5. 以一节视频录播课为例，对课堂中的学习者情感进行分析，试着依据分析结果给出学习活动设计建议。

拓展学习资源

1. 叶俊民，周进，李超. 情感计算教育应用的多维透视[J]. 开放教育研究，2020，26（06）：77-88.

2. 王峰. 人工智能的情感计算如何可能[J]. 探索与争鸣，2019（06）：89-100+159+161.

3. 黄昌勤，俞建慧，王希哲. 学习云空间中基于情感分析的学习推荐研究[J]. 中国电化教育，2018（10）：7-14+39.

4. 饶元，吴连伟，王一鸣，等. 基于语义分析的情感计算技术研究进展[J]. 软件学报，2018，29（08）：2397-2426.

5. 张琪，武法提. 学习分析中的生物数据表征——眼动与多模态技术应用前瞻[J]. 电化教育研究，2016，37（09）：76-81+109.

6. 韩颖，董玉琦，毕景刚. 学习分析中情绪的生理数据表征——皮肤电反应的应用前瞻[J]. 现代教育技术，2018，28（10）：12-19.

7. 刘兵. 情感分析：挖掘观点、情感和情绪[M]. 北京：机械工业出版社，2017.

8. 皮卡德. 情感计算[M]. 罗森林，译. 北京：北京理工大学出版社，2005.

第 7 章

教育大数据可视化

本章主要内容

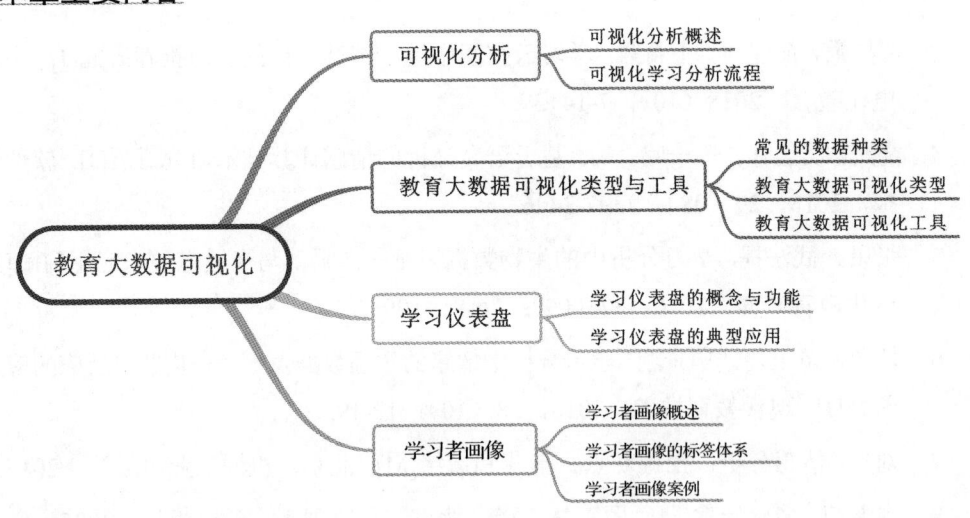

学习目标

通过本章的学习，你应能做到如下几点。

1. 能够用自己的语言阐释可视化的内涵，并举例说明可视化的方法。
2. 知道常见的教育大数据可视化类型与工具，并能阐述其功能。
3. 熟悉常见学习仪表盘的形式，能够结合具体课程设计学习仪表盘。
4. 了解国内外学习仪表盘的教学应用情况，并分析其优点与不足。
5. 查阅相关资料关注学习仪表盘的新进展。
6. 能够使用数据描绘学习者的学习画像。

7.1 可视化分析

7.1.1 可视化分析概述

可视化分析学诞生于 2005 年前后，是一门通过交互性可视化界面促进分析推理的科学。它包含两大核心要素，自动化分析技术（如统计和数据挖掘）和可视化分析技术（如信息可视化和人机交互）。可视化分析学是典型的交叉学科，整合了信息可视化、人机交互、数据分析、数据管理、地理空间及时间数据的处理与统计等多个学科方向。

可视化分析学的目标是，通过可视化表征以聚合的方式帮助人类分析复杂过程，降低大量数据所带来的认知负荷，同时通过交互性可视化表征促进人机交流，实现人机优势融合，更好地应对信息过载和决策复杂性带来的挑战。

凯姆等人总结了可视化分析过程，主要包括输入、数据集处理、可视化数据探索/信息挖掘、知识获取和反馈输入。待解决问题通常比较复杂，输入数据来自多个异质数据集，经过数据转化、数据清洗、选择与合并等预处理后，用户既可以进行可视化数据探索，通过交互性界面探索其中潜藏的模式与趋势，从而获取解决问题的相关知识与见解；又可以直接通过统计和数据挖掘等自动化分析技术建立模型与验证假设，从而获取相关知识。同时，可视化表征与假设模型之间存在动态交互，可视化的探索分析可以帮助提出新的假设，优化模型参数，也可以对建立的模型进行可视化操作，直观地呈现复杂的变量关系。获取的知识则可以进一步引导数据输入和分析流程。因此，可视化分析往往是非线性的迭代性发展过程。

7.1.2 可视化学习分析流程

可视化学习分析是学习分析学和可视化分析学相交叉的新兴研究领域。维埃拉等人认为可视化学习分析可以通过互动性的可视化技巧，使用计算工具和方法理解教育现象。可视化学习分析强调计算机的自动化分析和可视化优势对人类推理和决策过程的支持，从而帮助理解复杂的学习现象和解决复杂的学习问题。

可视化学习分析突破了学习分析学对可视化技术的主流定位，强调可视化技术的价值不仅在于对学习分析结果的表达，更在于作为人机交互的桥梁，支持用户对学习数据的探索、解释、假设、验证等动态的推理过程。可视化学习分析与数据驱动的可视化分析流程模型不同，它强调学习理论对分析流程的指导与调控作用，如对目标学习问题与现象的解读、数据收集范围的确定、可视化探索的指向与假设的建立等。有研究者在凯姆的基础上提出学习情境下的可视化分析流程模型，如图 7-1 所示。该模型以复杂的学习问题/现象为起点，以解决方案为终点，通过可视化表征和数据挖掘建模两条路线进行推理分析。其中，基于数据集的可视化分析与建模由可视化学习分析工具提供支持，用户则对数据进行探索、验证与决策，整个过程用学习理论作为引导，并通过反馈形成迭代。

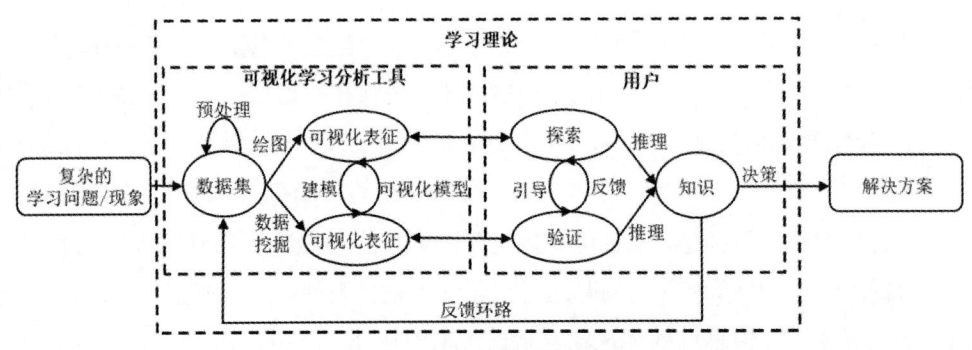

图 7-1　学习情境下的可视化分析流程模型

7.2　教育大数据可视化类型与工具

7.2.1　常见的数据种类

为了更好地进行可视化，我们将数据分为分类数据、时序数据、空间数据、多变量数据 4 类。

1. 分类数据

分类数据是指反映事物类别的数据，如学习者的考勤数据、互动文本数据、考试题目数据等。

2. 时序数据

时序数据也称时间序列数据，是指某个指标按时间顺序记录的数据列，如学习者每月在网络学习平台上的访问次数、在线学习时长等。

3. 空间数据

空间数据是指用来表示空间实体的位置、形状、大小及其分布特征等方面信息的数据，可以用来描述来自现实世界的目标，具有定位、定性、时间和空间关系等特性，如学习者在校园中不同地方学习的数据。空间数据是一种用点、线、面及实体等基本空间数据结构来表示教育环境的数据。

4．多变量数据

数据通常以表格形式出现，表格中有多个列，每一列代表一个变量，我们将这类数据称为多变量数据。多变量数据常用来研究变量之间的相关性，即用来找出影响某一指标的因素有哪些，如影响学习者在线学习参与度的因素。

7.2.2 教育大数据可视化类型

不同教育数据具有的特征不同，可视化呈现要基于数据的基本特征和展示的目标需求找到合适的可视化形式，帮助人们理解数据。教育大数据可视化类型及适用场景见表 7-1。

表 7-1 教育大数据可视化类型及适用场景

可视化类型		特征及适用场景
文本数据可视化	标签云	通过使用不同颜色和字体大小突出显示文本词频，以突出文字内容的重要性；适用于文本主题发现、评论与讨论热点发现、热点视频标签、关键词搜索等场景
	单词树	通过树结构反映单词在文本中出现的频率和单词前后的联系；适用于讨论、评论等具有逻辑关系的文本数据的快速查询与搜索
	文档散	通过径向布局展现关键词的语义等级；适用于具有文本内在结构和语义关系的数据（如学习者论坛讨论、学习反思等数据的层次化展现）
	多信息可视化	提取多种数据特征对文本进行集合分析；适用于学习者与不同教学资源的交互情况，学习者情感、社交、话语等多状态行为信息的展示等
多维数据可视化	箱线图	提供有关数据位置和分散情况的关键信息；适用于比较多组数据的分布情况，如学习者成绩分布、系统评估分析数据等
	雷达图	用来显示 3 个或更多维度的变量；适用于了解同类别的不同属性、不同类别的相同属性的差异，如学习小组差异对比、学习者发展指标对比等
	堆叠面积图	用于表现趋势和关系，强调数据量随时间而变化的程度；适用于不同分类展示时间维度上变化的值，如多个学习小组之间的行为、学习视频观看情况等分布对比分析
	图标技术	通过有多个视觉特征的图标来表达多维信息，可以直观、清晰并且准确地反映图标每一维度表示的意义，如课程完成情况、学习徽章激励学习进度概览等
	平行坐标系	反映多维数据在每个维度之间的联系；适用于分析不同维度之间的相关关系，如学习者学习行为之间的关联关系
网络数据可视化	放射树图	侧重于表达个体之间的层次关系；适用于表达数据之间包含和从属的关系，如课程流程、知识点结构和题目难度系数等层次关系分析
	节点连接图	将社会关系网络抽象成由点和线组成的图；适用于表示群组成员之间的交互关系的发现和挖掘，如学习者在线协作的交互分析
	力导向布局图	与节点连接图类似，但常用来表示大规模的社交网络结构；适用于学习者交互关系、学习者活跃度分析、共被引关系、引文关系等展现
时序数据可视化	桑基图	一种特定类型的流程图，用以描述一组值到另一组值的流向；适用于表示数据信息的变化和流动的状态，如不同时间段学习者成绩流向趋势分布、研究主题概念的变迁等

续表

可视化类型		特征及适用场景
时序数据可视化	散点图	数据以点的形式通过坐标系来显示变量之间的相互影响程度；适用于揭示数据间的关系，发掘变量与变量之间的关联，如采取教育干预措施的实验组与对照组之间的对比分析等
	和弦图	一种显示数据间相互关系和流量的可视化方法；适用于空间量小、信息量大的场景，如比较不同学习者在不同时间段之间非线性序列转换的差异
	日历图	显示变量随日期变化的趋势，常叠加热力图来反映变量的变化程度；适用于变量较少的数据，如探索学习者学习活动的历史信息
地理空间数据可视化	点状地图	用来表示数据在地理空间上的分布情况；适用于基于点的地理空间数据，如选修学习者的位置分布、学术论文共同体分布等
	热力图	用颜色深浅映射数据大小程度；适用于区域数据之间的比较，如不同国家参与某课程的学习者数量对比、教育发展水平对比等

7.2.3 教育大数据可视化工具

教育大数据的可视化主要是实现从数据空间到图形空间的映射。根据哈伯（Haber）和麦克纳布（McNabb）在1990年提出的可视化流水线中描述的从数据空间到可视空间的几个阶段，可以将教育大数据可视化的基本流程归纳为教育大数据采集、数据清洗与预处理、数据存储、数据可视化这4个基本步骤。数据可视化的主要过程包括数据转换、可视映射和视图变换。其中，数据转换是指从原始数据到可计量数据表的转换，是原始数据可视映射的基础。可视映射是将可计量数据表数据转换为坐标、比例等图形化属性的过程，该过程是可视化表征的关键。通过数据可视映射，将基于数学关系的可计量数据表映射为能够被人视觉感知的图形化属性结构。视图变换是将可视结构根据设备属性转换为可视化的视图的过程。根据设备属性的不同，对可视化视图在大小、分辨率、位置和颜色等方面进行适应性调整，使其可以跨终端呈现和展示。

针对不同的数据类型和目的，数据可视化已经形成了从简单的Excel电子表格、Google文档等交互式可视化生成方式，到Prefuse、ggplot2等编程式生成等多种生成方式。表7-2给出了教育领域常用的数据可视化工具与功能。

表7-2 教育领域常用的数据可视化工具与功能

类别	工具	简介
交互式	Excel	入门级数据可视化工具，功能完善，可满足日常可视化需求
	Polaris	多维关系数据库分析、可视化系统
	Tableau	基于表代数框架的数据可视化软件
	DataVis	自助式数据可视化工具
	VisFlow	针对表格的子集数据流模型Web可视化框架
	Gephi	主要用于网络分析和可视化的软件包

续表

类别	工具	简介
编程式	Prefuse	基于 Java 语言的可扩展软件框架
	Pro-cessing	基于 Java 语言的可以创建数据可视化项目的语言和环境
	D3.js	数据驱动的 JavaScript 库
	ECharts	利用 JavaScript 实现的开源可视化库
	HighCharts	用 JavaScript 编写的可视化图表库
	ggplot2	R 语言的可视化包
	Matplotlib	Python 的数据可视化包

交互式数据可视化生成方式操作简单、直观，用户无须编程，但是局限于系统功能，无法满足个性化需求。编程式数据可视化生成方式需要用户具有一定的编程能力，时间和人力成本较高，但是表达能力强，可以基于用户需求定制图表实现个性化展示。

7.3 学习仪表盘

7.3.1 学习仪表盘的概念与功能

1. 学习仪表盘的概念

学习仪表盘（Learning Dashboard）是对学习者的在线学习行为进行精密追踪，记录并整合大量个体学习信息和学习情境信息，按照使用者的需求进行数据分析，最终以数字和图表等可视化形式呈现出来的一种学习支持工具。仪表盘最初起源于车辆仪表盘这一反映车辆运转信息的可视化支持工具，后来逐渐进入商业领域，用于分析雇员工作绩效和消费者消费行为等。进入 21 世纪后，仪表盘逐渐进入教育领域。基于信息跟踪技术和镜像技术，学习仪表盘可以被看作"个人信息系统"的特殊应用。个人信息系统以反省和自我认识为目的，其核心内容是对必要信息的采集与全面深刻的反思。学习仪表盘通过采集学习者的学习行为、习惯、情绪、兴趣等信息，通过分析与可视化显示帮助学习者进行学习反思与自我认识。

2. 学习仪表盘的功能

1）多对象学习支持

（1）学习者支持。

学习仪表盘可以追踪学习者的学习过程与结果并提供多种反馈信息，具体包括 3 个方面：①对课程参与情况的反馈，如学习材料使用情况、在线活动参与度、论坛参与率、在线测试成绩、作业及考试成绩等；②学习者在学习共同体内的学习情况反馈，如学习进度的比较、学习策略建议等；③学习者学业进步的总体反馈，包括学习情况总结、参与各种学习活动及使用各种信息技术工具的情况总结等。

（2）教师支持。

学习仪表盘具有可定制性与可扩展性，可以满足教师多方面的教学需求。首先，教师可以通过学习仪表盘更深刻地了解学习者个体与群体的学习情况，如学习者对于个人进步的感知、学习中的情感体验、话题讨论的参与度、实时学习检测情况及与检测内容相对应的在线学习活动参与情况等，从而追踪并掌握影响学习者持续学习的因素。其次，学习仪表盘提供了一些便捷的插件，可以让教师选择和定制对信息和数据的分析角度，帮助教师及时发现和预测"处于危险状态"的学习者并进行干预，如个性化谈话、学习方法建议、学习材料补充等。此外，学习仪表盘具有良好的开放性，教师可以方便地与同校或外校的教师共享信息资源。

（3）研究者支持。

学习仪表盘作为桥梁改变了传统的"研究与实践分离"的状况，使研究者回归到"教学-研究"反馈回路中。研究者设计学习仪表盘供教师与学习者使用，从教学中获得真实和及时的数据信息，进而评价和分析教学中使用的各种分析工具及策略，并改善学习仪表盘的设计模型。此外，学习仪表盘除能够对单一类型的学习数据进行分析外，还能够进行多数据的组合分析，从而推进教学研究的深入。学习仪表盘还支持对自身的元分析，如可用性反馈、技术指标、新组件的动态适应状态等，确保系统自身持续被分析和评价。

（4）教育管理者支持。

教育管理者更关注宏观层面上的教育大数据分析与比较，如学习者的成功率与满意度、课程完成率、教育资源分配等。学习仪表盘可以通过追踪相关的学习活动信息和课程信息服务于教育管理者，为教育资源的发展与分配、课程设置的规划与开展、跨学科和跨地区的教育比较等提供决策参考。

2）层进式学习支持

学习仪表盘为学习者提供由浅至深的层进式学习支持，从直观和表层的自我认知到学习反思，再到意义建构，最终实现对学习者和学习过程的影响。目前国内外的各种学习仪表盘尚处于发展阶段，对学习层次性的支持各有差异。

（1）自我认知。

学习仪表盘对学习过程基本的支持方式就是促进学习者的自我认知。学习仪表盘将学习者的学习行为转换为数据并进行高效的分析，之后以活动流和表格概览等方式可视化表达出来。这些可视化信息能够帮助学习者了解并认知自身的学习技能与学习风格、学习探究的过程与深度及学习过程中的情感体验等。

（2）学习反思。

学习反思已被证明能够有效提升学习质量，然而传统的学习反思通常发生在学习过程结束后，无法充分发挥实时监控并调整学习行为的作用。学习仪表盘通过提高学习者对自身学习状况及学习情境的即时认知，为进行学习反思和学习过程自主调控提供了有利条件，有助于提高学习者"学会学习"的能力。学习仪表盘为学习内容与学习活动添加了元信息层及一站式显示方式，学习者能够及时获得与学习行为、学习内容、学习活动及学习共同体相关的反馈信息，将知识学习与元学习的关系个性化、外显化，建立起二者间的深度联系，从而为"学会学习"创造条件。

（3）意义建构。

学习仪表盘更深层次的学习支持作用体现为，促进学习者基于学习反思的意义建构，即从上一阶段的学习反思中产生顿悟，以同化或顺应的方式更新原有的意义框架体系。意义建构层面的学习支持超越了具体的学习情境，是学习者获得的学习经验并反作用于学习者而带来的个性化转变。

（4）影响学习。

学习仪表盘提供的"学习分析"只是工具与手段，其最终目的在于使学习者的学习行为发生改变。在促进自我认知、学习反思及意义建构的基础上，学习仪表盘有可能为学习带来新的方法或新的模式，从而实现最高层面的学习支持。

7.3.2 学习仪表盘的典型应用

我们列举出以下9种典型的学习仪表盘应用案例，见表7-3。它们采用可视化的方式展示学习者的当前和历史学习信息，帮助教师了解学习者的学习状况。

表7-3 典型的学习仪表盘应用案例

服务对象	工具	目标	跟踪数据	可视化技术
教师	Desire2Learn	辨别处于"危险状态"中的学习者并进行跟踪干预	学习时间 文档与工具使用 社会交互	柱状图、社会关系网图
	Student Success System	确定并指导处于"危险状态"的学习者	练习、测试 社会交互 文档与工具使用	象限图、散点图、社会关系网图
	SNAPP	可视化学习者在讨论社区中的参与情况	社会交互 产生式资源	社会关系网图

续表

服务对象	工具	目标	跟踪数据	可视化技术
教师和学习者	Student Inspector	跟踪学习者交互信息	文档与工具使用 产生式资源 练习、测试	柱状图、饼状图
	GLASS	与班级小组比较，可视化呈现学习成绩	学习时间 文档与工具使用 产生式资源 练习、测试	时间线、饼状图、标签云
	SAM	能够使学习者自我反馈、反思，应该怎么做及做什么	学习时间 练习、测试 文档与工具使用 产生式资源	折线图、饼状图、标签云
	StepUp	促发学习者在学习活动中自我反思、自我认知	学习时间 练习、测试 社会交互 文档与工具使用 产生式资源	柱状图、饼状图
学习者	Course Signal	提高课程保持率和绩效	学习时间 社会交互 文档与工具使用 产生式资源 练习、测试	信号灯
	Narcissus	帮助发现学习者对小组贡献率，提高小组学习质量	社会交互 文档与工具使用	树图

表7-3总结了不同学习仪表盘的特性，如服务对象、目标、跟踪数据（学习时间、社会交互、文档与工具使用、产生式资源、练习、测试）及可视化技术等。其中，服务对象有3种类型，不同类型决定了不同预期目标。通常为教师提供服务的学习仪表盘，能够及时告知他们学习者的学习状态，监控学习者学习发展，帮助教师有效地执行角色，在班级管理、学习助长中提供反馈、评价。例如，Desire2Learn和Students Success System通过分析社会交互、文档与工具使用等数据，辨别处于"危险状态"中的学习者并进行跟踪干预。SNAPP是社会网络可视化工具，能够显示学习者在论坛中的交互信息，并根据社会关系网图显示，确认位于中心点的学习者和远离中心点的学习者，从而知道哪些学习者积极参与讨论，哪些学习者消极、不参与，以便及时调整小组成员，对处于"危险状态"中的学习者给予有效干预。为学习者提供服务的学习仪表盘能够采用教育数据挖掘和信息可视化方法跟踪学习活动，呈现学习者学习行为模式、状态和交互，便于帮助学习者修改学习策略，促进自我认知和反思。

7.4 学习者画像

7.4.1 学习者画像概述

1. 学习者画像的起源

大数据时代背景下，用户在网络上的行为能够被记录和存储，而这些行为数据的背后往往隐藏着用户的习惯、态度等特征。用户画像（User Persona）是指对这些碎片化的数据进行重新整合，借助一些大数据分析方法，揭示用户各方面的特征（如需求、偏好等），从而展现用户全貌。有研究者认为，这个过程是抽象化的，并将之描述为"用户信息标签化"，因此用户画像可被定义为"对现实生活中用户的数学建模"。

简单来说，用户画像就是根据用户的属性和行为数据等提取特征集，对用户贴标签的过程。用户画像的应用最早是在商业金融领域，目的是帮助平台针对用户进行精准营销等，具体包括精准营销、发现潜在用户、用户推荐、竞争分析、产品评估及业务经营分析等，现在已经被广泛应用于百度、腾讯等大型企业。学习者画像（Learner Persona）则是用户画像在教育领域中的应用。

用户画像可以用 PERSONAL 八要素来概括：P 代表基本性（Primary），指该用户角色是否基于对真实用户的情景访谈；E 代表同理性（Empathy），指用户角色中包含姓名、照片和产品相关的描述是否代表用户的真实诉求和想法；R 代表真实性（Realistic），指对那些每天与用户打交道的人来说，用户角色是否看起来像真实人物；S 代表独特性（Singular），指每个用户是否是独特的，彼此是否很少有相似性；O 代表目标性（Objectives），指该用户角色是否包含与产品相关的高层次目标，是否包含关键词来描述该目标；N 代表数量性（Number），指用户角色的数量是否足够少，以便设计团队能记住每个用户角色的姓名，以及其中的一个主要用户角色；A 代表应用性（Applicable），指设计团队是否能使用用户角色作为一种实用工具进行设计决策；L 代表长久性（Long），指用户标签的长久性。

2. 学习者画像的概念与分类

学习者画像是指在一定的目标指导下，通过整合与学习者学习相关的海量数据，从不同维度对数据进行分析，对不同学习者群体的信息进行图表化和标签化的展示，用一种抽象化的方式较为全面地呈现学习者特征，让学习者的利益相关者可以直观全面地了解学习者的基本信息和学习情况。

学习者画像可以分为个人画像和群体画像两类。个人画像通常是面向学习者个人的，该类型的画像除呈现学习者所属的画像类型及属性标签外，还呈现全校、全市学习者在不同阶段的平均表现。学习者可以通过查看自己的画像类型及属性标签来了解自己的行为表现、进行自我监测，还可以通过直观了解和对比自己的学习进度，来调整自身学习行为。群体画像可以帮助教师更好地开展教学及辅导。教师是学习者画像重要的利益相关者之一，能够根据学习者画像对学习者学情进行客观实时的监控，及时调整教学策略，进行有针对性的指导和干预。面向教师的学习者群体画像包括学习者画像统计、学习者学习进展和学习者个人画像。

7.4.2 学习者画像的标签体系

1. 标签体系介绍

学习者画像是对学习者建立的一个数学模型，在整个数学模型中，核心是怎么描述知识体系，而这个知识体系就是本体论。本体论很复杂，因此我们找到一个特别朴素的实现方式，就是标签。标签是某一种学习者特征的符号表示，是一种内容组织方式，是一种关联性很强的关键字，能方便地帮助我们找到合适的内容及内容分类。简单地说，就是你把学习者分到多少个类别里面去，这些类别是什么，彼此之间有什么关系，综合起来就构成了标签体系。

标签解决的是描述（或命名）问题，但在实际应用中，还需要解决数据之间的关联问题，所以通常将标签作为一个体系来设计。一般来说，将能关联到具体学习者数据的标签，称为叶子标签。对叶子标签进行分类汇总的标签，称为父标签。父标签和叶子标签共同构成标签体系，但两者是相对概念。例如，在标签体系中，参与讨论、记录笔记、回答问题是叶子标签，学习投入度是父标签。

2. 标签体系分类

一般来说，学习者画像标签体系有3种，分别是结构化标签体系、半结构化标签体系和非结构化标签体系。

1）结构化标签体系

结构化标签体系将标签组织成比较规整的树或森林，有明确的层级划分和父子关系。结构化标签体系看起来整洁，并且容易解释。性别、年龄这类人口属性标签体系，是典型的结构化标签体系。

2）半结构化标签体系

当用于广告效果时，标签设计的灵活性大大提高了，标签体系是否规整就不那么重要了，只要有效果就行。在这种思路下，标签往往在行业上呈现出一定的并列体系，不拘泥于形式。

3）非结构化标签体系

在非结构化标签体系中，各个标签"就事论事"，各自反映各自的学习兴趣，彼此之间并无层级关系，也很难组织成规整的树状结构。

3．标签级别

分级有两个层面的含义：一是指标到最低层级涵盖的层级；二是指标的运算层级。其一非常好理解，这里重点说运算层级。标签从运算层级角度可以分为 3 层：事实标签、模型标签、预测标签。

（1）事实标签是通过对原始数据库的数据进行统计分析得到的，如学习者单击播放按钮的次数，是基于学习者一段时间内实际的行为进行的统计。

（2）模型标签是以事实标签为基础，通过构建事实标签与画像目标之间的模型，进行模型分析得到的。例如，结合学习者播放视频的内容、学习者参与在线学习的时间、学习者答题的分数等，进行学习者学习风格类型的识别，方便教师及教育管理者进行分类处理。

（3）预测标签是在模型标签的基础上进行预测得到的，如针对学习者学习投入度的变化，预测学习者学业风险指数。

4．标签属性

标签属性可以理解为针对标签进行的再标注，这一环节的主要目的是帮助教师及教育管理者理解标签赋值的来源，进而理解指标的含义。标签属性可分为固有属性、推导属性、行为属性、态度属性、测试属性。

固有属性是指相关指标的赋值体现的是用户生而有之或事实存在的，不因外界条件或自身认知的改变而改变的属性，如性别、年龄等；推导属性是由其他属性推导而来的属性，如学习行为投入度，我们可以通过学习者参与在线学习的时长推导；行为属性是学习过程中实际发生的行为被记录后形成的赋值，如学习者的登录时间、页面停留时长等；态度属性是学习者自我表达的态度和意愿。例如，我们通过一份问卷向学习者询问一些问题，并形成标签，如询问学习者是否倾向于线上教学，是否对某个知识点感兴趣等。当然在大数据的需求背景下，利用问卷收集学习者标签的方法的效率显得过低，更多的是利用产品中相关的模块进行学习者态度信息收集；测试属性来自学习者的态度表达，但并不是学习者直接表达的内容，而是通过分析学习者的表达，进行结构化处理后得出的测试结论。例如，学习者填答了一系列的态度问卷，由此推导出学习者的价值观类型等。

5. 标签体系的建构

1）原始输入层

原始输入层中主要包括学习者的历史数据信息，如个人信息、成绩信息、网络学习行为信息。原始输入层经过数据的清洗，从而达到学习者标签体系的事实标签层。对于原始数据，我们使用文本挖掘的算法进行分析，主要包括对原始数据的预处理和清洗，以及对学习者数据的匹配和标识。

2）事实标签层

事实标签层是学习者信息的准确描述层，其最重要的特点是，可以从学习者身上得到确定的验证，如学习者的人口属性、性别、年龄、籍贯、学籍信息等。通过文本挖掘的方法，我们从数据中尽可能多地提取事实数据信息，主要使用的算法是分类和聚类。分类主要用于预测新加入的学习者（信息不全的学习者），对学习者进行预测分类。聚类主要用于分析挖掘出具有相同特征的学习者的信息，进行细分。

3）模型标签层

模型标签层基于统计建模、数据挖掘、机器学习的思想，对事实标签层的数据进行分析利用，从而得到描述学习者更为深刻的信息，完成对学习者的标签建模与学习者标识。通过建模分析，可以对学习者的性别偏好进行预测，从而能对没有收集到性别数据的新学习者进行预测；还可以通过建模与数据挖掘，使用聚类、关联思想，进一步挖掘出学习者的群体特征和个性权重特征。

4）模型预测层

模型预测层利用预测算法进行预测分析，如机器学习中的监督学习、计量经济学中的回归预测、数学中的线性规划等。对于不同学习群体中有相同需求的学习者，通过打标签的方式建立预测模型，从而分析在线学习者的活跃度、参与度、流失度等可以用来改善教学的数据，实现对学习者的流失预测、兴趣程度预测等，进而开展精准个性化教学。

7.4.3 学习者画像案例[①]

有研究者依托教育部数字化学习支撑技术工程研究中心的智慧学习平台，以人教版

---

① 本案例选自赵玲朗，范佳荣，赵一婷，等. 基于知识图谱的学习者画像模型设计与应用——以"高中物理"课程为例[J]. 现代教育技术，2021，31（2）：95-101. 入选本书时略有改动。

高中物理必修二课程中的"宇宙航行"一节内容为例,进行了基于知识图谱的学习者画像设计与应用。

1. 案例课程介绍

课程教师在智慧学习平台上自由设计课程内容学习元,课程内容包括各种媒体资源和需要学习者完成的一系列探究学习活动。课程活动的设计强调,以问题解决为导向进行内容重组、以联系生活为内容取向进行情境关联、以探究发现为核心、以个性化学习为目标、以知识建构生成与能力培养为价值取向。课程的教学环节主要包括:①课前布置任务,让学习者利用智慧学习平台自主学习;②课中引导学习者在智慧学习平台上完成多个基于问题的小组协作探究活动,经历从个体初级知识图谱到高级知识图谱的建构过程;③课后布置作业,让学习者基于学习过程中产生的学习交互数据、测试数据和个性图谱数据,输出自身画像,深入了解自己的学习情况,发现并反馈问题,促进知识意义建构和能力发展,以取得更好的学习效果。

2. 学习者画像的数据收集

学习者画像数据主要包括:①学习者基本属性数据,指学习者的个人信息,从系统测试数据中获得;②反映学习者知识掌握情况的数据和反映学习者能力达成程度的数据,分别指学习者参与学习后目标知识达成的状态和学习者参与学习后目标能力达成的状态,从个性图谱数据中获得;③反映学习者学习偏好的数据,从学习者多个维度的交互数据中获得,可以映射出学习者参与学习的内隐交互情况,侧重学习者的网络交互。上述学习者画像数据主要来自智慧学习平台的后台日志。

3. 学习者画像构建

基于初级知识图谱,从丰富性、多样性和分化程度3个维度刻画学习者对所学知识的掌握情况及其知识理解、归纳能力的发展状况;基于中级知识图谱,关联偏好特征与能力特征,从理解能力过渡到应用能力,结合知识特征在表征个体知识掌握状态的同时,刻画群体的知识状态;基于高级知识图谱,从系统化、结构化、整体性和思维性4个维度表征学习者画像,关注学习者对新、旧知识点及其相互关系的掌握,知识结构的创生性学习,学习者在创新能力、创造能力和系统思维能力等高阶能力培养等方面的情况。通过从知识图谱中获取学习者的知识特征数据、能力特征数据和偏好特征数据,利用机器学习算法进行特征提取建模、特征选择建模,可以生成模型标签,完成对学习者的标签建模与标识。

4. 学习者画像分析

学习者在智慧学习平台上参与学习活动生成学习者画像,学习者画像中连续浮动的线条表示学习者经历从初级知识图谱到高级知识图谱建构的过程后，对每个知识点属性的掌握程度。学习者画像可以区分完全未掌握知识和部分掌握知识的学习者在作答概率上的差异，精准预测知识掌握或未掌握的情况，并诊断其能力达成程度，使师生清晰地了解学习者个体的知识状态和能力水平。

思考与实践

1. 有人说，学习分析可视化就是对数据分析结果的直观呈现，谈谈你对该观点的看法。
2. 结合教育心理学、设计学等知识，思考教育大数据可视化在设计上要注意哪些问题？
3. 在教育大数据可视化反馈方面，不同对象需要查看的结果会有所不同，试从教育管理者、教师、学习者3个不同群体分析其需要查看的可视化分析内容。
4. 在你所使用的数字化学习工具中，是否有应用教育大数据可视化的？如果没有，你觉得有没有必要增加？谈谈你的理由；如果有，你觉得在使用中效果如何？还可以有哪些改进？
5. 选取某一具体学科，结合学习分析内容，使用原型制作工具设计一个学习仪表盘，并阐述其功能设计的理论依据。
6. 上网查找资料，在国内外各找一个应用学习者画像的代表性案例，并与同伴交流分享。

拓展学习资源

1. 张振虹，刘文，韩智. 学习仪表盘：大数据时代的新型学习支持工具[J]. 现代远程教育研究，2014（03）：100-107.
2. 张琪，武法提. 学习仪表盘个性化设计研究[J]. 电化教育研究，2018，39（02）：39-44.
3. 胡立如，陈高伟. 可视化学习分析：审视可视化技术的作用和价值[J]. 开放教育研究，2020，26（02）：63-74.
4. 洪丹丹，李飞，姚磊，等. 在线学习行为分析数据可视化快速开发框架设计与实践[J]. 微电子学与计算机，2018，35（07）：6-12.
5. 袁博，赵海媚，张成萍，等. 基于雨课堂的研究生英语学习行为可视化分析[J]. 现代教育技术，2018，28（05）：68-74.

6. 王国平. Tableau 数据可视化：从入门到精通[M]. 北京：清华大学出版社，2017.

7. 李金涛. 信息可视化设计[M]. 北京：人民邮电出版社，2015.

8. 管俊睿. Axure RP 9 高保真原型设计实例教程[M]. 北京：电子工业出版社，2020.

第 8 章

学习预警与学习干预

▎本章主要内容

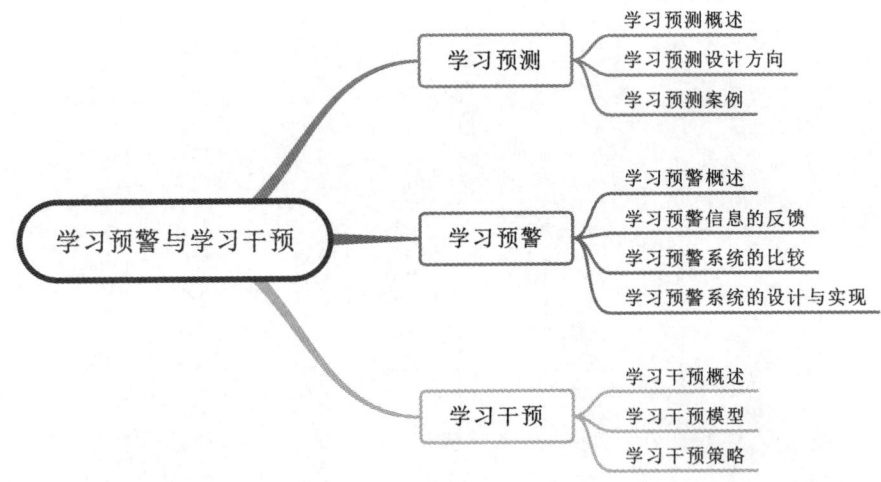

▎学习目标

通过本章的学习，你应该做到如下几点。

1. 知道学习预测的分析方法，能够使用数据分析工具进行预测分析。
2. 了解学习预警的原理，能举例说明学习预警的应用情境。
3. 熟悉常见的学习预警模型，能够结合学习数据进行预警分析实践。
4. 能说出常见学习干预的方法与策略。
5. 能够结合具体课程设计一个学习干预方案。

第 8 章 学习预警与学习干预

8.1 学习预测

8.1.1 学习预测概述

学习预测是学习分析技术应用的一个重要方向,通过构建预测模型,可以识别学习者未来的学习状态,为潜在的学习风险提供干预依据。预测建模是指根据现有数据建立一个模型,利用模型对未来的数据进行预测。例如,利用已知学习者学业成绩类别的训练数据,训练得到一个分类函数或分类模型,并评估模型的性能。

学习预测主要对学习结果与表现、学习心理特征、学习能力等方面进行预测,我们从预测维度、数据来源、预测方法、结果分析等方面进行总结分析,学习预测的比较分析见表 8-1。在数据来源上,以课堂学习测试数据、问卷调查数据和学习管理系统数据为主。在预测方法上,以多元回归分析、决策树、贝叶斯网络和神经网络分析方法为主。在结果分析上,预测模型在所研究的具体情境中表现较好,但在不同预测方法的准确率上存在差异。

整体而言,学习预测体现出以下几方面的特性:①微情境性,已有的学习预测偏向具体的学习情境,如多媒体学习情境、网络学习情境、移动学习情境等,侧重对学习者在某一具体情境下的学习阶段活动分析;②学习数据的外在性,预测数据来源主要依靠网络学习活动的外在行为表现和课堂学习情境下的学习测试表现;③预测内容的可计算性,尽管学习预测的内容多样化,但每一项预测内容都可以转化成可测量和计算的指标,以支持分析工具的数据处理和自适应学习系统的识别与自动化分析;④学习预测的结果导向性,学习预测主要依据之前和当前的学习活动特征对学习者未来的结果表现进行预测,如学习成绩、学习目标和学习能力等,通过不同形式的学习结果预测来改善学习成效和学习体验。

表 8-1 学习预测的比较分析

预测维度	数据来源	预测方法	结果分析
学习成绩	问卷调查数据、学习活动数据	结构方程模型、神经网络	有意义学习、学习动机和认知负荷对学习成绩有不同程度的影响;神经网络预测效果比回归分析要好
学习表现	手势行为数据、学习登录行为数据	机器学习、多元回归分析	学习表现预测模型的准确率为 85.7%;根据学习者认知和学习偏好能够较好地预测学习测评表现
学习目标层级	学习者体征数据	多元回归分析	根据学习者的心率变异性、脑电波反应能较好地预测达到的学习目标层级

续表

预测维度	数据来源	预测方法	结果分析
学习辍学率	学习登录行为数据	神经网络、决策树、贝叶斯网络	学习过程中的项目测试时间和结果能够达到75%~85%的辍学率预测准确率;决策树预测效果好于神经网络和贝叶斯网络
学习持久力	电子档案袋数据	朴素贝叶斯、决策树、逻辑回归	朴素贝叶斯分类效果好于其他两种分类方法;使用学习成绩和参与度数据可以达到87.5%的预测准确率
学习迁移表现	课堂学习情境下的测试数据	多元回归分析	多媒体学习情境下的个体认知差异(文本位置和注意力分散)影响学习迁移表现
学习成功表现	学习管理系统数据	多元回归分析	根据学习者先前知识和能力能够较大程度上预测MOOC学习者的学习成功表现
学习结果	学习管理系统数据	朴素贝叶斯、决策树	问题解决过程中的厌倦情绪对学习结果有消极影响,但在支架辅导时有积极影响;集中参与和挫折情绪与学习结果呈正相关
数字化学习体验	横断面调查数据	结构方程模型	模型中的认知、情感、个性、社交和娱乐与数字化学习体验具有强相关性

8.1.2 学习预测设计方向

随着大规模开放在线课程的广泛应用、自适应网络学习平台的发展和智慧学习环境的兴起,为学习者提供学习结果预测服务将逐渐成为未来数字化学习的必要条件,且这种服务将实现监测的实时性与自动化。科学有效的学习结果预测不仅要在结果上具备准确性和可靠性,还要在应用上具有可迁移性。未来的学习结果预测是这样一种系统化流程,即在混合式学习情境下整合不同学习类型和行为数据,通过机器学习方法训练出较为准确和稳定的预测模型,并为学习者提供个性化学习结果反馈。我们从情境、理论、数据、方法和结果5个层面对未来的学习结果预测方向进行阐释。

1. 情境方向:混合式学习情境

移动技术和虚拟现实技术的发展使学习者由早期在传统课堂情境下的正式学习演变成在不同情境下的正式学习和非正式学习相融合的学习生态,支持学习者开展泛在学习的混合式学习情境是未来学习情境的常态。混合式学习情境的设计需要丰富的学习情境提供支持。由于学习者的行为表现被分布到不同的学习情境中,因此需要整合常见的学习情境,如网络学习情境、移动学习情境、虚拟现实情境等,这样既可以全面分析学习者在不同情境中的行为表现,又可以使扎根于常见混合式学习情境的分析结果具有可推广性。

2. 理论方向:整合教学设计与学习分析理论

数字化环境下的学习活动表现与教学活动和资源设计紧密相关,教学内容的编排和难易程度直接影响学习结果和学习体验。当前，MOOC 较高的学习辍学率和低参与度就是课程内容缺少差异性及师生互动黏性低导致的，而这与教学设计的适恰性密不可分。因此，学习结果预测需要考虑教学设计因素对学习表现的影响，在以教师为主导、以学习者为主体的教学设计理论框架下，针对不同类型的课程设计，选择合适的教学设计理论作为理论分析基础。此外，学习结果预测是基于学习数据开展的分析，同样需要学习分析理论的指导。因此，在实际探索中需要整合教学设计理论和学习分析理论对预测指标和分析流程进行设计，从而使预测模型建立在可靠的分析理论之上。

3．数据方向：学习者心理状态与行为表现数据

以往的学习结果分析数据侧重学习者的单击数据，即学习者在不同网络学习平台中通过单击生成的学习时间和学习次数数据，这些统称为学习者外在学习行为数据。然而，学习者在课程学习过程中也会出现情绪上的变化，从心理学视角分析学习行为和状态有助于探测影响学习结果的实质因素。近年来，随着可穿戴技术、情感测试技术和增强现实技术的快速发展，研究者可以获取学习者内在心理状态变化数据，如学习表情、学习情感、学习注意力等。在整合学习者外在学习行为和内在心理状态数据的条件下，我们可以更精确地分析立体化的学习行为特征，发现隐藏在单击数据背后真实的学习状态，从而使预测结果更为可靠。

4．方法方向：以机器学习为分析主导

教育大数据的逐步成熟和人工智能的深入发展正变革着当前以统计分析为主的研究分析范式。学习数据类型的多样化和数量的增加使得以集成学习、基于规则的分类器、支持向量机、神经网络等预测分类算法为代表的机器学习模式逐渐成为分析主导。机器学习分析模式下的学习结果预测涉及两方面问题：一是采用监督学习探索自变量和因变量之间的映射关系，采用非监督学习探索学习表现中的行为模式，发现关键分析指标；二是对比不同预测分类算法的准确率和分析效率，整合各类算法优点找到适合分析不同情境的最优预测分类方案，以便后面应用到网络平台中。

5．结果方向：个性化学习反馈

学习结果预测的最终目标是为学习者提供服务，促使学习者优化学习路径、改善学习成效。未来学习方式将逐渐走向个性化，为学习者提供个性化学习服务是技术改善学习的内在旨趣。在个性化学习服务的理念下，未来学习结果预测将为学习者提供个性化学习反馈，具体包括两个方面：一是预测学习者学习成败表现、学习成绩等结果性信息；二是基于学习者的学习结果和个性特征，为其提供个性化学习反馈，包括学习内容推荐、学习互动人群推荐和学习练习推荐，从而使预测结果由初期的学习预警转变成学习改善。

8.1.3 学习预测案例

该案例以在线开放课程为对象,基于学习者的在线学习痕迹数据,采用预测分析方法进行学习结果预测,为在线学习预测分析提供参考。

1. 问题分析

近年来,大规模开放在线课程(MOOC)凭借其免费、高质量的学习资源和较好的学习支持服务在世界范围内得到推广和应用。尽管 MOOC 拥有较高的课程注册率,但学习者在实际学习过程中表现出的高辍学率和低参与度的现状,确实是一个无法回避的问题,且尚未找到有效的解决方案。如何基于学习活动数据有效预测学习结果,为教学服务人员提供干预依据,进而提高学习参与度并降低辍学率,是本案例所要回答的核心问题。本案例通过设计学习结果预测分析指标,并利用 MOOC 数据进行分析来形成具有可指导性和可操作性的学习结果预测理论,为成果的应用转化提供实证支持。

2. 研究样本与方法

1) 研究样本

本案例选取 edX 上的两门 MOOC 课程,课程名称分别是"Data,Analytics,and Learning"和"Introduction to Engineering and Engineering Mathematics"。其中,第一门课程作为探索性分析课程,选取参与各项学习活动且坚持学完所有课程内容的分析对象,在后面设计的各分析指标中均有计算数值,其目的是剔除多数无效和不完整的数据样本,最终确定 311 个数据分析条目;第二门课程作为验证性分析课程,需要对所有学习行为分析指标进行分析,涉及的数据涵盖课程中的视频学习、互动讨论、学习评价和文本学习等不同学习模块,学习者在不同学习模块中的活跃程度存在差异,因此各指标的样本数量有所区别。为了选取有意义的数据,使各指标在同一样本数量上进行分析,在计算完各分析指标数据后,通过 ID 选择所有指标的共同样本,并剔除在所有指标上的缺失值,对数据进行二次处理和指标计算后,最终得到的分析样本数为 2383 个。在数据使用授权和范围上,我们已得到课程负责人和所在学校数据审核委员会的使用批准,准许使用剔除学习者个人信息的数据。

2) 研究方法与工具

本案例分别采用预测分类法、文本分析法、多元回归分析、属性选择等方法进行分析。其中,预测分类法包括机器学习中较为常用的朴素贝叶斯网络和决策树,在分析准确率和效率上两者互补,同时对噪声数据有很好的健壮性。在学习结果上,应用多元回归分析来分析数字型的学习成绩数据,应用预测分类法来分析标称型的学习成绩等级数据。文本分析法用于分析互动内容的相似度,主要对互动主题和发帖内容进行分析。属性选择是指搜索数据集中所有可能的属性组合，分析各属性在预测结果上的权重比例，并找到预测效果最好的属性子集，这里应用该方法评估学习分析指标的重要性。在分析工具上，采用 WEKA、SEMILAR、SPSS 进行分析。WEKA 是一个包含数据处理、学习算法和评价方法的数据挖掘和机器学习软件，用于预测分类和属性选择分析；SEMILAR 工具通过应用空间向量的余弦算法来计算文本相似度。在分析类型上，采用有监督的学习，即通过给定的输入和输出数据集，学习两者之间的映射关系，从而实现预测分析。

3．学习结果预测设计

1）学习结果预测分析思想

MOOC 学习环境下学习者的典型活动特征主要体现在学习知识内容、学习互动交流和学习测评考试 3 个方面，而学习者的个性化学习特征将影响这 3 个方面的学习活动过程并最终作用到学习结果上。基于 MOOC 学习环境下的学习过程与学习结果，我们提出 CIEO 学习结果预测分析思想，CIEO 分别是学习内容（Learning Content）、学习互动（Learning Interaction）、学习评价（Learning Evaluation）和学习结果（Learning Outcome）的首字母，其中学习内容、学习互动和学习评价共同预测学习结果。在学习内容上，通过学习内容完成度和掌握度进行分析；在学习互动上，通过学习互动参与度和贡献度进行分析；在学习评价上，通过学习测评完成度和通过率进行分析。学习结果预测分析思想如图 8-1 所示。CIEO 思想的核心在于基于学习过程中的关键活动和主要环节预测学习者的最终学习表现，其优势在于通过整合基础学习行为数据来形成有意义的学习分析指标进行预测。

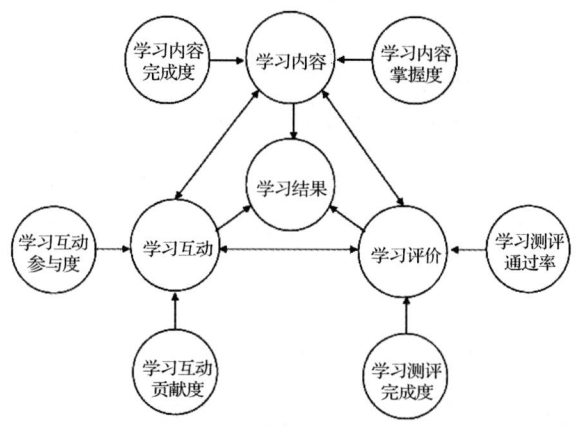

图 8-1　学习结果预测分析思想

2）面向学习结果的学习行为分析指标设计

尽管根据学习者的基础学习行为数据能够预测学习结果，但在学习分析中应当用有意义的学习行为分析指标作为分析对象,以得出学习者的活动表现情况。在学习数据上,应当将相关学习活动数据进行整合,以提高数据的分析价值及增强行为指标的学习分析意义。为了更加全面地反映和预测学习结果,我们对学习行为分析指标进行设计,即对学习者的基础学习行为数据进行计算来综合反映学习者各部分的学习状况。通过计算分析得出学习行为的 6 个分析指标,为后面的学习结果预测提供支持。在数据使用上,主要从学习者单击行为数据中整理出时间数据、次数数据及文本互动内容信息。

(1)学习内容分析指标设计。

学习内容分析主要依据学习者的课程视频学习行为和文本材料学习行为两个方面进行评定。课程视频学习行为包括学习时长和学习次数,从定量角度判定学习者的知识学习完成情况。由于课程视频学习行为并不能完全反映学习者的知识内化和理解,因此需要引入对文本材料学习行为的分析,即将学习者的课程视频学习行为与文本材料学习行为相结合,综合判定其知识内容完成情况,这与学习者的实际学习行为较为一致。当学习者在通过视频学习知识点时,如果知识点有一定难度,便会通过查看文本学习材料来促进对知识的理解,这一线性设计思路与当前 MOOC 课程内容的设计较为一致,如 edX 平台上的课程内容设计将微视频学习、文本材料学习、学习互动交流和学习测评用学习活动时间轴方式进行呈现,学习者按照线性学习活动设计逐步参与即可。该部分的具体分析变量包括学习内容完成度(LCF)和学习内容掌握度(LCM),其中 LCF=$\sum_{i=1}^{m}\frac{t_iF_i}{T_i}$($t$ 是单个视频中个人学习时长,T 是视频时间总长,F 是视频学习次数),LCM=$\sum_{i=1}^{m}\frac{t_iF_iH_i}{T_i}$($H$ 是文本材料学习时长)。

(2)学习互动分析指标设计。

学习互动分析主要对学习者在网络论坛中的发帖量、点赞量和发帖内容进行分析,具体分析变量包括学习互动参与度(LIE)和学习互动贡献度(LIC)。学习互动参与度主要判定学习者的互动频率,这里通过个人发帖量占论坛总发帖量的百分比进行分析,计算公式为 LIE=$\sum_{i=1}^{m}\frac{Q_i+A_i+R_i}{P_i}$($Q$ 是个人提问数,A 是个人回答数,R 是个人回复数,P 是论坛总发帖量)。除学习互动参与度外,还需要分析学习互动贡献度,以判定其互动深度,计算公式为 LIC=$\sum_{i=1}^{m}\frac{G_i}{S_i}+C$($G$ 是帖子点赞量,S 是总点赞量,C 是帖子内容与主题相关度)。以上两个指标中的发帖量和点赞量均通过个人总量与集体总量的百分比进行降维处理,以避免学习者之间的非正常提高个人数据。

(3)学习评价分析指标设计。

学习评价分析主要依据学习者在交互式微视频中的互动练习、单元学习作业和考试结果进行分析,具体分析变量包括学习测评完成度(LEP)和学习测评通过率(LER)。学习测评完成度分析对单次测评次数和测评内容总量进行分析,单次测评次数反映测评内容的难易程度,测评内容总量反映学习者的完成进度,从而判定学习者的参与情况,计算公式为 LEP=$\sum_{i=1}^{m}\frac{eF_i}{E_i}$(e 是个人测评内容量,E 是总测评内容量,F 是测评次数)。学习测评通过率分析可以判定学习者在内容掌握上的情况,其分析结果为最终学习结果提供一定的参照依据,计算公式为 LER=$\sum_{i=1}^{m}\frac{P_i}{S_i}$(P 是测评通过数,S 是总测评数)。在实际分析中,可选取某一单元测评内容对学习者的各个变量行为信息进行汇总,并分析其与学习结果之间的关联度和预测准确率。

依据上述学习行为分析指标设计,下面将应用前面介绍的 MOOC 课程数据对分析指标与学习结果的相关性、重要性和预测效力进行分析。

4.分析结果

1)基于学习行为分析指标的预测分析结果

在预测分析上,采用朴素贝叶斯网络对各指标进行预测分析,采用决策树对所有指标进行预测分类。为了进一步清晰展示各分析指标的预测准确率和相互结构关系,我们依据分析指标和分析结果形成学习结果预测准确率模型,如图 8-2 所示。箭头上的数值代表每个变量的预测准确率,包括 6 个学习行为分析指标和 3 个学习分析维度指标。各指标的均方根误差值在 0.09~0.27 范围内,测量精度较高。各指标整体预测准确率比较高,说明通过基于基础学习行为数据计算后的预测指标可以较好地预测学习结果。在学习内容预测上,学习内容掌握度预测准确率略高,说明通过对课程视频学习行为和文本材料学习行为进行综合评价可以较为准确地判断学习内容掌握情况。在学习互动预测上,学习互动贡献度的预测准确率略高,说明通过发帖获得的点赞量和发帖内容能够较好地判断学习者的互动深度。在学习评价预测上,通过学习测评通过率可以较为精确地估计学习结果。采用决策树分类方法对所有指标进行分类分析,得出预测准确率为 98.4545%。可以看出,每个指标均能表现出较高的预测准确率,且整体预测准确率较高。这在一定程度上说明指标设计的合理性和有效性,基于指标预测分析能够逼近学习者的真实学习结果。

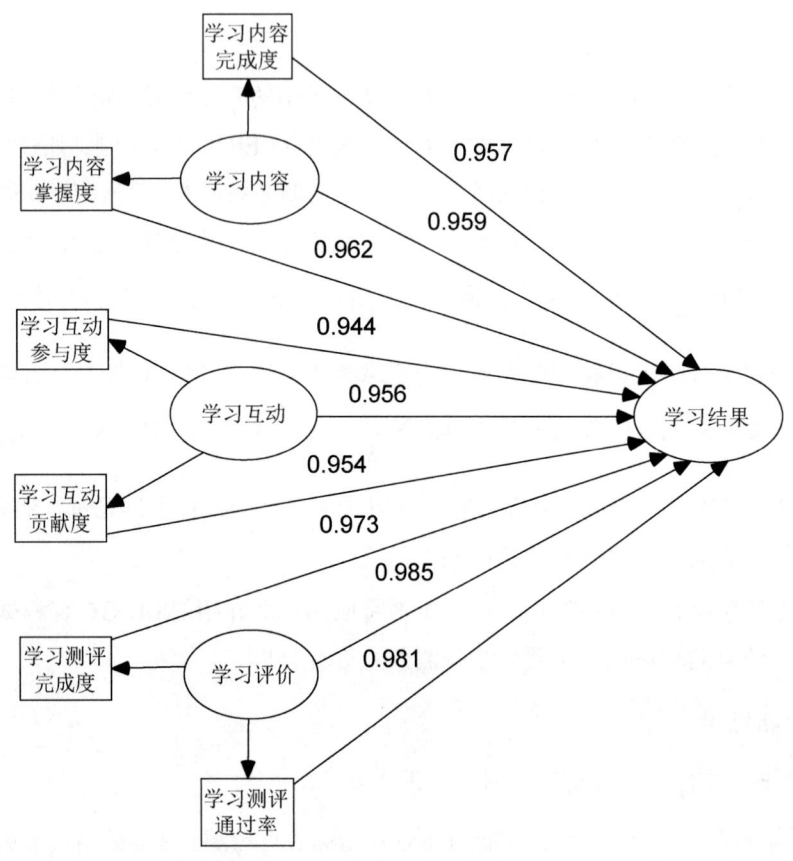

图 8-2　学习结果预测准确率模型

2）学习结果预测计算方式

要使学习结果预测分析能够实现可计算和可测量,为将来平台化的自动分析提供设计依据,需要基于学习结果预测分析的计算方程式提供支持。这里采用预测型的逐步多元回归分析对指标和结果进行分析,形成可计算的学习结果预测方程式。逐步多元回归分析通过从数个自变量中探索出对因变量最具预测力的自变量来构建一个最佳的回归分析模型。在进行逐步多元回归分析时,被选取进入回归模型的自变量对因变量的预测力均会达到显著水平。使用 SPSS 对样本数据进行分析,得出学习结果预测回归模型的方差分析。由于采用的是逐步多元回归分析,因此每个回归模型的整体显著性检验的 F 值会达到显著水平（$P<0.05$）,同时表示进入回归方程式的预测指标对学习结果预测的解释力达到显著水平,各指标的回归系数均不等于 0。在进入模型的变量数量上,有 5 个变量进入回归模型中,仍有 1 个变量未进入回归模型中,说明该变量未产生显著性预测。

整合回归系数和显著性检验结果得出回归模型摘要,基于学习行为分析指标的逐步多元回归分析摘要见表 8-2。从决定系数（R^2）中可以看出,有 5 个预测变量进入回归模型中，由于最后一个变量 β 为负值，因此将其剔除回归模型。这些预测变量对学习结果因变量具有显著预测力的大小顺序是学习测评通过率、学习测评完成度、学习内容掌握度、学习互动贡献度，各自的预测力分别为 68.8%、1.3%、5.2%、5.1%、1.1%，说明基于这些变量可以在较大程度上预测学习结果。在投入变量方面，学习内容完成度未进入预测回归模型中，说明其对学习结果预测的回归系数未达到显著水平。结合前面采用机器学习方式对学习指标的预测准确率分析结果可以判断，学习测评通过率、学习测评完成度、学习内容掌握度、学习互动贡献度、学习互动参与度是影响学习结果预测的显著指标，可以基于这些指标进行实际计算分析。

依据上述数据分析结果，选取正向影响学习结果的预测变量及其 β 值，我们可以得出基于学习行为分析指标的学习结果预测方程式：学习结果=0.417×学习测评通过率+0.205×学习测评完成度+0.178×学习内容掌握度+0.132×学习互动贡献度+0.068×学习互动参与度。该方程式可以为网络平台的预测功能参数设计提供实证依据。

表 8-2 基于学习行为分析指标的逐步多元回归分析摘要

投 入 变 量	决定系数 (R^2)	增加量 ($\triangle R^2$)	F 值	净 F 值 ($\triangle F$)	Beta 值 (β)	显著性 F 改变值
学习测评通过率	0.688	0.688	5242.977	5242.977	0.417	0.000***
学习测评完成度	0.701	0.013	2782.038	100.968	0.205	0.000***
学习内容掌握度	0.753	0.052	1864.446	9.468	0.178	0.002**
学习互动贡献度	0.804	0.051	1403.827	7.257	0.132	0.007**
学习互动参与度	0.815	0.011	1126.305	5.528	0.068	0.019*

（说明：* $p<0.05$；** $p<0.01$；*** $p<0.001$）

5．总结

本案例设计了面向学习结果的学习行为分析指标，并利用 MOOC 数据进行探索和验证分析。然而，针对不同的课程类型和学习结果在表现形式上还需要进行进一步的对比分析。首先，MOOC 课程学习人数众多，教学服务人员较少，学习者的最终学习结果并不一定能够保证得到较为科学的评价，而学习结果预测分析需要学习者的最终学习成绩数据作为分析依据，因此需要拥有较科学的学习评价课程数据来进行验证分析。其次，MOOC 课程类型包括基于内容的 MOOC、基于网络的 MOOC、基于任务的 MOOC，本案例主要针对基于内容的 MOOC 进行分析，后面还需要对其他类型课程进行比较分析，探索课程类型在学习结果预测上是否存在差异。以上两个方面的因素干扰和条件限制使得学习结果预测模型和计算方程式的效度还有待进一步验证。

8.2 学习预警

8.2.1 学习预警概述

1. 学习预警概念

预警是指在灾害或灾难及其他需要提防的危险发生之前,根据以往总结的规律或观测得到的可能性前兆,向相关部门发出紧急信号,报告危险情况,以避免危害在不知情或准备不足的情况下发生,从而最大限度地减轻危害所造成的损失的行为。学习预警是指通过挖掘、分析学习过程中产生的大量数据,了解学习者学习情况并及时发现学习过程中存在的问题,以此对学习者发出提示或警告,从而督促、引导学习者顺利完成学业。在网络环境下,学习预警是指通过收集在线学习过程中产生的大量行为数据和课程信息,用数理统计或数据挖掘的方式及时了解学习者的在线学习状况,并将提示或警告发送给学习者,督促学习者改善自身的在线学习质量,从而帮助在线学习者完成课程学习。

2. 学习预警类型

学习预警可以分为面向学习过程的预警和面向学习结果的预警。面向学习过程的预警包括学习路径预警、知识点预警、预测学习者某一学习阶段的整体表现水平、识别学习进度慢的学习者等。面向学习结果的预警包括预测学习者期末分数成绩、预测学习者是否退课、预测学习者平均绩点、预测学习者能否考上大学、预测学习者是否能正常毕业等。

8.2.2 学习预警信息的反馈

1. 预警信息反馈方式

预警信息反馈呈现的方式比较丰富,包括统计反馈、文本反馈和视觉反馈3种。统计反馈将学习者的成绩数据直接呈现;文本反馈根据学习者在项目中的表现,向他们发送个性化的书面信息,告诉他们成绩如何;视觉反馈将统计结果以图形展示,以方便学习者理解,并帮助他们将自己的在线活动状态与同学进行比较。根据学习者自身的差异,为不同的学习者提供相应的数据指标,这些指标会与学习者的学习过程联系起来,创建有意义的反馈。

2. 预警信息可视化

随着数据挖掘、学习分析等技术在教育中的应用,学习者可以接触到大量的分析结果数据，为了避免认知负荷升高，需要将数据分析的结果进行可视化，同时促进学习者外在动机的形成。作为学习分析技术和教育中学习者之间的桥梁，可视化反馈负责将数据分析的结果以最合理的可视化方式展现给学习者。

8.2.3 学习预警系统的比较

在学习预警系统方面，一些学校和教育机构依据自身的需求开发了学习预警系统，这些系统已经在相关领域取得了一些成效，学习预警系统比较见表8-3。

表8-3 学习预警系统比较

预警系统	实现形式	预警内容	技术方法	预警方式	预警目的
学习者成功系统	独立的在线学习预警系统	学习危机、辍学	语义分解、预测建模、学习分析、数据可视化	可视化图形、电子邮件	提高知识点掌握程度、提升自身技能、学习内容个性化推荐
学习仪表盘	学习管理系统与可视化工具相结合	知识点	信息跟踪技术、镜像技术、学习分析	学习仪表盘、电子邮件	提高知识点掌握程度、提升自身技能、学习内容个性化推荐
电子顾问系统	在线学习系统中嵌入个性化工具	学习需求、学习路径	点播工具、学习分析	电子邮件	推荐专业课程、制定学习路径、安排课程计划、辅助按时毕业
海星预警系统	在线学习平台中的一个模块	努力程度、课程成绩	大数据、分布式计算、自矫正系统、学习分析	小红旗、短信、电子邮件	尽早了解学习者、降低辍学率
课程信号系统	独立的在线学习预警系统	课程成绩、努力程度、辍学	预测学习者成功算法、数据挖掘和分析工具	电子邮件、短信、学习管理系统中的消息	提高学习者成绩、降低辍学率、节省管理时间和费用

学习者成功系统由美国的Desire2Learn学习机构开发，可以使用语义分解、预测建模、学习分析、数据可视化等方式，对影响学习者在线学习质量的因素（如出勤率、课程参与度、学业水平、社会学习等）进行分析，构建多样化、可视化的预测模型，准确地预测在线学习者的学习质量，便于为在线学习者提供适当的学习干预，有效降低辍学率。

可汗学院将学习管理系统与可视化工具相结合，以信息跟踪技术和镜像技术为基础，推出了学习仪表盘工具。该工具可以追踪在线学习者的学习行为路径，结合学习者的个人基本情况和课程信息，按照相应的需求进行数据分析，最终以图标、数字等可视化方式呈现出来，旨在帮助在线学习者实时了解自己的学习状态。同时，学习仪表盘会根据各个学习者的学习特点推荐个性化的学习内容，提供适当的学习指导，来帮助在线学习者改进自身的学习状况，提升学习技能。

美国亚利桑那州立大学研发的电子顾问系统，通过将个性化工具嵌入在线学习系统的方式对在线学习者的学习状况提出预警，辅以点播工具及学习分析技术，探索和研究学习者的学习需要。电子顾问系统的功能包括有针对性地为学习者推荐专业课程、制定学习路径，使用电子邮件方式为学习者安排课程计划，辅助按时毕业。

海星平台是美国的一个在线学习平台，该平台开发了海星预警系统并将其应用于在线学习系统中，旨在辅导在线学习者完成学习任务。海星预警系统使用大数据、分布式计算、自矫正系统和学习分析等技术，收集学习者的学习信息和实时在线学习行为数据，分析学习者的在线学习表现，从而尽早地了解学习者的学习情况。海星预警系统以短信、电子邮件或"小红旗"等方式警示处于在线学习危机的学习者，来帮助学习者完成课程任务，降低辍学率，提升在线学习质量。

美国普渡大学的课程信号系统，旨在辅助教师利用学习分析等技术手段检测学习者的在线学习状态，为学习者提供及时且具有针对性的反馈。课程信号系统可以预测学习者的学业行为表现，并以可视化的方式向学习者呈现其学习表现、学习路径和教师反馈等，使每个学习者都能清楚自己的学习状况与学习表现，从而促进学习者的学习质量提升。

8.2.4　学习预警系统的设计与实现[①]

该案例以高校混合式学习为对象，通过整合正式学习和非正式学习下的行为数据进行学习结果预警。其流程包括学习预警数据源分析、学习预警模型设计、学习预警系统的基础技术架构与学习预警系统的技术实现。

1．学习预警数据源分析

1）个人档案信息数据

个人档案信息数据主要包括学习者入学初始成绩、必修课课程通过率、选修课课程通过率、补考及重修因素、学位课程平均绩点等。其中，必修课和选修课课程通过率是对以往所修课程数进行统计，并进行数据折合转换得到的。补考及重修因素包含挂科、刷新绩点、因个人原因未进行考试等因素。学位课程平均绩点是依据学习者的具体成绩分数转换成的绩点值。个人档案信息数据反映了学习者的整体学习水平和学习成绩的动

[①] 本案例选自牟智佳，李雨婷，严大虎．混合学习环境下基于学习行为数据的学习预警系统设计与实现[J]．远程教育杂志，2018，36（03）：55-63．入选本书时略有改动。

态变化过程，基于该类数据既可以把握成绩变化趋势，为成绩预测提供支持，又可以掌握学情，了解学习者的学习表现风险区间，使预警结果符合学习者常态化学习状态。

2）课堂学习行为数据

课堂学习行为数据包括出勤频率、师生互动频率比、生生互动时长比、学习笔记记录频次比、课堂注意力时间比、教师形成性评估次数与课堂注意力时间比、注意力的分配和转移等。其中，师生互动频率比是指教师提出问题后，学习者个人参与互动数与互动总数的比值。生生互动时长比是指学习者个人参加互动时间与互动总时间的比值。学习笔记记录频次比是指学习者个人记录次数与班级总记录次数的比值。课堂注意力时间比是指学习者个人集中注意力听讲时间与课堂总时间的比值。教师形成性评估次数与课堂注意力时间比是指教师点评学习者时学习者注意力时间与教师未点评时学习者注意力时间的比值。注意力的分配是指通过跟踪头部姿势、面部表情、眼动等人类生理信号，来识别学习者实时的注意力水平，获取学习者注意力高度集中的时间段分布信息；注意力的转移是指学习者注意力转移的因素。课堂学习行为数据的搜集是指通过智能录播技术对学习者的行动表现进行有效追踪和实时记录。在学习注意力表现上，应用国外研究者米尔科·拉卡（Mirko Raca）等人设计开发的课堂注意力评价系统，通过学习者头部和肢体的移动位置、移动方向及写作活动分析其注意力状态。

3）网络学习行为数据

网络学习行为数据包括平台登录时间点、频次和持续时间、学习次序、学习任务完成进度及积极性、学习互动参与度、学习练习测验结果。其中，学习次序是指学习者根据自身学习习惯来决定的学习知识点的次序。通过跟踪在线学习者的浏览路线来研究学习者的学习行为，并对学习者行为进行有效跟踪、采集、分析和评估，我们可以归纳出学习行为与学习者在学习过程中的持久性及所获得的成绩之间的关系。学习任务完成进度是指根据学习者观看课程视频、学习材料情况、是否参与测评进行记录分析，基于学习者的人机交互点击流数据识别出的学习任务跳转及完成状态，只有完整观看课程视频、浏览学习材料、参与测评才被确定为完成学习任务；学习任务完成积极性是指学习者从任务发布到完成任务所间隔的时间与全班学习者完成任务的总时间的比值。学习互动参与度是指基于学习者浏览主题帖数、发帖数、回复数进行综合分析，各分类数与学习者集体参与总数的比值。学习练习测验结果是指对课后多个测验结果进行统计，将各项测验成绩值转换成百分比后进行累计得到的结果。

2. 学习预警模型设计

要使学习预警模型能够有效精准地预测学习者的学习结果，需要对学习者的全学习过程数据进行采集和分析。学习者学习方式的多样化和学习场景的分割性决定了学习预警模型要对不同学习环境下的多样化学习行为数据进行整合与评估，形成一条以学习者为中心的学习数据链。在结果输出方面，利用可视化分析技术给学习者和教师提供反馈或评价环，不仅可以让教师了解学习过程中资源使用状况、学习参与状况、学习活跃度等，还可以通过预测分析对结果状态进行评估和分类，识别出学困生。基于上述设计取向，我们进一步以个性化学习分析理论、交互理论、计算思维、可视化技术为指导，提取问题建模与系统设计、个性化学习活动过程分析、不同交互层级数据采集、学习状态可视化输出等思想，最终设计以学习者为主体、以学习数据链为分析对象、以个性化学习预警为服务目标的学习预警模型，如图8-3所示。

学习预警模型包括学习服务模块、数据采集模块、教育大数据仓库、云存储池与云计算平台、数据处理模块、预测计算与分析模块、自动预警与可视化模块。其中，学习服务模块是为学习者提供包含智慧教室环境和教育云服务平台的混合式学习场景，可以对智慧教室环境下的面对面互动结果、学习笔记记录状态和学习注意力状态，以及教育云服务平台下的学习任务完成结果、学习互动参与结果和学习测验结果进行追踪和记录。数据采集模块从键击层、交互层、行为层等方面对数据进行采集，并通过教育大数据仓库实现对信息数据的再分类，形成以学习者为中心的学习数据链。教育大数据仓库是依据个人档案信息和个体不同学习表现建立的主题数据库，提供满足具体学习行为信息提取需求的数据分析环境，并将各数据库进行关联，实现后面分析需求的响应与反馈。教育大数据仓库将对不同数据库进行分类处理，包括以个人档案信息数据为代表的关系型数据库和以学习过程和学习结果数据为代表的非关系型数据库，分别发挥传统数据库工具在结构化数据上的处理优势，以及Hadoop在大规模非结构化数据上的预处理优势，将两者处理后的数据存储至结构化数据库中。

云存储池与云计算平台通过集群应用、网络技术和分布式文件系统等功能，将不同教育数据库通过软件集合起来进行协同工作，以提供数据存储和业务访问功能。数据处理模块基于分布式处理系统，采用批处理和流计算对数据进行抽取、清洗、转换和集成加载。预测计算与分析模块采用层次分析法计算数据模块权重，并应用BP神经网络和关联规则预测分析各数据模块间的关系与学习结果表现。自动预警与可视化模块基于分析结果对预警结果状态、学习报表分析、预警过程分析进行输出，其中预警结果状态基于预警计算数值采用可视化仪表盘方式进行标识。

3. 学习预警系统的基础技术架构

在前期分析的基础上，依据上述提出的预警模型与数据来源，结合相关的技术标准和规范，我们设计了学习预警系统的基础技术框架，如图8-4所示。该框架包括5个部分的内容。

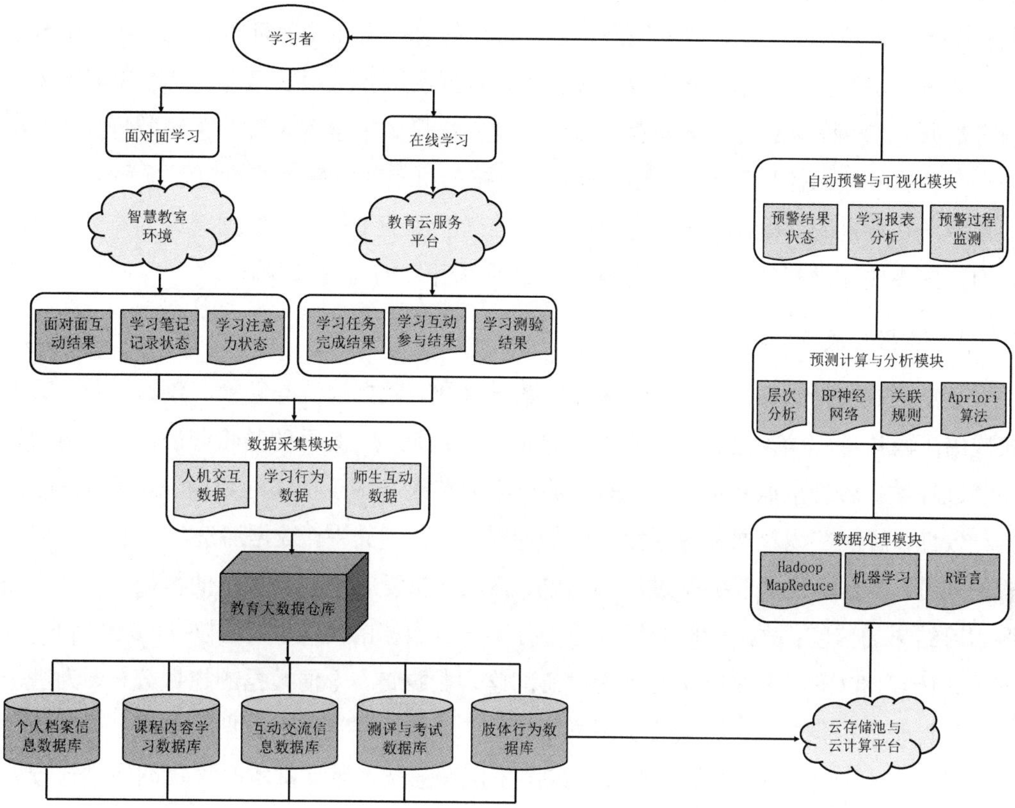

第 8 章 学习预警与学习干预

图 8-3 学习预警模型

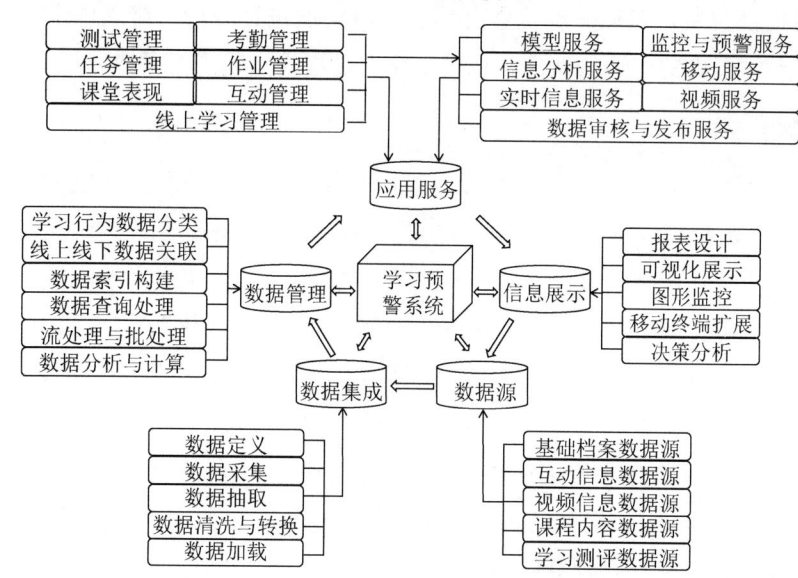

图 8-4 学习预警系统的基础技术框架

1）数据源

数据源涵盖了学习者个人的基础档案数据源、互动信息数据源、视频信息数据源、课程内容数据源、学习测评数据源等，采集的数据均为混合式学习环境下影响或显示学习者学习状态的重要信息。从来源对象上看，数据源主要汇聚学习者、课程和班级 3 类教育数据，这些数据是反映学习者学习水平及其在群体中学习表现的关键数据，可以帮助学习者更好地掌控学习状态。数据源涵盖数据的质量和数量直接决定了预测学习结果和预警学习危机的成效，数据源的合理性与准确性保证了教育大数据仓库的有效性，以便为数据集成提供基础支持，这是学习预警系统开发的前提和基础。

2）数据集成

数据集成包括数据定义、数据采集、数据抽取、数据清洗与转换、数据加载。数据集成用于解决课程学习进程中存在的数据间的互通问题，其目的是将分散的、异构的教与学过程数据转换成联系的、统一的能够对学习结果产生正反馈的数据，从而保证数据的一致性，解决在线数据和课堂数据间的冲突等问题。其中，数据清洗与转换是数据集成的关键，数据清洗的任务是过滤不完整、错误和重复等不符合要求的数据，以确保预测学习结果的信度；数据转换的任务是进行不一致数据的转换、数据粒度的转换和一些规则的计算，以确保形成以学习者为中心的学习数据链，方便数据的挖掘分析，为进一步的数据管理提供保障，并最终实现学习预警。例如，课堂表现数据的集成，这类数据与学习注意力密切相关，采集的手段是采用图像增强技术对课堂实时采集图像进行预处理，对课堂场景进行分析，提取感兴趣区域，对学习者采集图像的颜色特征进行计算，确定学习者面部位置，获取眼部位置并对其眼动情况进行分析。将这些数据集成并量化，从而得到学习者的注意力状态，以便对学习进程给予适当干预或建议。

3）数据管理

数据管理既包括线上和线下学习行为数据的分类与数据关联，又包括数据索引构建、查询处理、流处理与批处理、数据分析与计算。数据管理的功能定位是对集成数据的管理，是形成有效精准预警信息的重要保障，也是保护隐私数据、确保数据安全的关键。数据管理的目的是保障高质量的学习结果预测，协调集成数据实现各种应用之间的可共享性，最后实现学习者与学习结果、预警信息的良好对接。在系统建设上，通过分布式文件系统、分布式数据库和并行计算模型进行架构实现。采用 Hadoop 分布式文件系统对以学习者为中心的不同行为数据节点进行连接，为上层数据挖掘提供非结构化存储服务。采用 MapReduce 分布式并行计算模型对不同学习行为数据进行拆分，在不同计算节点上执行，最后整合计算结果。

4）应用服务

在整合数据源、数据集成和数据管理的基础上，形成了教育大数据仓库。教育大数据仓库是一个面向教育教学的、集成的、随时间变化的、相对稳定的大数据集合，用于支持学习预测、教育管理决策等功能。教育大数据仓库常用的创建方法步骤包括：①将各个教育信息系统的业务数据库中的共享数据和非共享数据通过 ETL（Extract Transform Load，抽取转换加载）工具抽取、转换、加载到 ODS（Operational Data Store，操作型数据存储）数据缓冲区；②将 ODS 数据缓冲区的共享数据通过 ETL 工具抽取、转换、加载到 ODS 共享数据区中；③将 ODS 数据缓冲区中的非共享数据抽取到数据仓库中；将 ODS 共享数据区中的共享数据抽取到数据仓库中。

在教育大数据仓库的底部构建应用服务层，应用服务层分为服务层和应用层，服务层提供基础教学资源，为应用层提供学习分析基础；应用层为学习者提供针对学习内容理解内化程度的判断与检测，是对服务层的评价与反馈，是服务层在学习进程和知识应用层面上的推进。服务层直接为师生提供包括模型服务、监控与预警服务、信息分析服务、移动服务、数据审核与发布服务、视频服务、实时信息服务等在内的具体功能服务。服务层以教育大数据仓库和教育云平台为依托，实现师生之间的信息交互，帮助师生完成教学活动；应用层是包括考勤管理、作业管理、测试管理、课堂表现、互动管理、任务管理和线上学习管理在内的与测评系统相关的具体模块。测评活动贯穿于整个学习进程当中，起到诊断性评价的作用，测评结果则作为学习结果和预警信息的依据，可以帮助发现学习者在学习过程中存在的问题和不足，便于对学习者的学习状况形成直观了解。

5）信息展示

信息展示包括报表设计、可视化展示、图形监控、移动终端扩展和决策分析。学习预警系统综合考虑学习者的学习过程、学习结果、内容形式、表现方法等要素，利用可视化的技术手段将阶段性学习结果输出为学习仪表盘等形式，对有效的学习结果预测和精准的学习预警分析进行更直观的反馈，从而帮助学习者更好地理解分析结果，支持决策行为。

4．学习预警系统的技术实现

学习预警系统要提供统一的面向对象的工厂模型及多种教学业务模式，应用支持向量机和机器学习方法进行数据分析。在技术路线上，我们利用 UML 建模来设计核心数据模型，以 ASP.NET 为开发平台，采用 Oracle 数据库，基于 Microsoft.NET 后台开发及 JQuery 前台开发等开发学习预警系统。该系统具有高度的扩展性和可维护性，可动态管理教育大数据仓库内部的数据分析环境，定期进行数据更新，使教育大数据仓库正常运行，并能够根据学习过程数据快速地进行动态分析，解决软件需求不确定性和软件开发实施速度间的矛盾，满足学习预警的常态化监测需求。

1）学习预警系统的数据结构及权重

学习预警系统的主要数据结构包括教师表、课程表、选课表、考勤表、个人档案信息表、学习资料表、课堂学习行为数据表、网络学习行为数据表、测评任务表、操作日志表等，如图8-5所示。在数据结构中，由课程表可以计算个人档案信息表的必修课与选修课总数量，以及通过总数量和绩点；由选课表可以计算出课程成绩和课程是否通过；由操作日志表和学习资料表可以获得网络学习行为数据表中的发帖数、回复数、浏览主题帖数、完成进度、互动参与度等信息；由网络学习行为数据表、测评任务表和课堂学习行为数据表可以计算出测评预警结果、课堂学习行为预警结果、网络学习行为预警结果。通过分析数据结构可以解决数据关联、数据通信及交互规范等基础性问题。

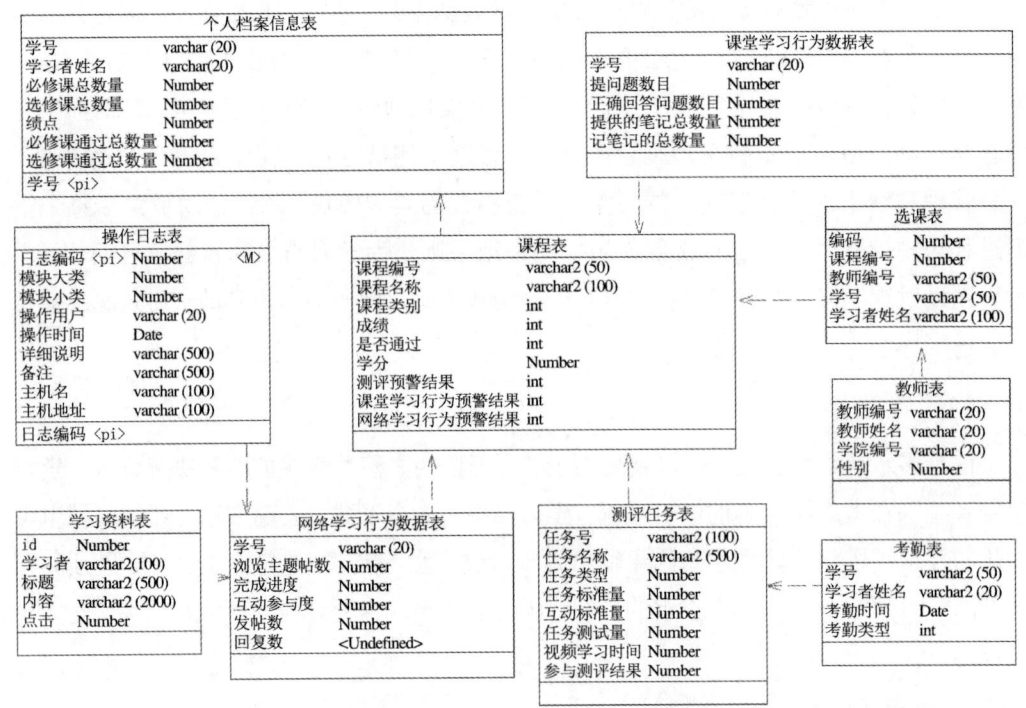

图8-5 学习预警系统的数据结构

学习预警结果是基于数据模块计算得出的，在模块权重方面我们采用层次分析法，对以往存在学习风险的学习者在不同数据模块的表现情况进行统计分析。具体过程包括：①构造判断矩阵，请评判专家按照九分位相对重要程度的比例标度，对上述同一层次的数据模块指标的相对重要性进行评判；②计算权重，依据层次分析计算公式，将上述十阶判断矩阵的各行向量进行几何平均、归一，得到各个数据模块的权重向量；③一致性的检验，为了评估预警系统的性能，判断其是否能给出精准的预警信息，需要检验判断矩阵是否具有较好的一致性。我们先根据指标公式计算得出一致性指标，之后与十阶判断矩阵的平均随机一致性指标值进行相除，从而得出判断矩阵的一致性比率。

2）预警过程的监测与动态分析

预警过程包括预警状态监测与动态分析，其中监测内容包括课程测评分数、排名、课堂表现、线上任务完成与互动情况等；监测数据包括考勤记录、测评成绩、课堂表现等。动态分析是指采集各个子系统的监测数据，将数据整合到教育大数据仓库中，并按照使用者的需求通过教育大数据仓库高效地对数据进行全面动态分析，发现数据中的潜在信息，及时对学习结果做出精准预测，最终以数字、图表等可视化形式呈现出来，从而为教师和教育管理者提供学习预警支持。我们以学习测评预警为例进行具体说明，其动态分析过程如图8-6所示。测评成绩在学习预警系统中经过换算，满分为10分，图左边是测评数据的记录，分数小于6分表示"危险"，图右边是曲线图，可以看出李*在每个时间段的分数都很低，处于"危险"状态。

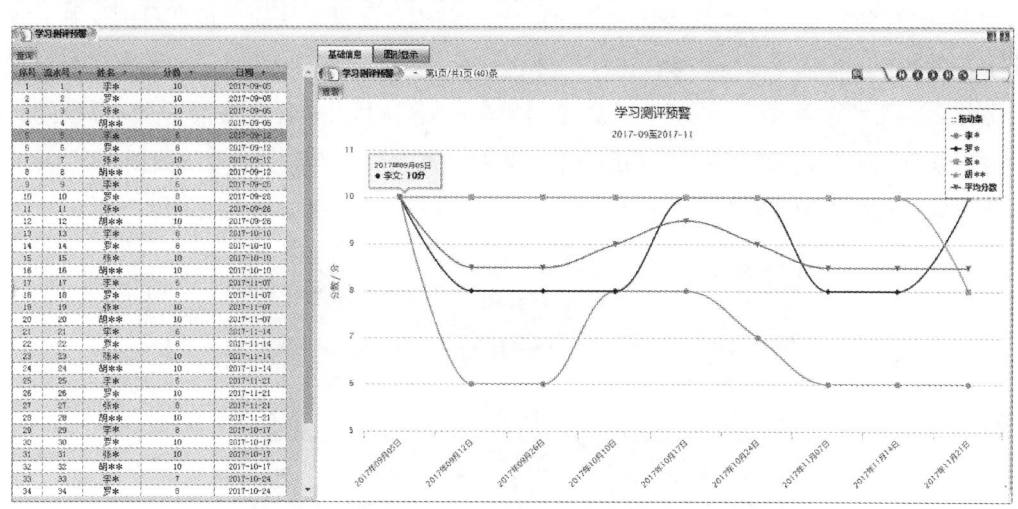

图8-6 学习测评预警的动态分析过程

3）预警结果的可视化输出

（1）数据可视化技术概述。

数据可视化旨在借助图形化手段，清晰有效地传达与沟通信息。为了有效地传达思想观念，图形形式与功能需要齐头并进，通过直观地传达关键维度与特征，实现对稀疏而复杂的数据集的深入洞察。在本节中，数据可视化的对象主要包括学习者在学习测评过程中产生的有效数据、学习者在学习过程中产生的交互行为数据、学习预警结果的信息展示数据。

（2）插件式开发及Highcharts插件在学习预警系统中的应用。

插件式开发是一种程序设计技术，是一种面向组件的软件开发方法。在插件结构的应用系统中，程序并不是单一的执行文件，而是由主程序和若干个外部模块组成的。这些模块按照一定的规则编写，可以通过配置文件灵活地加入系统中，也可以在程序运行时动态地加入系统中。Highcharts 是一个用 JavaScript 编写的图表插件库，可在学习预警系统中实现结果的可视化输出。Highcharts 支持外部数据加载和数据动态性，支持多种数据形式。Highcharts 结合 JQuery 等 JavaScript 框架提供的 Ajax（一种创建交互式网页应用的网页开发技术）接口，可以实时地从考勤管理、作业管理、测试管理等模块中取得数据，集成到中心服务器中并刷新图表，提供良好的用户体验。

当前，学校的教育信息化系统和在线教育管理系统都已存在多个业务系统，如教务管理系统、学习者管理系统、毕业管理系统等。虽然各个系统都有查询、分析、报表等功能，但想要集中地对数据进行管理和分析，操作起来并不方便。从管理者视角看，在进行学习预警时需要从多个维度对学习者本身进行分析，这就要求教育大数据仓库关联多个相关数据库并从多个维度来组织数据、显示数据，不仅需要简单地"看到"各个业务系统的数据，更需要对这些数据进行汇总、分析、监测。本研究中的学习预警系统数据分别来自学习者管理系统、成绩管理系统、测试系统等。因此，需要将不同业务系统的数据进行统一的采集、整理和管理，利用教育大数据仓库为管理者提供有效的数据处理支持，从而能够进行集中的数据整合与分析。学习预警系统的可视化技术路线如图 8-7 所示。

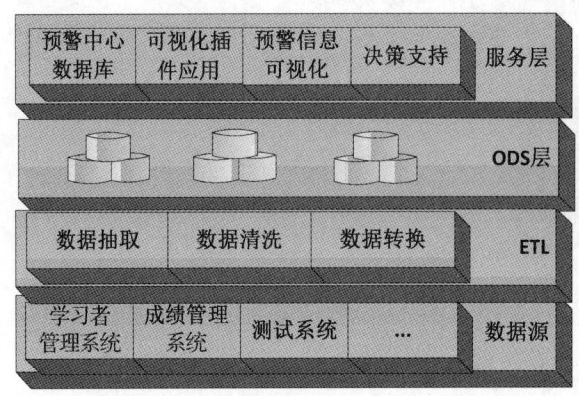

图 8-7　学习预警系统的可视化技术路线

ETL 是将各个子系统的数据经过抽取、清洗、转换后加载到数据仓库的过程，目的是将分散、零乱、标准不统一的数据整合到一起，为预警决策提供分析依据。ODS 层具备数据仓库的部分特征和 OLTP 系统的部分特征，保留"集成的、当前或接近当前的、不断变化的"数据，一般不保留数据的变动轨迹，是数据仓库体系结构中的一个可选部分。ODS 层适合于数据整合度较低、时效性要求较高、基于源系统数据结构加工的应用，主要进行短期的、细节的、反映业务原貌的数据存储，直接提供基于源系统结构的简单原貌访问，同时为商务智能环境中适合的业务需求提供支持。ODS 层的原则是面向全局，数据整合，模型设计，灵活扩展，并提供规范和共享。服务层先利用 ODS 层支持的预警中心数据库，再利用 Ajax 技术从数据库中读取数据，最后配置 Highcharts 插件，实现预警信息决策支持和可视化展示。

（3）可视化仪表盘输出预警结果。

可视化仪表盘输出采用的软件设计模式是 MVC（Model View Controller），即模型－视图－控制器。MVC 模式用一种业务逻辑、数据与界面显示分离的方法来组织代码，将众多的业务逻辑聚集到一个部件中，不需要重新编写业务逻辑，从而减少编码的时间。可视化实现将预警数据和图形分离展示，具体显示什么样的图形用业务逻辑来控制，以提高运行效率。本案例利用 MVC 模式，采集好预警数据，计算预警结果后，用可视化仪表盘的形式显示出来。

当教师登录学习预警系统时，可以通过可视化仪表盘查看学习者的课程学习状态。每个数据模块都有相应的可视化仪表盘，具体成绩由系统计算得出。当教师单击可视化仪表盘上的成绩时，该仪表盘将会显示学习者在该模块的学习历史记录。课程学习的预警结果将根据各个数据模块指标的权重进行计算得出，并进行可视化输出。我们以 60 分为基准点，60 分以下表示预警，60～70 分表示轻度预警，70 分以上表示在安全区，没有预警。为检验系统的可行性和有效性，我们以某高校专业课程"数据库原理与技术"为试验对象，以学习者档案数据、课堂学习表现数据、网络学习平台数据等为数据源，并将样本数据划分为训练样本和检验样本，应用该预警系统进行实际分析，系统预警总评结果如图 8-8 所示，可以看出李*在预警区。基于该分析结果，结合学习者实际学习成效，通过预警发现的学习者在课程学习表现上存在学习风险，这说明系统分析有较高的效度。

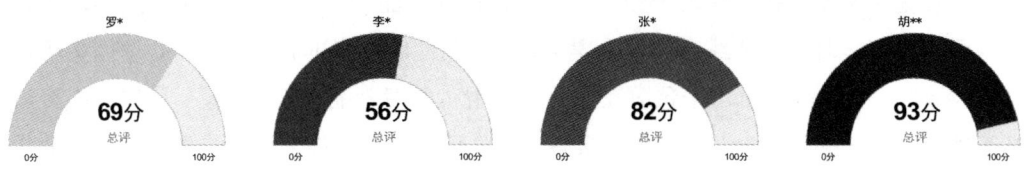

图 8-8　系统预警总评结果

通过该预警系统可以快速识别出在课程学习结果表现方面存在风险的学习者，而且能够对学习过程中的低效学习表现指标进行分析，找出学习过程中的薄弱点，为后期教师开展精准教学干预提供参考依据。此外，结合教育大数据实时更新的技术特征，系统对学习者的数据进行监控和更新，根据学习者一段时间内的学习任务和学习评价结果的改善情况对其预警状态进行更改，形成对学习表现的常态化和阶段性监测。

5. 总结

本案例对学习预警系统的理论模型和基础技术框架进行设计，并通过 Oracle 数据库、ASP.NET 语言、Microsoft.NET 等进行技术测试，提出混合式学习环境下面向课程的学习预警系统。后续还需要在教学实践中进行应用，探索不同学科下的课程预警效果，并对预警的精准性和用户体验进行迭代优化，以提高该系统的运行效度和鲁棒性。

8.3 学习干预

8.3.1 学习干预概述

"干预"的意思为"过问或参与"。在英文解释中，Intervention 的含义更加丰富，除过问、参与外，还强调了强制性涉入某事，其目的是阻碍或纠正某种行为。就教育学领域而言，尽管"干预"这一概念早已广为人知，但在学术研究方面仍停留在一个宽泛性的层次上，并未有学者对这一概念做出明确界定。教学实践中干预模式的多样性和变动性导致学术界无法对这一概念做出详细阐释。目前，各种外显化的教学与学习支持服务都被认为是学习干预。

随着信息化教育的发展，学习干预可以发生在课堂上，也可以发生在网络上。课堂上的学习干预主要是指教师的各种教学方式或管理手段，而网络上的学习干预可以是教师的教学方式或管理手段，也可以是数字化学习环境自适应产生的、为改善学习者的学习成效和帮助学习者解决问题而实施的各种策略和行为。有研究者认为，有效的学习干预应该整合相关教育与心理学理论，面向不同的干预对象施加特定的干预策略，使得相关干预实施对象能够按照学习干预所制定的目标同向而行。也有研究者指出，学习干预作为联通传统学习场景和线上学习的渠道，更加关注学习者的行为因素、心理因素等对学习成效的影响，因此学习干预应在学习过程中对学习者的动机、情感、认知和态度进行干预设计。还有学者认为在理想的状态下，学习干预始于对学困生的学习和环境的优势、劣势及需求进行评估，在对需要帮助的学习者提供学习支持的同时，监控学习者的发展，并对其发展进行重新评估。

对于学习干预的方式，有研究者从干预的性质、规模、主体等维度进行了区分。从性质的角度，学习干预可以分为教学干预和社会干预，教学干预指一切教学元素的干预，如学习路径建议、学习资源推荐等，而社会干预指学习心理疏导、伙伴推荐等；根据学习干预的规模，学习干预可以分为个人干预和班级干预；根据学习干预的主体，学习干预可以分为人工干预和自动干预，人工干预主要应用于传统课堂教学，教师发现问题后，直接对学习者进行干预，如增加练习、谈话、调整授课方式和学习活动等，而自动干预主要指非正式学习或混合式学习中技术支持下的干预，如个性化学习系统或自适应学习系统实施的干预、教师利用设备对学习者移动终端进行干预等。

8.3.2 学习干预模型

学习干预模型从系统和整体的角度指导整个干预过程的设计与实施，对于干预过程的顺利开展和干预目标的实现都起着重要的作用。下面介绍有代表性的学习干预模型。

1. 在线学习干预模型

随着在线学习环境的兴起和广泛应用，学习干预研究需要新的模型、方法和技术支持。针对传统学习干预研究的局限和在线学习的特点，张家华、邹琴、祝智庭提出在 RTI 模式的基础上构建在线学习干预模型，如图 8-9 所示。该模型包括 5 个要素，分别为筛选、监控预测、多层次干预、决策和学习分析。在线学习干预模型是一个循环迭代的干预模型，干预的层次包括群体干预、小组干预和个体干预。研究者利用学习分析技术将在线学习行为数据加以筛选和分析，及时预测可能会出现学习风险的学习者，并提供适当的学习干预。具体分析流程如下。

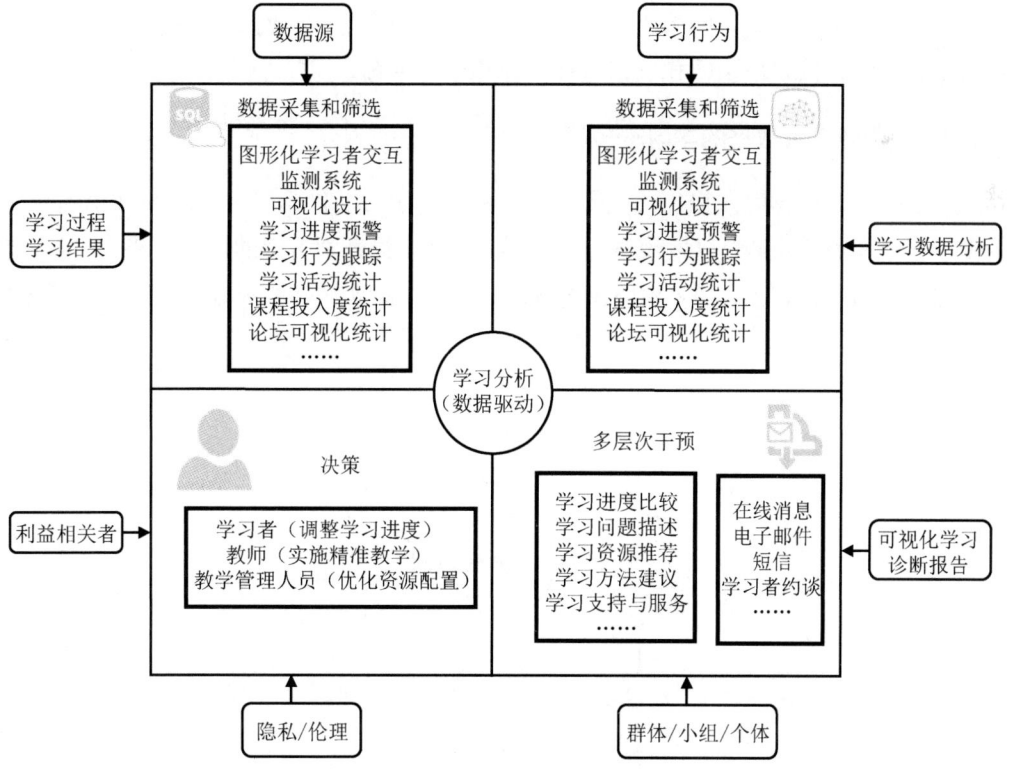

图 8-9　在线学习干预模型

1）筛选

筛选环节包含两个方面：一是在干预实施之前，根据平台特点和课程性质筛选干预技术和工具；二是在干预过程中，根据干预结果筛选出有风险的学习者。

2）监控预测

监控预测环节利用技术和工具监控在线学习行为，实时了解学习进度，量化学习者的学习数据；针对进度落后、偏离目标、存在障碍的学习者预测可能出现的学习风险。

3）多层次干预

多层次干预分为群体干预、小组干预和个体干预。根据学习行为的分析结果确定具体的干预层次，并采取相应的干预策略。可借助多种方式和工具实施干预，并为被干预学习者提供可视化学习诊断报告。

4）决策

决策环节对干预效果进行验证，呈现可视化分析结果，以支持科学的决策。若干预效果不明显，则调整干预策略和措施实施新一轮的干预。

5）学习分析

学习分析是整个模型的核心，贯穿学习干预的全过程，在数据驱动的基础上实施干预措施和策略，以实现个性化、适应性的在线学习干预。

2. 基于教育大数据的学习干预模型

武法提、李彤彤等人提出了基于教育大数据的学习干预模型，如图 8-10 所示。该模型以干预引擎为中心，以发现学习者的学习困难、提升学习者的学习效果为目标，包括学习者学习状态识别、干预策略匹配计算、干预策略实施、干预效果分析 4 个循环的环节。

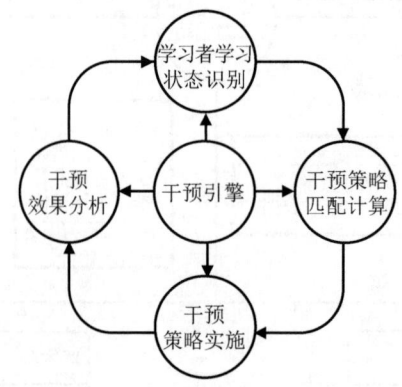

图 8-10　基于教育大数据的学习干预模型

(1) 干预引擎是模型的核心,起着关键的调控作用,监控着每个环节的实施状态,并适时对干预过程进行调整,以保证干预朝着有效的目标进行。

(2) 学习者学习状态识别是干预策略实施前的关键环节。学习者学习状态识别是指基于教育大数据来获取学习者的状态信息,识别出学习者学习状态的关键特征,从而定位学习者的学习阶段,判断学习者的学习状况。

(3) 干预策略匹配计算是指依据学习状态的关键特征,从干预策略库中筛选相关的干预策略,并与学习者学习状态的关键特征进行匹配计算,得出匹配度高的最佳干预策略。匹配合适的干预策略是干预实施效果的重要保障,干预策略匹配计算依赖于存储的干预策略,因此学习干预模型构建的关键是设计干预策略库与匹配机制。

(4) 干预策略实施是指根据最佳干预策略,以恰当的干预方式,将合适的干预内容推送给学习者。

(5) 干预效果分析是指实施干预策略后,干预引擎将持续跟踪学习者的学习状态,一方面判断已实施干预策略的效果;另一方面及时发现学习者新的学习状态,以选择并实施新一轮的干预,依次循环往复。

3. 在线学习危机干预模型

结合在线学习环境特征,舒莹、姜强、赵蔚设计了在线学习危机干预模型,如图 8-11 所示。通过学习预警模型诊断学习者是否存在学习危机,若诊断结果为不存在学习危机,则继续进行下一轮诊断,实时更新学习者的在线学习诊断报告;若诊断结果为存在学习危机,则将学习者分到通知干预组或在线学习支持环境干预组。

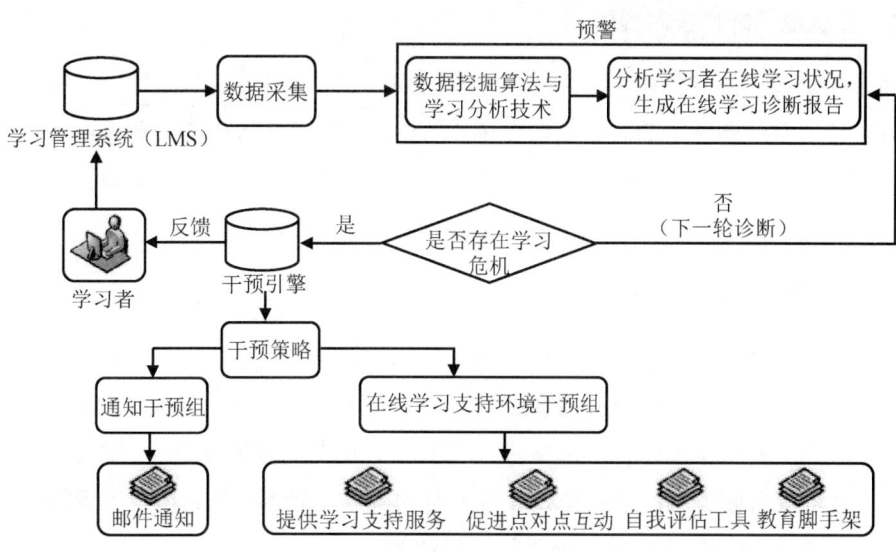

图 8-11 在线学习危机干预模型

1)通知干预组

被分配到通知干预组的学习者会收到一条消息,指出他们在线学习表现较差,可能无法完成课程,并指导他们如何提高自身的学习表现。在学习者收到的邮件通知中,会告知学习者通过对其近期作业成绩和其他一些可能预测学业水平的因素进行分析,发现该学习者的表现可能会对其学习成绩产生负面影响,并告知学习者采取怎样的措施可以改善其在线学习表现,提升在线学习质量。

2)在线学习支持环境干预组

被分配到在线学习支持环境干预组的学习者会收到一份与其学习表现相对应的在线学习诊断报告。该报告中包括在线学习风险仪表盘、每周学习风险报告、针对具体学习活动的诊断与建议、情绪分析图表。其中,在线学习风险仪表盘使用不同的颜色表示学习者在线学习状态,包括优秀、良好、普通、危险。每周学习风险报告以纵向线形式呈现,可用于跟踪不同学期中学习者学习表现的变化。针对具体学习活动的诊断与建议分为学习水平、学习交互和学习状态3类。分类的建议有助于学习者理解其学习成效评估,并做出相应的改进措施。情绪分析图表有助于追踪学习者的学习状态趋势,情绪状态的下降会引发警报,帮助学习者反思他们与课程相关的情绪,从而改善在线学习表现。

8.3.3 学习干预策略

在教育实践中,可以通过以下具体策略进行学习干预。

1. 发送电子邮件按时提醒

通过发送电子邮件提醒学习者按时完成任务,告知学习者当前的学习状况及时间利用情况,包括对近期学习的总结、完成任务的进度、距离任务提交的剩余时间、学习安排的合理程度及对于资源的学习利用程度等一系列信息。同时,针对不同类型的学习者提供适宜的学习建议与指导,提高学习者的时间管理能力。

2. 学业任务相关资源推送

学习者自我效能感低,缺少自信及对任务的错误认知,会使学习者陷入拖延,甚至逃避状态。对学业任务相关资源的推送可以提升学习者对任务及相关知识点的理解,减少不合理认知,并根据拖延程度及学习表现推荐不同类型的学习资源、学习方法及学习工具等,如向表现较差的高频率拖延者推荐补习类学习资源,向表现一般者推荐强化类学习资源,向表现较好者推荐拓展类学习资源等。

3. 电子徽章激励

电子徽章作为一种可视化的认证方式，能够反映出学习者在线学习的表现及获得的成就，以此证明学习者完成了学业任务。在网络学习平台中，针对学习者完成各学业任务的情况颁发相应数量与等级的电子徽章，可以表达对学习者付出努力的认可，有效引导和激发学习者的热情，提高并维持学习动机。

4. 弹出窗口警示

当学习者学习"偏航"不能集中注意力时，通过弹出窗口的形式向学习者发出警示、通知、注意等信息，告知其当前进行的学习活动可能存在的问题，如面临学习"偏航"的风险、因其拖延可能无法完成任务的风险或学习专注程度不足等，并根据学习者情况为其推荐适宜的学习路径与学习策略。

5. 可视化学习过程

同伴对学习者在线学习的影响不容忽视，通过学习分析可以实现即时量化跟踪班级学习者整体及学习者个体的学习过程并可视化呈现，包括完整的学习目标、学习路径、社群关系等信息。学习过程的可视化，一方面可以使学习者通过了解同伴的学习过程信息清楚班级榜样的学习状况，增强榜样效益；另一方面可以使学习者了解自己的学习状况，提高自我效能感与认知水平。

思考与实践

1. 如何提高学习结果预测的精确性？
2. 设计与实践：选取一门在线课程，采集该课程的各类学习数据，使用不同的预测分析方法对学习者的学习结果进行预测分析，并对不同预测分析方法的效果进行比较分析，将自己的分析结果与班级同学进行交流分享。
3. 上网查资料，了解美国普渡大学的课程信号项目，从学习预警流程、数据来源、预警模型、预警结果等方面对该项目进行解读分析。
4. 有人说"学习干预"这个概念是"旧瓶装新酒"，请问你怎么看待这一观点？
5. 小组活动：选取某一课程单元，针对学习存在的问题设计一个干预方案，并进行试讲。
6. 考察与访谈：深入中学，了解中学当前主要的教学模式，与学科教师交流数据驱动的精准教学理念，讨论其在教学中的应用方式。

拓展学习资源

1. 黄昌勤,涂雅欣,俞建慧,等. 数据驱动的在线学习倦怠预警模型研究与实现[J]. 电化教育研究,2021,42(02):47-54.

2. 田浩,武法提. 学习分析视域下学习预测研究的发展图景[J]. 现代教育技术,2020,30(11):98-104.

3. 舒莹,姜强,赵蔚. 在线学习危机精准预警及干预:模型与实证研究[J]. 中国远程教育,2019(08):27-34+58+93.

4. 王均霞,俞壮,牟智佳,等. 学习测评大数据支撑下面向知识点的学习预警建模与仿真[J]. 现代远距离教育,2019(04):28-37.

5. 肖巍,倪传斌,李锐. 国外基于数据挖掘的学习预警研究:回顾与展望[J]. 中国远程教育,2018(02):70-78.

6. 李锋,王吉庆. 中学生在线学习伴随式干预:环境、策略、方法与案例[J]. 中国电化教育,2019(11):91-98.

7. 姜强. 基于大数据的在线学习精准预警与干预研究[M]. 北京:科学出版社,2021.

8. 张家华,黄森,缪佳佳. 数据驱动的学习分析与适应性干预[M]. 北京:科学出版社,2021.

第 9 章

学习分析研究与实践案例

本章主要内容

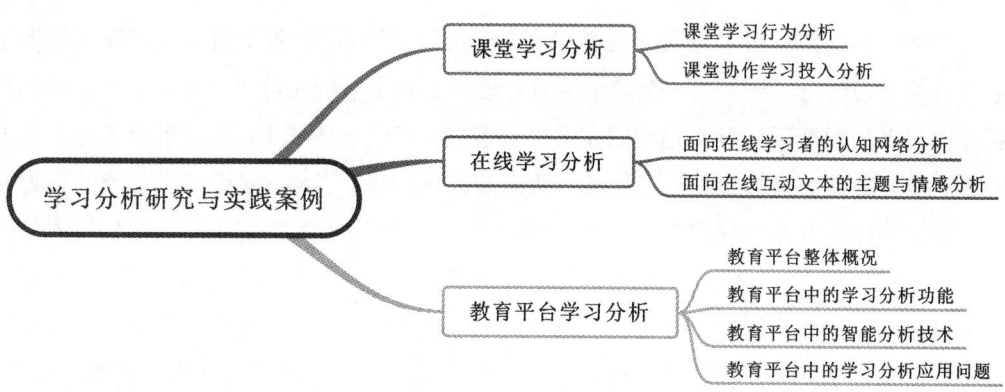

学习目标

通过本章的学习，你应能做到如下几点。

1. 认识学习分析在课程教学中应用的不同形式。
2. 掌握学习分析研究设计的一般流程，能够对研究案例进行评述。
3. 能够结合本学科的特点，恰当运用学习分析设计教学方案并实施教学。
4. 熟悉学习分析在教育平台中的应用模块，能够将学习分析与平台功能进行融合设计。

9.1 课堂学习分析

课堂学习分析是指以课堂学习为分析场景,对学习者在整个学习过程中所产生的学习行为和学习表现数据进行分析,揭示课堂学习的现象与内隐规律,为课堂精准教学提供依据。本节分别从课堂学习行为和课堂协作学习投入两个不同视角介绍研究案例。

9.1.1 课堂学习行为分析[①]

1. 问题分析

在持续推动信息技术与教育教学深度融合的过程中,尽管各类智能技术终端拓展了学习者的学习时空,但课堂环境仍是学习者进行正式学习的主阵地,课堂学习空间仍是促进学习者知识理解与意义建构的主要学习空间。在课堂环境中,学习者个体行为的表现对于学习效果有直接影响,也是学习状态的外化结果。当前,关于课堂环境的行为研究主要围绕师生互动行为和单一主体行为进行,而对学习行为特别是行为序列模式等的研究关注较少,但学习行为模式及其对学习习惯影响的重要性不容忽视,因此如何通过分析学习者个体行为解析出其行为模式,进而了解其学习状态,成为当下课堂学习行为研究亟待解决的问题。我们尝试通过对学习者在课堂环境中的学习行为进行编码分析,判断每个学习者的学习行为模式,并基于问题行为设计教学干预策略,来帮助教师更好地了解每个学习者的课堂学习状态,为开展有效教学提供科学依据。

2. 课堂学习行为分类与编码

为了对中学生的课堂学习行为做进一步分析,我们以苏南某地区J中学的初中生为调查对象,基于学习行为特征对初一、初二年级共24个班级的学生进行分层抽样,共抽取462人进行问卷调查,剔除无效问卷54份,共得到有效问卷408份(含男生填写的有效问卷184份、女生填写的有效问卷224份)。

1)课堂学习行为分类

对问卷调查结果进行因子分析,综合旋转成分矩阵的结果,本研究将课堂学习行为分为自主性学习行为(Autonomous Learning Behavior)、交往性学习行为(Communicative Learning Behavior)、操作性学习行为(Operational Learning Behavior)、感官性学习行为

[①] 本案例选自牟智佳,张勤娜,陈思睿. 基于行为序列的学习行为模式识别与教学干预[J]. 现代教育技术,2020,30(05):74-80. 入选本书时略有改动。

（Sensory Learning Behavior）和教师辅助性学习行为（Teacher-assisted Learning Behavior）。

2）课堂学习行为编码

我们采用视频分析法和内容分析法，对课堂录像进行观察分析。以 J 中学初一某班的 37 个学生为例，选取该班 4 堂数学课、共 160 分钟的课堂视频进行观察，观察时间以一节课（40 分钟）为单位，记录下每个学生在这堂课中产生的行为数据。基于行为数据记录和分析，我们将被试学生可能出现的课堂学习行为总结为 12 种，归入 5 种学习行为和非学习行为（Non-learning Behavior）并分别进行编码，具体的编码结果见表 9-1。

表 9-1　课堂学习行为编码

一级编码	二级编码	解释	一级编码	二级编码	解释
A（自主性学习行为）	RB（翻看课本）	学生翻看课本	N（非学习行为）	WA（走神）	学生注意力不在教师讲解的内容上
A（自主性学习行为）	TD（思考）	学生对教师提出的问题进行思考	N（非学习行为）	OT（其他）	其他与学习无关的事情
C（交往性学习行为）	CL（合作学习）	学生与同伴交流讨论	S（感官性学习行为）	LT（听讲）	学生听教师讲解
C（交往性学习行为）	QA（回答问题）	学生在教师讲解过程中回答教师的问题	S（感官性学习行为）	ME（修改习题）	学生在做完习题之后进行答案修改
O（操作性学习行为）	NT（记笔记）	学生在笔记本或课本上记录笔记	S（感官性学习行为）	LN（看笔记）	学生翻看记录的笔记
O（操作性学习行为）	DE（做习题）	学生按照教师指示做课堂练习	T（教师辅助性学习行为）	BA（被提问）	学生被教师点名回答问题

3. 基于行为序列的学习行为模式识别建模

1）基于行为序列的学习行为模式分类

（1）基于聚类分析法的学习行为分类。

我们采用 K-Means 聚类方法，对学习行为进行聚类。经过迭代处理，以听讲→做习题（LT→DE）、听讲→思考（LT→TD）、修改习题→听讲（ME→LT）、合作学习→修改习题（CL→ME）、思考→听讲（TD→LT）、平均成绩为聚类依据，将 J 中学初一某班 37 个学生的课堂学习行为分为 4 类，见表 9-2。

表 9-2　学习行为聚类分析

聚类依据	聚类组 1（N=4）	聚类组 2（N=10）	聚类组 3（N=18）	聚类组 4（N=5）	总计（N=37）
LT→DE	5	5	4	4	4.5
LT→TD	4	3	3	0	2.5
ME→LT	6	8	3	1	4.5

续表

聚类依据	聚类组1（N=4）	聚类组2（N=10）	聚类组3（N=18）	聚类组4（N=5）	总计（N=37）
CL→ME	3	2	0	0	1.25
TD→LT	2	2	1	0	1.25
平均成绩/分	95	89	76	62	81

（2）不同聚类组的行为序列分析。

分析4个聚类组的行为序列，我们发现：①聚类组1的行为序列转换在种类和次数上都是最多的，此组学生的学习效果最好，属于课堂综合型学习者，即学生在课堂中综合采取多种课堂学习行为，较少依靠教师，具有较强的主观能动性；②聚类组2的行为序列转换种类与聚类组1有细微差别，可以推测出此组学生的学习行为以多种自学行为为主，学习效果较好，属于课堂自主型学习者；③聚类组3的行为序列转换次数明显少于前两组，行为序列转换较为单一。值得注意的是，此组学生"听讲→听讲"的次数高达65次，远远大于其他组，说明此组学生以课堂听讲为主要的知识获取渠道，课堂学习轨迹主要是跟随教师，属于课堂顺应型学习者；④聚类组4的行为序列转换次数与聚类组3基本持平，但此组学生走神的频率相当高，说明此组学生缺乏学习动机，自控能力不强，属于课堂游离型学习者。

2）学习行为模式识别模型的层次结构

（1）行为序列与成绩的相关分析。

对J中学初一某班37个学生产生的12种学习行为进行组合，可产生144种行为序列。为探究行为序列与学习成绩之间的关联，我们通过相关分析，得到与学习成绩显著相关的17种行为序列，见表9-3。根据相关分析理论，若相关系数$|r|$在0.8~1.0之间，则说明两个变量存在极强相关关系，可见表9-3中所有与学习成绩显著相关的行为序列都与学习成绩存在极强相关关系。但是，这些与学习成绩显著相关的行为序列都比较分散，并没有形成统一的行为种类转换模式，因此需要采用更为聚焦的学习行为序列转换进行分析，以获取更精准的学习行为模式。

表9-3 与学习成绩显著相关的17种行为序列

行为分类序列编码	行为序列编码	r	显著性（p）	行为分类序列编码	行为序列编码	r	显著性（p）
A→S	TD→LT	0.99	0.007**	S→A	LT→TD	0.906	0.034*
C→A	QA→LN	0.92	0.05*		LN→DE	0.919	0.045*
C→S	CL→ME	0.914	0.048*	S→O	LT→DE	0.92	0.041*
O→A	DE→RB	0.84	0.034*		DE→NT	0.819	0.042*
O→O	NT→NT	-0.976	0.024*	S→N	LT→WA	-0.974	0.026*
N→C	OT→QA	0.919	0.043*		LT→OT	-0.975	0.025*

续表

行为分类序列编码	行为序列编码	r	显著性 (p)	行为分类序列编码	行为序列编码	r	显著性 (p)
N→O	WA→NT	−0.993	0.007**	S→S	ME→LT	0.924	0.036*
N→N	WA→WA	−0.946	0.031*				
N→S	WA→LT	0.993	0.007**				
	OT→LT	0.96	0.045*				

注：*表示 $p<0.05$，有显著的差异；**表示 $p<0.01$，有极其显著的差异。

（2）基于学习行为投入的行为序列分类。

基于学习行为投入理论，将与学习成绩显著正向相关的 12 种学习行为序列按照行为投入、认知投入、交互投入、情感投入进行分类分析，构建基于学习行为投入的行为序列分类，如图 9-1 所示。图 9-1 是一个以行为投入、认知投入、交互投入和情感投入为主体的"金字塔"图形，学生是产生学习行为的主体，其产生的行为序列被进一步归入不同的学习投入方式；行为投入、认知投入、交互投入和情感投入是影响学习成绩的重要原因；根据学生采用学习行为投入方式的偏好，将学生划分为 4 种课堂表现型。

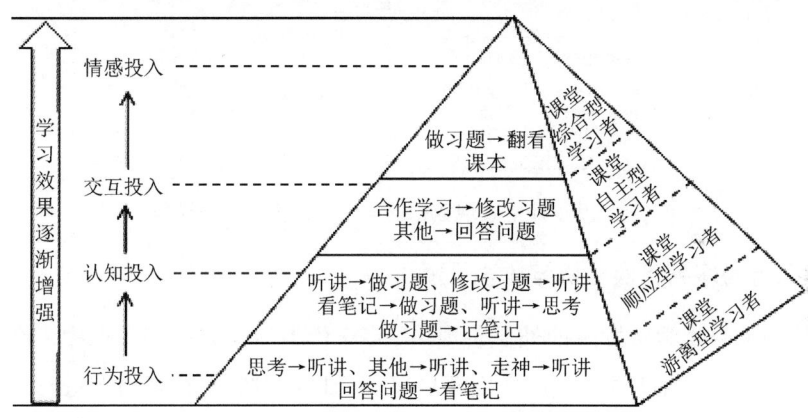

图 9-1　基于学习行为投入的行为序列分类

3）学习行为模式识别模型的构建

基于以上分析，以课堂学习行为视频为数据来源，利用聚类分析法、相关分析法，以数据处理流程为分析框架，设计了基于课堂表现数据的学习行为模式识别模型，如图 9-2 所示。该模型由 3 个模块组成：①学习行为采集模块，这部分主要通过教室内的录像设备完成，获取课堂学习行为数据；②学习行为模式识别模块，这是模型的核心组成部分；③行为结果可视化模块，教师端呈现的结果包括班级学情分析和个人学情分析，通过饼图、直方图等可视化方式呈现当前班级和学生个人的学习状态。教师在了解学生的学习状态之后，可以根据实时课堂状态调整教学策略，采取干预措施，提高课堂学习的整体效率。

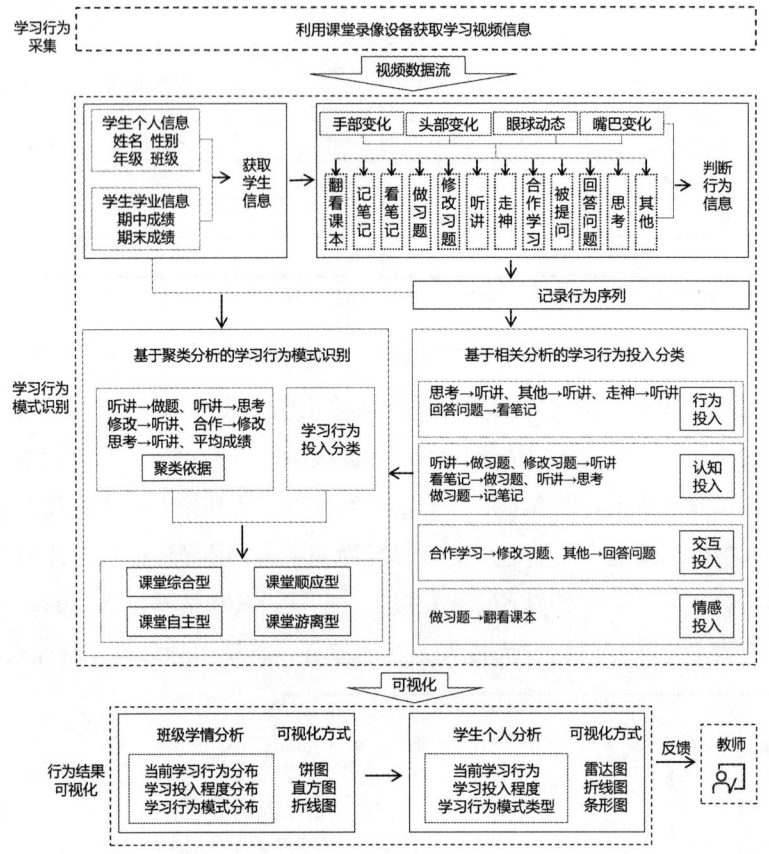

图 9-2 基于课堂表现数据的学习行为模式识别模型

4．学习行为序列转换分析与教学干预

学习行为是个体学习发生的外显表现，贯穿于学习者学习的整个过程，通过学习行为分析可以进一步优化教学。我们采用滞后序列分析法对学习行为问题进行分析，并针对不同学习行为设计干预机制。

1）基于滞后序列分析法的学习行为序列转换

采用滞后序列分析法得到 4 种类型学习者的显著学习行为序列转换频次表，据此我们绘制了 4 种类型学习者的显著学习行为序列转换图，如图 9-3 所示。其中，箭头方向表示转换的顺序，箭头粗细和线条上的数字表示转换的显著程度（线条越粗，数字越大，显著程度越强）。

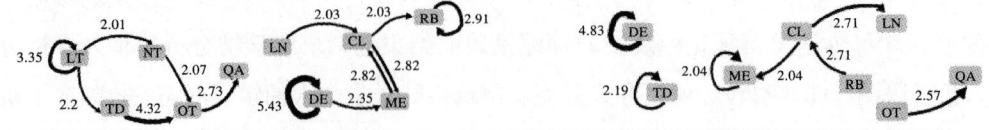

（a）课堂综合型学习者的显著学习行为序列转换图　　（b）课堂自主型学习者的显著学习行为序列转换图

图 9-3　4 种类型学习者的显著学习行为序列转换图

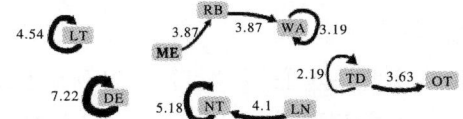
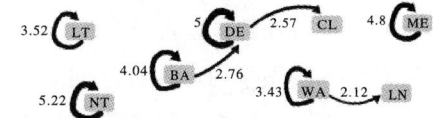

(c) 课堂顺应型学习者的显著学习行为序列转换图   (d) 课堂游离型学习者的显著学习行为序列转换图

图 9-3　4 种类型学习者的显著学习行为序列转换图（续）

2）4 种类型学习者的学习行为序列转换分析

（1）课堂综合型学习者的学习行为序列转换具有连续性，此类学习者在课堂上学习未掌握的知识点时行为表现良好；同时，学习行为序列转换较为集中，有较强的结构性，没有游离的单个行为，说明此类学习者有良好的课堂学习习惯。

（2）课堂自主型学习者具有良好的课堂练习习惯；同时，此类学习者出现了单个学习行为序列转换的显著性，TD（思考）、DE（做习题）这两个学习行为序列转换之后没有出现其他显著性学习行为，说明此类学习者更倾向于在课堂中自主学习。

（3）课堂顺应型学习者的学习行为序列转换比前两种学习者更为分散，且出现了单个学习行为序列转换。LT（听讲）、DE（做习题）这两个学习行为序列转换之后没有出现其他显著性学习行为，说明此类学习者可能只是跟随教师进行了浅层学习。

（4）课堂游离型学习者的学习行为序列转换在 4 种类型学习者中最为分散，且单个学习行为序列转换最多，有 LT（听讲）、ME（修改习题）、NT（记笔记）3 个，说明此类学习者在课堂学习中更多地表现为被动学习。虽然此类学习者的学习行为序列转换具有连续性，但由于起始行为是被提问，受教师引导而转变，因此此类学习者良好学习习惯的保持离不开教师的监督。

3）基于问题学习行为的教学干预机制设计

通过对 4 种不同类型学习者的学习行为序列转换进行分析，我们发现：课堂自主型学习者缺乏良好的听讲习惯，课堂顺应型学习者的注意力分配能力较差，课堂游离型学习者在课程进行中极易出现走神的情况。针对这些问题学习行为，有必要设计针对不同类型学习者的差异化教学干预方案，以进一步提高学习者的课堂学习效率。基于此，我们以基于课堂表现数据的学习行为模式识别模型为中心，设计了基于问题学习行为的教学干预机制，如图 9-4 所示。此机制以学习者、教师、干预引擎为主体，通过采集、分析学习者在课堂环境中产生的学习行为数据，对学习者在后续课堂学习过程中可能产生的问题学习行为进行预测，判断学习者是否会出现问题学习行为——若答案为"是"，就提供不同的干预对策，以调整学习者的学习行为。

5．总结

本案例聚焦于课堂环境中学习者的学习行为模式，主要采用聚类分析法和滞后序列分析法对学习行为进行定量分析，构建了基于课堂表现数据的学习行为模式识别模型，并针对不同类型学习者存在的问题学习行为，设计了基于问题学习行为的教学干预机制，以帮助学习者转换学习行为模式，进而提高学习效果。需要指出的是，本案例仅针对某中学数学学科的课堂表现进行了分析，选取的年级和学科样本有一定的局限性，且针对不同问题学习行为的教学干预效果还有待进一步验证。后续我们将选取不同年级、不同学科的学习者进行教学干预实验，通过多轮反馈进一步完善教学干预机制，以期为中学教师开展高效教学提供借鉴。

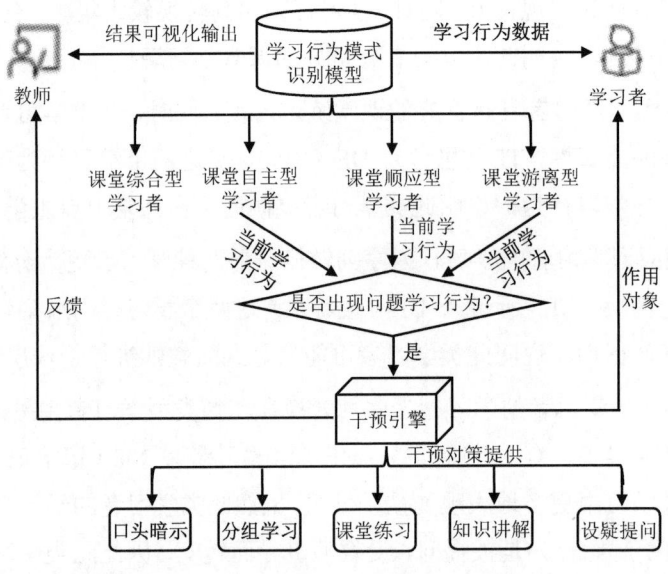

图 9-4　基于问题学习行为的教学干预机制

9.1.2　课堂协作学习投入分析①

1．问题分析

智能时代的协作学习环境已经从单一的物理空间或信息空间，转变为物理空间与信息空间交互融合的环境。物理空间包含课堂、图书馆等形态多样的实体场所，信息空间包含在线学习平台、虚拟学习空间等数字化场所。多空间融合下的协作学习需要学习者根据协作任务需求自然转换学习空间，并在虚实融合的学习空间中开展交流与协作。然而，多种学习空间的频繁转换与相互叠加可能会导致小组成员难以获取其他组员对协作任务的完整参与情况，进而对他人产生不信任感。上述问题使得组内成员难以建立稳定的互赖关系，组员可能会争相回避个体责任，产生"搭便车""划水"等消极的学习行

---

① 本案例选自马志强，孔伶玉，岳芸竹. 面向协作学习多重投入特征画像的多模态学习分析[J]. 远程教育杂志，2022，40（01）：72-80. 入选本书时略有改动。

为。本案例探讨如何在多空间融合的学习环境中，利用多感知交互信息来分析协作学习中群体的投入状态。

2. 协作学习投入的分析指标设计

基于前期文献分析，提取协作学习群体投入刻画的初始维度与指标，结合德尔菲法与层次分析法建立分析框架。德尔菲法旨在通过多次收集专家意见来获取指标体系，层次分析法则通过征集专家对指标重要性的对比判断来确定分析模型各指标的权重。具体操作步骤如下。

首先，依据文献提取协作学习投入的4个基本维度，即行为参与投入、社会关系投入、观点建构投入及共享调节投入。通过梳理与分析已有学习投入和群体交互研究中的分析指标，来逐步析出子维度的多级观测指标，得出协作学习投入分析的初始模型。

其次，运用德尔菲法对模型及指标维度进行判断。依据初始模型编制专家咨询问卷，邀请专家对分析指标体系进行重要性判断并提出修改建议，根据每个指标的重要性得分，计算算数平均数、满分频率和变异系数，以此为判断尺度并与其边界值进行比较。通过两轮分析评判，构建协作学习投入的分析指标体系，见表9-4。

最后，运用层次分析法通过征求专家对分析模型指标体系的对比判断，构建判断矩阵计算各指标的权重，从而得到协作学习投入分析指标体系的全局权重（由于篇幅所限，表9-4仅呈现分析维度和指标，没有展示由层次分析法得到的权重）。

表9-4 协作学习投入的分析指标体系

基本维度	一级观测指标	二级观测指标
A 行为参与投入	A_1 专注度：小组成员参与任务时的注意力集中程度	A_{1-1} 对任务的注意水平
		A_{1-2} 对任务注意的持续性
	A_2 同步度：小组成员与同伴行为的协调配合程度	A_{2-1} 发表言论
		A_{2-2} 聆听同伴发言
		A_{2-3} 记录同伴发言内容
B 社会关系投入	B_1 协调度：小组成员控制同伴交互的权力	B_{1-1} 与同伴进行直接交互
		B_{1-2} 连接同伴之间的交互
	B_2 引领度：小组成员与同伴交互的主动性	B_{2-1} 对同伴发起提问或质疑
		B_{2-2} 对同伴的问题进行回答
		B_{2-3} 对同伴进行评论或建议
	B_3 响应度：小组成员发出的信息受到同伴的关注度	B_{3-1} 收到同伴的回答
		B_{3-2} 收到同伴的提问或质疑
		B_{3-3} 收到同伴的评论或建议
C 观点建构投入	C_1 观点共享度：小组成员分享个人观点的质量	C_{1-1} 提供与任务相关的知识或经验来佐证观点
		C_{1-2} 提出新问题或凝练新观点
		C_{1-3} 提出的观点体现在任务成果中

续表

基本维度	一级观测指标	二级观测指标
C 观点建构投入	C_2 观点协商度：小组成员对问题或冲突的辩驳程度	$C_{2\text{-}1}$ 反驳同伴观点
	C_2 观点协商度：小组成员对问题或冲突的辩驳程度	$C_{2\text{-}2}$ 质疑同伴观点
		$C_{2\text{-}3}$ 进一步判断、推理和解释个人观点
	C_3 观点共建度：小组成员对同伴观点的引用与深化程度	$C_{3\text{-}1}$ 对同伴观点表示赞同
		$C_{3\text{-}2}$ 在同伴观点基础上修改个人观点
		$C_{3\text{-}3}$ 寻求同伴认同个人观点并修正同伴观点
D 共享调节投入	D_1 任务计划度：小组成员制定行为计划来执行协作任务的程度	$D_{1\text{-}1}$ 明确学习目标
		$D_{1\text{-}2}$ 明确组内分工
		$D_{1\text{-}3}$ 明确时间安排
		$D_{1\text{-}4}$ 围绕计划执行任务
	D_2 任务监控度：小组成员对任务执行过程的感知与优化程度	$D_{2\text{-}1}$ 感知任务进程
		$D_{2\text{-}2}$ 选择优化策略
	D_3 任务反思度：小组成员对任务执行过程的反思程度	$D_{3\text{-}1}$ 反思任务成果
		$D_{3\text{-}2}$ 反思认知过程
		$D_{3\text{-}3}$ 反思成员关系

3. 协作学习投入的数据采集

在协作互动过程中，从真实的课堂环境中采集各种细粒度的学习轨迹，聚合成为多感知交互信息，其类别与采集技术见表 9-5。交互文本通常来源于在线平台的日志，主要记录学习者的在线聊天、讨论过程及学习成果等信息，如通过 MOOC 平台记录学习者在课程过程中产生的讨论主题类别、讨论回帖等数据。交互音频主要是借助录音笔等移动设备对小组讨论过程进行记录而产生的信息，通常来源于线上空间中的讨论活动。交互视频是借助智能录播系统等录制设备对学习者在活动中的行为进行记录而产生的信息，如采用计算机内嵌摄像头录制小组成员辩论过程。生理指标信息主要是借助脑电仪、眼动仪等智能设备记录学习者的生理反应而产生的信息，如采用脑电仪对学习者参与活动时的脑电波进行记录。

最终，共获取约 18 个小时的视频数据和脑电数据，以及 18 份讨论文本数据和 142 份经验取样量表数据。

表 9-5 多感知交互信息的类别与采集技术

感知交互信息类别	采集设备与技术	备注说明
交互文本	在线文档、聊天软件、在线学习平台等	对学习过程的日志记录，如聊天记录、个人或小组文档
交互音频	录音笔	记录学习过程中的语音，如人与人之间的对话
交互视频	智能录播系统	对学习者的表情、眼睛凝视、手势动作等信息的记录
生理指标	脑电仪、眼动仪、可穿戴设备	记录学习者身体活动和生理反应，如脑电波、脉搏

4．协作学习投入数据的提取与融合

该环节的目的是将多感知交互信息转化为可用于分析的结构化数据。将不同来源、不同类型的多感知交互信息纳入学习投入的评价体系中，最终形成多感知交互信息分析框架。原始信息一般为混合状态的多感知交互信息，先分解成单一感知的数据，如从视频中提取语音、表情等感知信息，再进行筛选与汇聚，至此每个学习者的交互信息都被梳理成基于时间序列的数据链。多感知交互信息融合过程如图9-5所示。

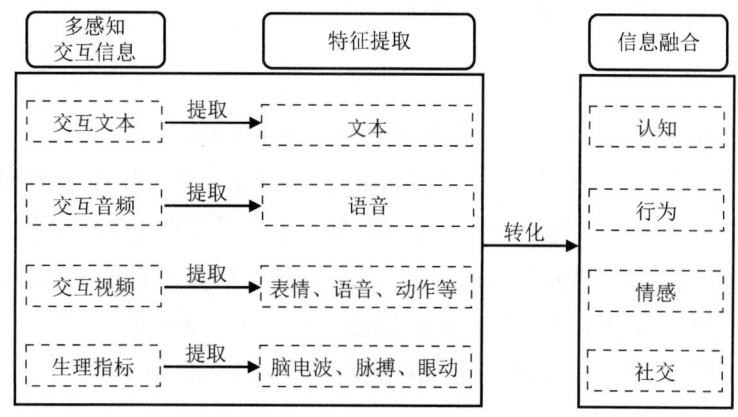

图 9-5　多感知交互信息融合过程

1）多感知交互特征提取

多感知交互特征提取是指从感知信息中，提取协作学习投入 4 个子维度对应的交互特征。提取交互特征的关键在于提取技术。

（1）行为参与投入的特征为专注度（A_1）和同步度（A_2），主要通过对脑电信息和行为片段分别进行脑电建模和动作编码来计算两种特征值。专注度主要在脑电波的基础上计算出参与者的专注水平和持续时间。感知设备采集的脑电信息的时间一般是毫秒数量级的，在同一秒内可能会有多条数据，可以计算平均每秒的专注指数，将其作为专注度的特征值。同步度主要通过对视频中的行为动作编码，来分析参与者之间的行为一致性。首先，通过行为标注从视频中提取参与者的动作模式；其次，每隔 30s 对视频中的行为进行编码，并统计 A_{2-1}、A_{2-2}、A_{2-3} 3 种行为片段的频数；最后，基于层次分析法根据专家评议结果得到模型权重分配标准，计算最终值作为同步度。

（2）社会关系投入的特征为协调度（B_1）、引领度（B_2）和响应度（B_3），主要通过对讨论文本进行社会网络分析来计算 3 种特征值。用社会网络的中间中心度、出度和入度分别来表示 3 种特征值。

（3）观点建构投入的特征为观点共享度（C_1）、观点协商度（C_2）、观点共建度（C_3），主要通过基于不同的编码框架，对讨论文本进行内容分析来计算 3 种特征值。首先将句

子作为分析单位，以 C_{1-1}、C_{1-2}、C_{1-3} 等二级观测指标为编码框架的识别特征，统计特征出现的频次；然后根据协作学习投入分析模型中的权重分配，对所有特征的频次进行二次计量，依据层次分析法确定权重。

（4）共享调节投入的特征为任务计划度、任务监控度和任务反思度，主要利用统计分析方法处理问卷信息来计算 3 种特征值。首先通过统计每个任务阶段的问卷数据来计算二级观测指标的特征值，然后根据协作学习投入模型中的权重占比，计算出任务计划度、任务监控度和任务反思度的特征值。

2）多感知交互特征融合分析

多感知交互特征融合分析是指将子维度交互特征值进行融合，计算出行为参与、社会关系、观点建构及共享调节 4 个投入的特征值。首先，以参与者 ID 和时间为依据，将同一位参与者的 4 个协作学习投入子维度特征值依据事件发生的时间排序对齐，同步整合每位参与者 ID 的 4 个投入的水平；然后，根据权重分配将相关指标的特征值进行融合计算，得出 4 个投入的特征值；最后，从多维度视角进一步探究协作交互过程中，协作学习投入在个体、群体及时间序列层面的形成规律与机制。

5. 结果分析

1）小组内个体投入描述

在运用描述样本的离散程度对 4 个投入维度的度量进行转化时，通常需要进行范围划分或确定排名。首先我们利用平均值加减标准差来表示范围的上限和下限，通过上限值和下限值划分出 3 个区间，分别为高水平、中等水平和低水平，根据该划分依据，将参与者的协作学习投入的 4 个维度统一度量单位。然后基于统一度量单位后的协作学习投入的 4 个维度，对参与者进行聚类分析，进行 K-Means 聚类共得到 4 类参与者群体：①浅层投入型，该类群体的人数比例为 20.83%，这部分参与者在协作知识建构过程中，处于消极投入状态；②中等投入型，该类群体的人数比例为 50.00%，这部分参与者在协作知识建构过程中，处于中等投入状态；③深层投入型，该类群体的人数比例为 12.50%，在协作知识建构过程中保持全身心投入的状态；④调控投入型，该类群体的人数比例为 16.67%，这部分参与者在协作知识建构过程中，对任务的计划、监控和反思程度相对较高。

2）群体投入特征差异性分析

小组可以分为 4 类：①高投入小组。从该组参与者的知识建构整体情况来看，参与者之间在不同投入维度上的侧重不同，但均处于比较高的投入水平上；②中等投入小组。在协作交互过程中，组长的角色不明显，每位小组成员在参与意义分享与协商的互动过程中，都展现出了中等水平的积极、持久的状态，组内成员相互配合共同推动小组知识的发展；③低投入小组。参与者在协作交互过程中的多维度上，表现出了消极参与的状态。主要由组长来贡献观点或提出关键性问题，组内的观点协商度和观点共建度较低；④社交型小组。参与者在协作交互过程中，能够对协作任务保持注意力集中并与同伴协同完成任务，在维护同伴相互依赖关系方面付出了较多精力。

6. 总结

本案例以协作学习群体为分析对象，通过多感知交互信息数据刻画协作知识建构中参与者的投入特征，为学习投入分析提供了新的视角。本案例在数据处理和分析上还存在以下不足：在多感知交互信息数据处理方面，由于多感知交互信息分析具有数据量大、模态种类复杂的特点，因此采用人工方法处理数据的效率比较低；在数据融合分析方面，由于不同类型的数据具有异质性特征，且融合过程中涉及多种数据的多次转换和分析，一旦某个环节出现误差，可能会导致分析结果的误差被放大，进而影响结果的准确性。后续可以从多模态分析的技术与工具角度进一步优化，探索能够综合运用多种识别技术批量处理或自动处理海量模态数据的方法，实现对多维、海量的模态信息进行连续、快速、准确的编码计算。

9.2 在线学习分析

在线学习分析是指以网络环境中的在线学习为分析场景，对学习者在整个学习周期中所产生的各类学习痕迹数据进行分析，以全面刻画学习者，为优化在线学习体验提供依据。本节分别从面向在线学习者的认知网络分析和面向在线互动文本的主题与情感分析两个不同视角介绍研究案例。

9.2.1 面向在线学习者的认知网络分析[①]

1. 问题分析

在线学习环境中，学习者产生大量的互动文本数据，通过这些文本数据分析学习者的认知状态对于改善教学具有重要的现实意义。虽然我们可以采用社会网络分析法、内容分析法等方法对学习者的学习行为进行分析，以此从侧面反映学习者的认知水平，间接表征学习者的内部认知特征，但是难以呈现学习者认知网络结构的发展全貌及其变化特征。认知网络分析法能够以网络化关联结构的形式，对学习者的认知乃至更多维的复杂特征加以

[①] 本案例选自杨阳. 联通主义学习情境中学习者特征分析研究[D]. 无锡：江南大学，2021. 入选本书时略有改动。

建模表征。在此,我们以基于联通主义的课程及其学习者为分析对象,介绍如何使用认知网络分析法进行学习者特征分析,为开展在线学习环境中的学习分析实践提供参考。

2. 面向在线学习者的认知编码框架

认知网络分析法是以认知编码框架为重要前提的分析方法。该方法中常用的编码框架为 SKIVE 框架,其中 S(Skill,技能)表示在认知活动中学习者做事情的能力;K(Knowledge,知识)表示学习者在认知活动中分享的针对问题、任务等的理解和看法;I(Identity,社会身份属性)表示在实践社区中成员对于自身的看法与定位;V(Value,价值观)表示在认知活动中参与成员所持有的信念;E(Epistemology,认识论)代表在学习活动中学习者能够清楚认识相应行为或言论的特征与属性,并能提供证据证明其合理性。5 个维度可在微观层面细分更多二级子维度。这些框架维度是有效识别学习者认知元素及元素间的共现关系,继而建立反映共现关系的认知网络结构的有效支架。

虽然 SKIVE 框架较为概括与全面,但由于该框架根植于实践社区情境,其对于学习的开放性与复杂性的理解与本案例关注的联通主义学习并不完全相同,因此本案例在参考 SKIVE 框架的基础上,进一步结合联通主义学习的本质特性,开发出适用于联通主义学习情境的学习者认知编码框架(面向在线学习者的认知编码框架),见表 9-6(为节省版面,在此仅呈现该框架示例)。

表 9-6 面向在线学习者的认知编码框架(示例)

一级维度	二级指标	含 义	编 码
S(技能)	自主性	基于网络主动获取、分享信息;通过提问或回答等主动参与讨论	S.A
	社会媒体与工具应用能力	在网络化环境下应用媒体工具检索信息、分享资源、进行社会交互	S.MA
	...		
K(知识)	基本知识	学习者在交互过程中,提及、分享的自身专业背景/行业背景下的基本知识内容	K.B
	创新类知识	学习者在参与感兴趣的话题讨论时,在交互过程中提及、生成的新的知识	K.G
I(社会身份属性)	教师	学习者本身的社会身份属性为教师	I.T
	学生	学习者本身的社会身份属性为在校学生	I.S
	...		
V(价值观)	针对学习的价值观	学习者持有并展现出的针对学习的价值观念,如开放观、联通观等	V.L
	...		
E(认识论)	元认知	学习者可以清楚认识到自己的言行特征,进行自我定位,并能提供证据证明其合理性	E.M
	...		

3. 学习者交互文本数据收集

本案例选取国内首门基于联通主义的 MOOC 课程——《互联网+教育：理论与实践的对话》第一期，通过对注册并正式参与该课程的学习者的交互过程进行整体追踪，最终选择了 14 个持续有效开展联通化学习且有所贡献的典型学习者作为分析对象，对这些学习者在该课程第一期间的各类交互文本数据进行收集。

由于该课程是依托分布式情境而开展的，即课程为学习者提供了包括微信、博客、课程平台等在内的多类交互渠道，因此对多个平台中的学习者交互文本数据进行了收集与整理。在排除无效数据后，最终共收集到 249 项语篇数据样本，其中微信讨论文本数据 201 条，博文数据 17 篇，博客评论数据 11 条，案例与资源分享数据 3 篇，论坛发帖讨论数据 17 条。由于不同语篇的数据量不一，因此我们根据具体语义完整性和发言时间，对长语篇数据进行了切割与整理。

4. 面向学习者特征的认知网络建模

开展认知网络分析需要经过基于节进行编码与建立动态网络模型两个阶段，具体包括分节与数据编码、以节为单位的数据累积、创建邻接矩阵、累积不同节的邻接矩阵、向量归一化、奇异值降维分解、形成网络模型 7 个环节，如图 9-6 所示。

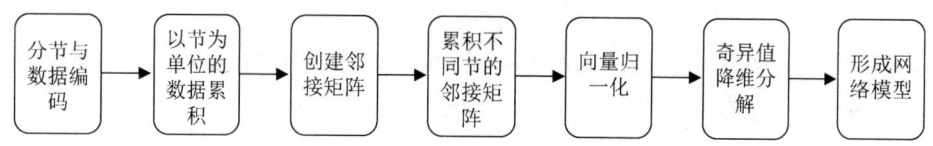

图 9-6　认知网络分析具体过程

1) 阶段一：基于节进行编码

基于节进行编码是开展认知网络分析的基础。节是认知网络分析中的重要概念，是一种用来识别与划分单元中目标对象间关系的承载单位，可以是时间周期、过程步骤等任何形式。由于认知网络分析法有赖于识别认知元素的共现关系来建立认知关联，并由此建立认知网络模型，因此节的存在是准确标识共现关系的重要前提。同一节中任意行内的编码彼此相关，不同节中的行编码在模型中彼此不相关。

由于本案例关注的是学习者在课程第一期内呈现出的具体特征，且学习者每天都会参与不同主题内容的交流，因此我们用学习者在第一期内的交互时间作为切片单位，按照时间周期进行分节与整理，默认学习者在同一天内的发言前后相关，不在同一天内的发言前后不相关。根据前期制定的认知编码框架，对交互文本中体现框架指标的数据进行二进制编码，最终形成 Excel 形式的编码表。

2）阶段二：建立动态网络模型

建立动态网络模型是认知网络分析最重要的阶段，虽然该阶段的过程原理较为复杂，但整个计算过程均由分析工具完成。将阶段一形成的 Excel 编码表导入 ENA Tool 这一专门的认知网络分析工具中，继而开展整个阶段二的数据建模与分析。

（1）邻接矩阵的创建与累积。

认知网络分析通过为每节中的数据编码创建邻接矩阵，来表示认知编码的共现。创建完每节的邻接矩阵后，为了识别数据中认知元素连接的整体结构，还会将每个分析单元的邻接矩阵累加到同一个累积矩阵中。在具体操作过程中，我们无须亲自创建邻接矩阵，而通过识别与选择单元（Unit）、导入会话（Conversation）与编码（Code），依托工具完成具体操作。

单元是在执行认知网络分析时需要选择的最小单位，决定了认知网络分析的对象。单元内的会话是认知元素建立连接的最大有效范围。前期分节的目的是有效识别认知元素的共现关系，此处的单元则将分析对象在不同节的数据行进行累积，继而服务于分析对象整体认知网络结构的呈现。本案例关注的是每个学习者展现出的认知网络结构，因此将学习者个体在整个第一期内的会话作为分析单元，以建立认知网络模型。

（2）认知网络分析的降维与建模。

当认知网络分析为数据集中的所有单元创建完邻接矩阵后，每个邻接矩阵都会转化成相应的邻接向量存在于高维空间中，代表每个分析单元的认知结构关联模式。为了对不同分析单元的认知结构进行标准化比较，需要进行球面归一化处理，得到归一化的邻接向量。为了最大限度地提高变量在数据中的差异值，同时不会缩放数据，还需要经过奇异值降维分解，将数据中的方差最大化，实现对高维空间的降维。以上原理性过程均发生于分析工具内部。最终经由工具计算后，得到认知网络模型。

5．学习者认知网络分析结果

1）宏观视角下的学习者认知网络分析

通过分析，得到宏观视角下学习者的认知网络模型，如图 9-7 所示。横纵坐标的百分比代表了特征向量的变量差异值，即经奇异值降维分解后，特征向量会以最大限度的变量差异值（X 轴最大差异值为 15.2%，Y 轴最大差异值为 10.5%）为基准，在高维宏观空间下进行分布。图 9-7 中分布的矩形被称作"质心"（类似"重心"），代表了具有不同连接模式的认知网络模型，是学习者个体认知网络在高维空间的映射。"质心"间距离的大小反映了认知网络结构差异的大小，距离越近，代表认知网络结构越相似，反之差异性越大。

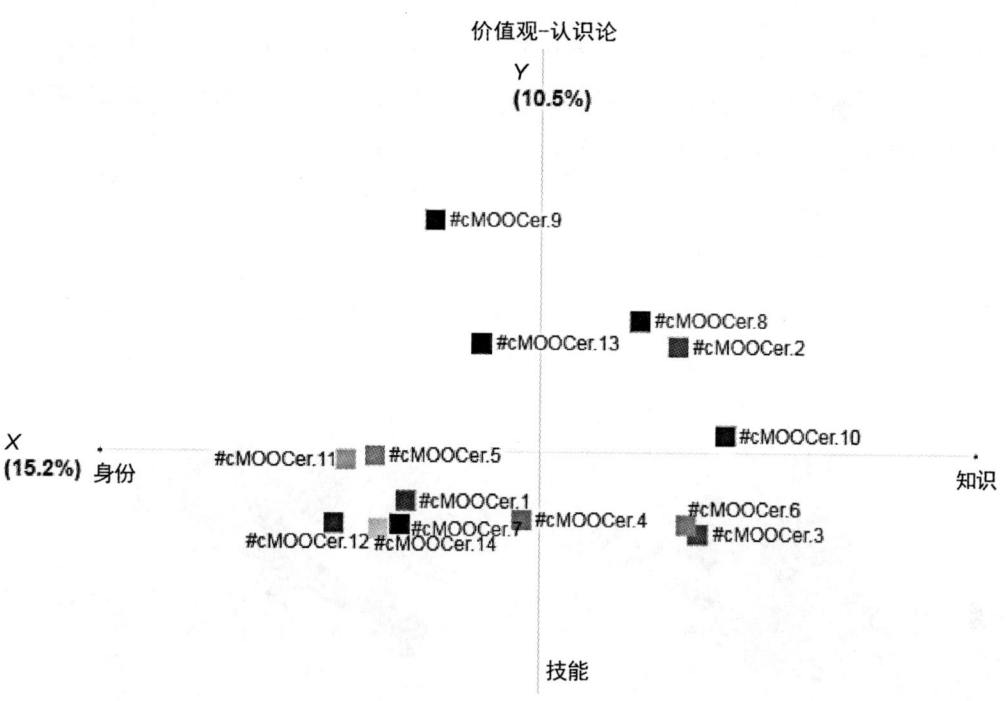

图 9-7　宏观视角下学习者的认知网络模型——"质心"分布图

可以看出，在这 14 个学习者中，既存在能力与思维特征在 X 轴与 Y 轴方向上均相近的学习者，如#cMOOCer.1 与#cMOOCer.7 等，又存在在 X 轴与 Y 轴方向上均具有显著差异的学习者，如#cMOOCer.3 与#cMOOCer.8（X 轴：$Mdn_{(A)}$=9.40，$Mdn_{(B)}$=6.84，p=0.02*，r=-0.83；Y 轴：$Mdn_{(A)}$=5.11，$Mdn_{(B)}$=-8.66，p=0.01*，r=0.94）。这为进一步提炼学习者特征的共性与差异奠定了基础。

2）微观视角下的学习者认知网络分析

我们以两个学习者为例，进一步从微观视角探索个体层面的特征共性与差异，各自的认知网络结构分别如图 9-8 和图 9-9 所示。可以看出，两个学习者的认知网络结构均呈现中间连接紧密、四周连接稀疏的特征。其中，中间连接部分存在突出节点 S.A（自主性）、S.C（沟通交流能力）、S.Cr（批判性思维）、S.R（反思能力）等，这些节点与反映知识 K 属性的 K.B.S、K.B.PT 及反映价值观 V 属性的 V.L.O 等指标关联较强。这表明这些能够较快适应联通化学习情境的学习者存在一定的特征共性，展现出较强的包括自主性、媒体应用能力等在内的前提能力，以及包括反思能力、批判性思维等在内的高阶学习能力；同时展现出多元化的知识背景与跨视角整合知识的能力，并在学习过程中表达出对联通化学习的认同与归属感。

此外，通过对比可以发现，两个学习者在高阶核心能力方面，如 S.I（创造性）、S.CPS（复杂问题解决能力）、S.D（决策制定能力）存在较大差异，并且相比于#cMOOCer.3 学习者，#cMOOCer.8 学习者的认知结构中关于知识 K 属性的多个节点关联密切且复杂，这代表该学习者有较为系统的知识背景，同时擅于抛出观点并综合汲取多方视角审视与解决复杂问题，是一个综合实力较强的联通主义学习者。

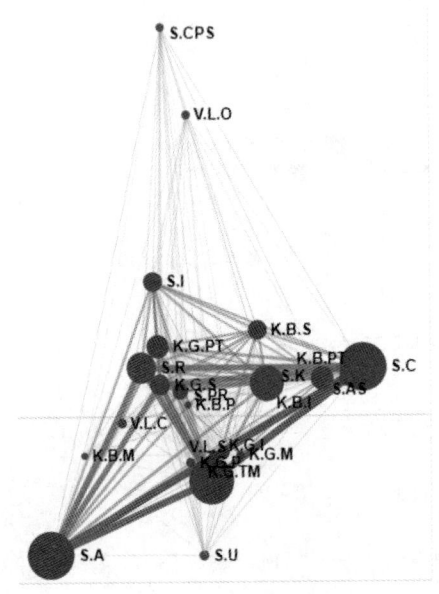

图 9-8　#cMOOCer.3 学习者的认知网络结构　　图 9-9　#cMOOCer.8 学习者的认知网络结构

6. 总结

本案例采用认知网络分析法对基于联通主义的在线课程学习者进行学习分析，先后经由构建学习者认知编码框架、收集学习者交互文本数据、开展认知网络建模分析等过程，最后从宏观与微观视角对学习者的特征共性与差异进行了探索分析，为后续基于学习者特征完善在线教学设计提供了依据。本案例仅对部分学习者进行了认知网络分析，在样本规模上存在一定的局限性。此外，案例中涉及的编码均采用人工编码的方式展开，过程耗时耗力，难以开展大规模即时分析。

9.2.2　面向在线互动文本的主题与情感分析[①]

1. 问题分析

在线课程的平台开放性、资源共享性及学习时间、地点的不受限性等，吸引了大量的学习者投入在线学习中。MOOC 学习者在参与在线课程学习过程中，产生了各种学习行为数据，这些数据真实地反映了学习者在学习过程中的状态。以往的学习分析技术

[①] 本案例选自田娜，周驿. 基于 MOOC 课程评论的话题挖掘与情感分析研究[J]. 软件导刊，2020，19（8）：19-23. 入选本书时略有改动。

主要侧重于对结构化数据的分析，如学习者观看视频时长、参与讨论次数、考试成绩得分等，而对于一些非结构化的交互式文本数据，如学习者参与讨论、进行课程评论、发送视频弹幕、进行答疑等数据缺乏相应的探索。很少有研究利用合适的数据挖掘方法对评论文本进行聚类和情感分析，找出学习者关注的主题及情感倾向，学习者对于课程内容本身、教师教学方式、在线课程平台、学习资源等的需求不能得到清晰的体现。因此，本案例提出一种基于主题的情感分析方法，首先通过数据采集软件，采集并预处理中国大学 MOOC 平台上某课程的课程评论信息；进行预处理后利用 LDA 模型对其进行主题挖掘；最后对聚类后的每个主题的评论文本进行情感分析，得到学习者关于每个主题的情感倾向。

2. 数据采集

要挖掘在线课程评论的隐含信息，前提是获取在线课程评论数据。本案例数据来源于中国大学 MOOC 平台上某课程评论区的学习者评论数据，该课程作为多次荣登中国大学 MOOC 十佳课程的精品课程，其参与人数众多，有着丰富的交互数据。目前获取网页数据的方法主要有两种：一是通过编写代码进行网页爬虫；二是采用已有的商业爬虫软件。本文使用八爪鱼采集器采集该课程评论区的文本数据，截至课程结束，共爬取评论数据 6084 条，去除无用及重复数据后，实际得到数据 5778 条。数据主要内容有发布评论人名称、评论内容、评论时间。

3. 数据预处理

不同于传统面对面的课堂教学，网络学习平台中教师与学习者、学习者与学习者通常处于不同的空间，因此学习者发表的言论通常存在一定的自由性、随意性，并伴随网络化的特点，这导致从网站上采集的原始讨论文本数据中存在很多冗余数据、噪声数据，如果不对这些数据进行相应的处理，会影响后续进行主题挖掘、情感分析及资源推荐的准确性，通过对获取的原始数据进行预处理可以有效过滤噪声数据。本文所使用的预处理技术主要包括数据去重、去噪声数据、数据标准化、中文分词及去停用词。数据预处理流程图如图 9-10 所示。

1）数据去重

我们以每条评论文本为基本单位进行处理，由于学习者评论中经常会反复提到相同的词，这些词表达的意义基本相同，如"好好好""喜欢喜欢"之类的评价语句，如果直接使用这些语句进行主题抽取，会对实验的准确性造成很大的影响，因此在对数据进行预处理的时候首先要对评论文本去重。常见的文本去重方法大多以计算文本之间的相似度为基础。由于此实验中的文本数据为短文本，重复文本大多是相同的词或字，因此采用机械压缩取词的方法，将完全重复的文本压缩成单个词或字。

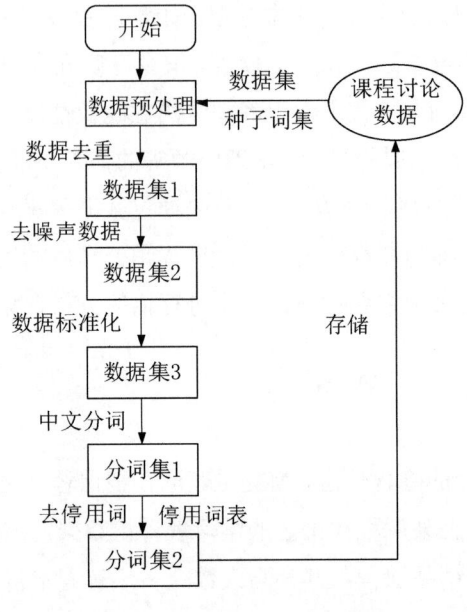

图 9-10　数据预处理流程图

2）去噪声数据

观察分析发现，课程讨论数据中不仅存在大量的重复冗余数据，还存在很多的噪声数据。这些数据主要表现为与该课程及内容完全无关的文本语句，或者是用户随意发布的完全无意义的语句，在文字中并没有对课程内容或对课程的其他方面有所讨论，甚至没有任何情感态度。因此，与获取的重复数据一样，这些噪声数据会造成实验偏差，而去除原始语料中的噪声数据可以提高实验结果准确率。因此，对于这些与课程完全无关及无意义的数据，本文在预处理的过程中直接进行删除处理。

3）数据标准化

不同于其他标准化文本数据，在线课程文本数据大都表现出随意性、不标准性两个特点。在原始语料库中，可以发现很多不标准的语句，如错别字、中英文合用、拼音及数字表达等。如果直接对其进行分词处理，会造成分词结果出错，对之后的分析产生影响，因此本文对原始语料库中的文本进行标准化处理，主要是错别字纠正及替换拼音词和英文词。

4）中文分词及去停用词

与英文文本以空格区分词不同，在中文文本中，词与词之间的界限比较模糊，直接区分较为困难，要得到更为准确的分析结果，必须采用合适的工具进行中文分词。我们首先利用中国科学院 ICTCLAS 分词系统对采集到的课程评论文本进行分词；然后利用停用词表剔除文本中的停用词、噪声词、低频词和特殊符号（这里的停用词表是将哈尔滨工业大学停用词表、四川大学停用词表进行合并，去除重复词后得到的停用词表）。

4．相关研究方法

1）LDA 模型

LDA（Latent Dirichlet Allocation）模型主要用于推测文档主题分布并挖掘大规模文档集中潜在语义知识。LDA 模型以概率分布的形式表现文档集中每篇文档的主题，在对文档的主题分布进行分析后，能够利用主题分布实现主题聚类或文本分类。其基本思想是：文本由多个主题混合生成，每个主题对应相应的特征词。LDA 模型如今已被广泛应用到多个领域，如个性化资源推荐、社交网络互动、新闻摘要等。现在，随着教育数据挖掘研究的不断深入，LDA 模型成为教育数据分析的新方法，打破了以往文本分析研究主要依赖主观经验判断的限制，给学习分析研究提供了新的思路与方法。

在 LDA 模型中，首先从文档主题分布中抽取一个主题，然后从抽取到的主题所对应的特征词中抽取一个词，将此过程重复 N 次，就可以生成一篇有 N 个词的文档。文档生成过程如图 9-11 所示。生成文档过程中的变量和参数见表 9-7。

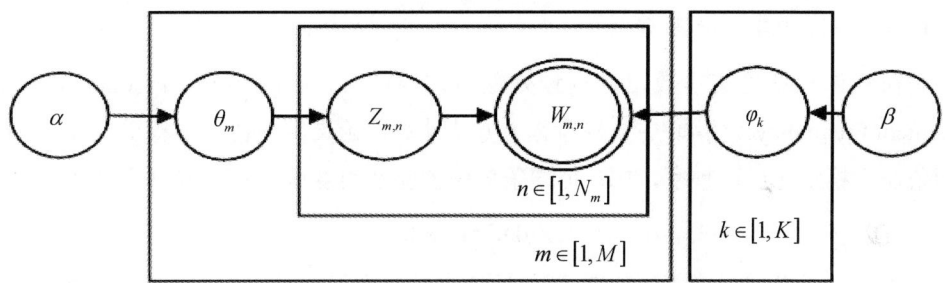

图 9-11　文档生成过程

表 9-7　生成文档过程中的变量和参数

符号	描述	符号	描述
α, β	主题模型的超参数	M	总的文档数
N_m	文档 m 中的词总数	K	主题个数
$Z_{m,n}$	文档 m 中第 n 个单词的主题	$W_{m,n}$	文档 m 中的第 n 个词
θ_m	文档 m 的主题分布	φ_k	第 k 个主题的单词分布

根据 LDA 模型，我们可以用式（9.1）来表示主题和词之间的联合概率：

$$P(\theta, Z, W | \alpha, \beta) = P(\theta | \alpha) \prod_{m}^{K} \prod_{n=1}^{N} P(Z_m | \theta) P(W_{m,n} | Z_m, \beta) \tag{9.1}$$

根据式（9.1），我们可以计算出文档中主题-词概率分布矩阵，可以更加细粒度地表示学习者在参与在线课程讨论时关注的主题，也可以为课程评论文本分析提供自动化支持。

2）文本情感分析

最初的文本情感分析主要是对带有情感色彩的词的分析，如"漂亮"是表示褒义的词，而"丑陋"是表示贬义的词。目前，对于文本情感分析的研究已经逐渐转向句子级、篇章级及词级的分析。文本情感分析的方法主要分为机器学习方法和基于词典的方法。机器学习方法的准确率高但是需要对原始数据进行人工标注，不但耗时耗力，而且人工标注数据的结果会直接影响实验的准确性；而基于词典的方法不需要人工标注，主要通过对经过预处理后的文本中的情感词与情感词典中的词进行匹配得到文本的情感倾向，但是由于词在不同情境下可能会表现出不同的情感倾向，如"他跑得好快"中"快"是褒义的，而在"电池耗电快"中"快"是贬义的，因此采用情感词典进行情感分析虽然简单方便，但是一些词的多义性会造成实验结果的不稳定性。我们主要采用 ROST Content Mining 作为情感分析工具，通过对课程评论文本主题进行情感分析，找出学习者关注主题的情感倾向性分布。

5．数据分析

1）基于 TF-IDF 的词频分析

对在线课程评论文本数据进行预处理后，根据 TF-IDF（Term Frequency-Inverse Document Frequency，词频-逆文档频率）方法计算评论文本的特征项权重，其中 TF 表示词条在文档中的出现频率，IDF 是词条普遍重要性的度量。TF-IDF 的计算公式为

$$TF\text{-}IDF=TF\times IDF \tag{9.2}$$

运用 Python 对文本数据进行特征权重计算，最终得到评论文本词频权重排名前 20 的高频关键词，见表 9-8。

表 9-8 词频统计

编号	词	权重	编号	词	权重
1	教师	0.54	11	易懂	0.11
2	课程	0.37	12	初学者	0.08
3	Python	0.25	13	内容	0.08
4	讲解	0.21	14	程序	0.08
5	学习	0.17	15	适合	0.07
6	很棒	0.14	16	深入浅出	0.07
7	入门	0.12	17	详细	0.06
8	编程	0.11	18	实例	0.06
9	清晰	0.11	19	基础	0.06
10	讲课	0.11	20	视频	0.06

通过对词频权重统计结果分析可以发现，在在线课程评论文本中，出现频率较高的词是"教师""课程""Python""讲解"等。这些词表明了学习者对本门课程的授课教师及教师授课方式的肯定和支持。而从"内容""实例""课件"等词可以看出，除授课教师外，学习者还关注该课程的内容、学习资源。此外，反映学习者参与在线课程学习体验的词也比较多，如"很棒""清晰""详细"等，从这些词来看，大部分学习者对参与该课程学习的总体态度是比较正面的。

2）基于LDA模型的课程评论主题挖掘

利用LDA模型来挖掘课程评论文本中的隐含主题，为实施针对性学习干预和教学反馈提供有力的数据支撑。目前，对于LDA模型的主题数量没有最优解，一般通过人工调参来解决。我们对预处理后的评论文本进行主题建模后，通过事先设置主题数量→进行主题模型训练→观察主题训练结果→手动调整参数→优化主题数量的方法确定主题数量。实验发现，当α（文档中生成的主题密度）=0.6，β（真主题内生成的词密度）=0.1，主题数量K=3个时，实验效果最佳，见表9-9。

表9-9 课程评论文本主题-词矩阵

主题 1		主题 2		主题 3	
词	概率值	词	概率值	词	概率值
课程	0.043	期待	0.011	收获	0.013
教师	0.034	有用	0.011	习题	0.011
详细	0.023	课程	0.010	课后	0.010
讲解	0.021	后续	0.008	教师	0.007
学习	0.021	免费	0.007	课件	0.006
很棒	0.018	Python	0.007	视频	0.006
基础	0.017	内容	0.007	太短	0.006
清晰	0.016	学习	0.007	样例	0.005
细致	0.012	小白	0.006	听不懂	0.005
授课	0.011	接触	0.006	平台	0.005

由表9-9可见，学习者进行在线课程学习时主要关注3个主题。从主题1的词概率分布情况中，可推测出此主题主要集中于教师的授课方式。教师的讲课风格得到了学习者的认同和赞赏，学习者认为教师讲课很棒，讲解详细、清晰、基础；从主题2的词概率分布情况可知，此主题主要关注在线课程内容。学习者认为这门编程课程有用，课程内容适合零基础学习者学习，达到了自身对于Python学习的期望，并对后续的课程表示期待；从主题3的词概率分布情况可以看出，学习者在学习课程后能够有收获，但是对于该课程的衍生性学习资源，如课件、视频及习题等，学习者表达了"太短""听不懂"等负面情绪，说明学习者对该课程的学习资源表示关注。因此，我们将学习者对于

在线课程的关注点归纳为教师授课、课程内容、学习资源 3 个方面。

3）课程评论情感倾向性分析

我们用 ROST Content Mining 作为情感分析工具，通过对在线学习者课程评论文本进行情感分析，来挖掘学习者对于课程的满意度情况。首先利用该软件对每条评论文本进行情感分析并赋值，然后用该数值来判断学习者的情感倾向。该数值为正表示积极情感，数值为 0 表示中性情感，数值为负表示消极情感。为了更精确地表示在线学习者的情感倾向，积极情感被分为一般（0~15）、中度（15~25）和高度（25 以上）3 种程度；而消极情感被分为一般（-15~0）、中度（-25~-15）和高度（-25 以下）3 种程度。

（1）在线课程评论整体情感分析。

用 ROST Content Mining 对课程评论文本进行情感分析的详细结果见表 9-10，学习者对该课程的积极情感占绝大部分，表明大多数学习者对该课程感到满意，中性情感和消极情感共占 12.79%，表明一部分学习者对该课程感到不满意，该课程还有需要改进的地方。

表 9-10　在线课程评论整体情感分析结果

情感类别	比例/%	情感分段类别	比例/%
积极情感	87.21	一般（0~15）	49.92
		中度（15~25）	22.53
		高度（25 以上）	14.76
中性情感	8.96		
消极情感	3.83	一般（-15~0）	2.30
		中度（-25~-15）	1.48
		高度（-25 以下）	0.05
总计	100		

（2）主题情感分析。

选取教师授课、课程内容、学习资源 3 个主题的评论文本分别进行情感分析，可以得到学习者关注的该课程 3 个主题的情感倾向，分析结果见表 9-11。可以看出，教师授课主题的积极情感明显高于课程内容和学习资源主题，达到 93.57%，即学习者对该课程的授课教师本人、教师的教学方式、教师讲课的水平等的满意度较高，说明该课程的授课教师是学习者表达积极情感的主要原因；学习者积极情感较高的还有课程内容主题，体现为高度、中度和一般的积极情感的比例分别为 15.26%、21.98%和 50.06%，都高于该主题下的消极情感和中性情感；和教师授课及课程内容主题的积极情绪相比，学习资源主题的积极情感只有 70.99%，其中性情感和消极情感与前两者相比有明显增加，说明学习者对本课程的学习资源（如课程作业、学习资料、作业平台等）表现出不满意的态度，对课程评分的降低有很大的影响。

表 9-11 主题情感分析结果

教师授课		课程内容		学习资源	
情感分类（比例/%）	情感分段类型（比例/%）	情感分类（比例/%）	情感分段类型（比例/%）	情感分类（比例/%）	情感分段类型（比例/%）
积极情感（93.57）	高度（23.98）	积极情感（87.30）	高度（15.26）	积极情感（70.99）	高度（6.63）
	中度（30.01）		中度（21.98）		中度（14.09）
	一般（39.58）		一般（50.06）		一般（50.27）
中性情感（3.49）		中性情感（8.20）		中性情感（11.05）	
消极情感（2.94）	高度（0.14）	消极情感（4.50）	高度（0.17）	消极情感（17.96）	高度（1.44）
	中度（0.91）		中度（1.51）		中度（4.59）
	一般（1.89）		一般（2.82）		一般（11.93）
合计（100）		合计（100）		合计（100）	

6. 总结

通过分析发现，在线课程学习者主要关注课程内容、教师授课及学习资源 3 个方面。课程内容、教师授课是学习者表现积极情感的主要主题，而对于该课程的学习资源，学习者表达的消极情感较多。这些结果为教师改善教学设计提供了依据，有助于平台开发人员完善学习平台的功能建设，提供更好的用户体验。在本案例中，未考虑到该实验数据的应用领域，没有构造基于课程评论文本的情感词典，后续要进行跨领域文本的情感极性分类，构造以在线课程评论文本为基础的情感词典，提高情感分类的准确性和情感分类模型的科学性。

9.3 教育平台学习分析

9.3.1 教育平台整体概况

为了解学习分析在教育企业平台中的整体应用状况，我们对现有的在线学习平台与教育类 App 进行了汇总梳理。我们对在线学习平台报告、学研智库发布的 2020 年中国 K12 在线教育移动应用下载分析报告进行汇总，得到 29 家机构、103 款教育移动应用平台。受篇幅限制，在此我们仅列出具有典型学习分析功能的在线学习平台，在线学习平台与教育类 App 的整体概况见表 9-12。这里的学习分析功能指的是学习数据驱动的测量、分析、报告与应用，包括学情分析、学习预测、学习可视化等。当前现有在线学习平台与教育类 App 按功能类型可分为测评与批改类、语言学习类、网络课程类、编程与思维类、智能教育类。从表 9-12 可以看出，语言学习类和网络课程类的平台工具数量较多，其中英语类平台数量占比相对更多。

表 9-12　在线学习平台与教育类 App 的整体概况

功能类型	在线学习平台与教育类 App 名称	学习分析功能
测评与批改类	作业帮 小猿搜题 猿题库 题拍拍 作业帮口算 小猿口算	(1) 题目识别与答案匹配 (2) 答题的智能调度、题目智能批阅 (3) 个性化推荐练习题目 (4) 智能化推送学习课程和资源 (5) 依据错题数据智能分析薄弱点 (6) 学习结果可视化
语言学习类	有道乐读 沪江开心词场 洪恩识字与拼音阅读 励步英语 有道少儿英语 新东方多纳 51talk 无忧英语 Gogokid 汤圆英语 瓜瓜龙英语 VIPKID 英语 叽里呱啦儿童英语 呱呱阅读 流利说英语 阿卡索英语 儿童英语外教 沪江网校 DaDa 英语	(1) 实时监测，如课堂行为监测 (2) 依据学习者兴趣点推荐短视频英语教学 (3) 学习勋章和学习积分的激励干预 (4) 根据不同年龄段学习者特征搭建教学体系 (5) 师生智能匹配系统 (6) 学习诊断，如根据学习者能力水平进行个性化分析 (7) 语音智能测评，实时语音评分 (8) 多模态交互，如汉字笔顺跟写的视觉＋听觉＋触觉多感官互动 (9) 个性化推荐，如桌面屏保的单词与复习计划同步 (10) 智能化推送学习课程和资源 (11) 学习过程干预，如依据学情进行阶段反馈、学习勋章奖励、积分奖励 (12) 教学能力可视化，如教师能力图谱 (13) 学习结果可视化，如学习记录贴纸、学习报告
网络课程类	猿辅导 学而思网校 有道精品课 高途课堂 跟谁学 新东方 豆神教育 清北网校 一起学网校 少年得到 一起学 掌门 1 对 1 辅导	(1) 智能化推送学习课程和资源 (2) 题目智能批阅 (3) 学习结果可视化，如学习时长记录、学习周报展示 (4) AI 评测，如通过主观阅读题评测学习者的写作、文学基础和阅读、应试能力 (5) 智能化推荐学习路径
编程与思维类	有道数学 瓜瓜龙思维	(1) 智能化推送学习课程和资源 (2) 学前诊断，如根据学习者前测数据定制个性化学习方案

续表

功能类型	在线学习平台与教育类 App 名称	学习分析功能
编程与思维类	洋葱学院	（3）智能匹配梯度式难度习题 （4）学习结果可视化
	掌门少儿	
	洪恩数学	
	有道卡搭	
智能教育类	斑马 AI 课	（1）多模态交互，如 AI 互动、多感官情景互动 （2）实时计算，如实时分析行为数据 （3）智能化推送学习课程和资源
	学而思轻课	
	小猴 AI 课	
	小狸 AI 课	
	阿卡索 AI 英语课堂	

9.3.2 教育平台中的学习分析功能

通过对各类教育移动应用及平台的功能进行归类与汇总，我们梳理出 8 种主要学习分析功能，即学前诊断、题目识别与智能批阅、学情统计、学习能力分析、语言智能评测、多模态感官交互、学习预测分析、学习激励与推送，各功能比例情况如图 9-12 所示，其中横坐标表示具有对应功能的教育移动应用及平台的数量。

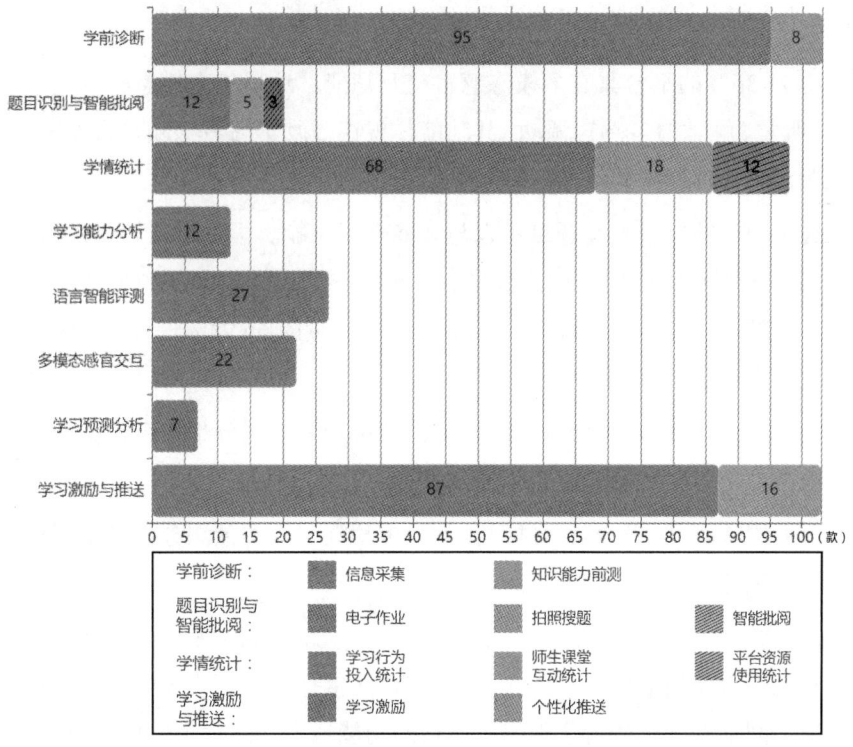

图 9-12　现有平台中的主要学习分析功能堆积图

从以上数据呈现的结果来看，当前学习分析应用情况如下。

(1) 在分析的 103 款教育移动应用平台中,所有平台都具有学前诊断功能。仅有约 7.77% 的平台会在用户使用该平台前采用试题或问卷的形式对学习者进行知识能力前测,大部分平台会初步采集用户学段年级、学习内容。

(2) 所有平台都具有学习激励与推送功能。其中学习激励功能占比较多,约为 84.5%。该激励功能主要是积分、勋章、学习币等的兑换,从线上学习角度来看,学习者可以通过这些虚拟奖励来免费进行下一阶段课程的学习;从线下角度来看,学习者可以通过虚拟奖励获得该平台开发的周边产品,增加用户黏度。

(3) 大部分平台都具有学情统计的功能,约占所分析教育平台总量的 95.1%。其中,学习行为投入统计功能占比约为 69.4%,师生课堂互动统计功能占比约为 18.4%,平台资源使用统计功能占比约为 12.2%。进一步分析可知,所统计的学情数据主要是对单一数据源的简单累积与叠加。

(4) 约 26.21% 的平台具有语言智能评测功能。该功能主要体现在语言学习类平台中,分析内容包括文本和语音。文本类内容的智能评测包括对英文和中文作文的自动批阅,是基于语料库和云计算的自动批改在线服务。语音类内容的智能评测是对口头表述的语言发音、节奏等维度进行的实时评测,这种评测大多将人念的词语声音的波形频谱与数据库里已有的波形频谱进行比较,并完成频谱分析。

(5) 约 21.36% 的平台具有多模态感官交互功能。这里的多模态感官交互包括对学习者视觉、听觉、触觉的多感官调动,其功能体现在鼓励学习者跟随平台课程一起朗读、在移动终端跟随笔画顺序的动画进行触摸书写等。

(6) 约 19.4% 的平台具有题目识别与智能批阅功能。根据学研智库发布的 2020 年中国 K12 在线教育移动应用下载分析报告,测评与批改类平台以 115.12 亿次的累计下载量排名各分类第一,占所有教育类 App 累计下载量的 66.74%,其中拍照搜题类平台的下载量更是突破了 77.55 亿次。

(7) 约 11.65% 的教育平台具有学习能力分析功能。部分平台会根据所采集的学习数据以学习能力雷达图的形式进行呈现。

(8) 仅有约 6.8% 的平台具有学习预测分析功能。这类预测分析是指根据现有的学习数据预测未来的学习进度和学习结果。

另外,从平台分类来看,语言学习类平台所涉及的学习分析功能种类更为丰富,且在语音智能测评方面的应用更为深入,该类平台注重打造沉浸式体验和情景化氛围的深度学习环境;网络课程类平台呈现出系统化的功能特点,注重个性化学习方案的制定、学习共同体的虚拟社区组建和学习轨迹的可视化呈现;编程与思维类平台注重奖励机制的游戏化学习和探索挑战的项目式学习,针对不同学习者的学习特征智能匹配梯度式难度习题；智能教育类平台注重多感官情景的多模态交互和对课堂行为的实时监测。

从适龄分类来看，学前教育和小学阶段的平台会实时生成相应的学习反馈来激励儿童，侧重强化学习完成后的勋章奖励。该阶段的儿童正处于思维和能力发展的关键时期，平台注重对学习内容科学分龄的梯度式呈现；中学阶段的平台更加注重学习结果的可视化呈现，生成学习报告、题目正确率的增减曲线、排行榜的名次变动，这些功能有助于学习者了解自己的学情状态，以便及时调整学习策略。

9.3.3 教育平台中的智能分析技术

1．光学字符识别技术

光学字符识别（Optical Character Recognition）技术简称 OCR 技术，指的是首先用电子设备（如扫描仪或数码相机）检查纸上的字符，通过检测暗、亮的模式确定其形状，然后利用字符识别方法将形状翻译成计算机文字描述的过程。当前，多数拍搜题库类软件采用的都是基于 OCR 和深度学习结合的技术方案。

2．智能语音评测技术

智能语音评测技术是指利用计算机自动对学习者的语音进行评价，具体包括发音错误检测、发音水平及口语表达能力评价。语音评测技术包含朗读评测和口头表达评测两项关键技术。前者主要包括字、词、句、篇的朗读等题型，考察重点是学习者的发音错误情况和发音质量；后者主要包括口头翻译、口头复述、看图说话、主题表述等题型，主要考察学习者的逻辑思维能力和语言组织能力。

朗读评测最基础的一步是评测文本与评测音频的时间对齐，即音频切分，朗读评分和检错都是基于音频切分结果进行特征提取的。音频切分的一般步骤为基于朗读文本，首先生成一个音素切分网络，然后结合标准发音模型，获取朗读文本中每个音素在评测音频中的时间边界。一般来说，切分网络的结构设计较为灵活，面对漏读、增读、回读等各种复杂情况，都能够准确地进行边界切分。发音质量一般包括准确度、流畅度、完整度 3 个维度，以及 3 个维度的综合。典型的朗读评测原理框图如图 9-13 所示。

口头表达评测的技术难度远大于朗读评测，直接通过音频评价学习者的口头表达能力是极其困难的。目前的做法通常是首先识别学习者的口头表达内容，将其表示成文本，然后基于识别文本提取内容相关特征，进一步将识别文本作为评测文本，提取发音水平相关特征，并与内容相关特征组合在一起，构成完整的评分特征，口头表达评测原理框图如图 9-14 所示。语音识别准确性和内容特征矢量化表征是文本评测的核心。在语音识别方面，主流的语音识别系统以 LSTM 神经网络为声学模型，识别正确率已经达到 90%以上，满足评分需求。

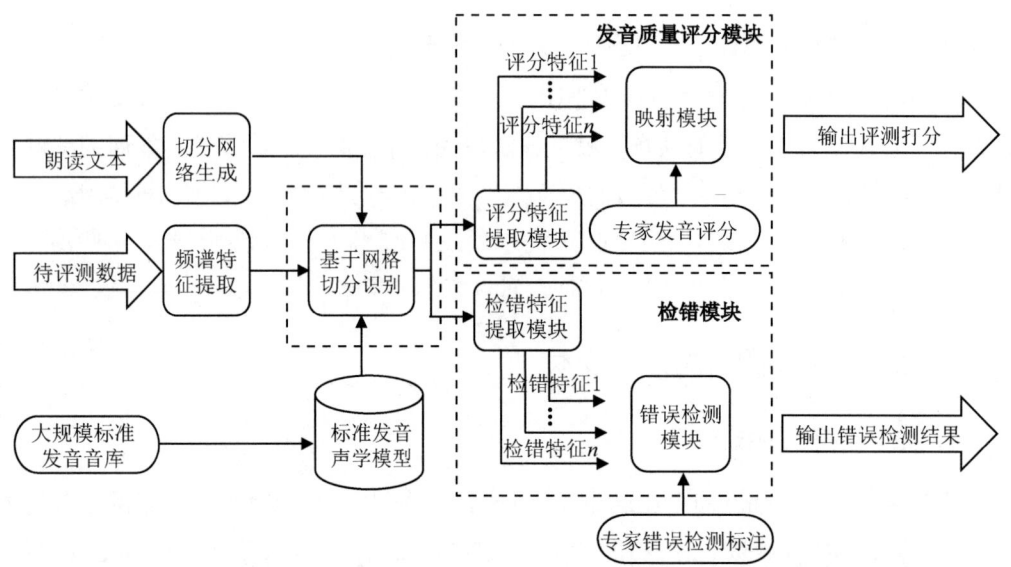

图 9-13 典型的朗读评测原理框图

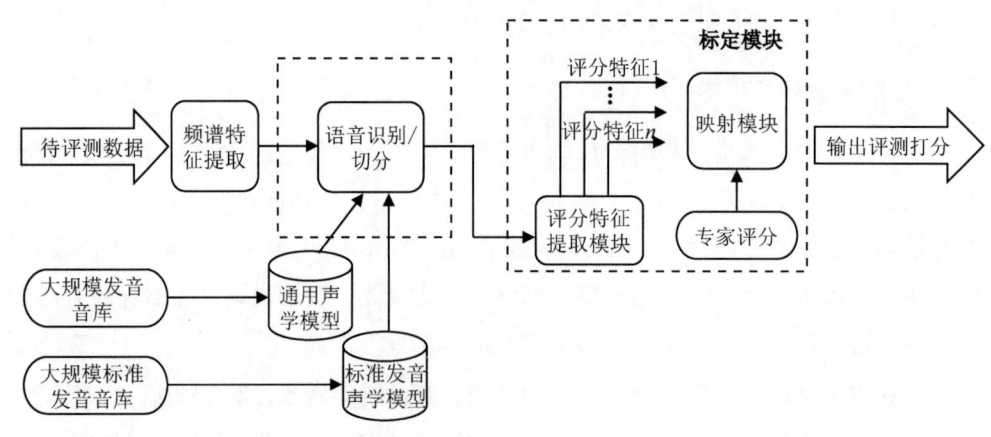

图 9-14 口头表达评测原理框图

3. 自然语言处理技术

自然语言处理（Natural Language Processing，NLP）是以语言为对象，利用计算机技术来分析、理解和处理自然语言的一门科学，即把计算机作为语言研究的强大工具，在计算机支持下对语言信息进行定量化的研究,并提供可供人与计算机之间能共同使用的语言描写。自然语言处理包括自然语言理解和自然语言生成两个部分，目前被广泛运用于智能批改类教育平台中,批改原理为首先将用户提交的学习者语料用数据处理后和标准语料数据（母语用户语言资源库）进行比对分析，测量出两者之间的"距离"数据，然后用一定的分析规则将"距离"映射转化为用户可理解的分数、总评、句评等反馈内容。映射转化依据的是 192 个语言分析维度。从直观上讲，一篇作文"距离"标准语料库越远，分数越低，反之分数越高，智能批改系统的原理图如图 9-15 所示。

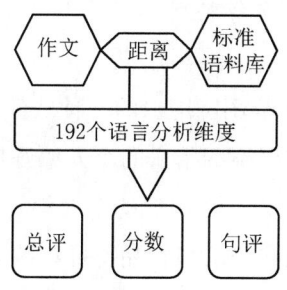

图 9-15 智能批改系统的原理图

智能批改系统主要分为 5 个模块，分别为作文分析模块、对比模块、打分模块、数据挖掘统计模块和知识运维库模块，其体系结构如图 9-16 所示。作文分析模块主要对作文进行整体的分析，分析内容包括词汇、词性、搭配、句型等内容；对比模块根据作文分析模块分析到的内容，调用知识库里相应的数据与作文内容进行对比，找出作文存在的亮点及不足点，并给出相应提示；打分模块在系统对作文进行分析对比后，会根据教师设置的打分权重对作文进行打分；数据挖掘统计模块主要负责统计系统对作文的分析结果，并对分析结果进行整理，生成详细的图文报表；知识运维库模块主要为对比模块运行提供数据支持。用户可以将自己的经验提交到知识运维库里，系统会自动将其记录并用于作文对比，用户提供的数据越多，系统提供的分析反馈就越详细，学习者获得的知识也就越多。

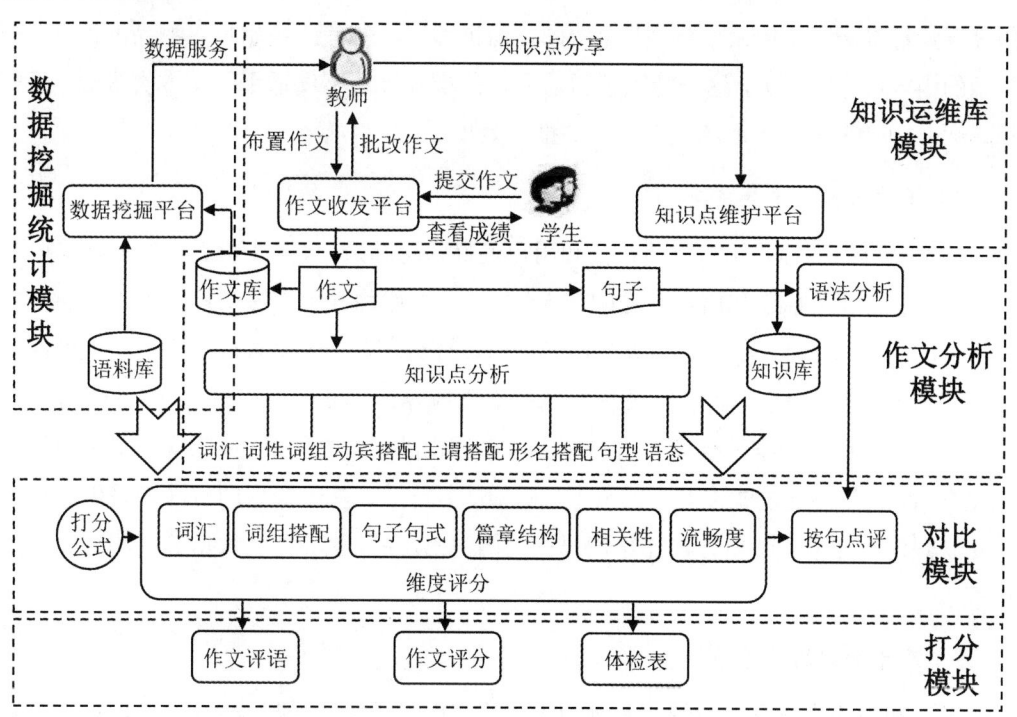

图 9-16 智能批改系统的体系结构

4. 个性化推荐系统

推荐系统是将畅销物品展现给浏览用户的一种软件系统,其主要特点是由服务器主动发送信息。个性化推荐是指依据不同用户的个人偏好推荐不同的物品内容,需要开发并维护一个用户模型或用户记录以保存用户的个人偏好。实际上,个性化推荐可以看作一个映射问题,其目标是建立用户需求与物品特征相映射的二元关系。目前较为成熟的个性化推荐系统包括协同过滤推荐系统、基于内容的推荐系统和基于知识的推荐系统。这3类个性化推荐系统的内涵及其基本思想如下。

1) 协同过滤推荐系统

协同过滤推荐系统的基本思想是利用已有用户群过去的行为或意见预测当前用户最可能感兴趣的物品,其输入数据是给定的用户-物品评分矩阵,输出数据包括表示当前用户对物品喜欢或不喜欢程度的预测数值和 N 项推荐物品的列表。协同过滤推荐系统包括基于用户的最近邻推荐系统和基于物品的最近邻推荐系统。基于用户的最近邻推荐系统的主要思想是首先将一个评分数据集和当前用户的 ID 作为输入,找出与当前用户过去有相似偏好的其他用户,这些用户被称为对等用户或最近邻;然后对当前用户没有见过的物品 P,利用其最近邻对物品 P 的评分计算预测值。基于物品的最近邻推荐系统的主要思想是利用物品间的相似度,而不是用户间的相似度来计算预测值,物品的相似度度量标准一般采用余弦相似度。协同过滤推荐算法依赖的是用户对物品的评分,与资源的内容或形式无关,这一特点使得协同过滤推荐算法不仅适用于文本类资源,还对视音频、动画等多媒体资源具有同样的推荐效果。

2) 基于内容的推荐系统

基于内容的推荐系统将物品特征和用户偏好匹配起来,只需要两类信息就能实现推荐——物品特征的描述和用户兴趣的个人记录,尽管这种推荐方法依赖关于物品和用户偏好的额外信息,但它不需要巨大的用户群体或评分记录,即使只有一个用户也可以产生推荐列表。基于内容的推荐方法主要包括基于内容相似度检索和基于概率的方法。基于内容相似度检索的方法推荐与用户过去喜欢的物品相似的物品,在衡量两个文档的相似度方面,其与协同过滤推荐中的最近邻计算方法一样。基于概率的方法先采用服从条件独立假设的朴素贝叶斯方法计算词语在文档中出现的概率,再由数据的观测估算出条件概率。

3) 基于知识的推荐系统

基于知识的推荐系统是依据明确的推荐规则而形成的一种推荐系统,包括基于约束的推荐系统和基于实例的推荐系统。这两种系统在推荐过程上较为相似,即用户必须首先指定需求，然后推荐系统设法给出解决方案，若系统找不到解决方案，则用户必须修改需求。两者的不同之处在于，基于约束的推荐系统依赖明确定义的推荐规则集合，会在符合推荐规则的所有物品集合中搜索得出要推荐的物品集合；而基于实例的推荐系统着重于根据不同的相似度衡量标准检索与用户需求（在预定义阈值内）相似的物品。

为了清晰展示这 3 类系统的特性，我们从用户记录及前后数据、物品特征、群体数据和知识模型等 4 个方面进行比较分析，见表 9-13。在用户记录及前后数据方面，若将所有与用户和情境相关的数据都保存在用户记录中，则这 3 类推荐系统都需要用到用户记录及前后数据才能对推荐进行个性化处理。在物品特征方面，基于内容的推荐系统和基于知识的推荐系统都依赖物品特征和文本描述。在群体数据方面，协同过滤推荐系统需要大量的用户数据记录，并要计算目标用户的最近邻集合。在知识模型方面，基于知识的推荐系统要求用户在预定义的阈值内明确需求，并将其映射到物品属性上，而多属性的效用机制和特定的相似度标准需要用知识模型来表征。

表 9-13 个性化推荐系统的比较分析

系统名称	用户记录及前后数据	物品特征	群体数据	知识模型
协同过滤推荐系统	是	否	是	否
基于内容的推荐系统	是	是	否	否
基于知识的推荐系统	是	是	否	是

通过对 3 类个性化推荐系统的比较分析可以看出，每种系统各有利弊。若将个性化推荐系统看作一个黑箱，如图 9-17 所示，则它能将输入数据转换成物品的有序列表进行输出。输入数据可能包括用户记录和前后数据、群体数据、物品特征和知识模型，然而，没有一种个性化推荐系统能完全用到所有数据。

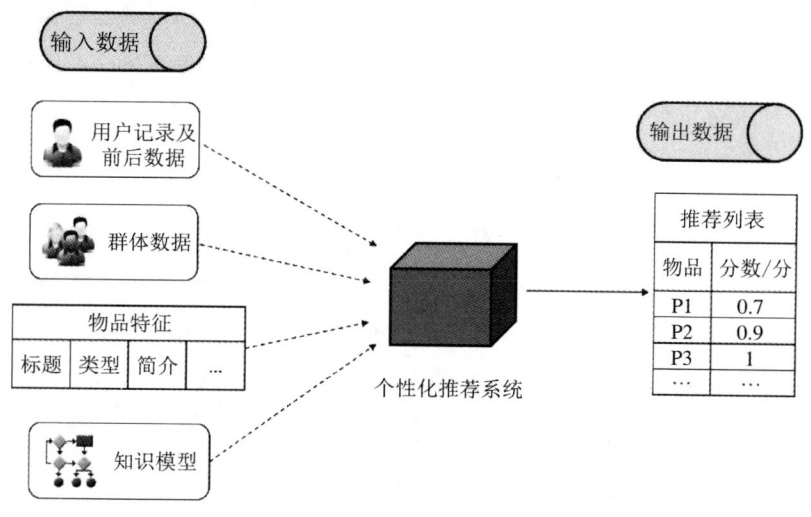

图 9-17 个性化推荐系统的输入输出数据

应用个性化推荐系统可以向学习者提供不同类型的学习资源推荐服务。例如，基于物品的最近邻推荐系统可以对数字资源提供推荐服务，推荐的内容包括重点文本资源、热门视音频资源、热点数字动画、优秀数字课程等；基于用户的最近邻推荐系统可以对互动交流提供推荐服务，推荐的内容包括热门话题、精彩回答和兴趣主题等。基于约束的推荐系统和基于实例的推荐系统可以对作业与考试系统提供推荐服务，推荐的内容包括知识点练习、考试题和易错题等。

9.3.4 教育平台中的学习分析应用问题

1. 重学情统计，轻能力分析

从数据分类来看，学情数据一般包括两种类型：一种是学习者在学习过程中产生的行为数据，包括学习资源使用的数据、学习者行为投入的数据、课堂互动数据等；另一种是学习者在学习过程中产生的结果数据，包括课堂即时评测数据、作业与考试数据等。在分析内容上，当前的教育平台对学习者的学情分析侧重于使用频次统计、时间累计等方式，缺乏对学情数据进行深入的数据挖掘。在分析结果上，当前的教育平台侧重于呈现学情数据的统计结果，缺乏对学情数据背后隐含的认知能力、学习投入、学习习惯等深层学习问题的剖析。

2. 重结果评价，轻增值评价

从评价方式来看，多数教育平台关注学习者完成学习后的结果数据，这些数据无法全面记录学习者成长过程中的重要轨迹和关键事件，不能看出学习者随着时间推移在各自起点或基础上自身学习绩效、能力发展的涨幅，因此无法增强学习者的自我效能感，不能反映学习者知识水平和能力水平的变化。增值评价作为一种伴随式的发展性评价，以学习者为评价的主体，以尊重学习者之间的差异为前提，充分考虑学习者学习水平的起点因素，注重评价过程，强调学习者的发展，这种评价方式在平台中应用较少。

3. 重信息呈现，轻数据挖掘

从信息呈现来看，当前教育平台对学情数据信息的呈现形式主要停留在单一数据源的采集和汇总层面，这类数据仅能反映学习者单一维度的学情信息，侧重于展示所收集数据叠加的结果，无法多维度、多层面、立体化地展示学习者的学情信息。而数据挖掘能从大量的学情数据中通过算法搜索隐藏于其中的信息，发现不同数据之间的内在关联和潜在规律，这是教育平台未来需要强化的技术。

4. 重实时诊断，轻学习预测

从诊断分析来看，实时诊断是针对学习者当下已经完成的学习任务和已经生成的学习轨迹做出的诊断评价。当前教育平台采集的学情数据来源于过程性、即时性的行为与现象记录，而学习者的学习过程是动态性、生成性、规律性的，实时诊断仅能判定学习者当前处在一个什么样的学习状态中，无法从现有的学习数据中发现其隐藏的规律，也不能对学习者未来的学习情况进行有效预测和及时预警。因此，有必要对学习者在教育平台上产生的各种学情数据进行预测，识别处于风险中的学习者，从而促进其及时调整学习策略。

5. 重数据追踪，轻隐私保护

从数据安全来看，教育平台的后台记录并保存了大量学习者的学情数据，学习者面临着数据隐私泄露的诸多风险。数据隐私保护问题主要表现在两个方面：一是隐私数据本身被访问导致的隐私泄露；二是非隐私数据关联挖掘导致的隐私泄露。教育数据的开放加重了个人身份信息泄露、个人行为信息泄露、个人偏好信息泄露等伦理问题。教育平台企业可利用学习者、教师的隐私数据通过短信、电话等形式进行产品推销和广告投放，严重影响了用户的日常生活、工作和学习。如何在数据开放和隐私保护之间找到合适的平衡点是当前教育平台研发者需要解决的问题。

6. 重智能识别分析，轻思维能力培养

根据学研智库发布的《2020年中国K12在线教育移动应用下载分析报告》，20款作业答疑题库类工具App的累计下载量为115.12亿次。其中，拍搜题库类App累计总下载量为77.55亿次，成为最受K12用户青睐的应用类型。这些工具侧重对题目的智能识别和解答，缺乏对解题过程的引导和分析。2021年7月24日，中共中央办公厅、国务院办公厅印发《关于进一步减轻义务教育阶段学生作业负担和校外培训负担的意见》，该文件提出：线上培训机构不得提供和传播"拍照搜题"等惰化学生思维能力、影响学生独立思考、违背教育教学规律的不良学习方法。拍搜题库类软件虽然具有快捷搜题、秒出答案等特点，但它忽视了对学生专注能力和思维能力的培养，需要进行功能调整。

思考与实践

1. 思考：学习分析在课程教学中有什么优势？有什么问题？
2. 讨论：在开展学习分析研究与实践时，如何保护学习者的隐私？
3. 分析与修改：分析一个数据驱动教学的课例，从学习分析视角试着提出自己的改进意见。
4. 研究分析：选取某一在线开放课程，提取该课程的学习数据，应用数据挖掘方法进行分析，总结在线学习的问题，并提出改善策略。

5. 设计与实践：选择某一学科，设计一个学习分析研究方案，有条件的话，实施该方案，将研究结果反馈给学科教师，并进行教学实验，看看教学效果是否有提升。

6. 调查分析：从教育大数据与学习分析的基本认识、应用现状、实践需求3个维度设计调查问卷，分别对教育管理者、教师、学习者进行调查分析，并对数据进行统计分析，汇聚各方意见，完成一个调研报告，并在课堂中进行汇报分享。

拓展学习资源

1. 李爽，郑勤华，杜君磊，等. 在线学习注意力投入特征与学习完成度的关系——基于点击流数据的分析[J]. 中国电化教育，2021（02）：105-112.

2. 刘清堂，冯小妹，翟慧清，等. 学习分析支持下的课堂互动工具设计与实现[J]. 现代教育技术，2018，28（12）：94-100.

3. 马志强，孔伶玉，岳芸竹. 面向协作学习多重投入特征画像的多模态学习分析[J]. 远程教育杂志，2022，40（01）：72-80.

4. 奥尔加·维伯格，穆罕默德·哈利勒，马丁尼·巴斯，等. 在线学习环境下的自我调节学习和学习分析实证研究述评[J]. 中国远程教育，2020（12）：28-41.

5. 郁晓华，黄沁. 学习分析视角下的数字化课堂互动优化研究[J]. 中国电化教育，2018（02）：12-20.

6. 贺超凯，吴蒙. edX平台教育大数据的学习行为分析与预测[J]. 中国远程教育，2016（06）：54-59.

第 10 章

学习分析的新发展

本章主要内容

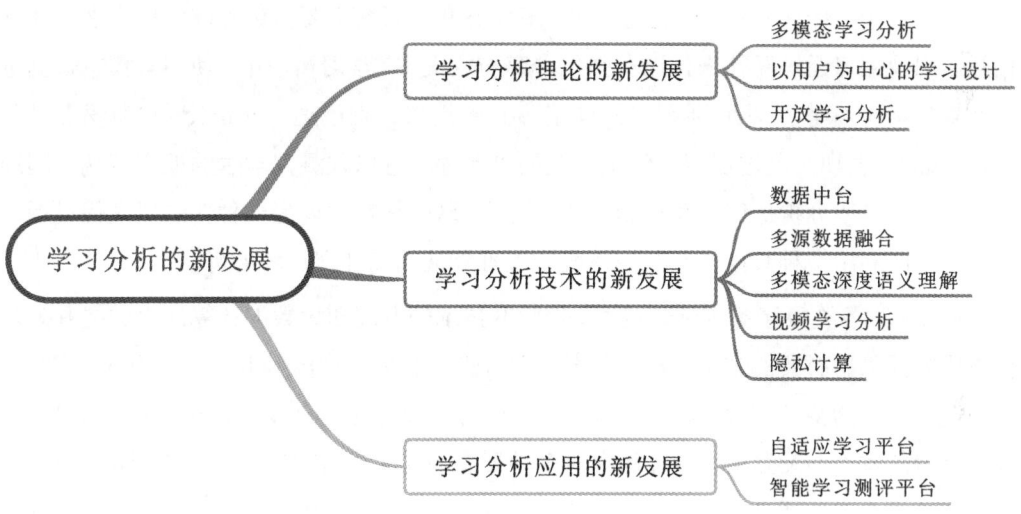

学习目标

通过本章的学习,你应能做到如下几点。

1. 能够说出学习分析理论的新发展,并阐述其应用价值。
2. 能够举例说明不同学习分析技术的应用情境,并对各项技术进行对比分析。
3. 熟悉多源数据融合的形式,能够结合数据融合方法设计具体技术路线。
4. 了解常见的自适应学习平台,能够说出其实现原理。

10.1 学习分析理论的新发展

10.1.1 多模态学习分析

1. 多模态学习分析的兴起与发展

1）多模态学习分析的兴起与成因

多模态是多种感官的融合,近20年来功能语言学、会话分析、社会符号学等学科领域都对多模态进行了研究探索,多模态经过发展已演变为一种统筹化的理论。人工智能和机器人技术的发展进一步催生了多模态交互,多模态交互是机器人与人之间通过文字、语音、动作等进行的一种交互方式。多模态交互研究主要探讨不同的模态之间如何相互作用及如何通过互补来传递和强化内容与意义。在学习情境中,使用多模态数据进行教育实验的探索可以追溯到20世纪90年代初,安巴迪(Ambady)和罗森塔尔(Rosenthal)发现,通过观察大学生交互的"薄片"可以预测大学生的期末表现,即通过短的视频片段分析他们的身体和非语言行为。这些早期发现为一种新的研究假设铺平了道路,即利用多种数据源和社交信号处理推断认知和社交过程的可能性。

近年来,各类可穿戴传感器技术、物联网技术的发展和大数据计算能力的提升为多模态研究提供了必要的技术支撑。多模态学习研究的兴起除技术推动的作用外,还有对教育发展规律的持续探索。多模态与教育分析有着天然的契合度:①多模态方法更符合人类交流的本性。人类在交流过程中对多种形态的使用较为丰富,且这些形态互补。人类在交流过程中,通常会使用多种形态来表达他们的意图和情绪,如面部表情、声调、肢体动作等。而在教育传播过程中,教师的授课及师生之间的互动也是通过多种形态进行表达的。②跨物理和数字世界的建模正成为一种日益增长的需求。将物理空间和数字空间中的学习交互联系起来,对于分析学习机理和意义创造具有重要价值。可穿戴追踪器可以收集物理学习空间中学习者的言语、肢体行为和手势等交互操作,这些数据可以与网络学习中的日志数据、档案信息数据相整合。学习活动与流程是分布式的,学习管理系统中发生的内容交互及数据只占学习活动中的一小部分,并不是整个学习过程。通过整合多模态数据可以使学习过程的追踪和学习分析更完整。

通过以上分析可以看出,时代的变迁、技术的深入发展及研究者对教育求真的探索,促使多模态学习分析逐步形成独特的学术共同体,推动教育研究从单模态走向多模态。

2）多模态学习分析的概念与目标取向

多模态学习分析（Multimodal Learning Analytics）的概念最早是由美国南加州大学创新技术学院的斯特凡·谢勒（Stefan Scherer）、路易斯·莫伦西（Louis Morency）、西北大学的马塞洛·沃斯利（Marcelo Worsley）等人于 2012 年在第十四届多模态交互国际会议上正式提出并发表的。多模态学习分析是 3 个概念的交叉点——多模态教学与学习、多模态数据、计算机支持的分析，本质上多模态学习分析利用非传统和传统数据形式在 3 个概念间所形成的三角关系来描述或模拟复杂学习环境中的学习者学习。因此，多模态学习分析是一个横跨学习科学和机器学习的研究领域，能够为复杂学习行为和学习理论之间的搭建桥梁。多模态学习分析利用多模态数据捕获和信号处理技术研究复杂学习环境中的学习。多模态学习分析的目标是通过收集多种形式的数据，将复杂的学习行为与学习理论和学习策略联系起来，以跟踪学习体验。在研究取向上，多模态学习分析侧重对情境学习活动中自然、丰富的交互进行分析，包括演讲、写作、对象操作、工具使用、制品搭建、非语言交互（手势、面部表情、注视）等。

3）多模态学习分析的组织及其研究

（1）历届多模态学习分析工作坊议题进展。

斯特凡·谢勒等人在 2012 年发起了第一届多模态学习分析工作坊，并在多模态交互国际会议上连续举办 4 届，之后依托其他国际会议继续举办。为了解多模态学习分析工作坊的初期定位与发展，下面对前 4 届议题进行简要介绍。首届主要探讨多模态学习分析的发展前景与应用价值。该研究领域将多模态分析技术与学习科学结合起来，并促使研究者能够更好地理解学习者的学习，以创造更自然、丰富的学习界面。研讨会认为，这方面的研究进步将变革我们识别和加强有效学习的能力，支持更快速的反馈和响应性干预，最终促进多样化环境下的学习。第二届多模态学习分析工作坊的目标有两个：一是聚集既有丰富教学经验，又有严格技术要求的人员，开发和传播分析多模态学习数据的新技术；二是开发新的学习分析技术以更好地适应智能手机、平板电脑等现代化计算设备的多模态接口。代表性研究是基于语音、数码笔和视频数据的组合，分析在协作学习过程中数学问题是否得到解决。

第三届多模态学习分析工作坊集结了计算机科学、学习科学、学习技术和数据科学等领域专家，包含一次研讨会和两次分会（数据驱动的巨大挑战），其中研讨会要求演讲者集中讨论学习信号的多模态分析过程中不同研究和技术方法的优点和缺点，包含 4 个议题：不同形式多模态数据融合的理论和概念思考、通过语音分析确定学习练习过程中的融洽程度、真实课堂中的视频分析、复杂学习环境中的多模态分析作用。两次分会则包含数学数据挑战和演示质量挑战，研究问题包括通过计算机自动预测哪些数学问题能够被正确解决、如何利用多模态技术评估演讲质量及演讲者行为等。该次活动得出的主要结论是多模态学习分析是一个值得去努力探索的研究领域，其产生的结果能够被当下应用以改善学习过程。

第四届多模态学习分析工作坊聚焦于通过新技术捕捉多模态学习数据，以及开发丰富的多模态学习应用。多模态学习分析挑战讨论包含两个议题：①学习环境的多维捕获挑战，该挑战强调需要开发用于从非结构化环境中有效采集数据的多模态工具，虽然在实验室环境中可以合理地对少数实验学习者完成多模态数据的采集，但在真实、日常学习环境中进行课堂范围内的多模态数据采集和分析非常具有挑战性；②整合人体运动的多模态学习应用挑战，该挑战包含寻求软件和硬件的解决方案、应用类似 Microsoft Kinect、Leap Motion 等低成本运动传感器进行分析（这些传感器可以与高成本传感器相结合）、利用现有软件应用程序进行改编，以简化软件开发流程。

通过对前 4 届多模态学习分析工作坊的议题内容进行分析可以看出，多模态学习分析为物理空间和数字世界中的人、设备、资源之间的学习测量与评价分析提供了新的视角，应用多模态学习分析改善学习过程、优化学习体验已成为研究共识。在研究挑战上，数据源类型、采集技术与工具、分析方法是需要持续解决的技术问题，如何从教育实验环境中的个案分析走向真实教育场景中的全样本分析是研究实践所面临的挑战。

（2）学习分析研究协会下的多模态学习分析探讨。

保罗·布里克斯坦（Paulo Blikstein）在第三届学习分析与知识国际会议中提出多模态学习分析，拉开了该组织探讨多模态学习分析的序幕。他认为在成熟的多模态交互领域中，新的数据采集和传感技术使得在人类活动中的所有领域捕获大量数据成为可能，这些技术包括计算机活动日志、可穿戴摄像头、可穿戴传感器、生物传感器（如皮肤传导率、心跳和脑电图）、手势感应、红外成像和眼睛跟踪。多模态学习分析可以将这些技术结合起来评估学习者复杂的认知能力，特别是在学习过程或结果无详细设计的学习环境中。泽维尔·奥乔亚（Xavier Ochoa）等人在该组织下发起了首届多模态学习分析数据挑战工作坊，讨论主题包括易获取的多模态数据、分享先进的分析方法和技术、描绘多模态学习分析研究现状、确定新的数据集。第二届多模态学习分析数据挑战工作坊旨在创造共同的研究基础，以便更好地了解当前的研究与实践状况。通过让参与者提交个人数据集，进一步讨论哪些是利用多模态数据进行设计和分析的优秀实践。在此基础上，基于已有研究合作确定一系列重大挑战，以进一步开展多模态学习分析研究。通过上述两个组织的议题讨论可以看出，围绕同一主题，不同学科背景的研究者在不同学术组织中都进行了一定程度的探讨，有共性也有差异，后面需要进一步破除学科壁垒，实现共同对话与磋商。

2. 多模态学习分析的空间结构与数据分类

1）多模态学习分析所形成的多维空间探索

学习分析领域早期关注的重点是分析学习者使用某些数字化学习工具产生的行为，包括学习管理系统、智能导学系统、大规模开放在线课程、教育游戏，以及其他以计算机为主要学习支持工具的系统。通过这种基于计算机的学习环境来理解和优化学习过程存在一定的片面性，现实世界中还包括其他非计算机下的学习环境，包括课堂学习、校园学习、家庭学习等，在这些环境中可以通过物联设备来尽可能地追踪学习痕迹，以进行多模态分析。莎伦·奥维亚特（Sharon Oviatt）提出多模态学习分析所能创造的多维探索空间，如图10-1所示。图10-1左侧表示模态的分类，包括讲话、写作、手势、表达、注视、身体活动；图10-1上侧表示分析的层级，包括信号、活动、表征、元认知、交互；横向和纵向双箭头交叉表示可以支持开展更加全面、系统、复杂的学习过程分析，这有助于进一步生成新的学习理论。

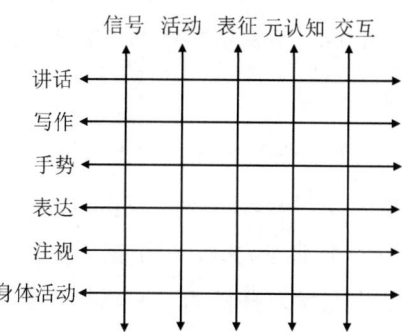

图10-1　多模态学习分析所能创造的多维探索空间

2）多模态学习分析的空间结构

多模态学习分析是在学习分析研究中为探索复杂的学习行为和过程，基于多维数据进行分析，以进一步探索学习机理而形成的一种研究领域。以往学习分析研究侧重搜集学习者的学习行为数据，通过外在行为推测学习表现，以此得出的研究结论存在一定局限性，也很难揭示学习内在原理及其变化。从对象结构要素来看，信息化时代的学习是以学习者、各类学习终端、多样化的学习资源为基础要素而构成的一种学习方式，多模态学习分析对这3类基础要素之间的相互联结所形成的一系列行为进行立体分析，由此形成一个空间结构，如图10-2所示。

在图10-2中，学习者与计算机之间形成多模态交互，包括文本交互、语音交互、界面交互等；学习者与学习资源之间通过视频、图片、动画等形成多模态感知；计算机与学习资源之间通过数据语义、知识语义、自然语言等形成多模态语义理解。在学习空间上，学习者、计算机和学习资源之间相互联结形成物理空间、网络空间和虚拟空间，这 3 种空间是信息化时代支撑学习的主要空间形式。因此，多模态学习分析是以学习机理为核心，以多模态交互、多模态感知、多模态语义理解为技术支撑的结构关系分析，以跨学习空间为环境基础，对围绕学习者产生的学习体征数据和学习行为数据进行立体分析，以揭示学习变化机理及其规律。

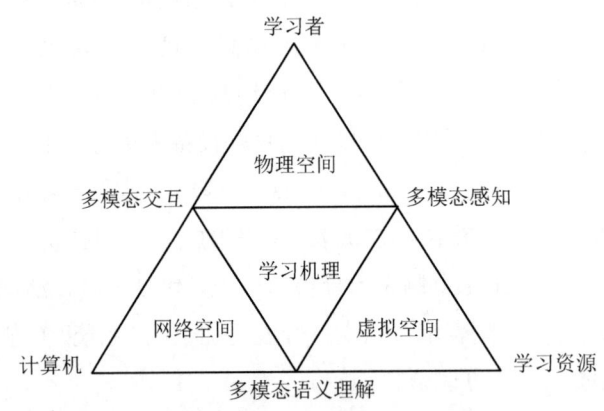

图 10-2　多模态学习分析的空间结构

3）多模态学习分析的数据分类

可穿戴技术的发展与成熟使得学习体征数据得以被捕获，也促使学习分析由关注学习显性行为数据分析转向整合学习心理数据和表现数据的分析与建模。学习数据的采集与分析是多模态学习分析的基础与关键，对于揭示复杂环境中的学习行为和学习规律有直接影响作用。基于多模态学习分析的空间结构，从模块分类视角对数据源进行分类，包括学习体征数据、人机交互数据、学习资源数据和学习情境数据，如图 10-3 所示。

在图 10-3 中，中间层表示每一部分的数据分类，最外层表示数据采集的具体对象，从中间层到最外层表示数据逐步分类、学习行为逐步表征的过程。其中，学习体征数据主要包括肢体行为数据、头部行为数据、生理行为数据等；人机交互数据主要包括移动界面交互数据和多通道交互数据；学习情境数据主要包括物理空间、网络空间、虚拟现实等环境类数据；学习资源数据主要包括结构化资源数据与非结构化资源数据。需要说明的是，该分类只是学习数据的基本分类，除此之外还包括学习结构要素之间相互整合所衍生形成的其他数据，如学习活动数据、学习评价数据等，这些数据最终将从学习内容、行为轨迹、学习表现等方面通过各类终端进行采集和规整。该基础数据分类为开展多模态数据源搜集提供了参考，需要说明的是，多模态学习分析研究并非以采集所有数据为标准，而是以学习者及其所在情境为中心，对所关联及其影响的数据进行采集分析。

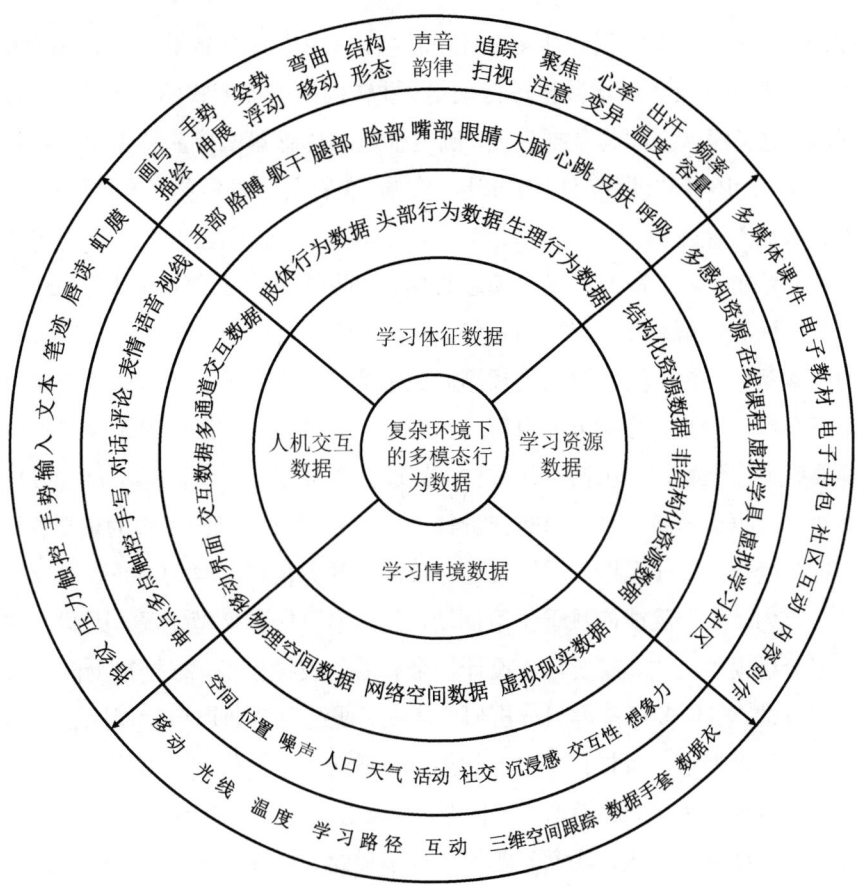

图 10-3　多模态学习分析的基础数据分类

3. 多模态学习分析模型与分析流程

1）多模态学习分析模型

当前关于多模态学习分析的研究较多集中在课堂学习分析、人机交互与协作分析、学习注意力、可视化等方面，关于多模态学习分析模型的探讨较少，特别是在学习过程中如何应用多模态数据支持学习者，为其提供可操作的反馈和学习干预等方面缺乏相关研究。为进一步厘清学习行为、多模态数据、学习反馈等主要环节之间的关系，丹尼尔·米特里（Daniele Mitri）等人提出了多模态学习分析模型，如图 10-4 所示。该模型以混合现实线和可观测线两个维度为分割点，将整个分析流程分为 4 个象限，其中混合现实线表示学习环境从物理世界到数字世界的转变，可观测线表示多模态数据从输入空间到假设空间的转变。4 个象限之间的转换由 4 个过程（P1、P2、P3、P4）引导生成 4 个结果（R1、R2、R3、R4），过程部分包括传感器捕获、注解、机器学习、反馈解释，结果部分包括多模态数据、学习标签、预测、行为变化。模型分析流程从最上方中心开始按顺时针方向迭代进行。

从过程转变来看，该模型包括4个环节转换：①从传感器捕获到多模态数据，利用传感器将学习者行为及其环境数据进行采集，并转换为多种形式的数据流。该过程要注意3个问题：定义输入空间与数据表征、确定合适的传感器以捕获特定学习场景中所选择的学习模态、传感器软硬件架构的设计与实施（包括传感器网络工程、原始数据同步、融合技术、数据存储逻辑等）。②从注解到学习标签，该过程由专家或学习者主导对数据进行判断和注解，以丰富低语义多模态数据。借助机器学习算法可以自动对不可观察的数据进行判断和注解，并定义学习标签。此外，还需要设计一个由报告工具和注解程序组成的注解策略。③从机器学习到预测，该过程利用监督机器学习算法观察得到的多模态数据学习统计模型，并基于未观察的数据构建生成预测。该过程还包括以下迭代步骤，即对数据进行预处理（包括重新采样、处理丢失数据等）、将模型与数据进行拟合、验证模型对新数据的可推广性、诊断分析每个属性在预测学习标签中的重要性。④从反馈解释到行为变化，该过程将分析结果进行反馈解释并反馈给学习者，以引导其做出一些新的学习行为。由于反馈依赖于学习活动，并由学习任务模型定义，因此该过程不在多模态学习分析模型之内，需要预先设计一个有效的反馈模型，根据预测向学习者提供不同形式的反馈。多项多模态学习分析研究表明，通过对多通道自我调控学习的过程数据进行分析，可以为学习者提供实时、智能、自适应、个性化的"脚手架"和反馈来满足学习者的自我调节需求，从而增强高阶学习。多模态学习分析模型对多模态学习分析的主要环节、教育价值转化、注意问题等进行了描绘，形成了一个系统分析框架，这对于后面开展相关研究与设计具有一定的理论指导意义。

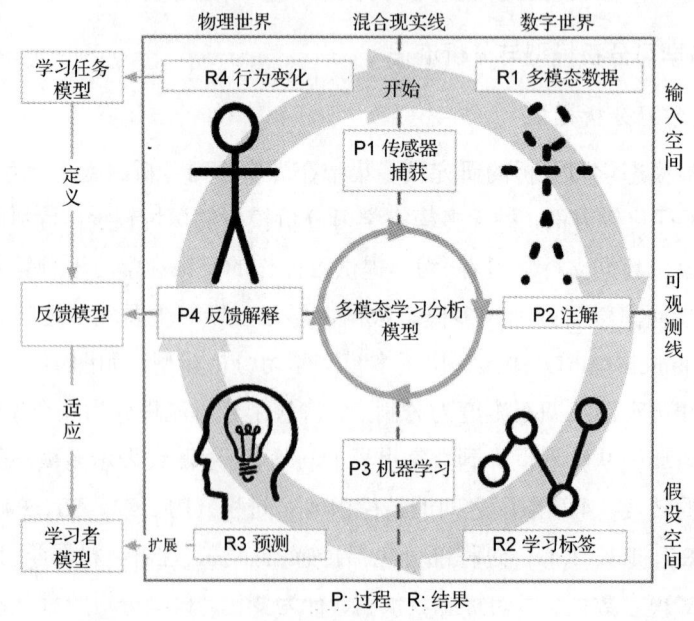

图10-4　多模态学习分析模型

2)多模态学习分析流程

通过多模态学习分析基础数据的分类可以看出,虽然学习分析界在数据收集、分析、解释、互操作等方面做了大量的努力,但这些努力并没有达到多模态数据的要求。应用多模态交互方法的研究者面临着多种挑战,这些挑战源于多模态数据的复杂性。丹尼尔·米特里从工作流视角提出数据分析流程,并称之为多模态学习分析管道,如图10-5所示。从区域模块来看,该管道包括学习任务模型、数据生产、数据研究等部分,其中数据生产是主要工作流程,通过仪表盘和智能导师进行输出。从分析流程来看,该管道包括数据收集、数据存储、数据标注、数据处理、数据开采等5个步骤。管道中有多条路线,研究人员可以在不必每次都创建数据分析流程的情况下快速建立多模态学习分析实验。该研究中提出4种开采策略,包括矫正反馈、预测、模式识别、历史报告,针对不同类型的研究对象和目的,并结合其他分析工具可以选择不同的路线,如对学习者言语和姿态分析可以选择A路线,对学习结果进行预测分析可以选择B路线。

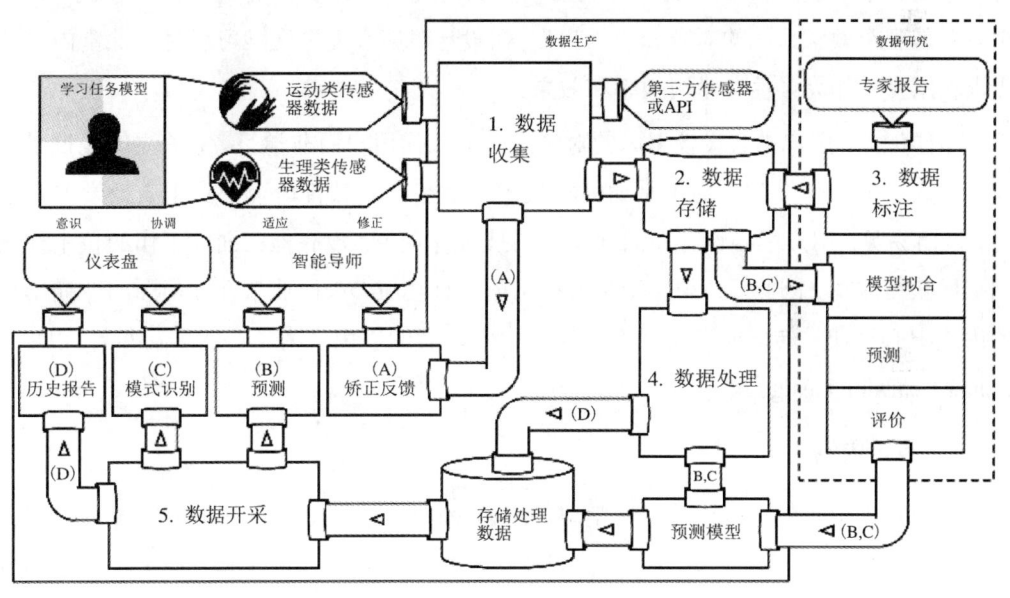

图10-5 多模态学习分析管道

10.1.2 以用户为中心的学习设计

1. 理念起源

回顾20世纪以来技术在教育中的应用,很多都经历了同样的循环:高期望—大规模应用—令人沮丧的结果。这种结果与采用以技术为中心的方法有直接的关联。以技术为中心的方法是以技术本身为出发点的设计方法,关注媒体的功能,考虑如何将不断涌现的新技术整合到学习媒体当中。然而,这种方法没能使教育质量得到持久提升,因为它关注的焦点是让人们接受最新的技术，其后的驱动力来自技术本身。人们开始意识到，必须从"人服务于技术的以技术为中心"的观念转变为"技术服务于人的以人为中心（Human-Centered）"的观念。

设计领域专家唐纳德·诺曼（Donald Norman）提出的"以人为中心"的设计，早期主要是一种用户中心设计（User-Centered Design，UCD）。用户中心设计的基本假设是：使用技术的用户熟知他们所从事的基本任务，他们需要易于使用的技术来帮助自己完成这些任务。因此，UCD设计者特别关注技术的"可用性"，尽力使得他们的技术很容易被人们使用，并能有效帮助人们完成工作。这种设计在企业领域的应用非常广泛，在提升人们的工作绩效方面取得了较大成功。

以用户为中心的基本思想是：以用户的需求和感受为出发点，进行以用户为中心的产品设计，即在产品的信息架构、使用流程、人机交互方式等方面都要考虑用户的预期、视觉感受、使用习惯等。其产品设计的基本要求是用户的需求及用户满意。在教学领域，学习者是整个教学系统的对象和"用户"，在设计时应高度关注学习者对于课堂内容的需求和感受，如易学性、学习效率和效果。

即便如此，用户中心设计考虑的对象是一般工作用户而非学习者，关注的是技术如何提高人们的工作绩效，而不是如何将技术有效整合到教育情境中真正支持学习者学习。显而易见，用户中心设计在面向学习的技术开发中，没有像在面向工作的技术开发中那样获得成功。因此，必须转变学习技术的设计思维，由商业软件公司面向普通用户的用户中心设计，转向面向特定教育情境中学习者的以用户为中心的学习设计（User-Center Learning Design）。

2．具体内涵

以用户为中心的学习设计又称学习者中心设计（Learner-Centered Design，LCD），是一种旨在开发软件等技术产品，以通过支架支持学习者努力进入和掌握某个给定领域的设计方法。学习者中心设计的基本假设是：学习者是与用户不同的群体，是需要努力学习才能进入某些工作领域的新手，他们需要在工作实践中通过真实的活动获得新工作的专业知识。

对于初学者而言，面向学习者设计的技术还需要考虑除技术可用性外的其他重要问题，特别是需要聚焦考虑"学习者"特性：考虑如何应对他们在背景、发展、性别、年龄和学习风格等方面的多样性；考虑如何提高他们在学习较难的新内容时的动机；考虑工具如何随着他们知识和技能的成长做出应对；考虑如何进行支架设计以帮助他们跨越专长知识的鸿沟。学习者中心设计与用户中心设计的比较见表10-1。

表 10-1 学习者中心设计与用户中心设计的比较

	学习者中心设计	用户中心设计
对象	① 拥有任务领域低专长知识的学习者（新手） ② 异质群体，低动机参与他们的任务 ③ 学习者在学习中发展和成长	① 拥有任务领域高专长知识的用户（专家） ② 同质群体，高动机参与他们的任务 ③ 用户只是完成工作，自身几乎没有任何成长变化
核心设计问题	主要解决他们的知识与某个任务领域专家的知识之间的鸿沟问题	主要解决用户和工具之间的鸿沟问题（如执行和评价的鸿沟问题）
理论基础	学习科学：关于人如何学习	行动理论：关于人如何使用工具完成工作

3. 理论基础

在设计的理论基础上，用户中心设计更多考察用户使用工具的行动理论，聚焦人如何工作。而学习者中心设计聚焦人如何学习，设计的基础建立在学习科学之上。

行动理论最早由唐纳德·诺曼提出，用来描述用户使用技术工具的行为模式。行动理论的核心观点认为，当用户在使用技术工具完成他们的工作时，他们在大脑中有明确目标。这个目标需要一系列的执行步骤（如建立一个目标，达到该目标的行动意图、通过工具获得该意图的具体步骤等）。在借助工具实行了系列行动后，用户会根据他们的目标来评价和阐释工具的使用结果。另外，用户在与他们所使用的技术工具进行交互时，主要存在两个鸿沟：一是用户的预期目标与工具所能达成的目标的差距，即执行鸿沟；二是用户为了对技术工具的使用结果进行评价和阐释所做出的努力程度，即评价鸿沟。在此基础上，设计者通过减小执行和评价鸿沟来提升软件的可用性。

与用户中心设计一样，学习者中心设计可能仍需要考虑技术工具的可用性问题。但是更为重要的是，学习者中心设计聚焦如何有效促进学习者学习，需要理解人是如何学习的，并将学习科学的研究整合其中，开发能支持学习者进行复杂工作的技术环境，以帮助他们跨越专长知识的鸿沟。实际上，学习科学关于学习的多角度观点，如学习是知识的主动建构、意义的社会协商及实践的参与等观点都可为学习者中心设计提供设计参考。

4. 共同创造策略对学习设计的促进作用

共同创造被定义为"通过活动和与合作者的互动整合资源而获得的收益"。因此，共同创造最初是一种营销和管理策略，将利益相关者和用户资源整合到服务的设计、流程和分析中，打破了生产者和用户之间的传统界限。

学习分析的研究者需要通过共同创造策略，与用户（如教育工作者、学习者）一起进行平台设计，整合用户资源，使学习分析平台的价值潜力与用户的需求和期望保持一致。共同创造策略可以通过以下 3 种方式促进学习者中心设计。

1）改善学习分析平台与用户利益之间的匹配度

通过在平台创建和用户体验设计方面与各利益相关者合作，重新检查需要收集的数据类型，共同创造出更具灵活性和多样性的学习分析平台，以满足用户的需求。

此外，以往的学习分析在评价方面侧重对学习成果的评估。但相对于传统评估领域，目前学习成果的形式呈现出多样化的特点，且常常与动机、信心和领导力等能力相关联。因此，通过与教育工作者和学习者密切合作，了解其个性化的评估需求，学习分析平台才可以进一步扩展到非传统的评估领域。

2）改善学习过程的分析和理解

学习分析中的共同创造策略不仅可以改进其平台设计，还可以改进对学习过程的分析和理解。研究人员使用算法、数据进行分析的方式，并不能深入挖掘到学习者的真实体验，而通过允许学习者和教育工作者共同参与学习分析的过程，就能够进一步从用户视角理解整个学习过程，优化学习体验。

3）改善学习分析平台的创建和设计方式

当前，一些教育工作者可能对学习分析持保留态度，有人认为学习分析可能存在滥用收集到的学习者数据，并侵犯学习者的隐私和访问权限的问题。然而，通过将学习分析重新定义为一个允许利益相关者共同参与的过程，这些问题可能能够得到解决，并有助于推动学习分析的实践应用。例如，相对于其他数字化学习平台，学习分析平台的接受度低，其原因可能是学习分析创建者没有与其用户充分合作。如果学习分析平台允许用户共同创建，那么平台的功能可能会更符合用户的需求和期望，从而被更广泛地采用。

10.1.3 开放学习分析

1. 开放学习分析内涵

开放学习分析是学习分析领域的一个新兴概念。学习分析研究协会对"开放性"的愿景是：使用开放流程、算法和技术的开源软件，使研究人员和开发人员能够轻松地将自己的工具、方法与平台集成。开放学习分析包括开放学习、开放获取、开放参与、开放标准、开放研究、开放学习者建模、开放数据集和开放评估。总的来说，开放学习分析的目标是，通过用各种分析方法对来自多个学习环境的广泛数据进行分析，为具有不同目标和问题的不同利益相关者（如学习者、教师、研究人员和机构）提供有效和高效的学习分析。

2. 开放学习分析平台

开放学习分析平台（Open Learning Analytics Platform）是一个开放学习分析生态系统，旨在解决开放学习分析中的指标个性化和平台可扩展性问题，这类平台目前仍处于缺乏状态。大多数可用的学习分析平台不会让最终用户持续参与指标定义的过程，而是遵循已经设计好的模式，这使得平台可扩展性不足以满足新的用户需求，同时这些问题进一步限制了用户根据需要调节自己在平台中的学习过程。

要开发一个满足具有不同需求和目标的多方利益相关者的开放学习分析平台，非常具有挑战性。由于开发者很难全面、准确地预测全部利益相关者的需求，因此有必要通过设计个性化分析指标，让利益相关者参与学习分析实践。开放学习分析平台应向用户提供一个可用性较高且操作较便捷的用户界面，以支持他们自主设定分析目标、拟定问题等。此外，支持动态指标生成的底层框架应关注可扩展性设计模式，以支持各类用户不断增长的分析需求和可视化需求。因此，开放学习分析平台应采用基于插件的方法，以便集成新的分析目标、分析方法和可视化技术。这些插件应该是可重复使用的，允许多个用户在他们的指标中使用相同的分析方法和可视化技术。

3. 开放学习分析体系结构

当前，一些学术研究机构和商业研究机构在开放学习分析架构方面进行了探索，他们试图将开放性多方面、多角度地融入学习分析。开放学习分析研究协会比较了开放学习平台社区中最普遍的 3 种体系结构，包括 Apereo 学习分析计划（Apereo Learning Analytics Initiative，Apereo LAI）、Jisc 开放学习分析体系结构（Jisc Open Learning Analytics Architecture，Jisc OLAA）和开放学习分析平台（Open Learning Analytics Platform，Open LAP）。这 3 种体系结构在指标个性化和平台可扩展性方面有很好的支持，下面对这 3 种体系结构的功能进行比较。

1）指标个性化

Apereo LAI 和 Jisc OLAA 体系的一个重点是监测学习者的表现，并向教育工作者发出干预警报，其定义新指标的诉求需要开发人员使用编程的方式来进行。而 Open LAP 遵循个性化的学习分析方法，不同的利益相关者（用户）能够随时定义自己的指标，来达成各自的学习分析目标。

2）平台扩展性

Apereo LAI 和 Jisc OLAA 的另一个重点是进行预测分析。它们有一个共同的分析组件，称为学习分析处理器，该处理器负责跟踪学习者的进度，并使用预测模型进行分析。而 Open LAP 提供了一种机制，可以轻松添加新的分析方法，因此它不仅限于预测分析，还可以应用各种分析技术（如统计、数据挖掘和社交网络分析等）来挖掘教育数据集中的隐含模式。

4. 开放学习分析的功能应用

开放学习分析旨在为教育工作者、学习者和决策者搭建一个共同参与的平台，促进不同利益相关者对课堂和课程活动形成共同见解。其功能应用主要包括以下几个方面：①在早期发现有风险的学习者，并为学习者和教育工作者发出警报来降低辍学率；②通过个性化调整学习过程和内容，确保每个学习者都能获得与其当前知识状态相符的资源和教学；③通过及时向学习者提供有关自己和同伴学习表现的信息，来增强学习者的成就感、动机和信心；④通过对实时数据的利用，进行更高质量的学习设计，改进课程开发流程；⑤通过复杂信息的可视化交互，学习者和教育工作者能够根据特定学习或教学环境的需要"放大"或"缩小"数据集的分析；⑥通过评估学习者的学习进度，并确定哪些学习活动可以产生最佳的学习结果，哪些学习工具可以更快地实现学习目标，从而更好地帮助学习者。

10.2 学习分析技术的新发展

10.2.1 数据中台

1. 数据中台产生背景

2020年4月，数据作为新型生产要素被写入中央文件，首次与其他生产要素并列，这标志着我国全社会数字化转型的进程正在提速。人们普遍意识到数据作为一种战略资源，正在深刻改变着人们的生活和工作、科技和产业等方面，将为引领经济和社会新常态提供强有力的支撑。

一方面，各种智能终端和移动互联网蓬勃发展，各种各样的数据呈爆炸式增长，数据的采集、传输、存储、管理、分析和服务都发生了翻天覆地的变化。这种变化使得科学研究在经历了实验科学、理论科学和计算科学之后，加快步入数据密集型科学时代。在这种背景下，我们更需要数据科学与工程相关的技术与方法，综合运用统计、数据挖掘和机器学习的方法快速、准确地获取大数据中的有价值信息，实现深度理解、敏锐发现与精准决策。

另一方面，由于业务不断变化和日趋复杂，传统的信息化建设导致数据"烟囱"林立，具体表现为数据标准不统一、数据统计口径各异、数据间存在不一致甚至冲突等问题。显然，数据"烟囱"和"孤岛"的存在难以适配业务的演化和发展，同时阻碍了数据的有效利用和新兴业务的构建，成为"新基建"计划推进和数字化转型过程中的巨大障碍。

在大数据时代，要最大限度地体现出数据作为生产要素的价值，数据中台具有重要的实践意义——它可以解决数据"孤岛"的问题，并提供数据采集、传输、存储、管理、分析和服务功能，将在教育领域的数字化转型过程中起到关键作用。

2．数据中台概述

数字中台（Data Platform）以数据为中心，在数据集成（特别是语义集成）的基础上以服务的方式提供数据的全生命周期管理，为业务构建提供便利，实现数据对于应用业务的价值，是保障"新基建"计划和数字化转型顺利推进的先进生产力。在互联网、零售、制造、金融、教育、社会治理等领域的数字化转型的过程中，数据中台建设已成为其中最基础、最关键的一项任务。

数据中台的发展是逐步演进的，大致经历了数据仓库、数据平台、数据中台3个阶段，各阶段在技术和业务层面的区别见表10-2。

表10-2　数据中台3个阶段在技术和业务层面的区别

阶　　段	维　　度	
	技　术　层　面	业　务　层　面
数据仓库阶段	主要解决大量数据存储和计算的问题，采用分布式数据库替换传统的关系型数据库进行联机分析处理	支撑对大量数据的存储，支撑数据的可视化分析
数据平台阶段	主要解决数据库架构设计的问题，形成以Hadoop生态为主的大数据处理平台，解决数据存储成本增长过快的问题	支撑对海量数据的存储，以及商务智能分析和报表需求
数据中台阶段	采用非实时和实时处理技术相结合的方式，处理指数级别的结构化、非结构化数据，通过技术手段和管理手段，沉淀数据资产、保证数据质量	支撑数据资产化、资产服务化、服务业务化、业务数据化，循环往复

数据中台的实质是构建全域数据共享的中心，提供数据采集、数据萃取、数据服务等全链路一体化的服务，提供面向业务应用的数据智能平台。数据中台建设一方面需要在分布、多源、异构、演化的信息系统中实现数据治理、数据集成、数据管理、数据分析与挖掘、数据可视化等技术，面临着传统数据管理中既有的诸多挑战，另一方面需要新的数据管理和人工智能技术作为支撑。

3．数据中台在教育中的应用

当前，教育数据中台主要用于满足单个学校或单个区域的数据服务需求。根据发展阶段的不同，教育数据中台大体可分为以下3类：①以物联为中心构建智慧校园的教育数据中台；②基于教育行业标准数据仓库，集数据处理、人工智能、基础数据引擎、精准教学引擎、学习者综合分析引擎、多媒体分析引擎于一体的,以管控平台为中心的教育数据中台;③在大数据基础设施下,将集数据采集、处理、挖掘、治理、存储、服务、分析为一体的数据中台作为运维管理及监控体系的一部分,通过一系列技术手段实现教育业务部门决策、校级战略决策,支撑智慧教学、创新科研、校园科学治理及校园智慧服务应用的教育数据中台。这3类教育数据中台体现了从简单到复杂、从单一学校到区域、从较单一的数据到更丰富的数据、从有限应用场景到丰富应用场景、从部分技术手段到系列技术手段的变化。

在学习分析应用上,数据中台可以解决不同场景下学习分析的数据分布与割裂问题。基于教育数据中台,可以将学习类数据采集、数据存储、数据处理、数据服务整合于一体,为学习者和教师提供一站式学习分析服务,如学习问题诊断、学习者画像、学习预警等,提升学习体验。

10.2.2 多源数据融合

1. 多源数据融合概述

1) 多源数据融合的起源与概念

多源数据融合(Multi Source Data Fusion)起源于多源信息融合,多源信息融合又称为多传感信息融合。人们对多源信息融合过程的了解来源于对客观事物的认知过程。在这个认知过程中,人们先通过多种感官对客观事物进行多种类、多方位的感知,再由大脑依据某种未知的规则对这些感知信息进行组合和处理,从而得到对客观事物的统一认知。后来,人们希望用机器来模仿这种从感知到认知的过程,多源信息融合便由此产生。随着传感器技术、计算机技术和信息处理技术的快速发展,20世纪70年代,军事领域率先产生了多源数据融合的全新概念,即把多种传感器探测的数据进行"综合加工",获得较单个传感器精确度高的有用信息,从而得出对跟踪目标的准确识别。目前,大多数研究者认为多源数据融合是一个"多层次、多方面处理自动检测、联系、相关、估计及多来源的信息和数据的组合过程"。

2) 多源数据融合的分级模型

多源数据融合有多种分级模型,通常依据信息融合系统中数据抽象的层次,将其分为3级:数据级融合、特征级融合、决策级融合。数据级融合是最低层次的融合,直接对传感器的观测数据进行融合处理,基于融合后的结果进行特征提取和判断决策。此级别的数据融合用于多源图像复合、图像分析和理解,以及同类雷达波形的直接合成等。

特征级融合属于中间层次的融合,每个传感器抽象出自己的特征向量(可以是目标的边缘、方向和速度等信息),融合中心完成特征向量的融合处理。一般来说,提取的特征信息应是数据信息的充分表示量或充分统计量。

决策级融合是一种高层次的融合,每个传感器基于自己的数据做出决策,融合中心完成局部决策的融合处理。决策级融合是三级融合的最终结果,是直接针对具体决策目标的,融合结果直接影响决策水平。

不同融合级别的融合算法各有利弊,为了提高信息融合技术的速度和精度,需要开发高效的局部传感器处理策略及优化融合中心的融合规则。数据级融合、特征级融合、决策级融合的比较见表 10-3。

表 10-3 数据级融合、特征级融合、决策级融合的比较

	简 介	优 势	劣 势
数据级融合	对原始数据进行简单的预处理,直接进行关联和融合,融合之后才进行数据特征提取	能保持尽可能多的现场数据,提供其他层次不能提供的信息	传感器数量多、数据通信容量大、处理代价高、处理时间长、实时性差、抗干扰能力差
特征级融合	对从原始数据中提取的特征信息进行关联融合	处于数据级融合和决策级融合之间	
决策级融合	先对各数据源进行决策,再将决策进行关联融合,最终获得整体一致的决策结果	对信息传输带宽要求比较低、通信容量小、抗干扰能力强、融合中心处理代价低	预处理代价高、信息损失比较大

2. 多源数据融合的一般过程

常见的多源数据融合过程包括数据获取、数据预处理、数据特征提取、数据融合计算,如图 10-6 所示。

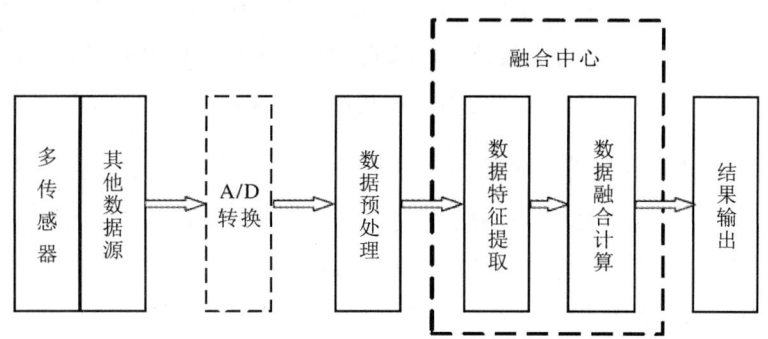

图 10-6 多源数据融合过程

1)数据获取

在多传感器融合系统中,各个应用所检测的目标特征与数据格式不尽相同,得到这些信息后需要按照一定规则进行 A/D 转换,把模拟数据统一转换成数字数据,再继续接下来的操作。模拟数据(Analog Data)是由传感器采集得到的连续变化的值,如温度、压力,以及目前电话、无线电和电视广播中的声音和图像。数字数据(Digital Data)是

模拟数据经量化后得到的离散的值，如在计算机中用二进制代码表示的字符、图形、音频与视频数据。

2）数据预处理

不论数据融合的信息源是哪一种，数据噪声、冗余和缺失都是不可避免的情况，在数据融合之前需要对数据进行一定的预处理操作，减少数据冗余与噪声，得到更精简的原始数据。

3）数据特征提取

数据预处理后的信息有更高效的特征，按照一定的规则进行特征提取，得到的就是最终需要进行融合操作的信息。

4）数据融合计算

数据融合计算将提取到的特征信息进行融合以得到优化的决策，常用的经典数据融合算法有粗糙集、神经网络、D-S 证据理论等，具体算法的选取要根据实际应用中的具体需求来决定。

3. 多源数据融合的教育应用形式

1）线上数据与线下数据的融合

随着信息技术与教学活动的深度融合，教与学数据逐步互联网化，呈现分布式数据特征。其中，线上数据包含了教师各项教学准备、学习者在线学习活动设计与组织、学习过程等；线下数据包含了课堂教学活动、师生互动、教师情感映射、课后自主学习与辅导等。然而，教与学活动与实施是一种线性渐进的行为，线上线下数据并非简单的叠加，需要基于教与学活动序列特征进行关联重组，形成具有教学意义的数据闭环。

2）传感数据与环境数据的融合

传感数据是基于传感器、监控器、智能录播系统、网络教学平台等通信设备，将检测和记录到的"硬数据"通过物理形式传到云端服务器上，为后期预处理工作提供数据源的数据。环境数据是教与学行为的影响辐射到的环境客体所产生的"软数据"，是人为生成的模糊性数据，如成果外显度、学习投入度、学习坚持性、学习反思力等。智能采集的传感数据所具有的客观性与人为生成的环境数据所具有的灵活性相互弥补，增强了教学证据的科学性。

3）历史数据与实时数据的融合

当前教学评估中心积累了丰富的历史教学数据，这类数据多以视频、表格、档案等形式存储，多传感器会跟踪检测到教师实时产生的最新数据，识别其最新的教学状态。

基于静态的历史数据可以刻画教师个人的教学风格,基于动态的实时数据可以分析教学动态变化。通过历史数据与实时数据的融合,可以发现教师的整体教学规律,分析其教学质量的增减态势,并对其潜在教学问题进行预测判断。

4)时域数据和空域数据的融合

教与学数据散落分布在不同时间和空间中,时域数据是纵向时间线上累积的教学数据,空域数据是横向空间面上散落的教学数据,它们属于不同坐标系。根据数据融合规则将这些数据拉回到统一参考系中进行数据配准,形成以空间面为基底,以时间线为支柱的立体数据网络。时域数据与空域数据的融合可以对教师在不同场景下的时间关系、空间结构进行评测,挖掘其教学习惯、教学路径等个性特征。

10.2.3　多模态深度语义理解

1. 多模态语义理解概述

1)语义理解

对话的第一步就是理解用户所说的话,也就是自然语言。自然语言理解(Natural Language Understanding,NLU)以语言学为基础,融合逻辑学、心理学和计算机科学等学科,试图解决以下问题:语言究竟是怎样组织起来传输信息的?人又是怎样从一连串的语言符号中获取信息的?换种表达就是,通过语法、语义、语用的分析,获取自然语言的语义表示。

自然语言语义的表示主要有3种:分布语义、框架语义、模型语义。智能对话平台采用模型语义的一个变形(领域、意图、词槽)来表示语义。领域是指同一类型的数据或资源,以及围绕这些数据或资源提供的服务,如网络课程、图书馆等。意图是指对于领域数据的操作,一般以动宾短语来命名,如搜索网络课程、查找图书等。词槽用来存放领域的属性,如课堂环境下的师生互动频次、学习注意力时间等。语义理解利用知识表达和组织等人工智能技术进行语句自动识别和语意理解。语义理解同语音识别的主要不同点是对语法和语义知识的充分利用程度。

2)多模态深度语义理解

人类说的话往往是口语化的、不连续的、支离破碎的,甚至语序颠倒的。语音识别只停留在语音指令层面,不能理解用户语言及背后的逻辑,实际无法解决用户在很多场景中的刚需。每一种信息的来源或形式都可以称为一种模态,如人的感官包括视觉、触觉、听觉、嗅觉、味觉等,信息媒介包括语音、图片、视频、文字等,传感器则包括红外线、雷达、电磁等。以智能家电为例,语音识别技术实现的效果是听到语音指令,并执行指令，一旦有复杂的语音表述，智能家电就会进入"我没有听懂您说的是什么"，或者"您的意思是这样吗"等状态中，操作指令的进一步确认需要细化。

真正能够帮助机器解决"听懂"和"看懂"问题的关键是语义理解，而其中的机器阅读理解问题一直被认为是语义理解和自然语言处理的标志性临界点。多模态的人工智能通过不同的信息维度和信息来源，帮助机器以更像人类的方式进行思考和学习。在人工智能领域，数据的重要性不言而喻。无论是物理世界、人类社会，还是网络空间，都汇聚了海量的多元、异构、多模态数据。数据语义化技术可以将这些数据形成包含千亿个节点、万亿种关系的庞大数据语义网络，从中总结规律、提炼知识、发现价值。

除数据外，理解并运用大千世界中的多元知识也是人工智能技术进一步突破、深层次理解客观世界的重要基础。例如，百度已经构建了包含数亿个实体、数千亿个事实的庞大知识图谱。除基础的由实体、属性、关系构成的实体图谱外，百度还针对不同的应用场景和知识形态，构建了关注点图谱、事件图谱、多媒体图谱、行业图谱等多种知识图谱。视觉语义化可以让机器从"看清"视频迈向"看懂"视频，并提炼出结构化语义知识。

多模态深度语义理解是指对文字、声音、图片、视频等多模态的数据和信息进行深层次、多维度的语义理解，包括数据语义、知识语义、视觉语义、语音语义一体化和自然语言理解等多方面的语义理解技术。多模态深度语义理解不仅能让机器"听清""看清"，更能深入理解背后的含义，深度理解真实世界，进而更好地支撑各种应用。

2. 多模态语义理解的应用

2016年，百度人工智能实现了奥运会篮球比赛的自动解说，背后是自然语言处理和搜索技术。如今，在应用视觉语义化技术对世界杯比赛视频进行解析时，人工智能够全面识别视频中的球员、裁判、球、球门、球场线等人、物和场景，可以捕捉射门、进球、角球、任意球、换人等事件，形成比赛的语义化知识，既可以实现机器人解说比赛，又可以进行精彩片段集锦，以及各种数据统计分析等更深层的应用。语音语义一体化技术让机器听得更清楚准确，实现了更自然的人机对话。

在教育领域中，可应用多模态语义理解进行课堂视频分析。首先，对课堂视频进行多模态分析，包括视觉理解、语音理解和文本理解等感知层面的理解；然后，将这些结果利用知识关联技术建立到视频理解图谱中；最后，基于这些关联关系、知识和多模态解析的结果，进行多模态融合并在这张图谱上进行计算推理，从而理解视频主体内容。

10.2.4 视频学习分析

1. 视频学习分析概述

教学视频中通常含有大量的自然信息,从这些信息中提取到的数据可以为教学分析提供丰富的内容,从而更好地指导教学实践。视频分析最初被用于人类学的研究中,而在第二次世界大战后,一些人类学家发起了"寻求更好的证据"运动。20 世纪 50 年代到 20 世纪 60 年代,16mm 便携摄像机的出现使研究者可以进行"价值无涉"的忠实记录,这无疑是"更好的证据"的一种。与此同时,便携视频设备所提供的视听记录推动了班级参与式观察研究的开展。1965 年,斯坦福大学在教师教育项目中首次使用摄像机记录教师教学并进行教学诊断,将其命名为"微格教学"。1977 年,美国国家教育研究所明确支持通过记录课堂的日常教学过程来探索教育问题的方法。20 世纪 80 年代,"微格教学"传入我国并被迅速接纳,逐渐成为我国师范生及初任教师教育的重要手段。相比使用静态的纸笔记录进行分析,视频分析在社会文化与语言情境的研究中显示出可对照、可重复的优势。

随着人工智能技术的发展,机器可以提取出更丰富的视频语义,其准确度接近甚至超过人类。例如,对象检测器可以识别图像中的对象及其边界框;深度估计器可以从 3D 图像中估计深度。这些技术提升了视频分析的效率和精确度。

视频学习分析是近年来新兴的学习分析技术,旨在从视频中提取学习者真实的学习行为信息,并将其转化为可被利用的标准化数据,从而对学习者行为进行分析。运用视频学习分析,能够进一步解答教学的影响因素或方法是如何产生影响的,以及这些因素或方法是如何促进教学有效性的。当前,视频学习分析的实践仍处于初级阶段,仅提供选择、查询等基础功能,如人脸查询、人体轨迹选择等。同时,由于视频中可能含有数百万个参数,其高推理成本给视频学习分析研究带来了很大的挑战。

2. 视频学习分析中的数据提取

从数据的内容来看,在视频信息中常被提取和分析的是面部、头部和手势。当前,视频学习分析的第一个基本步骤通常是识别视频中的每个学习者,因此大多数使用视频数据进行学习分析的研究都采用了人脸识别技术来提取学习者的面部数据,通过表情神态可以判断学习者的上课状态。同时,头部的运动和手势变化是研究人员用来衡量和分析学习的关键指标,如通过双手协调、身体距离等指标来测量学习者在课堂上的注意力,以此来预测学习和教学的效果。

从数据的类型来看,提取的数据分为频率数据和距离数据。频率数据指的是在屏幕上找到学习者身体关键点的频率,如屏幕上的脸、屏幕上的右手、屏幕上的左手、屏幕上的双手等。距离数据指的是学习者身体关键点之间的距离，如单个学习者双手之间的距离、多个学习者身体之间的距离等。

从数据的环境来看，现有的研究侧重于使用单一环境（如讲座场景）中的视频数据，来分析个别学习者的行为，如出勤率、注意力和参与度等。较少有研究使用视频数据来探究复杂环境（如协作学习场景）中的学习情况。根据视频来识别学习者、教师、环境之间的互动具有很大的挑战性，因此，现阶段还无法生成高精度的预测模型。

3．视频学习分析步骤

首先，使用普通摄像机或3D摄像机（如Kinect摄像机）采集学习视频，并为场景中的每个人分配一个随机标识符；然后，使用人脸识别数据库（如Face Net库）将标识符与学习者的ID进行关联；接下来，使用基于深度学习的数据库（如Open Pose库）从视频中检测并提取学习者的身体姿势，并逐帧输出人体关键点的位置；最后，在此基础上，使用算法（如Python）自动生成指标，或者采用人工编码的方式提取指标。视频学习分析采用两种编码技术，具体情况如下。

1）人工视频编码技术

在目前的实践中，视频学习分析的数据通常采用人工编码的方式。编码人员每隔30s观察视频3s，为学习者的学习行为进行编码。例如，使用代码 M、W、S、L 分别表示制作、观看、说话和倾听；当学习者不处于上述任何状态或在场景中找不到时，使用代码0进行编码。上述步骤由两名编码人员进行操作，当出现分歧时，编码人员会重新对视频观察5s，以修改编码，重新计算 M、W、S 和 L 的值。这种方式通常需要数百或数千小时的工作，因此从教学的视频中提取初始信息需要很长时间。此外，研究人员可能无法处理所有视频，也可能忽略其中的重要信息和证据。

2）自动视频编码技术

自动编码的方式被广泛应用于视频学习分析的研究中，在此我们以计算面间距离为例。面间距离（DBF）用于表示教学活动中一个学习者的脸和其他两个学习者的脸之间的平均距离。由于站在中间的学习者总是比其他两个学习者有更小的距离，因此可以采用三角形可视化的方法，如图10-7所示。点 A_1、A_2 和 A_3 代表学习者的脸，这三个点组成了一个三角形，学习者们站得越近，三角形的面积就越小。点 A_1、A_2 和 A_3 对应的高度值 H_{A1}、H_{A2} 和 H_{A3} 可以表示这三个点如何影响三角形的面积。因此，这些点的高度值 H_{A1}、H_{A2} 和 H_{A3} 可以用于定义和计算DBF的值。

这种方法有助于区分三角形关系中学习者面孔之间的距离。DBF(A_1)定义为 $D_f(A_1,n)$ 的平均值，$D_f(A_1,n)$ 用于表示该帧视频中学习者的脸 A_1 和其他学习者的脸之间的距离。

需要说明的是，如果在场景中未找到 A_1 或场景中只有 A_1，则不计算 DBF 的值；如果在场景中找到 A_1 和另一个学习者的脸，则 $D_f(A_1,n)$ 被计算为 A_1 和其他两个学习者的脸中点之间的距离。如果在场景中找到 A_1 和另外两个学习者的脸，则 $D_f(A_1,n)$ 被计算为点 A_1 的高度值。

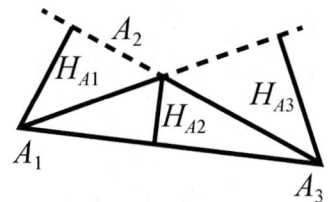

图 10-7　三角形可视化面部测量

4．视频学习分析的未来发展

由于单一的视频数据不足以准确识别学习者的学习状态、互动行为，以及心理、情感的变化，且无法满足人们对高精度测量和预测的需求，因此研究人员试图通过结合视频学习分析和连续实时的生理测量方法（多通道方法），来捕捉整个学习过程中学习者行为和心理状态的变化。但生理测量方法通常需要将仪器与学习者进行物理连接，对学习者的正常状态有一定影响。

随着心理生理学研究的深入发展，通过热成像技术测量不同面部区域的温度波动来估计人们正在经历的认知负荷，展示出很大的研究潜力。在以往研究中，热成像数据收集通常是在高度受控的条件下进行的，参与者被要求限制头部运动，以便在定义的面部区域（鼻子和前额）中准确可靠地跟踪面部温度，这种高度的身体约束限制了热成像在教育研究中的应用。尽管如此，热成像技术具有独特的无接触性，仍是一种很有前途且具有普适性的测量方法。

10.2.5　隐私计算

1．隐私计算概述

含有隐私的信息在网络中传播、在各类信息服务系统中存储、处理（编辑、融合、发布和转发），在这一过程中，隐私感知、隐私保护、隐私分析都依赖于隐私的公理化的描述体系，包括隐私信息的定量化描述、隐私信息处理过程中的形式化描述和隐私度量演化。

隐私计算是面向隐私信息全生命周期保护的计算理论和方法，是隐私信息的所有权、管理权和使用权分离时隐私度量、隐私泄露代价、隐私保护与隐私分析复杂性的可计算模型与公理化系统。隐私计算具体是指在处理视频、音频、图像、图形、文字、数值、泛在网络行为性信息流等信息时，对所涉及的隐私信息进行描述、度量、评价和融合等操作，形成一套符号化、公式化且具有量化评价标准的隐私计算理论、算法及应用技术，以支持多系统融合的隐私信息保护。隐私计算涵盖了信息搜集者、发布者和使用者在信息产生、感知、发布、传播、存储、处理、使用、销毁等全生命周期过程中的所有计算操作，并包含支持海量用户、高并发、高效能隐私保护的系统设计理论与架构。隐私计算是泛在网络空间隐私信息保护的重要理论基础。

2．隐私计算的整个流程

隐私信息的全生命周期以隐私信息产生为起点，以隐私销毁为终点，如图10-8所示。

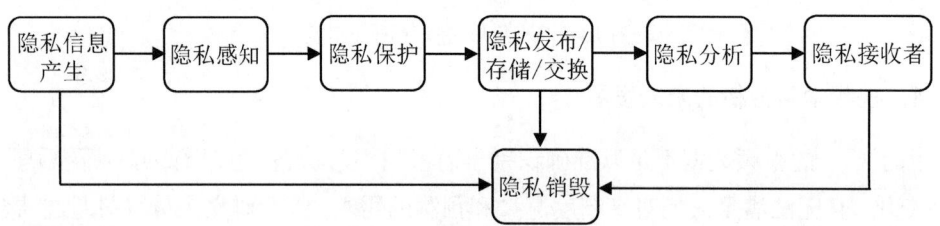

图 10-8　隐私信息的全生命周期

1）隐私信息产生

个体在日常生活、使用互联网服务等过程中会产生图片、位置、兴趣爱好、电话号码等各类文本、图像、语音、视频等隐私信息。这些信息可能会被主动或被动地收集。

2）隐私感知

隐私感知环节从包含隐私的信息中构建隐私变量集合，或者从变量集合中确定变量的取值或取值范围，产生隐私元数据，对隐私进行标记和编码，确定隐私变量的概率分布，从而对隐私变量中隐私度量的大小进行计算，为实施隐私保护提供支撑。概率分布的定义既涵盖客观定义，又考虑主体的主观因素，并且可能根据时空变化而变化，从而使隐私计算模型可以具备对主体、时间、空间三维演化的刻画能力。

3）隐私保护

根据隐私感知得到的数据及其标记，选用相应的隐私保护方法进行隐私保护。隐私保护方法包括密码学方法、信息隐藏方法和数据扰乱方法。密码学方法需要研究构造适用于隐私保护、与传统数据加解密不同的密钥管理机制、同态密码方案及混淆方法等；信息隐藏方法可以用来保护元数据，将元数据以变化后的形态来传输，对应的还原控制参数应该与信息本身分割存储和传输；数据扰乱方法通过去除不同隐私数据间的关联性、添加数据扰动、数据匿名化等实现隐私保护。此外，对得到的数据需要判定和评价是否需要全标记、标记是否合理及所选用的隐私保护方法是否满足相应的保护需求，即需要给出隐私保护方法的评价标准与理论。

4）隐私发布

隐私发布是隐私信息在公众网络中传播的隐私计算机制。隐私发布可以采用基于限制发布的隐私保护技术，如选择性地发布原始数据、不发布或发布精度较低的敏感数据。

5）隐私存储

隐私存储主要研究隐私保护后的数据如何高效存储，数据如何分类、组织、快速检索、判断不同方案的隐私保护信息的同源去重、进行同源同系统/同源不同系统的一致性维护。研究内容包括同质隐私信息去冗技术、支持隐私保护的重复数据删除技术、隐私感知的混合数据分割存取技术、隐私信息完整性校验机制等。此外，隐私存储还应考虑大数据存储的高效加密保护技术，以适应海量用户、高并发、多业务流、海量密钥随机交叉的调度应用。

6）隐私交换

在隐私交换环节，可能采用的隐私保护方式包括在不同信息系统的交换边界构造一个安全系统进行隐私保护方案的转换、基于隐私代理的跨网跨系统控制参数或约束条件的交换、隐私泄露的追踪溯源等。针对具有不同隐私保护能力的信息系统间交互隐私信息的场景，需要考虑从低保护级别到高保护级别是否需要提升隐私保护等级，以及从高保护级别到低保护级别是否需要降低隐私保护等级等。

7）隐私分析

隐私分析是隐私保护的逆过程，是指从施加隐私保护方案的数据中提取隐私信息取值的过程。

3. 隐私计算的教育应用

近年来，智慧教育理念得到积极倡导和实践。在实际建设过程中，不同学校数据、教育管理数据往往分散在各机构内部，各机构数据独立存储、独立治理、独立维护。机构间普遍存在数据标准不统一、数据共享不足、开放利用不够等问题。因此，需要通过数据共享交换平台等形式来破解数据割裂的问题。

通过隐私计算技术，可以在原始数据不出私域的情况下，对不同机构的数据进行联合建模、联合统计等，实现跨地域、跨学校、跨年级间数据的安全融合，释放各类教育数据价值。在保护个人信息安全、学校数据安全的前提下，建立区域教育数据共享开放的安全渠道，提升数据应用价值。

10.3 学习分析应用的新发展

10.3.1 自适应学习平台

1. 自适应教育发展

1)自适应教育的历史

如果说教育的"终极"目标是实现教育个性化,那么目前自适应教育则被认为是达成这个目标的上策。我们可以循着两个方面探索自适应学习的发展脉络。一条脉络可以溯源到 20 世纪 80 年代,个人计算机的出现及把计算机作为一种自动化辅导教师或智能导师系统使用的可能性。智能导师系统是一种计算机系统,该系统执行教学或学习辅导功能(如提问、提示、评价学习者的回答、反馈、鼓励反思等),并且对学习者的认知、动机或情感状态进行建模,以调整或个性化这些功能。

另一条脉络是,教育领域 MOOCs 的兴起和数据科学领域机器学习方法的发展。在线学习平台和供应商面临的一个巨大挑战是,如何快速分析所有的单击流数据,以便提高学习者的参与度、学习效果和坚持学习的信心。为解决这个问题,研究人员转向研究机器学习方法,包括由智能导师系统提供不同的学习方法。

2)自适应教育的科学原理

布鲁西洛夫斯基(Brusilovsky)等人总结了自适应学习领域的研究,尤其是自适应超媒体系统和自适应教育系统领域有关知识建模和用户建模的研究。这些系统之所以具有自适应性,是因为它们能够基于系统采集和处理的数据,改变每个用户在学习系统中的体验。用于决策如何改变个体学习体验及改变什么的数据系统即自适应模型,包括两个方面:领域模型(如数学、语法等不同知识领域,或者陈述性、程序性等不同类型的知识)和用户模型(如用户对领域模型的了解,与用户行为有关的特点和个性)。在自适应教育系统中,因为被建模的领域是一个知识领域,所以相应的模型通常被称为知识模型。此外,由于用户是学习者,因此用户模型通常被称为学习者模型。自适应系统的开发者或使用者需要重点考虑的是建模的对象是什么、如何建模及如何维护这些模型。尽管建模的方式多种多样,但是现在常用的是叠加建模。叠加建模的核心原则只有一条:一个领域存在某种基础模型,某个用户的模型属于该基础模型的子模型。按照这个范式运行自适应系统有双重目的:一是改变用户的体验,使用户的叠加子模型最终与系统的基础模型相匹配;二是改变系统的基础模型,使它更精确地表征某个领域。

2. 自适应学习平台概述

对于自适应学习平台的定义，国内和国外有一定差异，但总体均强调该平台通过一系列学习分析技术实现实时个性化教育。美国联邦教育部教育技术办公室提出，自适应学习平台可以根据学习者在课程过程中反馈回来的信息，动态地改变内容及内容呈现方式、学习策略等。自适应是通过实时交互数据的收集，并对这些数据进行分析后提供个性化的服务来实现的。

自适应学习平台中的自适应学习和个性化学习比较相近，又有所不同。个性化学习实现的途径多种多样，可以是学习者本人根据自身的需要来选择适合的学习资料和策略，也可以是平台根据学习环境自动为学习者提供个性化学习路径。个性化学习对技术的应用并不是重要的，甚至不是必需的。而自适应学习是一种实现学习者个性化学习的具体方法，更多的是数据导向型的，根据实时收集到的数据分析学习者的能力水平，并以此来推荐此时此刻最适合的学习资源和策略。

3. Knewton 自适应学习平台

1）平台介绍

Knewton 创建于 2008 年，是一个提供自适应教育平台的公司，可以为使用者提供成熟、实时的学习者数据分析。Knewton 细分每个知识点，对每个学习者进行单独的分析，令使用者可以得到独一无二的学习帮助。通过在学习中不断监测学习者的学习情形，引导最适合的下一步学习内容和活动，当学习者在学习中遇到困难时，课程的难度会自动降低。教师可以使用 Knewton 自适应学习平台的实时预测技术来监测每个学习者的知识空白区，即时调整，为每个学习者提供个性化教学。Knewton 自适应学习平台在基础教育、高等教育、语言教学、企业培训及其他许多领域得到了广泛应用。

2）平台关键技术

平台的关键技术包括自适应学习平台、适应性学习算法、知识图谱、连续性学习、大数据和适应性基础设施、游戏化吸引学习者、可视化呈现与评估反馈。

（1）自适应学习平台。

平台整合了数据科学、统计学、心理测验学、内容图形、机器学习、标记和基础设施为一体。其技术团队分为：①平台，通过面向服务的体系架构，创建基于图的数据存储和学习者交互处理功能，以 API 的形式与第三方教育解决方案合作；②全栈，为 Knewton 的产品互动提供实时、直观、有力的体验；③自适应学习，将大量的数据转换成认知/交互模式、评估量、数据框架和可行的见解；④系统引擎，构建基础设施平台，确保能够处理巨大的数据量。

(2) 适应性学习算法。

适应性学习指的是对于一个连续的适应性的系统,对于每个用户在本系统上的表现和活动都进行实时的响应;通过提供正确的指导,在正确的时间,将学习者达成学习目标的可能性最大化。为了提供连续的适应性学习,Knewton 分析了基于成千上万的数据点的资料,包括概念、结构、不同的层次,以及媒体格式数据,并采用复杂的算法不断把每个学习者的最好的数据内容拼接起来。系统通过分析收集到的所有学习者的数据并提炼出推荐结果,来为每个学习者优化学习方法。

Knewton 推荐引擎的主要理论和方法有项目反应理论、概率图形模型、凝聚层次聚类。其中,凝聚层次聚类被用来检测大的分组内的潜在结构,以及建立决定学习者应该怎样分组和根据哪些特征将学习者分组的算法。例如,在数学应用中,凝聚层次聚类提供了一个分组面板,教师可以根据学习者对概念理解的级别进行分组。

(3) 知识图谱。

知识图谱考虑了内容的概念及概念间的联系,通过知识图谱将课程连接起来,形成了一个学术概念交叉学科图。知识图谱可提供基于学习者潜在发展路径的可视化认知,在知识图谱内,通过课程定义一个学习者的学习路径。根据概念之间的先决条件关系,确定学习内容"执行"或"评估"的特殊关系,从而决定在什么时间点应该给学习者推送什么样的学习内容。教授的内容越多,或者被加入系统的每个概念的评价越多,适应性学习体验就越准确。

(4) 连续性学习。

连续性学习是指不断挖掘学习者的表现数据,对学习者在系统中的活动进行实时响应的过程。例如,当一个学习者对一个特殊的试题组感到困扰的时候,系统就会知道这个学习者的不足,以及哪些概念与该组试题考核相关联,并给学习者推送相关的概念内容,促进学习者对这些概念的掌握。

(5) 大数据和适应性基础设施。

教育领域的大数据具有高度的相关性,学习活动本身的高关注度、强度和参与性,使得教育活动产生的大数据更具有意义,对这些数据的分析可用于实现学习者的个性化学习。Knewton 已经建立了一个基础框架,平台能够处理大量的学习者数据,这个框架通过在计算机之间分割工作量来实现,并在几台较小需求数量的计算机之间发送连续更新。所有重大的更新都被存储在分布式的数据库中。如果一台机器失效,另一台附近的机器会取代它的位置,从数据库中恢复最近的数据后继续工作。该框架最具特色的是它允许模型从任何状态进行恢复,并且对新到来的数据立即做出响应。

(6) 游戏化吸引学习者。

适应性课程用一种游戏的方式来逐步增加作业的难度，揭露下一个要学习的层次，增加悬疑性。这些游戏元素可以被强化，将适应性课程真正地转换为游戏性的学习体验。

（7）可视化呈现与评估反馈。

在课程控制面板中有一个"开启追踪/关闭追踪"的按钮，用来衡量学习者在课程中的进步情况，为教师提供关于整个班级和单个学习者两个维度的可视化直观数据：① 整个班级追踪状态的评估直方图，教师可以看到学习者在每个独立的主题中如何表现，如材料中的哪一部分对于学习者来说最容易及最困难，在班级的表现和活动中出现了什么样的模式等；② 单个学习者的报告控制面板，该面板是流线型的，教师可以将注意力放在大的数据分析图像上，也可以在该面板上单击每个学习者的信息进行查看。

可视化呈现与评估反馈功能使得教师既可以强调学习者的多样性需求，又可以更好地理解学习数据，并且能够从每年的数据中不断提炼更加精准有效的数据，让学校通过这些数据改进学习者的学习效果并降低教学成本。

10.3.2 智能学习测评平台

1. 智能学习测评的兴起

当前学校教育中对学习的测评侧重关注学习结果的显性表现，如测评得分、题目正确率、成绩排名等，对学习者的隐性行为关注较少，如对学习内容的掌握程度、协作学习活动内容的贡献度、达到学习目标的层级水平等。有学习评价专家认为，如果一个评价仅仅用于评定分数，在内容上没有提供进一步的学习机会，那么这个评价就不是真正形成性的。只有评价揭示了学习者思维的具体方面，教师借助这些方式才能进一步开展有效教学，并且运用所揭示的诊断性信息为学习者提供额外的学习机会。

近年来，教育大数据、学习分析和智能网络学习平台的逐步发展，使得学习轨迹不仅能够得到记录进而形成全学习过程数据链，还能够对学习过程和结果进行个性化分析和评测。以深度学习、机器学习、自然语言处理等为代表的人工智能技术的兴起，使得测评技术更加智能和精准，基于学习内容和结果可以对学习者的知识和能力水平进行智能化评测，以更好地服务于认知诊断。

2. 智能学习测评平台的功能比较分析

为了解当前智能学习测评技术在实践中的应用和发展情况，我们借助国内外搜索引擎，对国内外有关文字书写、语音分析、测评考试等不同智能测评平台进行整理分析。在选取智能测评平台的过程中，以具备多元化、智能化、交互性、可视化等特征为依据，对平台的分析从使用对象、数据采集来源、分析内容、结果呈现形式、特色功能展现等方面进行多维对比,结果见表 10-4。可以发现,在使用对象上,以学生、教师为主,平台较为关注学生在群体中的表现,其测评结果偏重于比较;在数据采集来源上,平台采用多种方式采集数据,既包括传统的测试卷、调查问卷和测量量表,又包括触摸屏采集书写轨迹点集、语音拾取等高科技手段;在分析内容上,当前国内外智能测评平台涉及的测评内容除以学业能力、学术成果、实验操作能力等为代表的学业水平方面测评外,还涉及综合素质、学习自适应能力等非学业水平方面的测评;在结果呈现形式上,平台通过不同形式的图进行可视化呈现,帮助师生直观了解分析结果;在特色功能展现上,平台主要基于分析结果提供一些改进建议,以达到学评融合的效果。

表 10-4 国内外智能测评平台分析

平台名称	使用对象	数据采集来源	分析内容	结果呈现形式	特色功能展现
海云天教育测评系统	教育主管机构、中小学教师和学生	测试卷、调查问卷、成长档案袋、测量量表	考试评价、教育质量综合评价与监控、学习者综合素质评价、学校评价	雷达图、直方图、折线图、表格等静态图表	学习潜力预测、教学改进建议、学习改进建议、群体位置信息
汉字书写质量测评系统	中小学生、书法能力鉴定机构	触摸屏采集书写轨迹点集、汉字书写轨迹影像识别	笔画布局、部件布局、整字形态	折线图、雷达图、表格	提供详细的评价结果和书写意见
科学实验考查智能测评系统	中小学生、高校理工科学生、实验研究人员	实验操作时间记录、实验流程记录、实验结果达成记录	实验操作完整性、实验结果质量分析	交互式复合饼图呈现整体及各分项能力结果	提供操作时间、流程规范度、操作能力群体位置信息
智能语音测评系统	学生、语言学习者	语音拾取及解码、口语能力特征信息	口语表达完整性、准确性、流利性、韵律性	雷达图呈现各能力达成度、甘特图呈现各模块作答时间	提供口语能力整体及各分项分析报告
Taskstreem	在线学习者、网络课程开发者、学校学术科研管理机构	日常行为数据、反思文本、测试卷	学术和非学术成果评估	双轴图呈现学习者学术能力未来走势	提供各学术能力维度分析、提供学术研究建议
Acrobatiq	学生、在线学习研究者	调查问卷、在线学习行为数据	学习自适应能力评估	轨迹图呈现学习者在线学习路径、热力图呈现学习者对各学习模块的关注度	提供学习者在线学习轨迹特征分析

续表

平台名称	使用对象	数据采集来源	分析内容	结果呈现形式	特色功能展现
Smart sparrow	学生、在线学习研究者	文本材料、在线学习行为数据	学业能力、学习适应性	标签云呈现学习者文本材料信息、标准分数和位置图共同表现学习者学习成效群体位置	提供学前诊断、学习前后成效对比
MyEnglishLab	学生、个性化系统推荐技术的研究者	测试卷	学业成就	提供各层次、各维度的图表	根据学习者的作答结果提供相应的测试题及学习资料

3. 智能学习测评服务的应用方向

1）基于学习能力的学习练习智能匹配

传统练习环境下衍生出的"题海战术",尽管在提高成绩上有一定的效果,但花费的时间成本较高,学习者往往需要遍历每套试题中的所有题目才能找到真正薄弱点。在理科题目练习中,不同选项的答案反映出学习者头脑中应用不同推理逻辑计算得出的结果,这折射出学习者存在迷思概念和先前知识不足的可能性。当前,数字化学习环境下的错题练习较多是基于同类知识点题目进行分析推送的,缺少关注学习者的已有知识及其思维方式。智能测评环境下的练习应当根据学习者的学习能力和学习思维,智能匹配与其水平和先验知识相当的练习测评任务,让其测评过程既有挑战,又有成就感,同时能够使其从知识理解层面完成从迷思概念到正确概念的转变。

2）基于内容掌握的个性化学习路径规划

最近发展区理论对学习者能力范围的清晰界定和差异表现分析说明,传统测评在评价内容和反馈步调上整齐划一的特性,并不有助于促成每个学习者达成目标。个体学习风格和能力的差异使得学习测评要以内容掌握为常量,以掌握时间为变量,根据学习者的掌握程度和进度动态规划学习内容和活动路径。在设计和分析上应当对学科知识点进行属性标记,包括难度、掌握程度、学习状态等。其中,难度可以区分为简单、中等和困难;掌握程度可以区分为未掌握和已掌握;学习状态可以区分为待学习、进行中和已完成。基于测评内容结果对知识学习状态进行评估,进而动态优化后面的学习路径,这样学习者的学习能够循序渐进并更加有效。

3）基于活动参与的个性优势识别

学习结果是学习过程的精炼理解,通过对学习活动过程行为的分析和评价,可以更为精准地测评出学习者的知识水平和能力特征。学习活动行为既包括外在行为，如访问学习资源、测评考试、互动交流等，又包括内在行为，如学习偏好、思维特征、能力倾向等。相对于传统学习环境在数据搜集上的乏力性，数字化学习环境下的学习行为数据可以通过学习平台进行记录和搜集，由此我们可以对其进行个性化分析，洞察学习者的真实学习过程和能力，识别出其个性优势。依据霍华德·加德纳（Howard Gardner）的多元智能理论对学习者在测评题目、观点表达、行为路径等方面进行内容和行为解析，获取学习者在语言、数理逻辑、空间、人际等方面的个性特征，这有助于创新型和个性化人才的培育。

4）基于测评结果的知识地图描绘

对学习结果的测评和反馈不仅是对题目内容对错的简单评判，还要从学科知识内容出发，识别出学习者的知识薄弱点，并根据知识点间的相互承接关系和掌握程度描绘出个人知识地图。在知识地图的构建上，通过采集学习者结构化、半结构化和非结构化学习行为数据对其进行结构化处理，利用实体识别、语义推理、关系抽取与识别等技术进行挖掘和构建。知识地图应当具备知识推理的逻辑结构能力，并根据知识内容和关系更好地理解语义范围域，根据测评结果实时更新知识地图的内容。通过知识地图中知识点逻辑关系、掌握程度、强弱点、迷思概念等信息呈现，学习者的自我概念系统完成向科学概念系统的转变。

思考与实践

1. 怎样避免教师在运用学习分析技术时关注数据分析而忽视面向学习优化的教育实践？
2. 上网搜集应用教育大数据与学习分析技术的网络平台，并对其功能进行对比分析。
3. 小组活动：搜集国际上近5年教育大数据与学习分析的文献，采用知识图谱方法对研究热点、主题变迁等内容进行可视化分析，整理成学术海报，并进行课堂汇报。
4. 分享一个多模态学习分析的案例，并说明其数据融合形式、方法及其具体技术路线。
5. 调研：除本章提到的几种新技术外，你还了解哪些新技术？以小组协作的形式上网或访谈相关教师，了解还有哪些前沿技术？这些前沿技术在教学实践中有哪些应用？最后完成一份调研报告。

拓展学习资源

1. 陈丽，任萍萍，张文梅. 后疫情时代教育创新发展的新视域与中国卓越探索——出席"2020 全球人工智能与教育大数据大会"的思考[J]. 中国电化教育，2021（05）：1-9.

2. 胡翰林，沈书生. 基于中台技术的教育大数据应用研究[J]. 现代教育技术，2021，31（09）：78-86.

3. 刘清堂，李小娟，谢魁，等. 多模态学习分析实证研究的发展与展望[J]. 电化教育研究，2022，43（01）：71-78+85.

4. 肖知亮. 基于智能数据采集与处理的教育信息融合方法研究[J]. 现代电子技术，2020，43（24）：140-143.

5. 崔向平，徐娟. 自适应学习技术的应用、问题及趋势——访美国俄亥俄州立大学大卫·斯坦恩教授[J]. 开放教育研究，2019，25（05）：4-10.

6. 席小明. 教育测评和学习领域的人工智能技术评估[J]. 中国考试，2021（05）：56-62.

7. 罗俊海，王章静. 多源数据融合和传感器管理[M]. 北京：清华大学出版社，2015.

8. 李韧. 自适应学习——人工智能时代的教育革命[M]. 北京：清华大学出版社，2018.

主要参考文献

中文文献

[1] 柴唤友，刘三女牙，康令云，等. 教育大数据采集机制与关键技术研究[J]. 大数据，2020，6（06）：14-25.

[2] 陈明选,耿楠. 测评大数据支持下的有效教学研究[J]. 远程教育杂志，2019，37（03）：95-102.

[3] 陈庆荣，周曦，韩静，等. 眼球追踪：模式、技术和应用[J]. 实验室研究与探索，2012，31（10）：10-15.

[4] 陈晓云. 文本挖掘若干关键技术研究[D]. 上海：复旦大学，2005.

[5] 陈子健，朱晓亮. 基于面部表情的学习者情绪自动识别研究——适切性、现状、现存问题和提升路径[J]. 远程教育杂志，2019，37（04）：64-72.

[6] 程朋祥. 在线教育平台的学习者个性化建模及用户画像系统[D]. 哈尔滨：哈尔滨工业大学，2019.

[7] 程志，黄荣怀. 文本挖掘及其教育应用[J]. 现代远距离教育，2008（02）：71-73.

[8] 樊敏生，武法提. 数据驱动的动态学习干预系统设计[J]. 电化教育研究，2020，41（11）：87-93.

[9] 范文翔，马燕. 手机二维码技术在大学教学中的应用研究[J]. 数字教育，2015，1（06）：35-40.

[10] 郭朝晖，王楠，刘建设. 国内外自适应学习平台的现状分析研究[J]. 电化教育研究，2016，37（04）：55-61.

[11] 韩锡斌，黄月，马婧，等. 学习分析的系统化综述：回顾、辨析及前瞻[J]. 清华大学教育研究，2017，38（03）：41-51+124.

[12] 何莘，王琬芜. 自然语言检索中的中文分词技术研究进展及应用[J]. 情报科学，2008（05）：787-791.

[13] 何文珍，蔡跃. 基于知识图谱的国外学习分析可视化研究[J]. 中国成人教育，2018（13）：15-21.

[14] 胡立如，陈高伟. 可视化学习分析：审视可视化技术的作用和价值[J]. 开放教育研

究，2020，26（02）：63-74.

[15] 胡琼月. 教育迎来DT时代，Knewton个性化课程[J]. 大数据时代，2017（05）：60-63.

[16] 黄建，李文书，高玉娟. 人脸表情识别研究进展[J]. 计算机科学，2016，43（S2）：123-126.

[17] 黄涛，王一岩，张浩，等. 智能教育场域中的学习者建模研究趋向[J]. 远程教育杂志，2020，38（01）：50-60.

[18] 黄小平，胡中锋. 认知诊断评价理论视角下的教育测量理论述评——兼论认知诊断对基础教育评价的展望[J]. 中国考试，2012（12）：3-10.

[19] 姜强，赵蔚，李勇帆，等. 基于大数据的学习分析仪表盘研究[J]. 中国电化教育，2017（01）：112-120.

[20] 李凤华，李晖，贾焰，等. 隐私计算研究范畴及发展趋势[J]. 通信学报，2016，37（04）：1-11.

[21] 李彤彤，黄洛颖，邹蕊，等. 基于教育大数据的学习干预模型构建[J]. 中国电化教育，2016（06）：16-20.

[22] 刘洁，李毅，朱江平. 基于双相机捕获面部表情及人体姿态生成三维虚拟人动画[J]. 计算机应用，2021，41（03）：839-844.

[23] 刘清堂，贺黎鸣，吴林静，等. 智能时代的教育文本挖掘模型与应用[J]. 现代远程教育研究，2020，32（05）：95-103.

[24] 刘三女牙，石月凤，刘智，等. 网络环境下群体互动学习分析的应用研究——基于社会网络分析的视角[J]. 中国电化教育，2017（02）：5-12.

[25] 刘振焘，徐建平，吴敏，等. 语音情感特征提取及其降维方法综述[J]. 计算机学报，2018，41（12）：2833-2851.

[26] 罗照盛，李喻骏，喻晓锋，等. 一种基于Q矩阵理论朴素的认知诊断方法[J]. 心理学报，2015（2）：264-272.

[27] 马晓玲，朱丽娟，吴永和，等. 教育数据中台系统模型及其应用研究[J]. 现代教育技术，2021，31（11）：63-71.

[28] 马志强，孔伶玉，岳芸竹. 面向协作学习多重投入特征画像的多模态学习分析[J]. 远程教育杂志，2022，40（01）：72-80.

[29] 马志强，苏珊. 学习分析视域下的学习者模型研究脉络与进展[J]. 现代远距离教育，2016（04）：44-50.

[30] 孟玲玲，顾小清，李泽. 学习分析工具比较研究[J]. 开放教育研究，2014，20（04）：66-75.

[31] 牟智佳，武法提，乔治·西蒙斯. 国外学习分析领域的研究现状与趋势分析[J]. 电化教育研究，2016，37（04）：18-25.

[32] 牟智佳，武法提. 教育大数据背景下学习结果预测研究的内容解析与设计取向[J]. 中国电化教育，2017（07）：26-32.

[33] 牟智佳. 多模态学习分析：学习分析研究新生长点[J]. 电化教育研究，2020，41（05）：27-32+51.

[34] 牟智佳. 学习计算视阈下基于 CIEO 分析思想的学习结果预测设计与实证研究[J]. 电化教育研究，2019，40（10）：68-75.

[35] 聂静雨. 学习分析工具比较研究——基于 2012—2017 年文献计量分析法[J]. 中国教育技术装备，2018（23）：22-25+34.

[36] 佩特·约翰内斯，拉里·拉格斯多姆，张永胜，等. 自适应学习：溯源、前景与误区[J]. 中国远程教育，2018（07）：43-53+80.

[37] 彭涛，丁凌云. 基于教育数据挖掘学生表现预测模型构建研究[J]. 黑龙江高教研究，2015（11）：55-58.

[38] 戚万学，谢娟. 教育大数据的伦理诉求及其实现[J]. 教育研究，2019，40（07）：26-35.

[39] 饶元，吴连伟，王一鸣，等. 基于语义分析的情感计算技术研究进展[J]. 软件学报，2018，29（08）：2397-2426.

[40] 舒莹，姜强，赵蔚. 在线学习危机精准预警及干预：模型与实证研究[J]. 中国远程教育，2019（08）：27-34+58+93.

[41] 孙波，刘永娜，陈玖冰，等. 智慧学习环境中基于面部表情的情感分析[J]. 现代远程教育研究，2015（02）：96-103.

[42] 唐家渝，刘知远，孙茂松. 文本可视化研究综述[J]. 计算机辅助设计与图形学学报，2013，25（03）：273-285.

[43] 田浩，武法提. 学习分析视域下学习预测研究的发展图景[J]. 现代教育技术，2020，30（11）：98-104.

[44] 田娜，周驿. 基于 MOOC 课程评论的话题挖掘与情感分析研究[J]. 软件导刊，2020，19（08）：19-23.

[45] 田雅慧. 基于学习者画像的 MOOC 学情预警研究[D]. 上海：华东师范大学，2020.

[46] 王洪鑫,闫志明,陈效玉,等. 面向MOOC课程评论的主题挖掘与情感分析研究[J]. 开放学习研究,2021,26(04):16-23.

[47] 王均霞,俞壮,牟智佳,等. 学习测评大数据支撑下面向知识点的学习预警建模与仿真[J]. 现代远距离教育,2019(04):28-37.

[48] 王林丽,叶洋,杨现民. 基于大数据的在线学习预警模型设计——"教育大数据研究与实践专栏"之学习预警篇[J]. 现代教育技术,2016,26(07):5-11.

[49] 王小明. 布卢姆认知目标分类学(修订版)的国外应用研究[J]. 全球教育展望,2017,46(08):33-42.

[50] 王志军,杨阳. 认知网络分析法及其应用案例分析[J]. 电化教育研究,2019,40(06):27-34+57.

[51] 魏思,吴奎,竺博,等. 语音评测技术助力英语口语教学与评价[J]. 人工智能,2019(03):72-79.

[52] 吴永和,陈丹,马晓玲,等. 学习分析:教育信息化的新浪潮[J]. 远程教育杂志,2013,31(04):11-19.

[53] 肖君,乔惠,李雪娇. 大数据环境下在线学习者画像的构建[J]. 开放教育研究,2019,25(04):111-120.

[54] 肖思汉,德利马. 基于视频的学习过程分析:为什么?如何做?[J]. 华东师范大学学报(教育科学版),2017,35(05):55-71+160.

[55] 徐琳琳,张树美,赵俊莉. 基于图像的面部表情识别方法综述[J]. 计算机应用,2017,37(12):3509-3516+3546.

[56] 基思·索耶. 剑桥学习科学手册[M]. 徐晓东,等译. 北京:教育科学出版社,2012.

[57] 杨南昌,刘晓艳. 学习者中心的技术设计:理念、方法与案例[J]. 远程教育杂志,2008(06):14-19.

[58] 杨南昌. 学习科学视域中的设计研究[D]. 上海:华东师范大学,2008.

[59] 杨文阳. 考试质量在线测评系统的设计——以经典测试理论和项目反应理论为基础[J]. 江苏广播电视大学学报,2011,22(03):51-54.

[60] 杨现民,周宝,郭利明,等. 教育信息化2.0时代教育数据开放的战略价值与实施路径[J]. 现代远程教育研究,2018(05):10-21.

[61] 杨雪,姜强,赵蔚,等. 大数据时代基于学习分析的在线学习拖延诊断与干预研究[J]. 电化教育研究,2017,38(07):51-57.

[62] 姚鹏飞,屈曼祺,李宝敏. 课堂视频分析研究六十年:脉络、热点与发展趋势[J]. 全

球教育展望, 2022, 51 (03): 61-77.

[63] 于方, 刘延申. "以用户为中心"的教育数据挖掘应用研究[J]. 电化教育研究, 2018, 39 (11): 69-77.

[64] 余明华, 张治, 祝智庭. 基于可视化学习分析的研究性学习学生画像构建研究[J]. 中国电化教育, 2020 (12): 36-43.

[65] 张家华, 邹琴, 祝智庭. 学习分析视角下在线学习干预模型应用[J]. 现代远程教育研究, 2017 (04): 88-96.

[66] 张琪, 武法提. 学习分析中的生物数据表征——眼动与多模态技术应用前瞻[J]. 电化教育研究, 2016, 37 (09): 76-81+109.

[67] 张石清. 基于语音和人脸的情感识别研究[D]. 成都: 电子科技大学, 2012.

[68] 张跃. 英语作文智能批改[J]. 人工智能, 2019 (03): 86-94.

[69] 张振虹, 刘文, 韩智. 学习仪表盘: 大数据时代的新型学习支持工具[J]. 现代远程教育研究, 2014 (03): 100-107.

[70] 赵慧琼, 姜强, 赵蔚. 大数据学习分析的安全与隐私保护研究[J]. 现代教育技术, 2016, 26 (03): 5-11.

[71] 赵玲朗, 范佳荣, 赵一婷, 等. 基于知识图谱的学习者画像模型设计与应用——以"高中物理"课程为例[J]. 现代教育技术, 2021, 31 (02): 95-101.

[72] 赵文萍. 基于生理信号多模态情感识别研究[D]. 天津: 天津师范大学, 2019.

[73] 郑纯军, 王春立, 贾宁. 语音任务下声学特征提取综述[J]. 计算机科学, 2020, 47 (05): 110-119.

[74] 郑太年, 仝玉婷. 课堂视频分析: 理论进路、方法与应用[J]. 华东师范大学学报（教育科学版）, 2017, 35(03): 126-133+172-173.

[75] 郑娅峰, 赵亚宁, 白雪, 等. 教育大数据可视化研究综述[J]. 计算机科学与探索, 2021, 15 (03): 403-422.

[76] 周驿. 基于话题挖掘与情感分析的学习资源推荐研究[D]. 无锡: 江南大学, 2020.

[77] 朱金鑫, 张淑梅, 辛涛. 属性掌握概率分类模型——一种基于Q矩阵的认知诊断模型[J]. 北京师范大学学报（自然科学版）, 2009 (2): 117-122.

[78] 祝智庭, 沈德梅. 基于大数据的教育技术研究新范式[J]. 电化教育研究, 2013, 34 (10): 5-13.

英文文献

[1] A.L.DYCKHOFF, V. LUKAROV, A. MUSLIM, et al. Schroeder. Supporting Action Research with Learning Analytics [A]. Suthers D,Verbert K,Duval E,et al. In Proceedings of the Third International conference on Learning Analytics and Knowledge[C]// New York: Association for Computing Machinery,2013:220-229.

[2] BAKER R, YACEF K. The state of educational data mining in 2009: A review and future visions[J]. Journal of Educational Data Mining, 2009, 1(1):3-14.

[3] BEERWINKLE A L . The use of learning analytics and the potential risk of harm for K-12 students participating in digital learning environments[J]. Educational Technology Research and Development, 2020,69(11):327-330.

[4] BLUMENSTEIN M. Synergies of Learning Analytics and Learning Design: A Systematic Review of Student Outcomes[J]. Journal of Learning Analytics, 2020, 7(3): 13-32.

[5] CALVO A, D'MELLO S, GRATCH J, et al. The Oxford handbook of affective computing[M]. Oxford: Oxford university press, 2015.

[6] CHEN X, BRESLOW L, DEBOER J. Analyzing productive learning behaviors for students using immediate corrective feedback in a blended learning environment[J]. Computer& Education, 2018(2),59-74.

[7] CONDE M Á, ÁNGELHÉRNANDEZ-GARCÍA, GARCÍA-PEÑALVO F J, et al. Exploring Student Interactions: Learning Analytics Tools for Student Tracking[M].Birlin: Springer International Publishing, 2015.

[8] COWLEY B, RAVAJA N, HEIKURA T. Cardiovascular physiology predicts learning effects in a serious game activity[J]. Computers & Education, 2013, 60(1): 299-309.

[9] DANIELE M, JAN S, MARCUS S, et al. From signals to knowledge: A conceptual model for multimodal learning analytics[J]. Journal of computer assisted learning, 2018, 34(4):338-349.

[10] ELBADRAWY A, STUDHAM R S, KARYPIS G. Collaborative multi-regression models for predicting students' performance in course activities[A]. Blikstein P,Baron J,Merceron A,et al. Proceedings of the Fifth International Conference on Learning Analytics and Knowledge[C]//New York, ACM, 2015: 103-107.

[11] FREITAS S I, MORGAN J, GIBSON D. Will MOOCs transform learning and teaching in higher education? Engagement and course retention in online learning provision[J]. British Journal of Educational Technology, 2015, 46(3): 455-471.

[12] GASEVIC D, DAWSON S, ROGERS T, et al. Learning analytics should not promote one size fits all: The effects of instructional conditions in predicting academic success[J]. Internet & Higher Education, 2016, 28(1):68-84.

[13] GAŠEVIĆ D, DAWSON S, SIEMENS G. Let's not forget: Learning analytics are about learning[J]. TechTrends, 2015, 59(1): 64-71.

[14] HEATH J . Contemporary Privacy Theory Contributions to Learning Analytics[J]. Journal of Learning Analytics, 2014, 1(1):140-149.

[15] HU Y H, LO C L, SHIH S P. Developing early warning systems to predict students' online learning performance[J]. Computers in Human Behavior, 2014, 36(7):469-478.

[16] IFENTHALER D , GIBSON D , PRASSE D , et al. Putting learning back into learning analytics: actions for policy makers, researchers, and practitioners[J]. Educational Technology Research and Development, 2020,68(11):1-20.

[17] JEWITTC, BEZEMER J, HALLORAN K. Introducing multimodality[M]. London: Routledge, 2016.

[18] LARUSSON J A, WHITE B. Learning Analytics: From Research to Practice [M]. New York: Springer Verlag, 2014.

[19] JOHNSON, L, ADAMS B S, CUMMINS M, et al NMC Horizon Report: 2013 Higher Education Edition [R].Austin, Texas: The New Media Consortium, 2013.

[20] KANG J, LIU M, Qu W. Using gameplay data to examine learning behavior patterns in a serious game[J]. Computers in Human Behavior, 2017,72(7):757-770.

[21] KUROMIYA H, MAJUMDAR R, OGATA H. Fostering Evidence-Based Education with Learning Analytics: Capturing Teaching-Learning Cases from Log Data[J]. Educational Technology & Society, 2020, 23(4):1176-3647.

[22] LOCKYER L, HEATHCOTE E, DAWSON S. Informing Pedagogical Action: Aligning Learning Analytics with Learning Design [J]. American Behavioral Scientist, 2013, 57(10):1439-1459.

[23] LOWES S, LIN P, KINGHORN B. Exploring the link between online behaviours and course performance in asynchronous online high school courses[J]. Journal of Learning Analytics, 2015, 2(2): 169-194.

[24] MERCERON A, BLIKSTEIN P, SIEMENS G. Learning Analytics: From Big Data to Meaningful Data[J]. Journal of Learning Analytics, 2016, 2(3): 4-8.

[25] RACA M, DILLENBOURG P. System for Assessing Classroom Attention [A]. SUTHERS D, VERBERTK, DUVAL E, et al. In Proceedings of the Third International conference on Learning Analytics and Knowledge[C]// New York: Association for Computing Machinery,2013:265-269.

[26] MITRI D, SCHNEIDER J, KLEMAK R, et al. Read between the lines: An annotation tool for multimodal data for learning[A]. HSIAO S, CUNNINGHAM J, MCCARTHY K, et al. The ninth international conference on learning analytics and knowledge[C]// New York: ACM, 2019:51-60.

[27] ANDERGASSEN M, MÖDRITSCHER F, NEUMANN G. Practice and Repetition during Exam Preparation in Blended Learning Courses: Correlations with Learning Results[J]. Journal of Learning Analytics, 2014, 1(1):48-74.

[28] MUSLIM A, CHATTI M A, SCHROEDER U. Supporting Indicator Personalization and Platform Extensibility in Open Learning Analytics[J]. Technology, Knowledge and Learning, 2021,(7): 1-20.

[29] OCHOA X, WORSLEY M. Augmenting learning analytics with multimodal sensory data[J]. Journal of learning analytics, 2016, 3(2): 213-219.

[30] OVIATT S. Ten opportunities and challenges for advancing student-centered multimodal learning analytics[A]. D'MELLO S, GEORGIOU P, SCHERER S. In proceeding of the international conference on multimodal interaction (ICMI'18) [C]// New York: ACM, 2018:87-94.

[31] PARDO A , SIEMENS G . Ethical and privacy principles for learning analytics[J]. British Journal of Educational Technology, 2014, 45(3):438-450.

[32] FERGUSON R, SHUM S. Social Learning analytics: five approaches[A]. DawsonS, HaythornthwaiteC, ShumS, et al. Proceedings of the 2nd International Conference on Learning Analytics and Knowledge[C]//New York: Association for Computing Machinery, 2012:23-33.

[33] SHEHATA S, ARNOLD K E. Measuring student success using predictive engine[A]. BliksteinP,BaronJ,MerceronA,et al.Proceedings of the Fifth International Conference on Learning Analytics And Knowledge[C]//New York, ACM,2015:416-417.

[34] SHUM S B, FERGUSON R. Social learning analytics[J]. Educational Technology & Society, 2012,15(3): 3-26.

[35] SIEMENS G. Learning Analytics: The Emergence of a Discipline [J].American

Behavioral Scientist, 2013, 57(10):1380-1400.

[36] SIEMENS G, BAKER R S. Learning analytics and educational data mining: Towards communication and collaboration[A]. Dawson S,Haythornthwaite C,Shum S,et al.Proceedings of the 2nd International Conference on Learning Analytics and Knowledge[C]//New York: Association for Computing Machinery,2012:252-254.

[37] TSAI Y S , RATES D , MORENO-MARCOS P M , et al. Learning analytics in European higher education trends and barriers[J]. Computers & Education, 2020,155(10):1-16.

[38] U.S. Department of Education, Office of Educational Technology. Enhancing Teaching and Learning Through Educational Data Mining and Learning Analytics: An Issue Brief [R]. Washington, D.C., 2012.

[39] U.S. Department of Education,Office of Educational Technology. Future Ready Learning: Reimagining the Role of Technology in Education[R]. Washington,D.C., 2016.

[40] VARELA B, EDUARDO O. An Extensible and Modular Framework for Open Learning Analytics[J]. Journal of Learning Analytics, 2018, 5(1):92-100.

[41] WINNE P H . Construct and consequential validity for learning analytics based on trace data[J]. Computers in Human Behavior, 2020, 112(11):1-5.

[42] WOLFF A, ZDRAHAL Z, NIKOLOV A, et al. Improving retention: predicting at-risk students by analysing clicking behaviour in a virtual learning environment[A]. Suthers D,Verbert K,Duval E,et al. In Proceedings of the third international conference on learning analytics and knowledge[C]//New York, ACM,2013:145-149.

[43] YOU J W. Identifying significant indicators using LMS data to predict course achievement in online learning[J]. The Internet and Higher Education, 2016, 29(4): 23-30.

[44] ZACHARY A, PARDOS R, BAKER M, et al. Affective States and State Tests: Investigating How Affect and Engagement during the school year predict end-of-year learning outcomes [J]. Journal of Learning Analytics, 2014, 1(1):107-128.